中国社会科学院创新工程学术出版资助项目

中国农村改革40年

40 Years of Rural Reform in China

魏后凯◎主编

图书在版编目（CIP）数据

中国农村改革 40 年 / 魏后凯主编. —北京：经济管理出版社，2018. 12
ISBN 978-7-5096-6265-6

Ⅰ. ①中… Ⅱ. ①魏… Ⅲ. ①农村经济—经济体制改革—研究—中国 Ⅳ. ①F320. 2

中国版本图书馆 CIP 数据核字（2018）第 284811 号

组稿编辑：张永美
责任编辑：张永美　高　娅
责任印制：黄章平
责任校对：张晓燕

出版发行：经济管理出版社
（北京市海淀区北蜂窝 8 号中雅大厦 A 座 11 层　100038）
网　　址：www. E-mp. com. cn
电　　话：（010）51915602
印　　刷：三河市延风印装有限公司
经　　销：新华书店
开　　本：720mm×1000mm/16
印　　张：22. 5
字　　数：388 千字
版　　次：2019 年 12 月第 1 版　　2019 年 12 月第 1 次印刷
书　　号：ISBN 978-7-5096-6265-6
定　　价：118. 00 元

总　序

1978~2018年，中国国内生产总值（GDP）总量和人均GDP分别增长了近36倍和24倍强，长达40年的平均9.4%的实际增长率，是同期任何其他国家都未达到的高速增长。在世界经济史上，曾经有过若干个著名的发展里程碑，但是，在一代人的时间内使人民生活水平得到如此大幅度的改善，这个“中国奇迹”确是其他案例都无法比拟的。

例如，我们可以做一个思想模拟，以平均出生时预期寿命代表一代人，以人均GDP作为生活水平改善的代理指标，看一看历史上曾经创造奇迹的几个国家情形，并与中国进行比较。

英国在1880~1930年人均GDP的年均增长率只有0.9%。以1880年时出生人口预期寿命50年来算，平均来看，当时的一个英国人可以在一生中感受到生活水平提高56%。继英国和其他西欧国家之后，美国成为又一个现代化强国。在赶超英国的过程中，即在1920~1975年美国的人均GDP年平均增长率约为2%。以1920年出生的人口预期寿命55年算，美国人终其一生，生活水平可以达到近1倍的改善。日本是下一个成功地实现对先行者赶超的国家，也是亚洲第一个实现了现代化的国家。1950~2010年，日本的人均GDP年平均增长速度超过4%。以平均预期寿命60年算，1950年出生的日本人，一生中生活水平提高了将近10倍。

1981~2017年，中国的人均GDP年均增长率为8.7%，也就是说，1981年出生的中国人，在半生的时间里便已经经历了超过19倍的实际生活水平改善。以平均预期寿命68岁算，那时出生的中国人将期望活到2049年，即中华人民共和国成立100周年之际。可以想见，到中华民族伟大复兴之时，中国人民的人均收入改善会以什么样的奇迹呈现。

因此，这一中国奇迹，无论是从自身的角度还是从人类发展史的角度，都是值得大写特写的。对于经济学家来说，对历史过程大写特写的方式，便是以经验和理论相结合的方式解说既往的经历，从“做对了什么”中提炼智慧，不仅帮助自己认识当下和展望未来，也为其他探寻发展之途的后起国家提供中国方案。

中国取得经济社会发展成就的根本原因，在于坚持实施改革开放，激发劳动者、经营者和各级干部发展经济的积极性，消除阻碍生产要素积累和配置的体制弊端，学习借鉴国外先进技术和管理，利用国际市场把人口红利转化为比较优势和竞争力。因此，解说中国奇迹的重要任务，便是从经验和理论两个角度回顾、总结、分析、反思40年的改革开放历程。

由于以下几个突出特征，中国及其发展对于世界的意义尤其重要。首先，中国拥有世界上最大规模的人口，2017年约为世界总人口的18.5%，占人类1/5的中国人民创造的成就对世界意义的显著性，是其他国家无可比拟的。其次，知识分子天生具有探索兴衰之谜的学术好奇心，而吸引众多学者尝试回答的关于中国科技（发展）为什么由盛至衰的“李约瑟之谜”，正是经济史学中同样著名的、旨在探索为什么16世纪以来世界经济发展出现大分流这个谜题的中国版本。最后，就从另一个方向上满足相同的学术好奇心而言，中国是迄今为止唯一经历了经济发展由盛至衰再至盛，同时接近于完整经历经济发展的每一个必要阶段的发展中国家。

中国的改革开放经验如此引人注目，以至于国内外众多经济学家，无论从正面还是从反面，一直以来都在孜孜不倦地开发这一宝藏。然而，对于中国经济学家来说，解说中国奇迹的学术话语权大有旁落人家的倾向。这样说并非出于某种狭隘的自尊心理，而是因为迄今为止占据学术话语主流地位的很多研究成果，往往只是隔靴搔痒，并没有抓住中国经验的本质和中国智慧的要义。

例如，许多经济学家把已故经济学家哈耶克的一个著名表述作为认识中国经验的经典范式，认为中国在过去几十年里取得的改革成功，是“人类行为的意外结果”（unintended consequence of human action），由此出发产生的一些学术出版物受到追捧。至少由于两个原因，可以说在这种范式下所做的研究具有很大的误导性。首先，这些作者忽略了重要的一点，中国的改革虽然并未从一开始就绘制了蓝图，但却是以“三个有利于”为出发点，并且始终坚持以此评价改革成功与否，以及以此为圭臬设计进一步改革的路径。其次，这些作者也非常不恰当地把中国改革的探索者、设计者、实践者及其付出的艰险、智慧和努力避重就轻地一笔带过。

作为中国本土研究者，有责任和义务以自己的研究弥补上述缺陷。经济管理出版社编辑出版“中国经济改革开放40年系列丛书”，目的就是从中国经济改革开放的各个领域，系统讲述40年制度创新的历程，包括其间经历的种种曲折和取得的辉煌成就。丛书各卷的主编和主要作者，都是中国社会科学院相关学科的杰出学者，既具有深厚的理论素养，其中也不乏改革开放发展的亲历者和参与者。各位作者的学术背景不同，写作风格和论述问题的方式各异，但是，各位作者总体上努力做到把中国故事讲明白，把中国智慧提炼出来，力图从学理角度为人类社会发展提供中国方案。

歌德曾经说：理论是灰色的，而生命之树常青。我认为，这句话并不应该理解为理论不重要。从更加积极的角度理解这句话，可以得出这样的结论：从成功的实践经验中提炼特征化事实，不断丰富乃至修正已有理论体系，创造新的理论范式和体系，可以使理论本身生命常青。包括本丛书作者在内的中国经济学家，责无旁贷地面临着这个重要的使命。希望这套丛书能够为完成这一使命贡献中国社会科学院学者的力量和智慧。

蔡 昉

2019 年 4 月 20 日于中国社会科学院

前　言

中国的改革是从农村起步的，而农村改革则是一个渐次展开、逐步深入的过程。改革伊始，建立家庭联产承包责任制和废除人民公社制度，重新确立了家庭经济地位，极大地激活了农村生产力。之后，农产品流通体制改革、农村劳动力流动制度改革与农村金融改革等提升了市场在资源配置中的地位。农村税费改革、农村社会事业体制改革等促进了新型城乡关系的初步确立和发展，有力地推动了城乡发展一体化的进程。进入新时代，扶贫体制机制创新、农村集体产权制度改革与农业发展体制机制改革等的全面深化，标志着覆盖农村政治、经济、社会、文化、生态和党的建设等各方面内容的全方位改革格局正在形成。这种从单领域到全方位、从点到面、从试点到推广的渐进式改革方式符合中国的国情和农情特点，为 40 年来中国农村的持续快速发展奠定了坚实的制度基础。

40 年中国农村改革的经验表明，不断深化的改革创新是引领农村发展的第一动力，唯有改革创新才能全面激发农村发展的内生活力，才能促进农村的全面发展和繁荣。在不断深化的农村改革创新实践中，中国农村发展取得了举世瞩目的成就，在农业生产、农村建设、民生事业、减缓贫困等方面都有巨大进步，全国农村面貌发生了翻天覆地的变化，为保障世界粮食安全和全球减贫事业做出了巨大贡献，广大农村居民正从温饱走向全面小康。当前，中国已经进入全面深化农村改革的新阶段。在新时代，要实现农业农村现代化和乡村全面振兴的目标，必须依靠全面深化农村改革。因此，认真回顾 40 年来中国农村改革的历程，全面总结农村改革的成就、基本经验和启示，具有重要的理论和实践意义。

中国社会科学院农村发展研究所成立于 1978 年，至今已度过了 40 个春秋，参与和见证了中国农村改革与发展 40 年的变迁，与中国改革开放共成长、同进步。本书是为纪念中国农村改革 40 年暨农村发展研究所建所 40 周年组织完成的一项集体研究成果。全书共分为十五章，第一章为总论，着重对中国农村改革的历程、成就和经验进行梳理总结，并对未来深化农村改革进行展望；第二至第十五章为专题研究，重点对涉及农业发展、农村政治、经济、社会、环境、减贫及城乡融合发展体制机制等方面的改革进行更加深入的梳理、总结和展望。其中，第一章“农村改革的历程、评价与展望”由魏后凯、刘长全执笔，第二章“巩固和完善农村基本经营制度”由崔红志、刘亚辉执笔，第三章“完善农业支持保护制度”由胡冰川执笔，第四章“农村产业发展体制改革”由廖永松执笔，第五章“农村金融体制改革”由孙同全、冯兴元、张玉环、董翀执笔，第六章“供销合作社改革”由王军执笔，第七章“农民专业合作社制度创新”由苑鹏执笔，第八章“农村集体产权制度改革”由任常青执笔，第九章“集体林产权制度改革”由刘璨执笔，第十章“农村宅基地制度改革”由刘同山执笔，第十一章“农村社会保障制度改革”由杨园争执笔，第十二章“农村减贫的机制创新”由吴国宝执笔，第十三章“农村环境管理体制改革”由李周执笔，第十四章“乡村治理体制改革”由党国英执笔，第十五章“健全城乡融合发展体制机制”由张海鹏执笔。

在本书的编写过程中，刘长全担任协调人，承担了大量组织协调方面的事务性工作，农村发展研究所部分研究人员参与了全书提纲和书稿的讨论，提出了一些很好的建议。本书经过多次讨论和修改，最后由崔红志、刘长全、孙同权、张海鹏初审，由魏后凯定稿。中国农村改革 40 年的实践是一个内涵丰富、模式多样的伟大创新工程，由于篇幅和时间的限制，本书仅就农村改革的主要方面进行了梳理总结，肯定还存在诸多需要完善的地方，书中阐述的一些看法也仅代表笔者个人观点，真诚地希望各位同人提出宝贵的意见。

魏后凯

2018 年 11 月 22 日

目　录

第一章　农村改革的历程、评价与展望

中国农村改革自1978年拉开帷幕迄今已历经40个春秋。随着改革开放的不断深入推进，中国农村改革也从早期的以农业经营制度和引入市场机制为主要内容的经济体制改革逐步向覆盖农村政治、经济、社会、文化、生态和党的建设等各方面内容的全方位改革推进。农村改革从单领域到全方位、从点到面、从试点到推广的渐进式推进，为中国农村的持续快速发展奠定了坚实的制度基础。40年来，中国农村发展取得了举世瞩目的成就，粮食产量和农业综合生产能力稳步提升，农民收入和生活水平显著改善，农村面貌发生翻天覆地的变化，农村贫困人口大幅减少，为保障世界粮食安全和全球减贫事业做出了巨大贡献。中国农村改革的经验表明，唯有改革才能全面激发农村发展的内生活力，才能促进农村的全面发展和繁荣。可以说，改革创新是引领农村发展的第一动力。因此，回顾40年来中国农村改革的历程，全面总结农村改革的成就、基本经验和启示，对于加快推进农业农村现代化、促进乡村全面振兴具有重要意义。

一、中国农村改革的阶段与进展

按照阶段性的改革背景、改革目标和重点任务，大致可以把中国农村改革40年的历程分为四个阶段：1978~1984年，重新确立家庭经济地位；1985~2000年，资源配置从计划向市场过渡；2001~2012年，新型城乡关系初步确立和发展；2012年以来，农村改革全面深化。在几乎触及农村各个方面的所有改革中，有些贯穿于整个改革历程，有些则集中在个别阶段。下面围绕各个阶段农村改革的基本特征和重点任务对其主要改革内容进行归纳和梳理，以便能够比较全面地反映中国农村改革的基本脉络。

(一) 1978~1984 年：重新确立家庭经济地位

1978~1984 年是中国农村改革的第一阶段，通过建立家庭联产承包责任制、废除人民公社制度等改革重新确立了家庭经济地位，为以家庭承包经营为基础，统分结合、双层经营的农村基本经营制度的建立奠定了基础。这一基本经营制度是中共十一届三中全会以来中共整个农村基本政策的核心内容，也是中共农村政策的基石（陈锡文等，2008）。

改革前的 20 多年，中国农村效仿苏联模式推行的集体农庄模式（杜润生，1998）极大制约了生产力与农业农村发展。至改革开放前，农民太穷、农产品供给严重不足已成为中国农村的主要问题，当时的农村甚至被认为是离谱的贫困与短缺并存（周其仁，2013）。1978 年，已经经历过“三起三落”的“包产到户”冲破政治、理论和思想障碍又一次在安徽崛起。由于能更好地调动积极性，这项改革释放了长期受到约束的巨大生产潜力，也在改革之初就展现出旺盛的生命力。1978 年当年，安徽省实行“包产到户”的生产队达到 1200 个；1980 年底，安徽全省实行“包产到户”“包干到户”的生产队已占到生产队总数的 70%。1980 年秋，全国实行双包到户的生产队占生产队总数的 20%，1981 年底扩大到 50%；到 1983 年底，全国有 1.75 亿农户落实了包产到户，占农户总数的 94.5%（陈吉元，1998；陈锡文等，2008）。至此，以家庭联产承包责任制为主要形式的各种农业生产责任制成为中国农业的主要经营形式。

家庭联产承包责任制在本质上是放松对农户经营自由的限制，使农户成为经济核算单位，通过以土地使用权和剩余分配权为对象的产权重新界定，改变了农民与土地、农民与集体的关系，在农户层面重建了农业生产的激励机制①。以实践为标准，中共政策转变助推了家庭联产承包责任制的建立和推广。1982 年 1 月 1 日，中共中央批转的《全国农村工作会议纪要》，即农村改革的第一个一号文件指出，家庭联产承包责任制“可以恰当地协调集体利益与个人利益，并使集体统一经营和劳动者自主经营两个积极性同时得到发挥”。1982 年 9 月，中共第十二次代表大会再一次肯定了包产到户的方向。1983 年 1 月，中共中央印发《当前农村经济政策的若干问题》，指出以家庭

① 诺斯（1992）将从狩猎、采集转到定居农业称为第一次经济革命，就是因为两种不同产权制度下人类行为的主要激励发生转变。从集体经营向家庭经营的转变也重构了中国农业生产的激励机制，对中国农业发展来说何尝不是一次革命。

联产承包责任制为主要形式的各种农业生产责任制的普遍实行是中国农村影响最深远的重大变化，家庭联产承包责任制使集体优越性和个人积极性同时得到发挥。

家庭联产承包责任制的建立也严重冲击了与集体经营紧密联系的人民公社制度。1960 年以后，以生产大队作为农村基本生产资料所有者和农村经济核算单位的“三级所有、队为基础”是人民公社的根本制度①。这一根本制度因家庭联产承包责任制的建立面临冲击。同时，家庭经济地位的确立、农民经营自由的放开，也迫切要求放松“政社合一”下基层政府对农村经营活动的管控。1983 年 10 月 12 日，中共中央、国务院正式发出《关于实行政社分开建立乡政府的通知》，要求政社分开、建立乡政府的工作大体上在 1984 年底以前完成。到 1985 年春，农村人民公社政社分开、建立乡政府的工作全部结束，农村人民公社体制正式终结。

（二）1985~2000 年：资源配置机制从计划向市场过渡

1985~2000 年是中国农村改革的第二阶段，是包括农产品与生产要素在内的资源配置机制从计划向市场过渡的阶段。1985 年，家庭联产承包责任制在中国农村占主导地位后，中央启动农产品流通体制改革，将农业体制改革的重点从理顺农民与集体的关系转向解决和理顺农民与国家的关系，进一步发挥市场在农业生产与流通中的作用。1992 年 10 月，中共十四大提出建设社会主义市场经济体制改革目标，农村改革也随之进入全面向市场经济转轨阶段。至 2000 年，初步建立起市场经济体制。其间，除了农产品流通体制改革，还推进了乡镇企业的发展与改革、农村劳动力流动制度改革和农村金融体制改革等。

1. 农产品流通体制改革

统购统销制度、户籍制度与人民公社制度被并称为重工业优先发展战略下的“三驾马车”（蔡昉，2009）。在统购统销制度下，价格不能反映供求关系，农民按计划任务生产并按规定价格把农产品卖给国家，农民的经营自由仍受到很大程度的约束，农民发展生产的积极性也受到很大抑制。1985 年，中央正式启动以进一步放活农民经营自由和进一步发展商品经济为取向

① 1960 年 11 月，中共中央发出《关于农村人民公社当前政策问题的紧急指示信》，强调“三级所有、队为基础，是现阶段人民公社的根本制度”（陈锡文等，2009）。

的农产品流通体制改革[①]。1985 年 1 月 1 日，中共中央、国务院发布《中共中央 国务院关于进一步活跃农村经济的十项政策》。文件规定，从当年起，“除个别品种外，国家不再向农民下达农产品统购统派任务”“任何单位都不得再向农民下达指令性生产计划”。自此，中国农产品购销体制由统购统销向“双轨制”转变。1984 年，国家直接统一收购的粮食占到粮食流通总量的 87.3%，到 1990 年，这一比重降至 37.1%。为推动粮食流通体制改革，国家同步实行最低保护价制度，又于 1991 年建立了专项粮食储备制度[②]。

农产品流通体制改革是进一步深化农业经济体制改革、激活农业生产潜力的必然要求，也是对工与农、城与乡、国家与农民利益关系的调整，是对农民平等经济权利的回归。统购统销制度下国家对价格的控制直接影响了农产品购销过程中的初次分配[③]，改革农产品统购统销制度，由市场根据实际供求关系确定农产品价格，就必然改变原来工与农、城与乡、国家与农民的利益格局。农产品流通体制改革也是政府消除财政负担的客观需要。改革开放之后，农产品购销价格倒挂导致巨额财政补贴，进入流通体制双轨制阶段，购销差价与财政补贴问题依然突出。1986~1991 年，财政对粮棉油价格补贴总额达到 1363 亿元，约为同期财政农业支出的 80%（陈吉元，1998）。

1992 年以来，在建立社会主义市场经济体制被确立为中国经济体制改革目标的背景下，农产品流通体制改革进一步深化，国家对粮食购销实行购销同价改革。1992 年 2 月，国务院发出《关于加快粮食流通体制改革的通知》。1993 年，全国范围内取消了实行 40 多年的粮食统购统销，价格随行就市，粮食供需完全由市场调节。农民及多种形式的市场中介组织作为独立的市场主体，在农产品流通中的地位日益提高。同时，为保障粮食专项贮备制度的运行，国家建立了粮食市场风险基金。1993 年之后，粮食流通和调控转向“保量放价”即保留粮食定购数量、价格随行就市的思路。

针对国家财政负担过重、国有粮食流通企业运行机制不完善、粮食产销区利益不均衡等问题，1998 年国家启动第三轮粮食流通体制改革。《中共中

① 中共十二大提出了“计划经济为主，市场调节为辅”的原则。中共十二届三中全会突破了把计划经济同商品经济对立起来的传统观点，提出商品经济是社会经济发展不可逾越的阶段，确认中国社会主义经济是公有制基础上有计划的商品经济。

② 参见《中共中央 国务院关于 1991 年农业和农村工作的通知》。

③ 陈吉元（1998）认为，农产品统购统销制度的本质特征是以商品买卖为名，对国民收入实行一次再分配。但是，笔者认为将统购统销界定为影响初次分配更为准确。

央 国务院关于1998年农业和农村工作的意见》提出实行政企分开、储备与经营分开、中央与地方责任分开、新老粮食财务挂账分开和完善粮食价格形成机制的改革思路。1998年5月，《国务院关于进一步深化粮食流通体制改革的决定》按“三项政策，一项改革”的思路正式启动改革，即实行顺价销售、农发行收购资金封闭运行、按保护价敞开收购农民余粮，深化国有粮食企业改革。按照规定，只有政府批准的，并且具有相应规模的粮食仓储设施和相应粮食检验及保管人员的国有粮食企业才能按国家有关规定从事粮食收购活动；粮食加工企业加工的小麦、玉米和稻谷只能从国有收储企业购买，不能直接向农民收购或到集贸市场购买。“三项政策、一项改革”试图确立国家对粮食流通的垄断，以维持较高的粮食收购和销售价格，进而在稳定粮食生产的同时缓解财政负担。但是，这一充满计划经济色彩的粮食流通体制改革，既不符合市场经济规律和粮食供求形势变化，也未能形成实现政策目标所需的垄断，还产生了保护价政策难以落实到位、财政负担迅速增加、国有粮食企业低效等突出问题。2001年之后，国家逐步放开粮食市场，粮食价格随行就市，收购经销主体日趋多元化。

2. 乡镇企业的发展与改革

乡镇企业的前身是人民公社时期的公社、生产大队或生产队创办的社队企业。20世纪70年代末以来，乡镇企业“异军突起”，成为国民经济的重要组织部分，对农村发展发挥了重要作用。对乡镇企业兴起的解释有的是从历史渊源的角度[①]，有的是从产权的角度[②]，但基本原因还是改革开放之后乡镇企业发展面临的环境和条件。首先，是农村剩余劳动力转移就业的客观需要。家庭联产承包经营制度改革后，在城乡分割与劳动力流动限制依然严格的情况下，通过工业化过程中的商品流动替代人口流动，将被释放出来的农村剩余劳动力资源禀赋转化为现实的经济优势，也解决了剩余劳动力转移与就业问题。其次，乡镇企业弥补了国民经济在产业结构上的空档，原来偏重重工业的发展模式为以轻工业为主的乡镇企业提供了发展空间。最后，乡镇企业从其起步之初就面临着市场竞争，对市场机制具有天生的适应性，具有更强的经营活力。

改革开放初期，农村家庭联产承包责任制的推行解放了农村生产力，为

---

① 胡必亮、郑红亮（1996）提出两点渊源：一是中国传统手工业与国民经济发展之间的紧密联系以及这种联系逻辑的历史延伸；二是中国共产党在战争年代将传统工业与农业紧密结合起来的经济政策选择。

② 参见 Weitzman 和 Xu（1994）。

社队企业的兴起提供了条件和动力。1984 年 3 月，《中共中央 国务院转发农牧渔业部和部党组关于开创社队企业新局面的报告的通知》正式将社队企业更名为乡镇企业，其范围包括“社（乡）队（村）举办的企业、部分社员联营的合作企业、其他形式的合作工业和个体企业”，并明确了乡镇企业的相关政策问题。随后，计划经济体制对乡镇企业设置的一些政策限制被逐步消除，大多数乡镇企业相继实施了各种形式的承包经营。1985 年 1 月，中共中央、国务院发布《中共中央 国务院关于进一步活跃农村经济的十项政策》，明确对乡镇企业实行信贷、税收优惠，鼓励农民发展采矿和其他开发性事业，严禁平调乡镇企业的财产。为积极扶持中西部乡镇企业发展，1995 年 2 月，国家组织实施了乡镇企业东西合作示范工程，计划用五年时间组织实施 1000 个东西合作示范项目，组建 100 对对口双边合作市、县，为中西部地区培养 1 万名技术骨干和厂长。

在此期间，乡镇企业在获得快速发展的同时，也面临一些突出的问题，包括政企不分、经营者权责不对称、对经营者的机会主义行为缺乏有效监督、农民作为资产所有者的权利不能得到保障等。因此，大量乡镇企业以推行股份合作制为主要形式，以实现政企分开，兼顾所有者、经营者、劳动者利益为目标，开展了产权制度改革。在社队企业改革初期，一些地方就零星出现了“以资代劳”或“以劳代资”的股份合作制雏形。1993 年，乡镇企业股份合作制改革全面推开。1997 年 1 月 1 日，《中华人民共和国乡镇企业法》实施，正式确立了乡镇企业作为一种企业类型的法律地位。同年 3 月，《中共中央 国务院关于转发农业部〈关于我国乡镇企业情况和今后改革与发展意见的报告〉的通知》明确提出，“采取多种形式，积极支持和正确引导乡镇企业深化改革，明晰产权关系”。之后，乡镇集体企业不断加快产权制度改革步伐，逐步转变为股份制和个体私营经济。在乡镇企业产权制度改革或股份合作制改造中，通常伴随着财产权利和分配关系的调整，一方面是集体资产流失对农民财产权利的侵害，另一方面是权利资本化、人力资本和社会资本的资本化的必然性（张晓山、苑鹏等，2003）。①

3. *农村劳动力流动制度改革*

中国长期实行城乡二元的户籍管理制度，国家对城乡人口流动实行控制或严格控制。对农村人口流动的控制既限制了农民的经济自由，也是对农民

① 在乡镇企业产权制度改革及后来的合作社制度改革、农村集体产权改革中，始终面临的问题是劳与资的关系，以及人力资本、社会资本的资本化的问题。

身份平等政治权利的否定，在发展上也带来了严重后果。人口流动限制打破了经济均衡的实现机制，导致经济增长没有带来相应的就业结构变化，城镇化严重滞后于经济发展水平，由此形成了相对发达的工业（城市）经济与极度落后的农村经济并存的二元结构。改革开放以来，中国对户籍制度及城乡人口流动限制的改革一直在逐步展开。在1985~2000年，户籍与人口流动制度改革主要集中在流动人口管理、农转非和小城镇户口制度等方面。

在流动人口管理方面，1985年7月，公安部制定实施了《关于城镇暂住人口管理的暂行规定》，对城镇暂住人口进行登记管理，并按照暂住时间分别发放《暂住证》和《寄住证》，新规定默认了从农村到城市自发的劳动力流动。之后，几乎所有的省市政府都在其权限范围内制定了管理暂住人口的地方性政策。1985年9月6日，居民身份证制度的正式实施为人口流动奠定了基础。

在农转非方面，改革开放初期国家对农转非的控制趋于放松，至1993年对农转非累计开了23个政策口子。从1996年7月1日起，公安部决定启用新的《常住人口登记表》和居民户口簿。1998年7月，《国务院批转公安部关于解决当前户口管理工作中几个突出问题意见的通知》针对新生婴儿落户、夫妻分居、老人投靠子女以及投资兴业、购买商品房等情况，放宽了农民进城落户的条件，使户籍制度进一步松动。从2000年起，广东、浙江和江苏等省份宣布取消农业户口与非农业户口，并废除农转非计划指标。

在小城镇户口制度方面，1984年10月，国务院发布《关于农民进入集镇落户问题的通知》，允许农民自理口粮进集镇落户，开始放松农民向集镇迁移的限制。之后，县级市和小城镇的户口政策开始逐步放松。1997年6月，国务院批转了公安部《小城镇户籍管理制度改革试点方案》，允许已在小城镇就业、居住并符合一定条件的农村人口办理城镇常住户口，其范围包括县（县级市）城区和建制镇的建成区。2000年6月，中共中央、国务院发布《关于促进小城镇健康发展的若干意见》，明确规定凡在小城镇有合法固定住所、稳定职业或生活来源的农民，均可根据本人意愿转为城镇户口，并保留其承包土地的经营权。这些政策措施的相继出台，标志着小城镇户籍制度改革已经全面展开。

4. 农村金融体制改革

为适应农村经济发展及农村金融业务扩展的需要，这一时期国家推进了多项农村金融体制改革，初步建立了满足不同层次金融服务需求的，以商业银行和合作金融为主体、民间金融为补充、多种金融机构并存的农村金融体系。

一是推进中国农业银行的商业化改革。中国农业银行是 1979 年 2 月恢复成立的专门从事农业和农村经济发展相关的金融服务的专业银行。1994 年，中国农业发展银行分设承担从农业银行剥离的国家粮棉油储备和农副产品合同收购、农业开发等政策性金融业务，并代理财政支农资金的拨付及监督使用。1995 年，《中华人民共和国商业银行法》颁布，正式启动了银行的商业化改革。1996 年，农村信用社与中国农业银行脱离行政隶属关系，农业银行开始从专业银行向商业银行体制转变。1998 年，为了保证粮棉油收购资金封闭运行，国家又将农业发展银行承担的扶贫开发和农业综合开发等政策性贷款划归中国农业银行。

二是恢复农村信用社的合作金融性质。为理顺信用社与国家银行关系，改变信用社指令式管理体制，1984 年 8 月国务院批转中国农业银行《关于改革信用社管理体制的报告》，提出要恢复和加强农村信用社组织上的群众性、管理上的民主性和经营上的灵活性，把信用社真正办成群众性的合作金融组织。但这次改革并没有取得显著效果，农村信用社还是采取自上而下的指令式计划管理方式。1993 年 12 月，国务院发布《国务院关于金融体制改革的决定》，提出将农村信用社联社从中国农业银行中独立出来，办成基层信用社的联合组织，并在此基础上有步骤地组建农村合作银行。1996 年 8 月，国务院出台《国务院关于农村金融体制改革的决定》，明确中国农业银行不再领导管理农村信用社，将恢复农村信用社的合作性质作为农村信用社改革的重点，其核心是把农村信用社逐步改为由农民入股、由社员民主管理、主要为入股社员服务的合作性金融组织。

三是清理整顿农村合作基金会。农村合作基金会是 20 世纪 80 年代中期发展起来的。早在 1993 年，《国务院关于金融体制改革的决定》就明文规定，“农村合作基金会不属于金融机构，不得办理存、贷款业务，要真正办成社区内的资金互助组织”。但在实际经营中，相当一部分农村合作基金会以招股名义高息吸收存款，并将筹集资金用于发放贷款，违规经营金融业务。同时，政府和乡镇企业借款为主的不良资产也给合作基金会带来巨大负担和金融风险。1996 年 8 月，国家明确提出对农村合作基金会进行清理整顿，整顿后其金融业务可并入农村信用社，或者停止办理存贷款业务。1999 年 1 月，国务院办公厅转发整顿农村合作基金会工作小组《清理整顿农村合作基金会工作方案》，在全国范围内统一取缔农村合作基金会，到 2000 年底，成立十多年的农村合作基金会完全关闭。

（三）2001~2012 年：新型城乡关系初步确立和发展

新中国成立后长期存在的城乡关系、工农关系失衡，导致了城乡发展差距不断扩大和日益突出的“三农”问题出现。进入 21 世纪，随着国家经济实力和综合国力的显著增强，中国进入了城乡关系的重要转折时期。自 2000 年农村税费改革开始，国家按照“多予少取放活”的指导方针深化改革，加快转变城乡关系。2002 年，中共十六大报告正式提出要以统筹城乡经济社会发展的思路来解决好“三农”问题。2003 年，中共十六届三中全会通过的《中共中央关于完善社会主义市场经济体制若干问题的决定》将统筹城乡发展放在“五个统筹”之首。自 2003 年以来，中央一号文件连续聚焦“三农”问题。2005 年，中央启动社会主义新农村建设。自 2006 年 1 月 1 日起，《中华人民共和国农业税条例》废止。2012 年，中共十八大报告明确提出加快完善城乡发展一体化体制机制，推动“形成以工促农、以城带乡、工农互惠、城乡一体的新型工农、城乡关系”。这个阶段，通过农村税费改革实现“少取”，通过农村社会事业改革、农业支持保护制度、农民权利保护等实现“多予”和统筹发展，有力促进了城乡发展一体化。

1. *农村税费改革扭转国家与农民的取予关系*

新型城乡关系中的“少取”主要体现在通过税费改革减轻农民负担。农村实行家庭联产承包制度以后，农民的税费负担开始显性化。1985 年乡镇财政的建立及 1993 年分税制改革都加剧了农民负担，除了缴纳农业税，基层政府还通过“三提五统”“两工”（指农村义务工和劳动积累工）等形式把收支缺口转嫁给农民以维持运转。由于缺乏严格的法律约束和有效的监督，扩大收费项目与搭车收费引起的乱收费、乱集资、乱罚款问题普遍。

农村税费改革采取从试点到全面推进的方式。2000 年 3 月，中共中央、国务院下发《中共中央、国务院关于进行农村税费改革试点工作的通知》，在自愿的前提下，在安徽省进行了改革试点。2001 年，江苏省全省及其他省区的 102 个县（市）加入试点。2002 年 3 月，《国务院办公厅关于做好 2002 年扩大农村税费改革试点工作的通知》将农村税费改革试点省份扩大到 16 个，截至 2002 年底，实际在 20 个省份全面展开试点。2003 年 9 月，农村税费改革试点基本上已经全面推开。

最初，农村税费改革主要集中在规范税费征收、减轻农民负担方面。在此基础上，鉴于征税成本已远高于征税收入，同时也是落实“多予少取”、增加农民收入的要求，农村税费改革开始向降低直至取消农业税的方向转变。2004 年，中央一号文件《中共中央 国务院关于促进农民增加收入若干政策的意见》提出当年农业税税率总体上要降低 1 个百分点，同时取消除烟叶外的农业特产税。同年 12 月发布的《中共中央 国务院关于进一步加强农村工作提高农业综合生产能力若干政策的意见》进一步扩大农业税免征范围和加大减征力度。2005 年 12 月 29 日，第十届全国人大常委会第十九次会议做出自 2006 年 1 月 1 日起废止《中华人民共和国农业税条例》的决定。自此，延续了 2600 多年的农业税正式退出历史舞台，城乡关系、国家与农民的关系发生了根本性的变化。

2. 农业支持保护制度的建立和发展

新型城乡关系中的“多予”首先体现在国家大力增加农业投入上。为调动农民生产积极性、扭转粮食生产连年下滑的局面①，国家逐步建立起包括农业补贴制度、最低收购价制度等在内的农业支持保护政策体系，同时加大对畜牧业等非粮食生产的支持，增加农业科技投入，促进现代农业发展。

为保护农民种粮积极性，国家先后推出了“四项补贴”，包括种粮直接补贴、农作物良种补贴、农机购置补贴和农资综合补贴。2001 年 7 月，《国务院关于进一步深化粮食流通体制改革的意见》提出“选择一两个县（市）进行将补贴直接补给农民的试点”，以优化粮食风险基金使用结构。2002 年，安徽省和吉林省部分县市率先开展了种粮直接补贴试点，随后其他省份纷纷跟进，至 2006 年已扩大到全国全部省份，补贴品种也涵盖了主要粮食作物（朱福守、蒋和平，2016）。为加快良种推广和先进适用农业机械的应用，国家从 2002 年开始组织实施了农作物良种补贴，2004 年又启动了农机购置补贴试点，随后迅速推广扩大到全国。2006 年，为避免柴油、化肥等生产资料价格上涨对农业生产的影响，国家从石油特别收益中拿出资金发放农资综合补贴。除了补贴，2004 年，中央财政还开始对农业保险试点给予支持，减少农业风险给农民带来的损失。

在深化粮食流通体制改革方面②，国家一方面推进农产品购销市场化改革，全面放开粮食收购和销售市场，充分发挥市场在配置粮食资源和粮食价格形成中的作用；另一方面开始实行最低收购价制度，消除价格波动风险，稳定农民粮食生产的收入预期。2004 年春播前，国家出台最低收购价政策，

① 1998 年以后，粮食产量连续五年下降，2003 年下降超过 5%。

② 2001 年 7 月，国务院发布《国务院关于进一步深化粮食流通体制改革的意见》，启动新一轮粮食流通体制改革。2004 年 5 月，国务院发布《粮食流通管理条例》，提出“国家鼓励多种所有制市场主体从事粮食经营活动，促进公平竞争”“粮食价格主要由市场供求形成”。

并发布稻谷最低收购价执行预案。2005 年，中国第一次启动稻谷最低收购价执行预案。2006 年，国家又启动小麦最低收购价执行预案。2007 年，国家启动玉米临时收储制度。

同时，国家对畜牧业生产也加大支持力度。2007 年，为促进生猪生产、稳定猪肉价格，国家先后发布《国务院关于促进生猪生产发展稳定市场供应的意见》和《国务院办公厅关于进一步扶持生猪生产稳定市场供应的通知》，启动实施了能繁母猪补贴和母猪政策性保险，同时加强生猪良种繁育体系、疫病防控体系和标准化规模养殖建设，对生猪调出大县给予奖励。2008 年，国家安排专项投资用于支持奶牛标准化规模养殖，奶牛保险被列入中央财政农业保险补贴范围。

3. 农村社会事业改革的全面推进

新型城乡关系的一个重要体现，就是国家先后普及农村义务教育，建立新型农村合作医疗、新型农村社会养老保险和农村最低生活保障制度等，使农民平等享受基本社会公共服务与社会保障的权利开始得到实现。

一是农村义务教育逐步实现公共财政全面保障。2001 年，中国开始对农村义务教育阶段贫困家庭学生实行“两免一补”（“免杂费、免书本费、逐步补助寄宿生生活费”）政策。2003 年 9 月，国务院发布《关于进一步加强农村教育工作的决定》，要求落实农村义务教育“以县为主”管理体制并加大投入。2005 年 12 月，国务院下发《关于深化农村义务教育经费保障机制改革的通知》，决定逐步将农村义务教育全面纳入公共财政保障范围，全部免除农村义务教育阶段学生学杂费，对贫困家庭学生免费提供教科书并补助寄宿生生活费。2006 年 6 月 29 日，第十届全国人大常委会第二十二次会议对《中华人民共和国义务教育法》进行了修订，在法律上明确义务教育不收学费、杂费，标志着中国农村义务教育事业改革取得突破性进展。

二是新型农村合作医疗制度的建立和全覆盖。2002 年 10 月，中共中央、国务院做出《关于进一步加强农村卫生工作的决定》，明确提出积极组织引导农民建立以大病统筹为主的新型农村合作医疗制度，同时对农村贫困家庭实行医疗救助。2003 年，国家在 304 个县（区、市）启动新型农村合作医疗制度试点。2006 年，试点县（区、市）达到 1451 个。到 2009 年，新型农村合作医疗制度已经实现全覆盖，参合率达到 94%。2009 年 3 月，中共中央、国务院发布《关于深化医药卫生体制改革的意见》，确立了新型农村合作医疗在城乡居民基本医疗保障体系中的重要地位，明确提出探索建立城乡一体化的基本医疗保障管理制度。

三是新型农村社会养老保险的建立和全覆盖。2009 年 9 月，国务院颁布《关于开展新型农村社会养老保险试点的指导意见》，确定自 2009 年起开始试点，探索建立个人缴费、集体补助、政府补贴相结合的新型农村社会养老保险（以下简称新农保）制度。新农保与老农保①的根本区别在于明确了公共财政在保费筹资中的责任，具有社会保险的性质。新农保试点实际进展远快于预期。2011 年 4 月，国务院决定将试点覆盖范围从 40% 提高到 60%。2012 年 6 月，国家再次批复 23 个省（区）新增 862 个试点县，至此，全国所有县级行政区全部纳入新农保覆盖范围，农村居民人人享有养老保险成为现实。

四是农村最低生活保障制度的建立。2006 年 10 月，《中共中央关于构建社会主义和谐社会若干重大问题的决定》提出“逐步建立农村最低生活保障制度”，当年中央农村工作会议则明确提出在全国范围建立农村最低生活保障制度。2007 年 7 月，国务院颁布《关于在全国建立农村最低生活保障制度的通知》，决定 2007 年在全国建立农村最低生活保障制度，投入以地方财政为主，中央财政对困难地区给予适当补助。之后，农村最低生活保障制度朝着提高保障水平和将符合条件的农村贫困家庭全部纳入低保范围、做到应保尽保的方向继续完善。

4. 户籍制度改革与农民权利保护

为促进城乡人口合理流动，加快农业转移人口市民化进程，2001 年以来，中国以小城镇为切入点，加快了户籍制度改革的步伐。2001 年 3 月，国务院批转了公安部《关于推进小城镇户籍管理制度改革的意见》，将小城镇中不同类型的户口如蓝印户口、地方城镇居民户口、自理口粮户口等统一登记为城镇常住户口，对办理小城镇常住户口的人员不再实行计划指标管理。2006 年 1 月，《国务院关于解决农民工问题的若干意见》提出要深化户籍管理制度改革，“中小城市和小城镇要适当放宽农民工落户条件；大城市要积极稳妥地解决符合条件的农民工户籍问题”。由于农民工进入小城镇和部分中小城市定居落户的障碍已经不大，户籍制度改革的难点在大城市，郑州、上海、重庆、成都等大城市进行了有益的探索。2011 年 2 月，国务院办公厅发出《关于积极稳妥推进户籍管理制度改革的通知》，提出了分类户口迁移

---

① 1992 年，国家民政部在试点的基础上颁布实施《农村社会养老保险基本方案》，在全国范围内开展农村社会养老保险（以下简称老农保）。但是，老农保运行过程中出现了诸多问题，1999 年国务院下发《国务院批转整顿保险业工作小组保险业整顿与改革方案的通知》，要求清理整顿老农保并暂停开展新业务。

政策，即按照合法稳定职业、合法稳定住所（含租赁）、参加社保年限、共同居住等标准，解决中小城市和建制镇外来人口落户问题，同时继续合理控制直辖市、副省级市和其他大城市人口规模。

在保障农民工合法权益方面，2004 年，中央一号文件提出“改善农民进城就业环境”；国务院办公厅发布了《关于进一步做好改善农民进城就业环境工作的通知》，要求继续清理对企业使用农民工的行政审批、取消对农民进城就业的职业工种限制；劳动和社会保障部发出了《关于农民工参加工伤保险有关问题的通知》，明确凡是与用人单位建立劳动关系的农民工，用人单位必须及时为他们办理工伤保险手续；财政部则要求清理取消针对农民进城就业的不合理收费。2006 年，国务院发出《关于解决农民工问题的若干意见》，提出从清理工资拖欠、调整最低工资标准、保障劳动者权益、推进工伤和大病保险、保障农民工子女平等接受义务教育权利等 10 个方面保障农民工权益。2006 年 7 月，多部委联合发布《关于印发统筹城乡就业试点工作指导意见的通知》，要求彻底废除针对农村和外来劳动力的就业限制，取消针对农村和外来劳动力的行政收费，保障城乡劳动者享有平等就业的机会。《中华人民共和国劳动合同法》和《中华人民共和国社会保险法》的先后实施，为保障农民工权益提供了法律保障。

（四）2012 年以来：农村改革全面深化

中共十八大以来，中国进入了全面深化改革的新时期。2013 年 11 月，中共十八届三中全会通过《中共中央关于全面深化改革若干重大问题的决定》，提出了全面深化改革的指导思想、目标任务和重大原则。在此背景下，中国农村改革也突出综合配套和全面深化的特征，由单兵突进向综合改革转变，在抓住主要矛盾的基础上强调改革的系统性和整体谋划。这一时期，改革的重点主要集中在完善精准扶贫体制机制、深化农村集体产权制度和农业供给侧结构性改革等方面。

1. 建立完善精准扶贫体制机制

2012 年以来，中国农村扶贫开发进入以精准扶贫为中心的扶贫新阶段。2013 年 11 月，习近平在湘西考察时做出“实事求是、因地制宜、分类指导、精准扶贫”的指示。2014 年 1 月，中共中央办公厅、国务院办公厅印发《关于创新机制扎实推进农村扶贫开发工作的意见》，提出国家制定统一的扶贫对象识别办法，再对识别出的贫困村和贫困户建档立卡。同年 4 月，国务院扶贫办印发《扶贫开发建档立卡工作方案》，明确了贫困户、贫困村、贫困县和连片特困地区建档立卡的方法和步骤。同年 5 月，国务院扶贫办等部门联合出台《建立精准扶贫工作机制实施方案》，提出精准识别、精准帮扶、精准管理和精准考核“四个精准”。

2015 年 6 月和 10 月，习近平又先后对农村扶贫工作提出“六个精准”要求和“五个一批”思路。其中，“六个精准”分别是扶贫对象精准、项目安排精准、资金使用精准、措施到户精准、因村派人精准、脱贫成效精准，涵盖从扶贫到脱贫的全过程；“五个一批”包括发展生产脱贫一批、易地扶贫搬迁脱贫一批、生态补偿脱贫一批、发展教育脱贫一批、社会保障兜底一批，囊括扶贫、脱贫各种路径（檀学文、李静，2017）。同年 11 月，中共中央、国务院发布《关于打赢脱贫攻坚战的决定》，提出“构建专项扶贫、行业扶贫、社会扶贫互为补充的大扶贫格局”和“把精准扶贫、精准脱贫作为基本方略”，要求省、市、县、乡、村五级书记一起抓扶贫，党政“一把手”同为第一责任人，并且要层层签订责任书，层层落实责任制，把扶贫开发工作实绩作为选拔使用干部的重要依据。为把脱贫攻坚任务落实到“最后一公里”，该决定还要求加强贫困乡村与贫困村领导班子建设，要求向贫困村精准选配第一书记，精准选派驻村工作队。2016 年 11 月，国务院印发《“十三五”脱贫攻坚规划》，对“十三五”脱贫攻坚的目标和任务进行了总体部署，进一步丰富和完善了扶贫的手段和实现途径。

随着脱贫攻坚的推进，国家还建立和完善了贫困退出机制。2016 年 4 月，中共中央办公厅、国务院办公厅联合印发《关于建立贫困退出机制的意见》，明确了贫困人口、贫困村以及贫困县的退出标准和程序，其中贫困人口退出以收入和“两不愁三保障”为标准，贫困村和贫困县退出以贫困发生率为主要标准，辅以村级集体收入等其他条件。为提高扶贫资金使用效率，有关部门还制定实施了《中央财政专项扶贫资金管理办法》《财政专项扶贫资金绩效评价办法》《扶贫项目资金绩效管理办法》等。目前，中国特色的脱贫攻坚制度体系已经全面建立。

2. 深化农村集体产权制度改革

农村集体产权制度改革的核心是探索社会主义市场经济条件下农村集体所有制经济的有效组织形式和经营方式，其关键是在保护农民集体经济组织成员权利的基础上界定和明晰集体经营性资产、承包地和宅基地等的产权归属，通过完善权能赋予农民更多财产权利。中共十八大以来，中国加快了以农村集体经营性资产、承包地和宅基地为重点的农村集体产权制度改革步伐。《中共中央关于全面深化改革若干重大问题的决定》明确提出：“赋予农民更多财产权利”“依法维护农民土地承包经营权，保障农民集体经济组织成员权利，保障农户宅基地用益物权，慎重稳妥推进农民住房财产权抵押、担保、转让试点”。2015 年 1 月，《国务院办公厅关于引导农村产权流转交易市场健康发展的意见》将农户承包土地经营权、农村集体经营性资产等纳入农村产权交易范围。同年 11 月，中共中央办公厅、国务院办公厅印发《深化农村改革综合性实施方案》，把农村集体产权制度改革作为深化农村改革的五大领域之一，其重点包括农村土地制度改革、农村集体资产确权到户和股份合作制改革等。2016 年 12 月，中共中央、国务院发布《关于稳步推进农村集体产权制度改革的意见》，提出通过改革“逐步构建归属清晰、权能完整、流转顺畅、保护严格的中国特色社会主义农村集体产权制度，保护和发展农民作为农村集体经济组织成员的合法权益”“落实农民的土地承包权、宅基地使用权、集体收益分配权和对集体经济活动的民主管理权利，形成有效维护农村集体经济组织成员权利的治理体系”。

（1）推进承包地产权制度改革。在产权关系方面，2014 年 11 月，中共中央办公厅、国务院办公厅印发《关于引导农村土地经营权有序流转发展农业适度规模经营的意见》，提出“坚持农村土地集体所有，实现所有权、承包权、经营权三权分置，引导土地经营权有序流转”。2016 年 10 月，中共中央办公厅、国务院办公厅印发《关于完善农村土地所有权承包权经营权分置办法的意见》，提出按照“落实集体所有权，稳定农户承包权，放活土地经营权”思路形成“三权分置”格局。

为明晰产权关系，2014 年国家在山东、安徽、四川 3 个整省和 27 个整县开展农村土地承包经营权确权登记颁证，2015 年再增加 9 个省（区）开展整省试点。为稳定承包关系与预期，2017 年 10 月，中共十九大报告明确提出第二轮土地承包到期后再延长 30 年。2018 年 2 月，《中共中央国务院关于实施乡村振兴战略的意见》也提出“衔接落实好第二轮土地承包到期后再延长 30 年的政策”的要求。

为完善承包地产权权能、促进经营权流转，2015 年 12 月，第十二届全国人民代表大会常务委员会第十八次会议通过决定授权国务院在北京市大兴区等 232 个试点县（市、区）行政区域，暂时调整实施《中华人民共和国物权法》《中华人民共和国担保法》关于集体所有的耕地使用权不得抵押的规定，依法开展承包地经营权抵押试点。2016 年 10 月，国务院印发《全国农业现代化规划（2016~2020 年）》，明确提出在有条件的地方稳妥推进进城落户农民土地承包权有偿退出试点。

（2）推进宅基地产权制度改革。2014 年 12 月，中共中央办公厅和国务院办公厅联合印发《关于农村土地征收、集体经营性建设用地入市、宅基地制度改革试点工作的意见》，提出探索宅基地自愿有偿退出机制，“现阶段不得以退出宅基地使用权作为农民进城落户条件。允许进城落户农民在本集体经济组织内部自愿有偿退出或转让宅基地”。2015 年 2 月，经第十二届全国人大常委会第十三次会议审议通过，决定在试点区域暂时调整实施土地管理法关于宅基地审批权限的规定。同年 12 月，经全国人大常委会授权，国务院在天津市蓟县等 59 个试点县（市、区）行政区域暂时调整实施《中华人民共和国物权法》《中华人民共和国担保法》关于集体所有的宅基地使用权不得抵押的规定。2018 年 2 月，在总结各地宅基地制度改革试点经验的基础上，《中共中央 国务院关于实施乡村振兴战略的意见》提出宅基地“三权分置”改革，要求“探索宅基地所有权、资格权、使用权‘三权分置’，落实宅基地集体所有权，保障宅基地农户资格权和农民房屋财产权，适度放活宅基地和农民房屋使用权”。

（3）推进农村集体经营性资产改革。近年来，国家开始加快推进农村集体经营性资产改革，主要内容包括清产核资、确定集体经济组织成员、明晰产权归属、推进股份合作制、完善集体资产股份权能和集体经济运行机制等，以维护农民合法权益、增加农民财产性收入，让广大农民分享改革发展成果。2014 年 11 月，经中共中央、国务院审议通过，农业部、中央农办、国家林业局联合印发《积极发展农民股份合作赋予农民对集体资产股份权能改革试点方案》，并于 2015 年 5 月安排在全国 29 个县（市、区）开展试点，到 2017 年底结束。2015 年 12 月，《中共中央 国务院关于落实发展新理念加快农业现代化实现全面小康目标的若干意见》提出到 2020 年基本完成经营性资产折股量化到本集体经济组织成员。2016 年 12 月，《中共中央 国务院关于稳步推进农村集体产权制度改革的意见》又明确提出将推进集体经营性资产改革作为农村集体产权制度改革的重点任务，要求着力推进经营性资产确权到户和股份合作制改革，并提出以发展股份合作等多种形式的合作与联合为导向，探索集体经济新的实现形式和运行机制。2017 年，农业部和中央农办确定在全国 100 个县（市、区）开展农村集体产权制度改革试点，试点周期为两年；2018 年又确定在 3 个整省、50 个地市、150 个县（市、区）开展试点工作。为赋予集体经济组织市场主体地位，2017 年 3 月通过的《民法总则》明确了农村集体经济组织的特殊法人地位。

3. 推进农业供给侧结构性改革

随着中国农业发展的主要矛盾由总量不足转变为结构性矛盾，2015 年 12 月召开的中央农村工作会议明确提出了推进农业供给侧结构性改革的战略任务。2016 年 12 月 31 日，中共中央、国务院发布了《关于深入推进农业供给侧结构性改革加快培育农业农村发展新动能的若干意见》（即 2017 年中央一号文件），对深入推进农业供给侧结构性改革的目标、方向和路径进行了全面部署。有关部门也制定实施了一系列改革措施，调整和优化农业供给结构，提高农业供给质量和效率。除了前述的农村集体产权制度改革，相关措施主要集中在以下几个方面：

（1）调整和优化农业供给结构。根据粮食供求状况，2015 年中央一号文件《中共中央 国务院关于加大改革创新力度加快农业现代化建设的若干意见》提出支持青贮玉米和苜蓿等饲草料种植，开展"粮改饲"和种养结合模式试点，促进粮食、经济作物、饲草料三元种植结构协调发展。当年，农业部在全国 30 个县试点"粮改饲"。同年 11 月，农业部发布《关于"镰刀弯"地区玉米结构调整的指导意见》，提出到 2020 年"镰刀弯"地区玉米种植面积减少 5000 万亩以上，重点发展青贮玉米、大豆、优质饲草、杂粮杂豆、春小麦、经济林果和生态功能型植物等。2016 年，"粮改饲"试点范围扩大到整个"镰刀弯"地区和黄淮海玉米主产区 17 个省区的 121 个县。2018 年，"粮改饲"试点地区进一步扩大到 431 个县。2017 年，中央一号文件还提出按照稳粮、优经、扩饲的要求，加快构建"粮经饲"协调发展的三元种植结构。

（2）积极发展农业适度规模经营。大力培育新型农业经营主体和服务主体，发展多种形式的适度规模经营，是推进农业供给侧结构性改革的重要途径。2014 年 2 月，农业部发布《关于促进家庭农场发展的指导意见》，明确提出探索建立家庭农场管理服务制度，引导承包土地向家庭农场流转，重点鼓励和扶持家庭农场发展粮食规模化生产。2015 年 3 月，在总结河北、山东、浙江、广东四省综合改革试点经验的基础上，中共中央、国务院发布《关于深化供销合作社综合改革的决定》，通过强化基层社和创新联合社治理机制提升供销合作社为农服务能力。2017 年 5 月，中共中央办公厅、国务院办公厅印发《关于加快构建政策体系培育新型农业经营主体的意见》，从财政税收、金融信贷、基础设施、保险支持、营销市场、人才培育等方面，提出了支持新型农业经营主体发展政策体系。同年 12 月 27 日，第十二届全国人大常委会第三十一次会议审议通过《中华人民共和国农民专业合作社法》

的修订，包括取消“同类”限制、扩大服务类型、明确联合社的法律地位等。

（3）完善农产品价格形成机制。近年来，以粮食流通体制和农产品价格形成机制为重点，国家继续深化以市场化配置资源为导向的改革。2014 年，国家在全国范围内取消棉花、大豆临时收储政策，价格由市场决定。同时，启动东北和内蒙古大豆、新疆棉花目标价格补贴试点。2015 年 11 月，中共中央办公厅、国务院办公厅印发《深化农村改革综合性实施方案》，提出“根据各类主要农产品在国计民生中的重要程度，采取‘分品种施策、渐进式推进’的办法，完善农产品价格形成机制”“改进农产品市场调控方式，避免政府过度干预”。2016 年，国家正式取消实行 8 年的玉米临时收储制度，按照市场定价、价补分离的原则，建立市场化收购加补贴的新机制。在此过程中，国家推进系列改革逐步消除农产品流通与价格形成过程中的行政干预，包括修订《粮食流通管理条例》《中央储备粮管理条例》等。

（4）健全农业绿色发展体制机制。近年来，国家积极实施绿色兴农战略，依靠体制机制创新促进农业绿色发展。2013 年 3 月，国务院发布《关于促进海洋渔业持续健康发展的若干意见》，着力解决近海捕捞过度和环境污染加剧等问题。从 2015 年 1 月 1 日起，国家对渔业油价补贴进行改革，将补贴政策调整为专项转移支付和一般性转移支付相结合的综合性支持政策，目标是到 2019 年将国内捕捞业油价补贴降至 2014 年补贴水平的 40%，从而有效控制捕捞强度、优化捕捞作业结构。2015 年 2 月，农业部实施了《到 2020 年化肥使用量零增长行动方案》和《到 2020 年农药使用量零增长行动方案》，明确到 2020 年主要农作物化肥施用量和农药施用总量实现零增长，目前“双零增长”目标已经提前实现。2017 年 3 月，国务院发布《关于建立粮食生产功能区和重要农产品生产保护区的指导意见》，划定粮食生产功能区 9 亿亩，重要农产品生产保护区 2.38 亿亩。同年 9 月，中共中央办公厅、国务院办公厅印发《关于创新体制机制推进农业绿色发展的意见》，明确提出了推进农业绿色发展的目标任务、实现途径和保障措施。

（5）完善财政和金融支持体系。在财政方面，2016 年 5 月，财政部、农业部印发《关于全面推开农业“三项补贴”改革工作的通知》，将种粮直接补贴、农作物良种补贴和农资综合补贴合并为农业支持保护补贴，用于支持耕地地力保护和粮食适度规模经营。2017 年，国家出台大豆目标价格政策，对大豆实行市场化收购加补贴的新机制，国家对大豆生产给予补贴。同年 12 月，国务院发布了《关于探索建立涉农资金统筹整合长效机制的意见》，明确了2018~2020年涉农资金统筹整合的目标和任务。为促进农业机械化全程全面高质高效发展，农业部、财政部发布《2018~2020年农机购置补贴实施指导意见》，决定从2018年开始对补贴范围内机具实行敞开补贴。在金融方面，早在2013年11月，中央就提出“发展普惠金融”的目标。2015年12月，国务院发布《推进普惠金融发展规划（2016~2020年）》。同时，为引导地方法人银行业金融机构扩大涉农信贷投放、降低“三农”融资成本，2015年2月中国人民银行印发《中国人民银行支农再贷款管理办法》。2017年5月3日，国务院常务会议明确要求大型商业银行要设立普惠金融事业部，服务“三农”。

二、中国农村改革的成就与基本经验

40年来，中国农村改革采取了从单领域到全方位、从点到面、从试点到推广的渐进式推进方式，这种渐进式改革符合中国的国情特点，也正是由于这种渐进式的改革，极大地激发了农民的积极性和农村发展活力，并保持了农村经济社会发展的稳定，使中国农村改革与发展取得了巨大的成就。中国农村改革的经验表明，唯有改革创新才是推动农村全面发展和繁荣的根本动力。

（一）农村改革取得的巨大成就

中国农村40年改革取得了巨大的成就。在农业方面，各项农村改革的不断深化，极大地解放了农业生产力，促进了农业快速发展，有效保障了国家粮食安全。首先，农产品市场与劳动力、土地、金融等要素市场全面发展，市场开始在资源配置中发挥决定性作用，农产品供需关系与价格主要由市场决定，农民的积极性得到极大调动。其次，形成了符合中国国情和农业生产特点的农村基本经营制度。在坚持集体所有、家庭承包经营的基础上，各类新型农业经营主体大量涌现，农业生产方式正在经历邓小平所论述的农业的第二个飞跃①。农业社会化服务和农民合作社等的快速发展，促进了小农户与现代农业生产方式、与大市场的对接。最后，发展现代农业的政策体系逐步健全，农业支持保护制度日益完善，现代农业产业体系、生产体系、

---

① 1990年3月，邓小平在谈到农业问题时指出：“中国社会主义农业的改革和发展，从长远的观点看，要有两个飞跃。第一个飞跃是废除人民公社，实行家庭联产承包为主的责任制。这是一个很大的前进，要长期坚持不变。第二个飞跃是适应科学种田和生产社会化的需要，发展适度规模经营，发展集体经济。这又是一个很大的前进，当然这是很长的过程。”（邓小平，2008）

经营体系加快形成，农业与第二、第三产业融合发展稳步推进。在各项改革的推动下，中国农业综合生产能力和供给保障能力不断增强，各种农产品供应日益丰富，实现了由“吃不饱”到“吃得饱”的转变，现在又开始由“吃得饱”向“吃得好、吃得健康、吃得安全”转变。1978~2017 年，中国粮食产量由 3.05 亿吨增加到 6.18 亿吨，增长 1.03 倍，人均粮食产量由 317 公斤增长到 445 公斤，自 2010 年以来连续 8 年超过国际公认的 400 公斤安全线。

在农村方面，随着新农村建设、美丽乡村建设、农村生态文明建设的相继推进以及乡村振兴战略的实施，中央和各级地方政府加大了农村基础设施和公共服务投入，公共财政的阳光逐步照耀到广大农村，农村经济社会发展步伐加快，农村面貌发生了翻天覆地的变化。40 年来，公共财政在农村的投入大幅增加，农村交通、邮电、通信、网络、电力、供水等基础设施显著改善，教育、文化、医疗、卫生等社会事业全面发展，农村基本公共服务供给大幅增加。据第三次全国农业普查数据，截至 2016 年末，全国已有 99.3%的村通公路，99.7%的村通电，99.5%的村通电话，82.8%的村安装了有线电视，89.9%的村通宽带互联网，81.9%的村有卫生室，73.9%的村生活垃圾集中处理或部分集中处理。与农村经济、社会发展相适应，乡村治理改革加快推进，各地探索形成了一批各具特色的乡村治理模式，农村基层民主得到较好的贯彻落实，乡村治理能力和水平明显提升，与社会主义市场经济体制和集体所有制相适应的农村经济社会管理体制正在形成，夯实了党在农村的执政基础。

在农民方面，中央不断加大强农惠农富农政策力度，自 2003 年以来连续出台 16 个一号文件支持“三农”发展，农民各项经济、社会和政治权利得到显著提升与保障，农村居民收入和生活水平大幅提升，正在加快实现从温饱向全面小康的历史跨越。1978~2017 年，农村居民人均可支配收入从 133.6 元增加到 13432.4 元，增长了 99.5 倍，年均实际增长 7.73%，比城镇居民高 0.46 个百分点。农民收入的持续快速增长和基本公共服务水平的稳步提升，尤其是城乡居民养老、医疗等社会保障制度的逐步并轨，大幅提高了农民生活和福祉水平。1978~2017 年，全国农村居民消费水平从 138 元提高到 11704 元，年均实际增长 6.90%，比城镇居民高 0.54 个百分点；这期间，农村居民恩格尔系数从 67.7%迅速下降到 31.2%。按照第三次农业普查资料，2016 年末，全国 99.5%的农户拥有自己的住房，平均每百户拥有手机 244.3 部，彩色电视机 115.2 台，电冰箱 85.9 台，淋浴热水器 57.2 台，空调 52.8 台，电脑 32.2 台，小汽车 24.8 辆。同时，精准扶贫与全面建成小康社会的努力将农民共享发展成果落到实处；农村集体产权制度改革等赋予了农民更多的财产权利，财产权利更有保障，财产权能更加完善；乡村治理体制改革提升了农民对农村公共事务的参与权、决策权与监督权。

在城乡关系方面，近年来稳步推进的一系列改革和相关政策措施，正在逐步破除导致二元结构的制度性因素，城乡融合发展的步伐不断加快，城乡收入和消费水平差距趋于缩小。按人均可支配收入计算，中国城乡居民收入比从 2007 年的峰值 3.14 下降到 2017 年的 2.71；而城乡居民消费水平比也从 2000 年的峰值 3.65 下降到 2017 年的 2.65（见图 1-1）。这表明，中国城乡差距已越过倒“U”形变化的顶点，进入持续稳定缩小的新时期。特别是，随着户籍制度和要素市场化改革逐步深化，农业转移人口市民化以及城市资本、技术、人才下乡的进程不断加快，城乡要素市场一体化水平大幅提升，日益呈现出城乡要素双向流动的趋势。同时，随着公共财政逐步向农村倾斜，近年来城市公共资源和公共服务向农村延伸的步伐加快，有力地促进了城乡基本公共服务与社会事业发展的均等化进程。截至 2017 年底，全国实现义务教育发展基本均衡的县累计达到 2379 个，占全国总数的 81%；有 11 个省（市）整体实现了义务教育均衡发展目标。

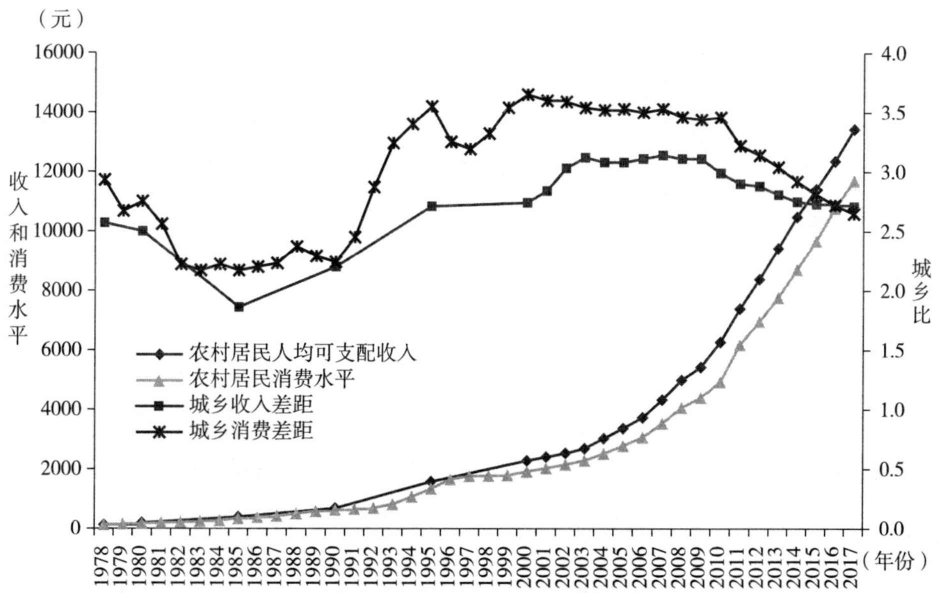

图 1-1　1978~2017 年中国城乡居民收入和消费水平差距的变化

资料来源：根据《中国统计年鉴》（2018）和《中国统计摘要》（2018）绘制。

中国农村改革取得的巨大成就，对世界农业农村发展做出了巨大贡献。具体体现在以下三个方面：一是对保障世界粮食安全的贡献。2014年，中国仅用不到世界7.5%的耕地，解决了占世界18.9%的人口吃饭问题，对保障全球粮食安全和促进世界农业发展做出了巨大贡献。2017年，中国谷物自给率为98.04%，为确保谷物基本自给、口粮绝对安全奠定了坚实基础。二是对世界减贫的贡献。按照2010年标准（2300元，2010年不变价），中国农村贫困人口从1978年的77039万人下降到2017年的3046万人，共减少了7.4亿人，农村贫困发生率从97.5%下降到3.1%，中国农村贫困人口减少对世界减贫的贡献率超过70%（李培林、魏后凯，2016）。三是对世界城镇化的贡献。1978~2017年，中国农业就业人口比重从70.5%下降到27.0%，城镇化率从17.92%提高到58.52%，实现了6.41亿人的城镇化，平均每年新增城镇人口1644万人，城镇化率年均提高1.04个百分点。这种大规模的快速城镇化和农业劳动力转移在世界上是绝无仅有的。其中，1995~2010年，中国新增城镇人口3.18亿人，占世界新增城镇人口的31.7%（魏后凯、闫坤，2018）。

（二）农村改革积累的基本经验

持续深化改革是推动中国农村40年发展的根本动力。与财政体制等领域的改革一样（高培勇，2018），中国农村改革始终是国家整体改革的一个重要组成部分，既服从于整体改革，也服务和推动整体改革，这是中国农村改革从基本经营制度改革向全面深化改革推进的基本逻辑主线。从以上梳理的改革实践过程来看，中国农村改革之所以能够取得巨大成就，主要有四个基本经验。

第一，坚持市场化改革方向，通过市场化解决中国农业农村现代化的资源配置机制和市场主体激励问题。40年的实践经验表明，虽然农业属于弱质产业，农村属于发展中的薄弱环节，需要政府加大扶持力度，但农村改革必须坚持市场化的方向，要通过深化改革全面激活要素、主体和市场，激发农村发展的内生活力和动力。从早期的家庭联产承包责任制改革、乡镇企业发展与改革、农产品流通体制和农村劳动力流动制度改革，到随后的农村金融改革和农村集体产权制度改革，再到最近的城乡融合发展体制机制创新，这一系列的市场化改革措施明晰了农村产权和分配关系，促进了市场开放和要素流动，完善了价格形成机制，理顺了农民、集体与政府在市场中的功能和关系，从而使农村经济体制逐步向“发挥市场在资源配置中的决定性作用”

趋近，对解放和发展农村生产力发挥了根本作用，为农业农村现代化提供了坚实的体制机制保障。

第二，坚持“维护农民经济利益、保障农民政治权利”这个基本主线，确保农民是农村改革与发展的受益主体。围绕这一基本主线，40 年来通过稳定并完善以家庭承包经营为基础、统分结合的双层经营体制，确立了农户作为市场经营主体的地位，恢复了农民的最基本经济权利；通过农业支持保护制度的建立和完善，为农民经济利益和收入增长提供保障；通过农村劳动力流动制度改革，赋予农民自由迁徙、自由择业的发展权利；通过农村集体经济组织运行机制和产权制度改革，厘清了村党支部、村委会和村集体经济组织的关系，扭转了集体经济发展中农民主体缺位问题，确保了农民对集体经济发展的知情权、参与权、决策权、监督权和收益分配权，在坚持集体所有制的基础上赋予农民更多财产权利和更完整的财产权能；通过乡村治理体制改革，强化农村基层民主，改善了农村社会管理，使农民能够享有对农村社会经济事务的知情权、参与权、决策权和监督权。实践表明，确保农民是农村改革与发展的参与者、受益者，促进了农村经济社会的协调同步发展，为农村改革与发展的持续推进奠定了坚实的社会基础。

第三，坚持破除城乡之间、工农之间等各个维度上的二元结构，让农民分享国家发展成果。破除二元结构，构建新型工农城乡关系，让农民充分分享发展成果和更有获得感，是农村改革的重要目标之一。改革以来，中国破除二元结构是从局部到全面渐次展开的。户籍制度与劳动力流动制度改革保障了农民最基本的平等发展权利；自 2000 年农村税费改革开始，取消农业税及建立农业补贴制度等重大改革标志着国家与农民之间的关系从“多取少予”向“多予少取”转变；农村最低生活保障制度、新型农村合作医疗制度、新型农村社会养老保险制度等的建立以及随后的城乡并轨，推动了城乡社会保障一体化的进程；农村土地征收、集体经营性建设用地入市和宅基地制度改革，扩大了农民财产权利，促进了农民分享工业化、城镇化的红利。这一系列改革的相继推进，促使城乡关系从分割到统筹，再到一体化和融合发展的方向转变。全方位破除二元结构，构建城乡融合发展的体制机制，将为实现农业农村现代化和乡村全面振兴提供制度保障。

第四，坚持基层创新与顶层设计相结合的农村改革“方法论”，有利于把握改革的方向并取得实效。从家庭联产承包责任制到乡镇企业改革，再到农村改革试验区和农村“三变”（资源变资产、资金变股金、农民变股东）改革等，中国农村的许多重大改革是首先发端于基层创新，通过先行探索、试点试验和经验总结，然后在全国范围内推广实施。实践证明，发挥农民的积极性、创造性，确保农民是改革的推进者，往往是农村重大改革取得突破的关键。但是，单纯依靠基层创新是远远不够的。随着改革的不断深化，农村改革涉及的领域越来越广泛，所触及的深层问题日益复杂，因而需要加强顶层设计，明确改革的目标、时序安排、实施路径和相关配套政策。40 年的经验表明，中国农村改革要想取得成功，就必须采取自下而上与自上而下相结合的方法，通过试点试验将基层创新与顶层设计有效衔接起来。只有这样，才能充分调动基层的积极性，发挥农民的主动性和创造性，同时把握改革的正确方向，避免犯一些颠覆性的错误。

（三）农村改革面临的挑战

中国农村 40 年改革虽然取得了巨大的成就，并积累了一些基本经验，但随着改革的不断深化，一些深层次的矛盾和问题日益暴露出来，如农民的主体地位未得到充分发挥、农村要素市场发育严重滞后、缩小城乡差距的任务依然十分艰巨、农村环境问题与结构性矛盾突出等。这些矛盾和问题如不尽快加以解决，将会制约农村改革的成效，成为改革需要突破的瓶颈。

1. 农民的主体地位未得到充分发挥

整体而言，保障和提升农民的经济利益、政治权利作为主线贯穿于 40 年中国农村改革之中。但是，从实际改革进程看，农民在政治与经济方面的主体地位至今尚未得到充分发挥，这既表明改革不够深入，也成为改革成效提升的制约因素。在政治方面，一是农民的公民权利不能得到公平对待。农民自由迁徙和就业的权利曾长期受到限制，农村公共产品供给长期缺失或大幅落后于城市，进入城市的农民也不能平等享受城市基本公共服务。二是农民在乡村治理中的权利未能得到充分保障。由于乡村治理机制仍不健全，缺乏对村干部的有效制衡机制，农民对村集体重大事务的知情权、决策权、参与权和监督权尚不能得到充分保障。在经济方面，一是农民不能平等分享城镇化带来的土地增值收益。长期以来，由于土地制度改革与城乡一体化土地市场建设滞后，农村集体所有的建设用地不能直接转让用于住房或工商业开发，只能由地方政府低价将农村土地征收转为国有土地后再高价卖出。二是农民对集体经济的权益和权利尚不能得到充分保障。由于农村集体产权制度改革滞后，农村集体经济长期面临产权不清、权责不明、政经不分等问题，农民参与和监督集体经济经营的成本高，不能合理分享集体经济发展的收益，农民作为所有者在集体经济治理中长期缺位往往导致集体经济蜕变为

“干部经济”。此外，农民对集体经济的产权缺乏完整的权能，由于缺乏交易与退出补偿机制，成为进城农民市民化的制约因素。三是市场化进程中农民的分配地位低。由于未能充分提高农民的组织化程度，在进入市场的过程中农民与资本往往处于不对等地位，难以分享产业增值收益，农民进入产业链上下游的能力也较弱。

2. 农村要素市场发育严重滞后

相对于产品市场改革步伐，农村要素市场发育严重滞后，成为制约农业农村现代化的重要因素。首先，户籍制度及其他配套制度改革滞后，严重影响了农民工市民化进程，损害了农民工群体及其家属的发展权益。近年来，虽然全国各地均取消了农业户口与非农业户口的区分，但隐含在其上的各种福利差别并未完全消除。尤其在一些大城市，大多采取带有歧视性的积分落户办法，落户条件苛刻，真正落户的只是极少数；而各地持居住证所享受的基本公共服务目前仍非常有限。其次，土地制度改革滞后。在承包地方面，承包地产权与流转机制等改革仍不能满足新型农业经营主体发育、农业适度规模经营发展的需要，农业生产方式转变与农业现代化的土地制度基础尚未完全建立。在农村宅基地方面，由于产权权能不完整、缺乏市场化流转机制等原因，农村宅基地与住房的市场价值不能显现，财产功能无法发挥，并导致村庄人口减少与村庄占地扩张并存、宅基地低效利用与新增住房需求不能得到满足并存的问题，提高农村宅基地利用效率的制度基础与激励机制缺乏。在集体经营性建设用地方面，虽然 2013 年《中共中央关于全面深化改革若干重大问题的决定》提出“在符合规划和用途管制前提下，允许农村集体经营性建设用地出让、租赁、入股，实行与国有土地同等入市、同权同价”，但是城乡土地市场一体化进程缓慢，农村集体经营性建设用地入市仍然只是少数试点地区数量有限的试验行为。最后，农村金融制度改革滞后，农村金融供给与普惠金融发展目标差距较大。一方面，农村金融供给紧张局面长期存在，二元结构下的金融制度曾导致农村资金大量外流，当前农业农村的金融供求在总量和结构上仍面临失衡，农户金融抑制现象依然普遍；另一方面，农村产权制度改革滞后，由于处置权能不完善，承包地、农房及集体经营性建设用地的抵押、担保等功能无法发挥。

3. 缩小城乡差距的任务依然十分艰巨

自 1985 年随着国家体制改革的重点从农村转向城市，国家政策也长期偏向城市，农业农村发展没有得到足够重视，导致农村基础设施和公共服务严重滞后，农民收入增长缓慢，城乡差距在一段时期内甚至呈扩大趋势。

2003 年以来，在中央强农惠农富农政策的支持下，虽然城乡差距已出现逐步缩小的态势，但至今仍维持在较高水平，缩小城乡差距、实现城乡基本公共服务均等化的任务依然十分艰巨。首先，在教育、医疗、卫生、社会保障等基本公共服务供给方面，国家长期实行的是以城乡分割的户籍制度为基础的城乡有别的制度安排，导致农村基本公共服务供给严重不足。近年来，虽然随着新型农村社会养老保险、新型农村合作医疗等制度的建立及城乡并轨，公共财政对农村公共服务的覆盖范围不断扩大，农村公共服务供给水平得到明显提升，但由于农村公共服务欠账过多，城乡基本公共服务均等化还远未实现。其次，资金投入长期不足导致较差的农村人居环境，远不能满足农村居民日益增长的美好生活需要。第三次全国农业普查数据显示，2016 年末，全国农村仍有 82. 6%的村庄生活污水未得到集中处理或部分集中处理，67. 7%的村庄没有幼儿园、托儿所，45. 1%的村庄没有执业（助理）医师，40. 8%的村庄没有体育健身场所，38. 1%的村庄内部的主要道路没有路灯，几乎所有的村庄均没有地下管网，仍有 52. 3%的农户尚未使用经过净化处理的自来水，48. 2%的家庭使用普通旱厕或无厕所，44. 2%的农户使用柴草作为主要生活能源。

4. 农村环境问题与结构性矛盾突出

在人多地少的资源约束下，为实现确保国家粮食安全（口粮绝对安全）和满足城乡居民不断增长的消费需求，中国农业长期实行的是以粮食为核心、主要依靠化学农业支撑产量增长的增产导向型政策（魏后凯，2017）。由此带来了两个方面的突出问题：第一，农业面源污染问题日益突出。在增产导向型政策下，一方面靠化肥、农药等持续地大量、过量使用实现连续增产，另一方面农村环境管理薄弱，甚至是粗放松懈。长期过量使用化肥、农药以及规模化畜禽养殖产生的大量排泄物，导致了严重的耕地板结、土壤酸化、环境污染等问题。近年来，尽管在国家政策的推动下，中国化肥和农药使用量已开始下降，农业废弃物的资源化利用水平也有所提高，但化肥、农药使用强度仍高于国际公认的安全上限，更远高于世界平均水平，农业面源污染形势依然严峻。第二，农业生产及供需的结构性问题突出。增产导向型政策虽然刺激了农产品产量增长，保障了农产品供给和国家粮食安全，但并没有从根本上解决一些深层次的结构性问题。从供需角度看，这种结构性问题集中体现在：一是以粮食增产为核心的政策导致农产品结构单一，与城乡居民消费结构多元化的趋势不匹配；二是缺乏优质优价的价格引导机制导致优质产品缺乏，与城乡居民对高品质产品的需求不匹配；三是价格扭曲导致资源配置低效，生产结构与资源禀赋特征和边际生产效率不匹配。

三、对未来深化农村改革的展望

当前，中国特色社会主义进入了新时代，中国经济已由高速增长转向高质量发展。在新时代，面对新的国际国内经济形势，为根本破解农业农村发展面临的深层次矛盾和问题，加快推进农业农村现代化进程，促进中国由农业大国向农业强国转变，实现乡村全面振兴目标，中国的农村改革不能采取单项推进、零敲碎打的办法，而必须坚持基层创新与顶层设计相结合，继续采取综合配套、整体推进的全面深化改革方式。要依靠全面深化改革，充分调动农民和基层的积极性，全面激发农业农村发展的内生活力和动力。在未来加快推进农业农村现代化的新征程中，改革创新依然是引领农业农村发展的第一动力。

（一）全面深化农村集体产权制度改革

全面深化农村改革的关键是加快农村集体产权制度改革。为盘活农村集体资源资产，增加农村集体经济活力，在坚持集体所有制的基础上，继续探索社会主义市场经济体制下集体所有制的有效实现形式。一是在城乡融合发展及城乡要素双向流动的背景下，继续深化农村集体资产股份量化改革。要在法律上明确农村集体经济组织成员身份的原则、程序、标准、条件等，赋予并确保有效实现农民对集体资产股份占有、收益、转让、有偿退出及抵押、担保、继承等更加完整的财产权能，同时规范农村产权交易，逐步扩大产权交易半径和股权转让范围，促进农村资产产权合理有序流动。二是进一步完善集体经济组织运营机制，提高集体资产经营管理的市场化程度，明晰村集体经济组织与村委会在集体经济运营管理中的关系，明确村集体经济组织在村公共产品供给中的责任。三是增强和保障土地的财产属性，赋予农民土地承包经营权和宅基地使用权更加完整的权能。在承包地所有权、承包权、经营权以及宅基地所有权、资格权、使用权“三权分置”框架下，全面放活农村土地经营权，进一步放活宅基地和农民房屋使用权，加快农村集体经营性建设用地入市和土地征收制度改革，通过市场交易加快建立进城落户农民承包地、宅基地退出长效机制，切实让农民更多分享土地增值收益。四是探索混合所有制经济在农村的实现形式，鼓励集体经济发展中引入社会资本。

（二）建立健全城乡融合发展的体制机制

打破城乡分割的二元结构，建立健全城乡融合发展的体制机制，是实现农业农村现代化和乡村全面振兴的制度保障。要继续破除城乡二元结构的制度性因素，围绕城乡要素双向流动与平等交换、城乡公共资源均衡配置、城乡社会治理一体化等目标，加快推进城乡融合发展的体制机制创新。构建城乡统一的户籍登记制度，取消城乡居民的身份差别，推动户籍内含的各种权利和福利制度的综合配套改革，实现公民身份和权利的平等。建立包括土地统一登记、地政统一管理的城乡统一的土地管理制度；建立城乡统一的土地市场，包括建立城乡统一的建设用地制度、规范农村集体经营性建设用地入市和流转、保障农民宅基地用益物权，探索逐步将农民宅基地纳入城乡统一的建设用地市场的途径。建立城乡统一的公共服务体系，加快城市基础设施和公共服务向农村延伸，按农业转移人口市民化、实现城乡和区域间基本公共服务接轨的思路，加快推进城乡基本公共服务均等化。从城乡分治向城乡同治转变，探索建立城乡统一的社会治理体系，包括建立有利于城乡社会治理一体化的行政区划制度、城乡统一的社会救济救助制度和城乡一体的社区治理体系等（魏后凯，2016）。

（三）加快推进农业发展体制机制创新

转变农业生产方式，发展现代高效农业，必须加快农业发展体制机制创新。一是以完善农产品流通体制和重要农产品价格形成机制为重点，深入推进农业市场化改革，更好发挥市场在资源配置中的决定性作用，促进资源优化配置。要围绕农业供给侧结构性改革的方向与要求，以提升农业供给体系质量、效率和竞争力为核心，优化农业生产与资源、市场的匹配关系，完善农业产业体系、生产体系和经营体系。二是积极培育新型经营主体和服务主体，充分发挥其在现代农业发展中的引领带动作用。要支持引导新型主体开展多样化的适度规模经营和社会化服务，尤其是发展粮食规模化生产以及产前、产中、产后服务；鼓励新型主体之间的联合与合作，促进不同类型的新型农业经营主体和服务主体融合发展，构建主体多元、服务方式多元的农业社会化服务体系；继续深化合作社制度改革，以提质为重点，以股份合作制为导向，加快合作社联合与合作步伐，实现促进发展与强化监管并举。三是建立健全小农户支持政策体系，加快推动小农户与现代农业发展有机衔接。目前，中国 96%的农户经营耕地规模在 2 公顷以下，属于典型的小规模主导型类型（魏后凯，2017）。未来中国的小农户将长期存在，关键是如何通过建立小农户支持政策体系，包括投资刺激、财政补贴、金融支持、保险服务、技术培训等，将小农户引入现代农业发展体系中，小农户将主要精力集中在少数优势生产环节，而良种、机耕、播种、施肥、植保、收割、销售、物流等环节都可以通过新型主体的社会化服务来解决。四是要进一步完善农业支持与保护制度，核心是全面推进涉农资金统筹整合使用，调整优化农业补贴方式，并加大对粮食主产区的支持力度。

（四）构建农民增收和减贫的长效机制

乡村振兴的落脚点是生活富裕，而生活富裕的关键在农民增收。加快推进农业农村现代化，实现乡村全面振兴，必须长短结合、多措并举，构建一个主要依靠本地产业支撑的农业农村导向型农民增收和减贫长效机制（魏后凯，2018）。一是依靠体制机制创新推动实现乡村产业兴旺，促进农民收入持续增长。要完善财政、税收、金融等支持政策，进一步发挥农业的多功能性，按照第一、第二、第三产业融合发展思路，促进农业产业链延伸及农业与旅游、文化、教育、康养、电商、物流等产业深度融合；同时，引导构建多形式利益联结机制，促进农民更多分享产业增长收益。二是实行乡村振兴与扶贫攻坚联动，做到长短结合。在扶贫攻坚中，要把乡村振兴的理念和措施贯穿全过程，注重产业培育、内生活力激发和农民增收长效机制建设；在乡村振兴中，要把贫困户脱贫致富和低收入户收入增长放在首位，着手建立农村减贫的长效机制，切实降低已脱贫农户的返贫率。三是在打好精准脱贫攻坚战的基础上，统筹谋划 2020 年之后的国家减贫新战略。要集中力量抓好深度贫困地区精准脱贫和贫困县摘帽工作，争取高质量完成 2020 年农村贫困人口如期脱贫目标。在此基础上，要立足第二个百年目标，尽快研究制定 2020 年后新的国家贫困标准，更加注重相对贫困和多维贫困，全面统筹城乡贫困治理，推动实现由绝对贫困治理向相对贫困治理、由收入贫困治理向多维贫困治理、由单纯农村贫困治理向统筹城乡贫困治理的转变（魏后凯，2018a）。

（五）大力推进乡村治理体制机制创新

实现乡村全面振兴，需要建立一个更加有效、充满活力、多元共治的乡村治理新型机制，走中国特色的乡村善治之路。一是深化乡村治理体系创新。要坚持自治为基、法治为本、德治为先，明确自治、法治、德治的边界、功能和作用，积极探索三者结合的有效实现形式，构建自治、法治、德治有机结合的乡村治理体系。这种“三治”结合的乡村治理体系，是一种符合中国国情和农情特点的，更加完善有效、多元共治的新型乡村治理体系。二是探索乡村善治的有效实现形式。善治就是良好的治理。中国村庄数量众多、类型多样，各个村庄的情况千差万别。要鼓励各村庄大胆创新，积极探索乡村善治的有效实现形式，形成各具特色的乡村治理模式。浙江宁海的小微权力清单、象山的“村民说事”，广东南海的“政经分离”、顺德的“政社分离”、佛山的乡贤治理，湖北秭归的“幸福村落”等都是这方面的有益探索。三是进一步完善村民自治机制。乡村治理有效的关键，就在于确立村民的主体地位，充分发挥其主体作用，真正让村民当家做主。要进一步健全村民自治的参与机制，完善村民自治章程，充分发挥村规民约的作用，强化村务公开和监督管理，确保村民民主权利得到充分的实现。四是加快乡村治理配套制度改革。重点是理顺政社、政经关系，加快培育农村社会组织，建立和完善农村公共品的多元化供给机制和长效管理机制。

（六）完善农业农村绿色发展的体制机制

推进农业农村现代化，必须贯彻绿色发展理念，以绿色兴农和美丽乡村建设为重点，完善农业农村绿色发展的体制机制。在绿色兴农方面，要实施化肥、农药减量行动计划，建立健全化肥、农药减量的经济激励机制，分阶段、分品种、分区域推进化肥和农药使用从零增长逐步向减量使用转变；建立总量控制与强度控制相结合的管理体制，推动化肥和农药使用总量和使用强度实现“双下降”，并逐步稳定在安全合理的适宜区间（魏后凯，2018b）；合理确定各农产品的化肥使用强度控制标准，按照强度控制标准、耕地面积、作物种类、复种指数等因素科学确定各地区化肥使用权数量，积极探索化肥使用权交易制度；进一步深化补贴制度改革，加大对有机肥替代化肥、生物防治替代农药等的支持力度，消除要素价格和产品价格扭曲导致的农用化学品过量使用。创建有利于粪污资源化利用的环境与机制，完善畜禽养殖污染监管制度和规模养殖环评制度，探索粪污集中处理的规模化、专业化、社会化运营机制，构建种养循环生产模式的激励机制。在美丽乡村建设方面，要加强乡村规划，突出乡村功能和村庄特色，遵循乡村发展规律，保护好乡村良好的自然环境，打造山清水秀、环境优美的田园风光，建设生态宜居的人居环境，让农村更像农村；按照全面小康的要求和更高的标准，坚持数量与质量并重，加强农村道路、通信、自来水、燃气、垃圾和污水处理、教育、医疗卫生、文化体育等公共设施建设，加大农村环境综合治理力度，尤其要加大农村垃圾、污水治理力度，推进农村“厕所革命”，建设功能完备、服务配套、美丽宜居的新乡村；改变长期形成的“重建轻管”传统思维，把农村基础设施和公共服务设施的长期有效管护提升到重要的战略高度，实行建管并重，加快建立职责明确、运转高效的管护长效机制和多元化的成本分担机制，要设定地方政府将土地出让金收益统筹用于农村公路、水利、生活垃圾和污水处理等基础设施建设养护的最低比例。

第二章　巩固和完善农村基本经营制度

中国改革开放从农村起步，农村改革从改变农业集体化时期的农业经营方式开始，进而逐步形成和确立了“以家庭承包经营为基础、统分结合的双层经营体制”的中国农村基本经营制度。本章的内容包含以下几个部分：第一部分阐述农村基本经营制度的形成、确立和完善的演变。第二部分总结农村基本经营制度演变的经验。第三部分分析巩固和完善农村基本经营制度面对的挑战和问题。第四部分是关于巩固和完善农村基本经营制度的对策措施。

一、农村基本经营制度的演变

“以家庭承包经营为基础、统分结合的双层经营体制”这一农村基本经营制度经历了形成、确立和完善三个阶段。

（一）农村基本经营制度的形成

1. 恢复家庭经营

1949 年以前，中国农业实行的是以土地私有和家庭经营为基础，与自给自足为主的自然经济相适应的基本经营制度。新中国成立以后，在全国范围内实行土地改革，无地、少地农民得到了土地。到 1953 年初，土地改革基本完成。之后，从组织带有社会主义萌芽性质的临时互助组和常年互助组，发展到以土地入股、统一经营为特点的半社会主义性质的初级农业生产合作社，再进一步建立土地和主要生产资料归集体所有的完全社会主义性质的高级农业生产合作社。这是与国家工业化战略和执政党意识形态相适应的农业基本经营制度（李周，2017）。农民在集体所有的土地上以生产队为单元，集中劳动，取得工分，进而按照每户的工分及人口数量，分配劳动成果。但这种经营制度的效率低下，农产品一直处于短缺状态，数亿农民尚未解决温饱问题。

20 世纪 70 年代后期，在四川、贵州、内蒙古、安徽等省区的边远山区及贫困地区，农民自发变革人民公社体制，采取了包产到组、包产到户、包产到劳以及包干到户等多种形式的生产责任制。包产的目的在于解决农业生产中劳动的贡献度量及监督问题，承包者人数越少，劳动贡献度量越准确，但包产避免不了分配中的平均主义问题。包干则将劳动成果与分配直接联系，意味着劳动者获得了自己劳动力的排他性使用权和收益权，从而较好地解决了人民公社体制中长期存在的激励难题。包产到组、包产到户、包产到劳、包干到户等责任制实施意味着统一生产、统一经营、统一分配的人民公社体制发生了松动，部分作业甚至大部分农业生产过程出现了分散经营现象。

包产到户、包干到户是农业实行集体经济体制后农民应对经济困难的措施。国家对这种做法由最初不准包产到户转变为不赞成但容忍它作为例外予以存在，再转变为认同它、支持它。1978 年 12 月 22 日，中共十一届三中全会通过的《中共中央关于加快农业发展若干问题的决定（草案）》明确提出："可以按定额计工分，可以按时计工分加评议，也可以在生产队统一核算的前提下，包工到作业组联系产量计算劳动报酬，实行超产奖励。不许包产到户，不许分田单干。"1980 年中共中央印发的《关于进一步加强和完善农业生产责任制的几个问题》，肯定了定额计酬的小段包工和联产计酬的包工包产责任制，并鼓励推行专业承包联产计酬责任制，认为那些边远山区和贫困落后的地区，长期"吃粮靠返销，生产靠贷款，生活靠救济"的生产队，群众对集体经济完全丧失了信心，可以包产到户，并可以包干到户。1982 年中央一号文件论证了包产到户、包干到户的社会主义性质，并提出土地等基本生产资料公有制和农业生产家庭承包责任制都长期不变的主张。该文件提出，"截至目前，全国农村已有百分之九十以上的生产队建立了不同形式的农业生产责任制；大规模的变动已经过去，现在，已经转入了总结、完善、稳定阶段"。

家庭联产承包责任制在促进增产增收、解决吃饭问题和贫困问题等方面的效果极为明显。1978 年，中国粮食总产量 6095 亿斤，1984 年达到了 8146 亿斤，增长了 33.7%；人均粮食占有量从 1978 年的 633 斤增加到了 1984 年的 781 斤，增加了 23.4%；农民人均纯收入从 1978 年的 134 元增长到了 1984 的 355 元，扣除价格因素后实际增长了 1.5 倍，年均增长 16.2%。1978 年，中国农村贫困人口（标准为收入 100 元/人・年）为 2.5 亿人，贫困发生率为 30.7%；到 1985 年农村贫困人口下降为 1.25 亿人（标准为收入 206 元/人・年），贫困发生率降为 14.8%（陈锡文，2018）。

2. 建立统分结合的双层经营体制

实行家庭承包制后面临着如何解决一家一户办不好、不好办的事情。中央政策要求采用统分结合的办法，由农村集体经济组织解决这一问题。

1983 年中央一号文件《当前农村经济中的若干政策问题》着重阐释联产承包责任制是“马克思主义农业合作化理论在我国实践中的新发展”和“我国农民的伟大创造”这两个论断。该文件提出，联产承包制采取了统一经营与分散经营相结合的原则，使集体优越性和个人积极性同时得到发挥。文件明确提出了统分结合的双层经营体制，要求“以分户经营为主的社队，要随着生产发展的需要，办好社员要求统一办的事情，如机耕、水利、植保、防疫、制种、配种等，都应统筹安排，统一管理，分别承包，建立制度，为农户服务”。这宣告了农村双层经营体制在农村的全面推行。

1984 年中央一号文件提出了“社会服务”这一概念。该文件提出，“必须动员和组织各方面的力量，逐步建立起比较完备的商品生产服务体系，满足农民对技术、资金、供销、储藏、加工、运输和市场信息、经营辅导等方面的要求”。1986 年中央一号文件提出，“有些地方没有把一家一户办不好或不好办的事认真抓起来，群众是不满意的。应当坚持统分结合，切实做好技术服务、经营服务和必要的管理工作”。中央政策把统一经营的主体长期定位于农村集体经济组织，要求集体经济组织“增强服务功能，解决一家一户难以解决的困难”。

（二）农村基本经营制度的确立

1993 年，中共中央、国务院在《关于当前农业和农村经济发展的若干政策措施》中明确指出，“以家庭联产承包为主的责任制和统分结合的双层经营体制，是我国农村经济的一项基本制度”。1998 年中共十五届三中全会通过了《中共中央关于农业和农村工作若干重大问题的决定》，该决定将“以家庭联产承包为主的责任制和统分结合的双层经营体制”，修改为“以家庭承包经营为基础、统分结合的双层经营体制”。这一表述不仅更符合中国农村发展的现实，而且更加强调了家庭经营的独立地位并使其权利更加完整。此后，以家庭承包经营为基础、统分结合的双层经营体制的表述在《中华人民共和国宪法》（1999 年修正案）和《中华人民共和国农村土地承包法》（2002）中以法的形式固定下来，成为中国农村最基本的经营制度。2008 年，中共十七届三中全会通过的《中共中央关于推进农村改革发展若干重大问题的决定》，则将农村基本经营制度确定为“中共农村政策的基石”。当年的中央一号文件提出，“坚持和完善以家庭承包经营为基础、统分结合的双层经营体制。这是宪法规定的农村基本经营制度，必须毫不动摇地长期坚持，在实践中加以完善”。

（三）农村基本经营制度的完善

任何政策和制度都不是一成不变的，而是应随着社会形势的变化不断调整。随着农业现代化和城镇化的推进，农业人口大量流出，以家庭承包经营为基础、统分结合的双层经营体制这一农村基本经营制度受到的冲击不断加大。党和政府顺应社会经济条件的变化，出台了多种政策措施，不断完善农村基本经营制度。

1. 稳定农业家庭承包责任制

土地是农业生产中最主要的生产资料。土地制度对农业生产方式的选择具有决定性影响，从而成为农村基本经营制度的核心。改革开放 40 年来，党和政府通过清晰土地权利的归属，尤其是保障农民土地承包经营权并赋予其占有、使用、收益、流转等各种权能，稳定农业家庭承包责任制。

一是不断延长土地承包期。在最开始实行家庭承包制时，中央并没有明确土地的承包期。在实际操作层面，有的地方把承包期限规定为 3~5 年，有的地方则采取一年一调整的办法。承包期限的不确定性导致了农民怀疑家庭承包制是否会长久。为了回应农民的疑虑，1984 年中央一号文件提出了承包期限问题，该文件指出，“延长土地承包期，鼓励农民增加投资，培养地力，实行集约经营”；“土地承包期一般应在十五年以上。生产周期长的和开发性项目，如果树、林木、荒山、荒地等，承包期应当更长一些”。1993 年又将土地承包期再延长 30 年。中共十九大报告指出，保持土地承包关系稳定并长久不变，第二轮土地承包到期后再延长 30 年。

二是赋予农民土地承包经营权更加完整的权能。土地承包经营权是农村实行家庭承包制后农民才有的权利。但在家庭联产承包责任制初期，土地承包经营权是附属于集体所有权的一种类似于租赁权的债权。1987 年施行的《民法通则》将其规定为效力更为稳定的物权。1998 年中共十五届三中全会明确提出，“依法赋予农民长期而有保障的农村土地使用权”，从政策层面明确终结以经济责任为特征、具有债权性质的土地承包关系，取而代之的是依法赋权的新型土地承包关系。2002 年出台《农村土地承包法》，通过明确扩大承包期限、严格限制集体调整土地等方式进一步强化了承包人的权利，以法律形式赋予了农民对承包土地的占有、使用、收益和被征地享有补偿的权利。2007 年《物权法》颁布实施，进一步明确土地承包经营权是用益物权。中共十七届三中全会进一步做出决定，“赋予农民更加充分而有保障的土地承包经营权，现有土地承包关系要保持稳定并长久不变”。

三是严格限制集体调整土地。村集体是农村土地的所有权主体，相应地就拥有发包土地、调整土地的权力。为了保护农民土地承包经营权不受侵害，党和国家的政策及法律严格限制集体调整土地。《农村土地承包法》第 26 条规定：“承包期内，发包方不得收回承包地。”第 27 条规定：“承包期内，发包方不得调整承包地。”第 35 条规定：“承包期内，发包方不得单方面解除承包合同，不得假借少数服从多数强迫承包方放弃或者变更土地承包经营权，不得以划分‘口粮田’和‘责任田’等为由收回承包地搞招标承包，不得将承包地收回抵顶欠款。”

四是实行农村土地三权分置。改革开放后，中国农村土地实行集体所有权与农户承包经营权的“两权分离”。随着工业化、城镇化的深入发展，农民大量转移，农村土地的承包主体和经营主体不断分离。为了更好地适应这一客观趋势，2013 年以来，中央提出，在坚持农村土地集体所有的前提下，促使承包权和经营权分离，形成所有权、承包权、经营权三权分置，经营权流转的格局。中共十八届五中全会提出，要稳定农村土地承包关系，完善土地所有权、承包权、经营权分置办法，依法推进土地经营权有序流转，构建培育新型农业经营主体的政策体系。2016 年 10 月底，中共中央办公厅、国务院办公厅印发《关于完善农村土地所有权承包权经营权分置办法的意见》，要求各地区各部门结合实际认真贯彻落实。

2. 培育和发展新型农业经营主体

家庭经营解决了集体经济组织内部的劳动监督、成果计量和激励问题，但经营也存在诸多问题：一是规模小、地块分散的小农户生产的资源配置效率低；二是小农户与市场对接困难；三是在工业化、城镇化背景下，青壮年劳动力进城打工后农业生产经营者的老龄化、兼业化现象突出。针对这些问题，改革开放之初，党和政府鼓励农民流转土地承包经营权，培育与发展专业大户、家庭农场、农民专业合作社、龙头企业等新型农业经营主体，完善农村基本经营制度。目前，全国范围内超过 1/3 的承包农地已经和正在参与流转。在流转的土地中，约 42%[①]流转给了新型农业经营主体。这些新型农

① 根据《中国农业统计年鉴》（2016）统计数据计算得出。家庭承包耕地流转总面积减去流转入农户的面积，余下的计入流转为合作社、企业等主体的面积，约为 42%。

业经营主体的经营方式已经在很大程度上不再是家庭承包经营。

中共十八大以来，构建新型农业经营体系成为党中央建设现代农业的一项重要战略部署。2012 年中共十八大报告首次提出要“发展农民专业合作和股份合作，培育新型经营主体，发展多种形式规模经营，构建集约化、专业化、组织化、社会化相结合的新型农业经营体系”。2013 年中央一号文件提出，鼓励和支持承包土地向专业大户、家庭农场、农民合作社流转。其中，“家庭农场”属于新提法。2015 年“十三五”规划中明确提出要“构建培育新型农业经营主体的政策体系”，将新型农业经营体系的建设置于构建现代农业体系中来，为现代农业产业体系、生产体系建设提供组织运行的载体支撑。2017 年中央一号文件在积极发展适度规模经营方面明确，大力培育新型农业经营主体和服务主体，通过经营权流转、股份合作、代耕代种、土地托管等多种方式，加快发展土地流转型、服务带动型等多种形式规模经营。积极引导农民在自愿的基础上，通过村组内互换并地等方式，实现按户连片耕种。完善家庭农场认定办法，扶持规模适度的家庭农场。加强农民合作社规范化建设，积极发展生产、供销、信用“三位一体”综合合作。在中共十八届三中全会上，中央更加明确地提出了包括专业大户、家庭农场、农民合作社、农业企业在内的新型农业经营主体。新型农业经营主体的类型呈现多样性。2018 年中央一号文件提出要“实施新型农业经营主体培育工程，培育发展家庭农场、合作社、龙头企业、社会化服务组织和农业产业化联合体，发展多种形式适度规模经营”。

家庭农场是小农户的升级版，既保留了家庭经营这一适宜于农业生产的经营形式，也在一定程度上实现了规模经营。同时，家庭农场也有助于推进农业生产的标准化、品牌化。以农业产业化龙头企业或“农民合作社+小农户”的经营形式，一是有助于解决小农生产面临的资金和技术尤其是产品销售问题；二是有助于解决小农生产的标准化和专业化程度低，应对市场化、国际化竞争的能力较弱的问题；三是有助于解决农业生产效率低、农民收入低的问题。

农民合作社是与家庭经营制度相伴而生的另一个重要的新型农业经营主体。家庭经营制度的确立，使农户成为农业的基本经营主体，由此带来了合作的必要性，这种必要性在于合作经济对家庭经营所产生的补充作用。在社会化商品生产的条件下，家庭经营不再是封建生产方式下自给自足的自耕农经济，而是以社会化分工为基础的商品经济。农户经营无论是投入还是产出，都表现出对市场的高度依赖性，农户经营面临较大的市场风险。同时，弱小的农户在经营中也时常面临中间商的利益盘剥。合作经济的功能就在于通过组织起来的力量提高农户抗风险的能力、抗中间商盘剥的能力以及使用先进技术和生产手段的能力。20世纪50年代，中国农村经历了合作化运动，但农民合作社的存续时间很短。《农民专业合作社法》对合作社的定义是：从事同类产品生产的互助性经济组织。互助性是农民合作社的基本属性，是其不同于企业的重要特征。

农业企业是现代农业发展中不可或缺的经营主体。在现代农业经营体系中，农业企业以社会化生产的方式，形成了与农户之间的分工体系，并主要在农业产业链的下游经营，引领农户进入市场，发挥市场组织者的作用。与小规模农户相比，农业企业具有一定的优势：一是具有较强的投资能力和先进的生产手段，可以获取小规模农户不可具备的规模效益；二是有能力吸收和应用先进技术，可以获得先进技术带来的利润；三是可以获得地方政府招商引资方面以及针对农业产业化龙头企业的优惠政策；四是抵御市场风险的能力更强。

据农业部2016年数据统计，中国家庭农场数量超过87.7万户，其中纳入农业部门名录管理的家庭农场达到44.5万户。依法在工商部门登记注册的农民合作社数量达190.8万家，实有成员11448万户，占农户总数的46.6%。各类农业产业化龙头企业数量达到13万家，以龙头企业为主体的各类产业化经营组织，辐射带动全国1.27亿农户。各类公益性服务组织超过100万个（杜志雄，2018）。新型农业经营主体的快速发展，不仅支撑了农产品的有效供给，也重构了中国农业生产主体以小规模农户为主的传统格局。

3. 完善农业生产中的统一经营

统一经营面临的一个重要问题是谁是统一经营的提供主体。改革开放后，党和政府把农村集体经济组织确定为统一经营的供给主体。但农村集体经济组织的这一服务功能发挥得并不好。中共十七届三中全会总结30年来统一经营的发展经验与教训，把统一经营主体由农村集体经济组织扩展到多元化的市场主体，提出“统一经营要向发展农户联合与合作，形成多元化、多层次、多形式经营服务体系的方向转变，发展集体经济、增强集体组织服务功能，培育农民新型合作组织，发展各种农业社会化服务组织，鼓励龙头企业与农民建立紧密型利益联结机制，着力提高组织化程度”。这一政策要求为如何发展统一经营指明了方向、内容和重点。

二、农村基本经营制度演变的经验

在农业集体化早期，已经有一些地方实行类似于家庭承包经营的各种制度，但都因违背中央政策而夭折了。改革开放后发轫于安徽小岗村的大包干则没有夭折，并在全国迅速推广，进而形成了以家庭承包经营为基础、统分结合的双层经营体制。这一制度变迁的产生和顺利推进，主要有以下几个方面的经验：

（一）尊重农民的首创

农业生产具有适宜的生产经营形式。农民知道哪种生产经营形式是适宜的并会主动选择这种适宜的经营形式。1956 年，合作社制度刚刚在农村普及，四川省江津县和浙江省永嘉县就开始实验包产到户。1957 年，温州地区有 1000 多个农业社实行包产到户，包括 17.8 万农户，涉及的农户数占全地区总农户的 15%（周天孝，1994）。1960 年，安徽省委书记曾希圣提出“责任田”（即包产到户）的设想，并在全省试验。1962 年，陶铸调查广西龙胜县存在五种合作社的经营方式，其中就包括集体统一经营的包产到户、没有统一经营而单纯的包产到户（即包干到户）和单干三种。江苏、陕西、甘肃、四川、贵州也曾出现包产到户（李正华，2005）。但当时的决策者从本本出发，唯上是从，排斥和打压农民的创新行为，于是这些零星探索就夭折了。改革开放后，安徽小岗等地实行的家庭承包责任制没有夭折并迅速推向全国，是决策者尊重农民选择、尊重农民首创精神的结果，正如邓小平同志所说：“农村搞家庭联产承包，这个发明权是农民的。农村改革中的好多东西，都是基层创造出来，我们把它拿来加工提高作为全国的指导。”坚持尊重农民的首创行为并不断对其进行总结、提炼和完善，是中国农村基本经营制度得以形成的基本经验。

（二）干部有担当精神

农村改革之前的生产经营制度曾被认为是体现社会主义优越性的好制度。尽管当时农业生产效率低下，绝大多数农民的温饱问题都不能解决，但在思想和意识形态及政策决策层面并不认为这一问题是由农业经营制度所导致的。谁敢反对这一制度，就会被戴上政治错误的帽子，甚至有被杀头的危险。安徽小岗村农民正是认识到了这种风险，每户派一个代表，以“托孤”

的方式，在土地承包责任书上摁下红手印。当年安徽小岗村的大包干因为冲击了人民公社的根本制度，从而遭到来自各方面的非议和斥责。凤阳县政府的主要领导顶住了社会政治压力，认可小岗村的做法。时任县委书记陈庭元看到小岗村包产到户后的庄稼长势喜人，同意小岗“干一年再说”。经过一年的实践，他表示“同意小岗队包干到户，有问题县委负责”。1979 年 10 月，滁州地委书记王郁昭在小岗村生产队长严宏昌家里召开地委常委会，当场表示，“县委允许你们干一年，地委允许你们干三年”。1980 年 1 月，万里主持召开省委农村工作会议，在中央还明确反对包产到户的情况下，将近两年的时间内，安徽农村的突破作为省委政策确定下来，结束了大包干的“黑孩子”身份，从此有了正式户口（赵树凯，2016）。地方的成功实践，需要中央层面的回应和支持，1980 年 5 月邓小平指出，“农村政策放宽以后，一些适宜搞包产到户的地方搞了包产到户，效果很好，变化很快。安徽肥西县绝大多数生产队搞了包产到户，增产幅度很大。‘凤阳花鼓’中唱的那个凤阳县，绝大多数生产队搞了大包干，也是一年翻身，改变面貌。有的同志担心，这样搞会不会影响集体经济。我看这种担心是不必要的”。① 回顾历史可以发现，从某种程度上说，正是有了各级政府领导的担当精神，才使家庭联产承包责任制得以存活并推向全国。

（三）实行渐进式改革道路

在改革开放之初，党和政府在农业经营方式改革中选择了渐进式改革道路。在政策层面的渐进性体现为：党和政府对包产到户的态度由最初的不准，转变为不赞成但容忍和默许，进而转变为认同与支持。为了形成全党和全社会共识，1982 年中央一号文件论证了包产到户、包干到户的社会主义性质，并提出土地等基本生产资料公有制和农业生产家庭承包责任制都长期不变的主张；1983 年中央一号文件着重阐释联产承包责任制是“马克思主义农业合作化理论在我国实践中的新发展”和“我国农民的伟大创造”这两个论断。在实践层面的渐进性体现为：家庭联产承包责任制的形式由早期的以包产到户为主，逐步发展为以包干到户为主，即“交够国家的，留足集体的，剩下都是自己的”。从推进范围看，由开始的以贫困地区为主的局部区域，逐步推向全国，正如邓小平南方谈话时所说：“搞农村家庭联产承包制，废除人民公社制度，开始的时候只有三分之一的省干起来，第二年超过三分

---

① 《邓小平文选》（第二卷），人民出版社 1994 年版，第 315 页。

之二，第三年才差不多全部跟上，这是就全国范围讲的。”

在改革路径上，存在着激进和渐进两种改革道路，二者各有优劣，具体选择哪种道路要看具体情况。基于改革开放初期的政治和思想环境，党和政府选择了渐进式改革道路。也正是这种渐进式的改革道路，才回避了各种改革阻力，使农村改革顺利推进。

（四）具有较为宽松的政治环境

农村改革之所以能够顺利推进，与当时良好的政治氛围密不可分。1978年5月开始的关于真理标准问题的大讨论，冲破了“两个凡是”的严重思想束缚，推动了全国性的马克思主义思想解放运动。1978年12月22日，十一届三中全会公报指出：“会议高度评价了关于实践是检验真理的标准问题的讨论，认为这对于全党同志和全国人民解放思想，端正思想路线，具有深远的历史意义。一个党，一个国家，一个民族，如果一切从本本出发，思想僵化，那它就不能前进，它的生机就停止了，就要亡党亡国。”正是在思想解放的大环境下，家庭承包经营这样发自基层的制度创新才得以坚持下来，避免了20世纪60年代前后一些地方农村改革的命运，并在实践中不断深化、发展和完善。

三、巩固和完善农村基本经营制度面临的问题

农村基本经营制度是党在农村工作的基石。党和政府要求巩固和完善农村基本经营制度。落实这一要求，仍面临着一些政策、法律及认识等方面的障碍。

（一）对小农生产长期性的合理性和长期性认识不足

以家庭经营为主，是农村基本经营制度的基础。20世纪70年代末，中国实行农业家庭联产承包责任制，农村土地一般按人口均分，农民以家庭为单位耕作其承包地。由于人多地少的基本国情，农业生产中的家庭经营就不可避免地呈现小农生产的特点，每户所拥有的土地规模小，而且地块分散。马克思主义经典作家依据其当时的观察，提出了小农生产方式是一种过时、落后的生产方式，小农生产方式被“大农业”“大生产”所取代是历史发展的必然。在这一理论支配下，20世纪50年代后期开展的农业合作化运动及人民公社化运动，彻底摧毁了中国的小农经济体制。但实践证明农业集体化

道路行不通。改革开放后所推行的农业家庭联产承包责任制，实际上是对小农生产合理性的再认识，是马克思主义小农理论的中国化。但值得注意的问题是，在理论界和决策层面一直存在着把小农生产和小农户与现代农业发展对立起来的倾向。他们认为，小农生产和小农户与现代农业发展不相容、不能实现有机衔接，现代农业发展的过程就是小农被消灭的过程，而且农场经营规模小是农民收入低的主要原因或溯源原因，要提高农民收入就需要促进土地流转或农村承包权退出，从而扩大经营规模。相应地，在政策导向上就应该通过加速农村土地流转等方式，消灭小农户。由这种认识所支配，在政策制定和执行中过分强调土地流转和规模经营的重要性，把土地流转和规模经营视为发展现代农业唯一的“必由之路”，导致很多地方政府把土地流转率作为一个约束性目标，极力推动；一些地方政府鼓励资本下乡、违背农民意愿强行开展土地流转。

有学者指出，农业生产方式究竟采用小户经营还是规模化生产，主要取决于一个国家的资源禀赋和技术条件，以及发展阶段。农业生产要投入土地、资本和劳动力，农业生产是否有效率就看土地、资本和劳动力产出的边际贡献是否等于这三个要素的市场价格。如果一个国家土地多，劳动力紧缺，意味着支付给农场工人的工资会很高，这时就会出现用机械即资本替代劳动、农场规模扩大的现象。相反，如果一个国家土地稀缺，劳动力多，农业生产将用更多的劳动力而不是资本，这时农场规模就不会很大。目前，中国农业生产便属于这种情形。随着工业化和城镇化的推进，越来越多的农村劳动力进入第二和第三产业工作，越来越多的农村居民进入城市生活和定居。部分农民退出农业后，农业耕种规模相应地扩大了。近年来，农村土地流转率有较快的上升，家庭农场规模有明显的增加，少部分经济发达地区出现了规模较大的农场，这些都是对农业资源禀赋条件变化的反应。即使如此，总体而言，中国农业仍将以小规模经营为主，不可能采用美国那种规模达几千英亩的经营方式（谭秋成，2017）。

（二）农村土地制度改革滞后

1. 农户承包权不稳定

尽管现有的政策和法律对村集体调整和收回农民承包地做出了限制性规定，但农村土地关系并不稳定。

（1）农民对土地承包经营权的成员权意识。农民较为普遍地认为集体土地和其他资产的权益是成员权。从权利属性上看，成员权是一种个人财产权利。只要是农村集体经济组织成员，他们就有取得农村土地承包权和分享因集体土地所产生利益的权利；随着成员的离开或去世，这种权利就相应消失。一些在二轮承包期内新增人口较多的家庭，往往以成员权的理由而要求调整土地分配关系。

二轮承包以来的社会经济条件变化及家庭人口结构变化，在一定程度上强化了农民对土地承包经营权的成员权意识。第一，在二轮承包时一些农民有意放弃了土地承包权，其主要原因是当时的承包权物权属性尚未被确立，而且土地税负重。在农民土地承包权已经被法律确定为用益物权、承包期限被“长久化”而且土地税赋已经被取消的背景下，那些当时主动放弃承包地的农民有要回承包地的意愿。例如，2014 年我们在江苏省太仓市调研时，该市的干部介绍说：1998 年确权的土地面积为 36 万亩，老百姓放弃的地有 4 万多亩，2003 年取消农业税，农民就都来要地。第二，在第二轮土地承包时，许多地区发包土地时考虑了不同地块土地肥沃程度等影响单位面积产量的因素。其结果是，尽管土地的分配原则通常是以户为单位、按人口或劳动力分配，但同样人口和劳动力的农户所分到的承包地面积可能是不一样的，拥有更肥沃土地的农户所分得的土地面积就少。随着农业技术水平的提高，不同地块之间单位面积产量的差异性越来越小。相应地，农民有了依据土地真实数量进行分配的要求。第三，一些地方在二轮延包时没有再根据家庭人口的多少重新调地，几十年后，不同家庭之间的人均土地占有量有很大差距，再加上土地承包权物权化和土地收益提升，那些人多地少的家庭调整土地分配的意愿较强。

（2）法律滞后及法律规定之间的不一致。一方面，《农村土地承包法》第 5 条规定，“农村集体经济组织成员有权依法承包由本集体经济组织发包的农村土地。任何组织和个人不得剥夺和非法限制农村集体经济组织成员承包土地的权利”，从而提出了集体经济组织成员的概念。《物权法》第 59 条规定，“农民集体所有的不动产和动产，属于本集体成员集体所有”。上述法律规定所涉及的是农民对农地的成员权，其中隐含着“天赋地权”的思想。成员权是一种个人权利，随着成员的离开或去世，这种权利就消亡。另一方面，《农村土地承包法》第 26 条规定：“承包期内，发包方不得收回承包地”；第 27 条规定：“承包期内，发包方不得调整承包地”；第 32 条规定：“通过家庭承包取得的土地承包经营权可以依法采取转包、出租、互换、转让或者其他方式流转”。上述政策和法律规定所涉及的是农民对农地的用益物权，其中隐含着“生不增、死不减”的财产权利原则。在实践中，上述个人权利与财产权利必然会出现冲突，两种权利的诉求都可以找到法律依据。

（3）村集体不当行使发包权。村委会等代表农村集体经济组织行使发包权的主体会以各种理由调整和收回农民承包地。实地调研发现，这种现象并不是个例。从这个意义上说，中国农户承包权具有内在的不稳定性。目前，中国实行农村承包地“三权分置”，一些地方割裂农村土地三权之间的关系，以发展集体经济和落实土地集体所有权的名义，把农民承包地收回来，建立集体农场，农场内部实行以场核算、统收统支、承包到人、以产定酬、工资包底的制度；有的把农民承包地收回后，以集体的名义再进行转租或重新发包，进而再分片、分块承包给农户经营。农民承包权的不稳定现象进一步加剧了。

2. 农户承包权的权能不完整

《农村土地承包法》和《物权法》等国家法律已经赋予了农民对承包土地享有占有、使用、收益和流转的权利。其中，流转权利包括承包期内农户可以按照依法自愿有偿原则采取转包、出租、转让、互换等形式流转，也可以将土地承包权入股从事农业合作生产。这些权利构成了土地承包权的权能结构，这是法定权利，是设立在农村集体土地所有权上的用益物权。但是，在现行法律下，土地承包权的权力内容仍不完整，土地承包权的流转和处置权能仍然受到一定限制，主要表现在以下几个方面：土地承包权的法定承包期短，而流转的期限又不得超过承包期的剩余年限；土地承包经营权的抵押没有得到法律许可；土地承包经营权的继承在法律上没有得到明确表述。农户承包权的转让和流转受到限制，只能局限在农村集体经济组织内部。

3. 土地经营权的权利实现存在着障碍因素

土地经营权是指一定期限内占用承包地、自主组织生产耕作和处置产品，取得相应收益的权利。在农民承包地没有发生流转的情况下，土地承包权和土地经营权的权利主体是统一的。当农民承包地流转后，土地承包权和经营权的主体发生了分离。农民是承包权的主体，流入者是经营权的主体。农村承包地“三权分置”制度的重要功能是借此赋予经营主体更有保障的土地经营权，从而使中国的农村基本经营制度更加完善。但是，从现实情况看，土地经营权的权利实现存在着障碍。

一是土地经营权确权颁证工作滞后，很多流入土地的新型农业经营主体没有土地经营权证。这种情况将不可避免地影响土地经营权的市场交易和流转。

二是土地经营权的期限受到限制。因为承包期的存在，承包经营权是有时效的，超过承包期的流转土地受到法律的限制。而现代农业具有投资大、回收周期长等特征，缺乏稳定的经营权会显著增加农业投资的风险，进而抑制投资，还可能导致经营者对耕地采取短视的、破坏性的利用行为。

三是新型农业经营主体以土地经营权抵押贷款存在困难。一方面，土地经营权的价值难以评估，另一方面，土地经营权的处置困难。如果贷款方不能按时偿还贷款，金融机构就需要把土地经营权这一抵押物变现。通常的变现途径是：金融机构把土地经营权流转给新的农业经营主体。但现实情况是，金融机构很难及时找到承接土地经营权的农业经营主体。这样，不容易变现的土地经营权不仅不能给金融机构带来收益，反而成了一种负担。

四是对土地经营权的性质还没有予以明确。一种观点认为，应把土地经营权确定为物权，其依据是：第一，按照《合同法》的规定，债权性质的租赁权的最高期限是 20 年。经营权物权化后，其权利的存续期间可以跨越《合同法》规定的 20 年的最高期限，满足权利人长期的生产经营需要。第二，在法律上把经营权确定为一种物权，能够强化这种权利进入市场的能力。因为这种权利作为一种不动产物权，在实践中应该纳入不动产登记。在纳入不动产登记之后，该权利不论是转让还是设置抵押，法律上的操作都很方便。第三，如果将这一权利依法确定为物权，权利人从此就获得了以自己的名义独立起诉、应诉的权利，该权利的保护就会更加强化。而这些权利，一般情况下债权性质的权利人是无法享有的（孙宪忠，2018）。

另一种观点认为，土地经营权是土地经营者依法取得的实际经营他人承包集体土地的权利，因此也就不能与土地所有权、土地承包权一样具有物权属性，而是对他人承包土地的债权型利用权。相应地，土地经营权也就与其他债权一样具有相对性、期限性。对于物权化经营权能够促进其进入市场的能力，有的学者也提出了质疑。例如，唐忠（2018）认为，年租制下流转而来的土地经营权不具有抵押价值。具体理由是：承包农户将土地流转时可以产生租金，如果在承包期内设定了抵押，在承包农户不能清偿债务时，银行可按事先约定流转其土地，并从土地租金中拿走属于自己的部分，所以承包农户在自己的承包地上持有的土地权利是可以用于抵押的，起担保作用的是土地未来的租金收益。土地经营者通过流转而获得的土地经营权，只有在预付了租期的全部租金时，才有抵押价值，也就是在批租制下才具有抵押价值。但现实情况恰恰相反，转入土地者往往无钱一次付清合同期的全部租金，才将一般只支付了第一年地租的土地拿去抵押贷款，如果第二年出现债务不能清偿的情况，银行试图将其抵押土地的经营权再流转时发现，贷款人还未支付剩余合同期限的租金给转出土地的农民，再流转的租金如果归出租土地的农民，银行将受损失，如果偿还银行贷款，农民将受损失。所以，年租制下租赁而来的土地经营权，并无抵押的经济价值。

由于对土地经营权性质的认识存在分歧，对是否应当颁发土地经营权证，人们的认识也不统一，在实践中也就有了不同的做法，有的给土地经营权人颁发土地经营权证书，有的则向土地经营权人出具流转交易鉴证书或备案证明。

4. 土地二轮承包到期后如何延包，还缺乏具体的政策规定

按照时间计算，第二轮承包期最早的将于 2023 年到期，绝大部分地方将于 2027 年到期。二轮承包期满后如何延包，是改革和完善中国农村土地承包经营制度面临的重大课题。目前比较有争议的两个问题，一是延包期限的设定，二是延包时是否对原有承包地进行调整。这些问题关系到对中央“稳定农村土地承包关系并保持长久不变”重大决策的理解和落实，也是贯彻落实中央提出的“落实集体所有权、稳定农户承包权、放活土地经营权”的“三权分置”改革举措的基础工作，需要抓紧研究并提早安排。

（三）兼顾小农户与新型农业经营主体的政策体系尚未形成

在以公司+农户为代表的农业产业化经营中，由于农户分散，谈判能力弱，利益得不到有效保障。公司挣钱多了，农民不能分享；公司赔本了，就毁约赖账。近一两年来，随着农产品市场的波动，尤其是粮食价格的逐年下跌，出现了一些新型农业经营主体跑路、单方毁约等问题，就是如此。

农民合作社是引导小农户与现代农业发展有机衔接的重要载体。中国农民合作社普遍存在规模小、实力弱、经营分散的问题，大量农民合作社的平均经营规模小于家庭农场，无法满足农户成员的需要，带动农户能力不强。尤其值得注意的是，在农民合作社数字背后隐藏的情形是大量的空壳和假冒合作社。据中国社会科学院农村发展研究所课题组 2017 年对浙江、广东、吉林、河南、宁夏、四川等省十多个县的调查，正常运营的农民合作社占注册登记合作社的比例大约为 20%，有的县低于 10%。其余的则是空壳或休眠合作社。它们之中，有的因为市场环境变化或经营不善而停止了运营；有的则从来没有开展过经营活动，其注册合作社的动机就是获取政府财政补助或银行贷款。在正常运营的农民合作社中，很多是未按照《农民专业合作社法》要求成立的挂牌或假冒合作社，其领办人与普通农户成员之间本质上是买卖关系，没有结成利益共同体。这些合作社在本质上是农业公司或个体

户，它们之所以注册成合作社，也是出于获取政府财政补贴和奖励、更容易得到贷款、享受税收优惠、获取农业设施建设用地等目的。显而易见，这些挂牌或假冒合作社很难作为小农户与现代农业发展有机衔接的载体。如何提升农民合作社的质量，将是实现小农户与现代农业发展的关键变量。

近年来，党和政府在政策导向上鼓励农民以土地经营权入股龙头企业或农民专业合作社等新型农业经营主体，并且通常把农民土地经营权入股的份额作为优先股，不论公司（合作社）经营盈亏，每年都按一定保底金额（相当于每年土地流转租金额）向入股农民分红，作为入股土地的保底收入。这种做法仍然不能消除由经营主体经营状况差而导致的农民利益受损问题。经营主体亏损了，农民的保底收入也难以得到保障，更谈不上获取分红收入。尤其是，由于小农户在与公司和合作社打交道时处于弱势地位，公司或合作社能够利用其信息优势和强势谈判地位而获取更多的利益，小农户的利益则得不到有效保障。从逻辑上说，通过加强对经营主体财务活动的监管等措施，可以在一定程度上降低经营主体隐瞒经营绩效的道德风险。但农户的组织化程度低，也缺乏相关的知识，因而就缺乏监管经营主体败德行为的能力。尤其是，农民入股经营主体后，通常的情况是经营主体所占的股份比例高、农民所占的比例低。股权结构不均衡降低了村集体和农民对经营主体道德风险的监管意愿。单个农户基于其所占股份少的情况，往往并不关心企业的经营效果，也不计较经营主体财务数据的真实性，而是只关注保底收入（土地流转的租金）。

（四）面向小农户的社会化服务体系建设滞后

2013年中央一号文件提出，“要坚持主体多元化、服务专业化、运行市场化的方向，加快构建公益性服务与经营性服务相结合、专项服务于综合服务相协调的新型农业社会化服务体系”。近年来，政府的公益服务供给状况有所改善，新型农业服务主体快速涌现，为广大小农户和新型农业经营主体提供了各种专业化生产经营服务，取得了一定成效，但总体而言，小农的服务需求仍然未能有效满足，多数小农仍然游离于政府和新型农业社会化服务体系之外。

1. 政府部门主导的农业社会化服务质量不高、效率低

造成这种现象的原因主要包括：一是由于政府财政对农村公共服务机构的投入往往以补贴的形式，且补贴额度固定，其主导的农业社会化服务机构获取的补贴额度与其服务成本和服务质量、服务效率没有联系，财政补贴与

服务机构绩效的脱钩导致政府主导的社会化服务机构没有提供服务和改进服务的动力。二是政府部门与由其主导的农业服务提供者之间管办不分，政府部门既是教练又是裁判，无法对其主导的服务提供机构实施有效监督，同时服务提供机构在提供服务时往往带有行政任务色彩，只关心是否完成上级任务，而不在乎农户需求、服务质量及农民是否满意。三是服务收费机制扭曲，政府部门主导的农业社会化服务提供机构，往往处于弥补成本或增加收入的目的对一些服务项目进行收费，但服务质量和效率并不随收费与否、费用的高低而有所改变。

2. 公益性服务供给不足

从总体上看，小农生产的社会化服务主要依靠乡村基层的个体农资经销商、个体农机手及农产品经纪人等提供的私人服务。从服务领域来看，私人部门给小农生产提供的主要是农机服务、农资供应，病虫害防治等环节的服务基本处于空白状态。普通小农户急需的各种产后服务，如农产品收储、农产品产地初加工、农业保险等，比较缺乏。在这种情况下，大量的小农户游离于政府和新型服务经营主体的农业社会化服务体系之外，依靠不健全的市场参与竞争，面临很强的不确定性。

3. 农民合作组织的服务供给能力弱

《合作社法》明确规定：农民专业合作社是在农村家庭承包经营的基础上，同类农产品的生产经营者或者同类农业生产经营服务的提供者、利用者，自愿联合、民主管理的互助性经济组织。从这种规定可以看出，农民专业合作社的功能应该是向其成员提供服务，以组织的力量解决分散小农无力解决和解决不好的问题，包括提供农业生产资料的购买，农产品的销售、加工、运输、储藏以及与农业生产经营有关的技术、信息等服务。但在实践中，较多的农民专业合作社是微观生产主体，而不是服务主体，没有很好地承担服务提供职能。

4. 村集体服务定位不准、主体功能不突出

对于统分结合双层经营中的“统”，由村集体组织承担。但实践表明，村集体组织没有向农户提供服务的能力。中国大多数村集体经济组织经济实力薄弱，组织机构涣散，难以有效承担提供农业社会化服务的职能。根据2016 年中国农业统计资料，2015 年底全国只有 48. 55%的村庄有集体经济收入，其中又有将近 50%的村庄年集体经济收入低于 5 万元①。由于村组织行

---

① 中华人民共和国农业部：《中国农业统计资料》(2016)，中国农业出版社 2017 年版。

政化等原因，村组织也没有向农户提供服务的意愿。从服务性质上看，有的地区村集体在公益性服务与经营性服务之间定位不准、主体功能不突出，甚至存在着借助国家扶持项目“搭便车”收费的现象。

5. 龙头企业的农业服务价格较高，民间服务组织数量仍然较少

对龙头企业来说，为了利润最大化，利用其优势地位压低农产品收购价格，往往会与农户之间产生利益上的冲突。面对分散的小农户，出于企业成本和利润的考虑，其提供的农业服务大多是收费的，且价格较高，与其他主体相比并不具备优势。目前，民间服务组织由于政策障碍而数量较少，农民自发形成的农业服务组织面临服务规模小、服务能力不足的问题。一些行业协会往往带有行政机构的气息，面临经费困难、服务能力弱的问题。

四、巩固和完善农村基本制度的政策取向和举措

随着农村社会经济环境的变化，“以家庭承包经营为基础、统分结合的双层经营体制”这一中国农村基本经营制度也需要不断进行调整和完善，并根据新情况赋予新的内涵。

（一）坚持家庭经营的基础地位

改革开放以来，家庭承包经营一直是中国农业生产中的基本经营形式。《宪法》第 8 条规定，“农村集体经济组织实行家庭承包经营为基础、统分结合的双层经营体制”。

农村基本经营制度的核心是把家庭经营作为农业生产的基本经营形式。家庭经营是最适合农业特点的生产经营形式。坚持家庭承包经营基础地位的合理性基于农业生产中的自然再生产与经济再生产相统一及中国人多地少的基本国情。这种合理性也被中国改革开放前后的实践所证实。近年来，社会各界对家庭承包经营合理性的质疑声越来越多，主要理由是：经营规模小、经营粗放乃至撂荒、与市场对接困难等。中国的地方实践表明，这些问题完全可以通过组织创新而得以解决。而且综观世界各国，凡农业已现代化的国家，无不实行家庭经营。因此，农业家庭经营与农业现代化并不矛盾，关键在于工业化要向家庭经营注入现代生产要素，城镇化要为扩大家庭经营规模转移农村人口，市场化要为家庭经营提供完善的社会化经济技术服务（吴向伟，2008）。

随着工业化和城镇化的推进，中国农业经营主体将呈现兼业小农户占主

体，兼业小农户、专业小农户及新型农业经营主体等多元主体并存的格局。但家庭经营的基础地位不应该改变，这也意味着集体直接经营、公司直接经营、农民合作社直接经营等经营方式将始终是非主导性、补充性经营形式。

（二）进一步完善农村土地制度

1. 赋予农民土地承包经营权更加完整的权能

（1）赋予农民土地承包权抵押、担保权能。现行法律对承包地的抵押和担保有严格限制。《担保法》第 34 条、《农村土地承包法》第 32 条以及《物权法》第 184 条都规定，只有通过家庭承包以外方式取得的土地承包经营权才可以抵押，而通过家庭承包取得的土地承包经营权不能抵押。《农村土地承包法》修订草案已经明确赋予土地经营权抵押、担保权能，为完善土地经营权权能提供法律依据。相应地，有必要同时对《担保法》《物权法》中有关禁止性条款进行修改，使三部法律的规定保持一致。

（2）赋予农民土地承包经营权入股权。《农村土地承包法》《物权法》规定，通过非家庭承包方式取得的土地承包经营权可以入股，但没有做出家庭承包经营土地也可以入股的规定。中共十八届三中全会提出，“允许农民以承包经营权入股发展农业产业化经营”，《农村土地承包法》修订草案增加了土地经营权可以入股从事农业产业化经营的规定。但是这种规定只是原则性的，缺乏具体的实施细则。

（3）建立健全农村土地承包经营权退出机制。为解决城镇化进程中人口迁移导致的人地分离问题，需要建立健全农村土地承包经营权退出机制。越来越多的农民居家进城务工，很多地方正在试点土地承包经营权退出的探索，他们将土地退还给集体后，集体可以把这些土地分配给新增人口的无地农民。在自愿的基础上，将承包的土地、草地、林地全部或部分在本集体经济组织成员内有偿退出。

《土地承包法》第 26 条规定，“承包方全家迁入小城镇落户的，应当按照承包方的意愿，保留其土地承包经营权或者允许其依法进行土地承包经营权流转。承包期内，承包方全家迁入设区的市，转为非农业户口的，应当将承包的耕地草地交回发包方。承包方不交回的，发包方可以收回承包的耕地和草地”。该条款要求收回承包地的规定，既有失公允，在执行中又由于涉及户籍登记等问题而难以操作。建议进行相关法律的修改。对于农民进城后的承包地处置，无论是全家进入小城镇还是迁入大城市，应允许、鼓励进城农户在一定期限内先将土地承包经营权转出，但不再强制收回。

2. 衔接落实好第二轮土地承包到期后再延长 30 年的政策

中国多数地区的第二轮土地承包将于 2027 年到期。届时，是把现有的承包合同的有效期直接顺延 30 年，还是对土地承包关系进行调整后再延长 30 年？从稳定小农户预期的角度看，可以明确在农村土地二轮到期后采取直接延包 30 年的办法，不再进行土地的调整。其主要理由，一是不断调整土地会引发社会矛盾。随人口变动调整土地的初衷是解决公平问题，但是在承包地总量一定的前提下，一些家庭的承包地面积增加，就意味着另一些家庭承包地面积的减少，从而引起利益冲突。二是农民对更长承包期的承受能力提高了。中国大多数村庄二轮承包后对承包地分配没有再做过较大的调整。一些地方还明确实行“生不增、死不减”的模式，即土地承包期内农户的土地不因人口的增减而变动。例如，贵州省委 1997 年下发文件规定，从 1994 年起，耕地承包期再延长 50 年，林地承包期再延长 60 年，在承包期内，增人不增地，减人不减地①。经实地调研发现，这种以户为单位的“生不增、死不减”的固化模式，并没有对农民的生活状况形成大的冲击。从全国总的情况看，农民来自土地的农业收入在农户总收入中的比重持续下降。这表明土地对农村人口的生活保障功能逐渐弱化，“生不增、死不减”越来越容易被农民所接受。在这一背景下，实现土地承包经营权跨越承包期限的“长久不变”已具备了一定的条件，有可能将土地的“公平”功能转为“效率”功能。

土地承包期到期后顺延，需要相应的政策支撑和法律保障。中央有关部门有必要尽早出台具体的政策。在法律层面，一是应修改现有法律中涉及农民对集体土地和其他资产收益成员权的相关条款，使农村集体组织内部新增成员不能通过国家法律规定来实现其经济利益诉求。二是应将村民自治组织的功能和农民集体经济组织的功能区分开来，修改《中华人民共和国村民委员会组织法》，将第八条第二段话“村民委员会依照法律规定，管理本村属于村农民集体所有的土地和其他财产，引导村民合理利用自然资源，保护和改善生态环境”改为“村民委员会依照法律规定，引导村民合理利用自然资源，保护和改善生态环境”。

农村土地承包关系固化后，那些没有土地的新增人口就失去了土地保障。对于这一问题，可以将因失地、少地导致生活困难的个体优先纳入农村

① 中共贵州省委省发〔1997〕24 号文件《中共贵州省委、贵州省人民政府关于贯彻〈中共中央办公厅、国务院办公厅关于进一步稳定和完善农村入地承包关系的通知〉的意见》。

社会保障覆盖范围。此外，集体保障也有必要向失地、少地农民倾斜，在集体收益分配时给予失地、少地农民一定程度的优惠。

3. 允许新型农业经营主体与农民签订跨越承包期的土地租赁或入股合同

这种做法有两方面的好处。一是有利于保持土地流转平稳增长的趋势。目前，绝大多数新型农业经营主体与农民签订的土地流转合同的最高年限是到二轮承包结束。如果到二轮承包结束后再对土地进行调整后实行延包 30 年，可以预计，随着二轮承包期越来越近，新型农业经营主体流转土地的意愿会因流转期限短而导致流转意愿下降，从而使农业规模化经营的势头随着二轮承包期限的日益临近而呈现停滞甚至萎缩的趋势。二是有利于农民承包地抵押担保权能的实现。中国正在探索赋予农民承包地经营权的抵押担保权能。农地承包经营权抵押贷款的基础是其未来的收益权。收益权不是具体或具有实物形态的财产，而是依存于未来的可得收益，需要以稳定、持续的收益为前提。承包期限越长、越稳定，越有利于得到更大数额的贷款。同时，一些新型农业经营主体以其农业设施进行抵押融资，但这些设施附着在土地上。承包期短，银行对农业设施价值评估价就低。从一些地方的实践看，新型农业经营主体仅仅能得到农业设施评估价一半的贷款，这与农业设施的使用期限短有一定关系。

（三）进一步创新农业经营形式

总体来看，目前中国新型农业经营体系创新仍处于起步阶段，新型农业经营主体普遍存在着生产经营规模小、自有资产少、专业技术和人才缺乏等问题。狭小的土地规模不利于提升农业效率和竞争力，应积极培育新型农业经营主体，使农业经营体系更加健全。

1. 积极培育新型农业经营主体

现代农业的发展不仅需要生产力层面的跃升与革命，同样需要生产经营组织层面的创新与提升，有效率的经济组织是经济增长的关键。中国农业要提高资源使用效率，增加经营效益从而增强其国际竞争力，要依靠自身力量而非依赖政府政策支持，区别于传统小规模农户的农业生产新主体的发育和形成。中国农村多年的改革与发展，极大地推动了中国传统农业向现代农业的转变，与此同时，新型农业经营主体的发育与成长影响着农业发展的质量和农业现代化的进程。实践证明，新型农业经营主体在经营规模、辐射带动、盈利能力、资金来源、品牌建设、销售渠道等方面相比传统小农户具有明显优势。

关于现阶段中国新型农业经营主体的分类，有学者将其分为种养大户、家庭农场、农民合作社、农业产业化龙头企业和经营性农业服务组织；有学者将其分为专业大户、家庭农场、农民合作社和农业企业；也有学者认为农业专业大户、农民专业合作社和农业企业是现阶段中国农业发展的中坚力量。关于新型农业经营主体的培育和发展问题，不少学者研究了符合中国国情的新型农业经营主体，提出了不同的发展思路。楼栋、孔祥智（2013）认为，应该着力发展家庭农场。袁明宝、朱启臻（2014）认为，自发分散型流转形成的新中农和自发规模型流转形成的种植大户，能够成为适度规模经营的有效形式。黄祖辉、俞宁（2010）认为，农业专业大户、农民专业合作社和农业企业是中国现阶段农业发展的中坚力量。孙新华（2014）认为，绝大多数工商资本在农业生产环节是亏损的，而小农和中农并存的格局在当前是可行的。

无论哪种观点，均说明了培育新型经营主体的重要性。新型农业经营主体创新发展的基本前提是拥有长期稳定的土地经营权，它将激励新型农业经营主体的经营行为长期化，避免短视和破坏性开发，保护经营者和承包农户双方的利益。应促进土地经营权长期稳定化，为新型农业经营主体创新提供产权保护。新型经营主体在不同地区、不同产业和不同环节，有各自的适应性和发展空间，应充分突出各类主体的特色与优势，制定针对性的扶持政策，加大技术、资本、知识等资源投入，帮助各类经营主体解决基础建设、设施用地、人才培养、品牌培育等方面的实际困难。同时，政府应进一步完善政策性农业保险制度，强化对各类新型农业经营主体的风险防范机制，建立风险准备金制度，降低新型农业经营主体因自然灾害、突发事件及市场大幅波动带来的生产经营不确定性和系统性风险。

2. 促进新型农业经营主体规范发展

在今后一个时期，重点是规范农民专业合作社的发展。一是提质，围绕为农户成员服务的组织宗旨，强化服务农户成员的组织功能，包括增强农户的发展能力、改善农户的经济与社会福利、提升农户的获得感等。二是增效，不断强化投入规模，加快人才引进和信息化步伐，改善基础设施，提升综合经济实力。同时，通过大力发展品牌农业、绿色农业、特色休闲、定制农业等，推进农业生产的全程社会化服务，延伸产业链条，加速三次产业融合发展水平，增强市场竞争力，把合作社的市场份额逐步做大。

家庭农场作为农业生产主体重构、经营体系构建的重要力量，有必要通过营造良好的外部环境引导其健康发展。一是引导流转土地有序地向家庭农场集中，稳定家庭农场经营预期；二是优化农村金融供给政策，有效缓解家庭农场融资困难；三是优化政策保险和拓宽多元化农业保险渠道，提高家庭农场风险保障水平；四是发展农业生产服务业，为家庭农场构建完善的社会化农业生产服务体系。

农业龙头企业由于资金、技术、人才、管理等方面的优势，与其他经营主体相比，有延伸农业产业链、形成产业化经营的优势。但是，由于企业以营利为目的，容易导致土地的非农化或非粮化倾向，一些企业借农地搞观光农业或其他设施，变相改变农地用途，以获取非农经营利润。因此，需防范农业龙头企业流转土地后非粮化非农化趋势，构建风险防范机制，防止小农户利益受损。

3. 完善新型农业经营主体与小农户的利益联结机制

一种观点认为，通过农地规模流转、培育新型农业经营主体可能损害小农户利益，压缩小农经济的发展空间。相应地，实现小农户与现代农业的有机衔接不能依靠新型农业经营主体。已有的实践表明，这种认识是片面的。但是也应该看到，新型农业经营主体的发展和壮大，并不意味着其能够自动带动小农户与现代农业发展的有机衔接，而是要看二者之间是否存在紧密利益联结机制。在未来一个时期，应把完善新型农业经营主体与小农户之间的利益联结机制作为重点，相关的政策举措是：第一，将新型农业经营主体以合同方式或股权方式带动农户的数量，以及是否与农户建立稳固的利益纽带（如保护价收购、利润返还、股金分红等），作为其申请财政资金支持的必备条件，从而增强新型农业经营主体把小农户引入现代农业发展轨道的内在激励。第二，建立和完善风险防范机制。为保证农民流转土地的租金收入，目前有两种具有代表性的地区实践：一是建立土地流转风险保证金制度。由土地流入主体缴纳风险保证金，一旦其经营出现问题，用这些风险保证金给予农民保底收入。二是建立土地流转履约保证保险，保费由经营主体、农民共同承担，县级政府给予一定比例的补贴。当经营主体不能履约时，农民可以获得保险。可以借鉴这些实践探索经验，逐步完善农民利益受损风险的防范措施。第三，促进新型农业经营主体之间的联合与合作。家庭农场、合作社、龙头企业、社会化服务组织和农业产业化联合体等新型农业经营主体，在带动小农户方面的功能和作用存在着差异。应鼓励新型农业经营主体之间的联合和合作，促进不同类型的新型农业经营主体融合发展，从而提升新型农业经营主体带动和服务小农户的能力。

（四）建立统分结合的新机制

建立多元化的农业服务体系，不仅是稳定和完善农业家庭经营制度的需要，也是提高农业服务体系效率的需要。现代农业服务体系的效率既取决于农业专业化分工的深度与广度，又取决于服务双方交易的方式与制度安排。总体来看，中国多元化的农业服务体系正在逐步完善之中，已基本形成了政府主导的公益性服务、市场主导的农业服务、新型经营主体如合作社及龙头企业主导的农业服务以及民间及社会组织主导的农业服务共同发展的格局。但仍然存在一些不足之处，需要进一步完善和发展。

1. 界定各类服务主体的服务功能

在如何完善“统分结合”制度方面，传统的集体经营为家庭生产提供的服务应主要限定在村、村民小组拥有的水库、池塘、水渠、沟坝、田间道路、公共林地及草地的管理上。为农业生产、经营、销售提供服务这种“统”的功能应主要由生产经营规模较大的家庭农场和专业大户以及农民合作社和农业产业化龙头企业等新型农业经营主体承担，同时应鼓励用水协会、机耕队、收割队、防汛抗旱专业队、专业技术协会等社会组织从事农业公益性服务（谭秋成，2016）。

2. 培育和发展多种类型的服务主体

一是在企业和个人不愿进入或效率较低的领域，建立政府公益性服务组织。二是支持发展社区综合性农民合作组织。小农生产相对集中的地区大多是流动性较差的传统社区，成员对本社区认同感强，重传统，彼此相互了解，有共同价值观。在引导小农生产进入现代农业轨道时，应充分利用传统村庄的文化共同体资源，以社区为载体，培育真正代表农民利益的、完全由农民组成的合作组织。可以鼓励组织部系统与妇联、共青团、军转办等群团部门携手，与财政部门合作，设立地方青年创业、妇女创业、返乡大学生创业、复员军人创业等多种创业基金，鼓励那些有理想、想作为的青年人回村创业，带领广大小农发展服务型的农民合作组织，为小农生产提供农业生产、非农就业、市场对接、金融中介、互助保险、文化生活等综合性服务，搭建小农集体行动的平台，通过小农之间的互助实现自助。三是鼓励新型农业经营主体开展针对小农户的生产服务。四是鼓励供销社转变经营服务内容，重点开展土地托管的农业社会化服务。

3. 探索多样化的服务方式

在今后一个时期，应继续完善土地托管、半托管等新型服务方式，从而在不进行土地流转和更换经营主体的条件下，把小农生产引入现代农业发展轨道。应重视信息技术在带动小农户与现在农业发展有机衔接中的作用，打造多种类型的平台，为小农户提供及时的农业政策、农技推广、销售渠道、市场价格等信息服务。

4. 提升服务的质量和效率

建立农业服务需求与服务供给的均衡关系，避免供需不匹配现象。把握政府农业公共性服务的公平与效率的关系，无论政府直接提供农业服务还是购买服务，均应体现对服务对象的公平性和普惠性。建立和完善农业公共服务的运行体系和评价体系，提升农业公共服务的效率。高度重视小农户对农业公共服务质量的反应，不断提高政府农业公共服务的时效性和针对性。

第三章　完善农业支持保护制度

改革开放40年来，中国农业农村发展取得了巨大的成就。在此过程中，中国农业生产的绝对效率提升，相对效率快速下降，同时全球化的发展带来的商品与要素的加速流动，使系统性的农业支持保护制度应运而生。这也标志着中国经济社会发展进入新阶段。中国农业支持保护制度的改革发展路径遵从了渐进式改革的逻辑，坚持问题导向，坚持稳定发展，手段也从单一依靠财政逐步转向立体的政策性供给。能够观察到，现有的农业支持保护制度的确立，对减缓农业的相对衰落、保障粮食安全与农产品供给、维持农村社会稳定都起到了积极作用。同时也要看到，当前农业生产中的资源配置方式仍然不够完善，农业基础设施与科技水平仍然较为落后，农业应对自然风险与市场风险的能力仍然处于低水平，因此中国农业支持保护制度改革仍然任重而道远。

一、农业支持保护制度的背景

长期以来，中国并没有真正意义上的农业支持保护制度，“皇粮国税”是自然道统，随着经济社会的不断发展，农业农村形势不断变化，最终农业的支持保护制度取代传统的农业租税制度，也成为中国现代化进程的标志性事件。就改革开放40年的发展来看，可以简单地以2004年作为界限分为两个阶段。第一阶段是2004年之前的政府定价政策①，能够明显看到从计划经济向市场经济过渡的痕迹，即从农产品供给的“强制征收”转为“付费赎买”；第二阶段是系统性的农业支持保护制度开始建立并不断完善，经过了十几年的发展，目前已经建立起覆盖农业生产、农产品流通、存储与消费、农产品贸易的全过程农业支持保护制度。

---

①　改革开放以来，粮食流通从统购统销到双轨制改革再到保护价收购，其市场化程度并不充分，在很大程度上并不是农业支持保护制度，理论上应当理解为工农业产品“剪刀差”的延续。

中国农业支持保护制度建立的直接原因在于1998~2003年的粮食减产。当时的情况大致可以描述为：1998年国内粮食产量达到创纪录的5.1亿吨，随后由于种粮收益下降，城镇化扩张对耕地的圈占，粮食种植面积不断下降，从1998年的1.14亿公顷下降到2003年的0.99亿公顷，下降了12.6%，减少的0.15亿公顷种植面积相当于1998年东北三省的粮食种植面积，粮食产量也下降到4.3亿吨，下降了15.9%。经历了5年粮食产量的波动下降，2003年粮食产需缺口达到5555万吨，使国内粮食库存结构性矛盾凸显，一些重要主销区的大城市粮食库存只能保障几天的消费需求（郭玮，2005；姜长云，2006），从而导致2004年国内粮食价格暴涨，其中籼稻价格上涨了31%①，通过价格传导因素，2004年全球稻米价格也同比上涨了23%②。在此背景下，2004年1月，中共中央、国务院下发《中共中央国务院关于促进农民增加收入若干政策的意见》，成为改革开放以来中央的第六个一号文件，开启了中国农业支持保护政策的序幕。

从历史角度，工业反哺农业、城市反哺乡村是经济发展的规律。改革开放以来，随着工业化、城镇化进程的加快，加之“入世”对农业开放的促进作用，中国农业支持保护制度的建立只是顺应时代发展的必然产物。

中国农业支持保护制度的建立，是中国经济社会发展的必然结果。改革开放以来，一是农业产出在国民经济中的占比从1978年的27.7%下降到2017年的7.9%，农业产出占比持续下降；二是城、乡居民恩格尔系数分别从1978年的57.5%和67.7%下降到2017年的28.6%和31.2%，食品消费在居民消费中的占比持续下降；三是国家财政收入从1978年的1132亿元增长到2017年的17.3万亿元，国家财政收入能力持续增强。对比来看，以2004年为节点，当年全国农业GDP为2.1万亿元，财政收入为2.6万亿元，财政收入刚刚超过农业总产出水平③，使农业支持保护制度的建立成为可能。

中国农业支持保护制度的建立，是农业全球化进程的必由之路。事实上，中国在加入WTO之前始终是农产品的净出口国，农产品出口一度是重要的外汇来源。伴随着经济社会的快速发展，国内食品消费需求快速增长，加之农业生产资源输出，国内农产品市场供需格局发生本质变化：2004年以

---

① 国务院发展研究中心市场经济研究所“中国市场形势分析动态”课题组：《今年我国粮食价格变动分析及趋势预测》，《农产品市场周刊》2004年9月13日。

② 资料来源：IMF国际商品价格数据。

③ 长期以来，农业总产出水平一直高于财政收入，2001年加入WTO正好是财政收入高于农业产出的分水岭。

来，中国成为农产品的净进口国。在 2012 年前后，中国成为全球最大的农产品进口国。2017 年中国农产品进口额为 1259 亿美元，按照农产品进口的虚拟土地折算，大致相当于进口了 12 亿亩耕地及相关的农业生产要素。面对全球农业资源的整合，有必要为中国农业转型发展提供必要的保护。

二、农业支持保护制度的发展脉络

（一）坚持问题导向

1. 农业支持保护补贴

农业支持保护制度的初衷是为了解决种粮比较收益低下、粮食生产能力衰退的问题。由于 1998~2003 年的粮食产量下降带来的粮价上涨给国内粮食安全带来的冲击，2004 年中央一号文件中提出对粮食主产区的种粮农民实行直接补贴，也鼓励非主产区对种粮农民实行补贴，2006 年政策扩大到全国，并基本涵盖了主要粮食作物。同理，良种补贴与农资综合补贴的出台也是为了解决当时投入品价格的上涨，起到进一步优化农业资源配置的目的。2002 年起，中央陆续对农户种植部分粮食作物、食用油籽和经济作物进行良种补贴。从 2005 年起，国家陆续对奶牛、生猪和能繁母猪、肉牛、绵阳等畜牧业产品进行良种补贴。为弥补农资价格上涨对农户种粮的影响，降低农户生产成本，2006 年起中国开始实行农资综合补贴政策。农资综合补贴的补贴方式和补贴渠道与种粮直补政策相同，即采用直接支付方式一次性直接拨付到农户账户。

2. 托市收购

改革开放之后，粮食收购政策逐步市场化，1990 年开始实施粮食保护价收购政策，由于库存积压、国有粮食企业管理等问题，最终在 2002~2004 年间取消粮食保护价收购政策。当时对此政策讨论很多，观点对立也很鲜明，尤其是关于价格支持的存废问题（叶兴庆，2002；李成贵，2004）。基于对粮食生产流通以及具体市场形势发展①，2004 年中国出台稻谷最低收购价政策，2005 年该政策正式启用。2006 年实施小麦最低收购价格政策。当粮食

① 粮食保护价收购政策取消之后，市场供需结构变化较快，价格机制对生产的刺激、对需求的抑制作用都不够充分，市场出清机制在短时期内未能实现供需匹配，尤其是 1998~2003 年的粮食产量下降与库存结构性矛盾。由此，稻谷、小麦最低收购价政策出台。

市场价格低于最低收购价格时，政策执行单位在相关产区按照最低收购价格收购农民交售的新粮；当市场价格高于最低收购价时，则不启动该政策。鉴于该政策在 2004~2008 年在稻谷与小麦收购时取得的良好运行效果（FAO，2008），因此在面对 2008 年大宗农产品价格暴跌的情形下，国家建立了大豆、玉米、棉花等农产品的临时收储政策。

3. 政策性保险

整体来看，托市收购可以理解为政府对市场风险的兜底措施，从风险防范的市场运行角度，政策性农业保险的试点与推广可以作为另一种解决问题的尝试。其思路是以保险公司市场化经营为依托，政府通过保费补贴等政策扶持，对种植业、养殖业因遭受自然灾害和意外事故造成的经济损失直接物化为成本保险。2007 年，中央财政对农业保险的补贴品种仅限于 6 个试点省份的玉米、水稻、小麦、大豆、棉花共 5 种农作物；2012 年补贴品种达到 15 个，基本涵盖了种植业和养殖业中的主要农产品。政策性农业保险的创设重新描绘了风险防控的边界，对传统意义上的政策责任进行了扩展。调查显示，规模农业经营户对农业保险的需求更为强烈，很多规模经营户认为，即使政府补贴比例下降，甚至完全取消，人们仍然愿意购买农业保险（吕开宇、张崇尚，2013）。

（二）坚持不断改革

1. 农机购置补贴

农机购置补贴政策自实施以来始终处于不断改革之中。从政策设计来看，自 1998 年开始，中央财政开始设立专项资金，用于农业机械购置补贴。2000 年以前专项名称为“大中型拖拉机及配套农具更新补贴”，2001 年调整为“农业机械装备结构调整补助费”，2003 年更名为“新型农机具购置补贴”，2004 年中央一号文件首次将农机购置补贴列入中央财政支持政策范畴，明确提出提高农业机械化水平，对农民个人、农场职工、农机专业户和直接从事农业生产的农机服务组织购置和更新大型农机具给予一定补贴。

从补贴方式来看，2004 年实施农机购置补贴政策初期，采用“差价购机”的办法，为购买农机的农户提供 30%左右的财政补贴资金，随着补贴政策实施时间的推移、补贴金额的提高和惠及范围的扩大，“差价购机”模式滋生出地方农机主管部门寻租、合谋套利等诸多问题，有悖政策设计初衷。为了弥补制度缺陷，2012 年多个省份开始试点改革农机购置补贴的实施办法并逐步推广至全国，由“差价购机”改为“全价购机”，即农民购机时全额全款支付给经销商或企业，由购机农户凭购机发票、人机合影等相关材料向本县或乡（镇）农机主管部门提出申请，审核通过后再由同级财政部门直接将补贴资金支付给农户，由此大大减小了补贴过程中可能产生的寻租空间（张宗毅、章淑颖，2018）。从目前的发展来看，农机购置补贴的政策实践仍在进一步完善。

2. 国内渔业捕捞和养殖业油价补贴

国内渔业捕捞和养殖业油价补贴又称渔业油价补贴。2006 年起，为了保证成品油价格和税费改革的顺利实施，国家对部分弱势群体和公益性行业给予补贴，其中包括对渔民和渔业企业的燃油补助。2006~2014 年，中央财政累计安排渔业油价补贴资金 1484 亿元，其中 2014 年为 242 亿元。渔业燃油补贴是渔业历史上获得资金规模最大、受益范围最广、对渔民最直接的中央财政补助（钟小金等，2012），自实施以来有效降低了渔业生产成本。但是也产生了一系列负面影响，包括加剧了对渔业资源的超负荷利用；加剧了渔业生产者的贫富差距，使船东与渔民收入差距扩大；政策本身的社会成本高企（田丰、曾省存，2015）。

2015 年开始渔业油价补贴的改革，按照总量不减、存量调整、保障重点、统筹兼顾的思路，将补贴政策调整为专项转移支付和一般性转移支付相结合的综合性支持政策。其目标在于力争到 2019 年，将国内捕捞业油价补贴降至 2014 年补贴水平的 40%，使国内捕捞渔船数和功率数进一步减少，捕捞作业结构进一步优化，捕捞强度得到有效控制，渔业现代化迈出新步伐。补贴方式以 2014 年清算数为基数，将补贴资金的 20%以专项转移支付形式统筹用于渔民减船转产和渔船更新改造等重点工作；80%通过一般性转移支付下达，由地方政府统筹专项用于渔业生产成本补贴、转产转业等方面。

（三）坚持稳定发展

中国农业支持保护制度的改革发展遵从了渐进式改革、以稳定发展为目标的路径。具体形式表现为“分品种施策，渐进式推进”，通过稳定发展机制，政策本身的兼容性、系统性得以增强，同时中国农业支持保护政策在很大程度上能够得以续接，不至于出现断层或突跃。价格支持政策作为中国农业支持保护制度的核心内容，不仅事关粮食安全，也事关农业生产者的收入、农村社会的稳定。选择稳定发展的目标对于中国农业支持保护制度有着十分重要的意义。

以稻谷、小麦最低收购价和大豆、玉米等农产品临时收储为代表的托市收购政策历经数十年的运行，特别是在 2012 年之后，面对农产品价格持续下跌，政策的不适应表现得较为突出。一是稳定国内农产品市场需要财政支付大量的农产品仓储、收购贷款利息等费用，已经面临 WTO “微量允许”上限约束（朱满德、程国强，2015）；二是在国际国内价格倒挂的背景下，国内加工企业成本增加，竞争力下降，同时走私屡禁不绝，形成了“高产量、高库存、高进口”的“三高”并存局面（胡冰川，2015）；三是粮食价格支持政策对于市场的支撑作用开始出现减弱的趋势，政策正向激励作用正在削弱（李光泗等，2017）。

从政策操作来看，留有明显的“渐进”痕迹，由易到难、层层推进。针对市场运营与政策执行中出现的问题，作为价格支持政策的系统性改革措施包括：一是 2014 年中国政府启动了东北大豆与新疆棉花目标价格改革试点，希望通过目标价格理顺农产品价格形成机制，并实现稳定生产的目标。二是 2016 年“按照市场定价、价补分离”的原则，取消玉米的临时收储政策，出台生产者补贴政策。三是 2017 年大豆目标价格政策，实行市场化收购加补贴的新机制，国家对大豆生产给予补贴。中央财政对东北三省和内蒙古自治区给予一定补贴，由地方政府将补贴资金兑付给大豆生产者。经过一系列市场化改革，大宗农产品市场（特别是粮食市场）的价格形成机制逐步发挥作用，提升了农产品的资源配置效率。

在大豆、棉花的目标价格，玉米的生产者补贴基础上，不断完善支持措施，并最终进入粮食最低收购价的改革环节。粮食最低收购价自 2004 年实施以来，一直坚持以稳定粮食生产能力为目标，考虑到粮食安全以及粮食作物涉及的种植面积过大等问题，即使在 2014 年粮食市场问题日益显现的背景下，最低收购价政策仍然没有退出。直到 2017 年，在稻谷供需矛盾进一步恶化的背景下，最低收购价政策进行了微调，在此基础上，2018 年对稻谷与小麦的最近收购价进行了进一步调整（见图 3-1）。可以设想到，如果短期内市场矛盾不能缓和，政策调整步调与频率会再次提高。

（四）坚持投入增长

改革开放以来，中国农业生产经营方式正在发生根本性的变化，农业投入增长从传统的耕地与劳动的增长转向资本与技术的增强。特别是加入 WTO 以来，从中国农业支持保护制度的投入增长来看，最重要的投入增长包括财政支农资金的增长与强化农业支持保护的制度性供给。

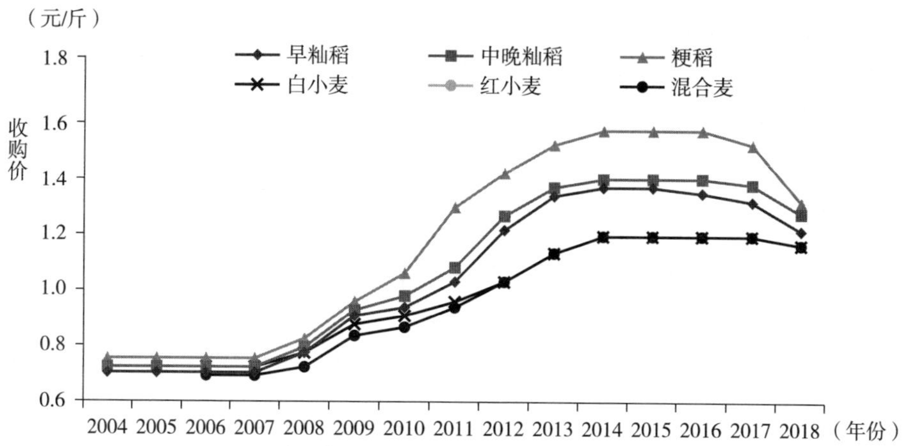

图 3-1　稻谷小麦最低收购价变化

资料来源：国家发展和改革委员会。

1. 财政支农投入增长

自 2004 年中央一号文件提出“增加农业投入，强化对农业支持保护”之后，财政支农力度不断加大，2004 年当年，财政支农增长速度达到 33%。2004 年之后的每年中央一号文件中，均对加大财政支农进行了强调。根据财政部公布的全国一般公共预算支出数据，2007~2017 年，国家财政农林水事务支出从 3405 亿元增长到 19089 亿元，年均增速 18.8%，高于同期全国一般公共预算支出 15.1%的增速。其中，直接投入农业支持保护的数额也在不断提高，以目标价格补贴为例，2016 年财政支出为 319 亿元，2017 年增长到 339 亿元。

此外，根据朱满德、程国强（2015）的测算，2008~2013 年，中国对粮食等特定农产品的支持水平大幅上涨。通过财政投入增长，对农民持续增收发挥了最为直接和明显的作用（罗东、矫健，2014）。由此可以窥见，中国农业支持保护体系的重心在于财政投入的不断增长。除了财政资金投入的增长机制之外，还包括发挥财政资金的引导与杠杆作用。按照 2018 年中央一号文件精神，“充分发挥财政资金的引导作用，撬动金融和社会资本更多投向乡村振兴”，从而提高农业补贴政策的指向性和精准性。

2. 强化农业支持保护的制度性供给

完善农业支持保护制度是强化乡村振兴制度性供给的重要内容。2018 年中央一号文件提出，“要以完善产权制度和要素市场化配置为重点，激活主体、激活要素、激活市场，着力增强改革的系统性、整体性、协同性”。从内容上看，在加大支农投入力度、深化重要农产品收储制度改革的基础上，《乡村振兴战略规划（2018~2022年）》又提出，提高农业风险保障能力的新设计。具体为：完善农业保险政策体系，设计多层次、可选择、不同保障水平的保险产品。积极开发适应新型农业经营主体需求的保险品种，探索开展水稻、小麦、玉米三大主粮作物完全成本保险和收入保险试点，鼓励开展天气指数保险、价格指数保险、贷款保证保险等试点。健全农业保险大灾风险分散机制。发展农产品期权期货市场，扩大“保险+期货”试点，探索“订单农业+保险+期货（权）”试点。

三、农业支持保护制度的绩效评价

（一）对粮食安全与农业生产的影响

自2004年以来，随着农业支持保护制度的建立与完善，粮食产量稳步提升，农业生产不断发展。2003~2017年，根据国家统计局公布的数据，可以观察到：一是全国粮食播种面积从0.99亿公顷增长到1.12亿公顷；二是全国粮食产量从4.31亿吨增长至6.18亿吨，特别是2013年以来，全国粮食产量基本稳定在6亿吨以上；三是粮食单产也从每公顷4.3吨增长到每公顷5.5吨。单纯就谷物供给来看，国内粮食生产可以确保人均谷物占有量维持在400公斤以上。简单地对比1998~2003年与2004~2017年两个时段的粮食生产情况，不难发现，中国农业支持保护制度对粮食生产起到了明显的支持保护作用，有效地保障了粮食安全。

进一步地，随着土地流转规模的扩大，当前全国承包耕地流转面积达到4.6亿亩，超过承包耕地总面积的1/3，全国经营耕地面积在50亩以上的规模经营农户超过350万户，经营耕地面积超过3.5亿多亩①。在此背景下，由于农业支持保护政策的存在，并未形成流转土地的非粮化，尽管在学界引起很多讨论，指出土地流转的“非粮化”倾向，但是透过粮食种植的数据，

① 李佳：《农业部：全国承包耕地流转比例已超过三分之一》，新华网，http://www.xinhuanet.com/politics/2016-11/17/c_1119933443.htm。

并不能支持这一观点[①]。张宗毅、杜志雄（2015）运用全国1740个种植业家庭农场数据进行定量实证结果显示，随着土地经营规模的扩大，非粮作物种植比例明显下降，土地经营规模越大则越倾向于较高比例种植粮食作物。

由此带来的结果就是，农业支持保护制度，特别是粮食最低收购价政策，通过土地流转析出了种粮土地的租税；进一步地，由于在全国1.67亿公顷的种植面积中，稻谷小麦播种面积达到0.54亿公顷，种粮土地流转由于最低收购价析出的租金价格形成了土地的标杆价格，对农业竞争力产生了负面影响。传统意义上，小农经营的生计农业如果获得了生产者补贴，将等同于获得财政转移支付，在一定程度上化解了生产经营风险，有助于农业竞争力的提高。然而全国土地流转面积已经覆盖了1/3的承包地，且主要流转的目的仍然是从事粮食生产，对于流转土地从事农业生产经营的主体来说，现行农业支持保护措施等同于将财政转移支付以土地租金的形式析出给土地承包人，在一定程度上形成了承包人对经营主体的“剥削”，使政策的精准性受到影响（胡冰川、杜志雄，2017）。

（二）对农民收入和农村社会稳定的影响

农业支持保护制度对农民收入的影响需要辩证地看待。应该看到：1978年以来，农村人均家庭可支配收入[②]从134元增长到2017年的13432元，增长了99.2倍，同期人均家庭经营性收入从36元增长到5028元，增长了138.7倍。如果以2004年作为分水岭来简单对比农业支持保护制度的效果，不难发现：1978~2004年，农村人均家庭经营性收入从36元增长到1541元，年均增长16.2%；2004~2017年，农村人均家庭经营收入从1746元增长到5028元，年均增长8.4%（见图3-2）。通过这一结果，农业支持保护制度看似对农民收入的支持作用并不显著，但是值得注意的是，1997~2003年，农村人均家庭经营性收入从1473元增长到1541元，其中1997~2001年，家庭经营性收入还在持续下降。2004年实施系统性农业支持保护制度之后，当年人均家庭经营性收入从2003年的1541元增长到1746元，增长了13.3%。显然，正确的逻辑是：由于家庭经营性收入的下降，系统性的农业支持保护政策得以实施，由此遏制了农民家庭经营性收入的下降。意

① 2016年、2017年粮食种植面积调减主要是农业供给侧结构性改革调整粮食种植结构的结果，并非流转土地导致的非粮化。

② 2012年之前为农村居民家庭平均每人纯收入，2012年之后为农村居民人均可支配收入，口径存在变化。

即，如果没有农业支持保护政策，农民家庭经营性收入的滑坡有可能更快。对此，农业支持保护政策对稳定农民家庭经营性收入的增长起到了积极作用。

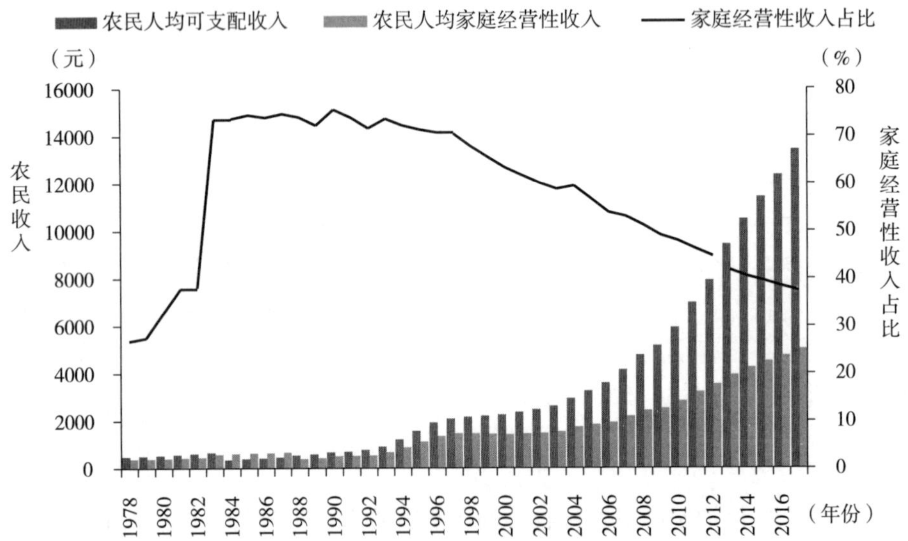

图 3-2　农民人均家庭经营性收入变化

资料来源：根据《中国统计年鉴》（2017）绘制。

根据第三次全国农业普查数据，2016 年全国农业经营户 2.1 亿户，其中规模农业经营户 398 万户，按照 1.35 亿公顷的耕地面积，户均耕地面积仅为 0.64 公顷；如果扣除规模农业经营户占有的耕地，那么现有农业经营户的实际耕地面积将低于全国平均水平。因此，在当前条件下，中国农业生产仍然维持相当大数量的小农经营主体是一个基本国情。这也意味着稳定家庭经营性收入在很大程度上保障了农户的就业（自我雇佣），对社会稳定起到了积极作用。进一步地，通过比较农民家庭经营性收入与可支配收入，可以观察到：1978 年至今，家庭经营性收入在可支配收入中的占比①从最高时的 76%逐步下降到 40%的水平，2017 年更是降至 37.4%；2014 年之后，在农民家庭可支配收入中，工资性收入已经超过家庭经营性收入。由于农户家庭

① 1978~1982 年家庭经营性收入占比较低，原因在于制度变迁带来的调整。具体为：家庭联产承包责任制于 1983 年在全国推开，此前家庭经营性收入占比较低，主要来自集体的工资性收入。

经营的农业资源过少，而工资性收入日渐成为农民增收的主导因素，农业支持保护政策对农户家庭经营性收入的支持作用不断弱化。

（三）对农业资源配置的影响

如前所述，在全国 2.1 亿个农业经营户中，大约有 400 万个规模农业经营户，根据农业农村部之前的统计，2016 年全国土地流转规模为 4.7 亿亩，占全国承包地面积的 1/3。这也导致了农业生产在维持大量小农经营的同时，出现了相当数量的规模经营主体。从农业支持保护政策的设计出发，传统意义上，小农经营的生计农业如果获得了生产者补贴，将等同于获得财政转移支付，在一定程度上化解生产经营风险，有助于农业竞争力的提高。但是，全国土地流转面积已经覆盖了 1/3 的承包地，对于流转土地从事农业生产经营的主体来说，现行农业支持保护措施等同于将财政转移支付以土地租金的形式析出给土地承包人，使现行的农业支持保护政策异化为土地承包者的“设租”。

可以概括的是：现行农业支持保护措施更多地保护了生计农业，但是缺乏对商品农业生产的有效支持。更为关键的是，未来中国农业商品性生产经营主体都将以规模经营为主，在三权分置条件下的规模经营势必通过土地流转获得，这就意味着规模经营主体并没有获得有效的农业支持保护，使生产经营主体的行为“裸露”在保护体制之外，妨碍了中国农业竞争力的提高（胡冰川、杜志雄，2017）。进一步地，由于流转土地主要用来从事粮食等大田作物生产，在现有农业支持保护制度框架下，对水稻、小麦维持最低收购价就设置了地租标杆，对整个农业竞争力产生了负面影响。2017 年，全国粮食种植面积为 1.12 亿公顷，其中稻谷、小麦合计为 0.54 亿公顷，占粮食播种面积的 48%，使用流转土地进行水稻小麦生产形成的地租无疑成了地租标杆，推高了全国流转土地的价格。

农业支持保护制度的初衷是保障农民收益，稳定粮食与农业生产。随着农业生产形态与经济社会的发展，以价格支持为手段的农业支持保护政策对农业资源配置的负面影响逐步显现，矛盾根源在于：传统的农业支持保护手段不能适应新形势的发展需要。简要来讲，一是现行农业支持保护制度对农业经营的收益保障不断弱化，二是对农业生产的导向作用严重滞后于市场发展。一言以蔽之，现行农业支持保护制度对农业资源配置的错配作用日益增加。针对此，有必要对现行农业支持保护政策进行调整与完善。

四、未来农业支持保护制度展望

(一) 弱化收入保障功能，优化资源配置能力，切实提高农业生产效率

考虑到中国大量生计小农户存在的同时，又涌现出一批以商品农业生产为目的的规模经营主体，农业支持保护制度的出发点无论是价格支持还是直接补贴，实际上对为数众多的小农户增加经营性收入的作用十分有限。不仅如此，相应的价格支持手段对市场实施了扭曲作用，降低了市场对农业生产资源的配置能力，使农业规模生产经营主体的效率无法得到发挥。这也意味着，农业支持保护制度从支持农民增收的目标出发，最终又落脚到进一步制约农民增收。

随着形势的变化，试图依靠农业支持保护政策解决农民增收、提高农业生产效率的多重任务越来越不现实。为了解决这一矛盾，还需要从农业生产的内在规律出发，进一步发挥农业支持保护政策的支持作用，切实提高农业生产效率；而农民收入的保障功能需要新的政策设计。2014 年之后启动的棉花目标价格改革、玉米的生产者补贴改革都取得了一定的成效，但是从政策设计角度，仍然需要完善，主要有以下几点：

1. 建立以风险防范为目标的农业安全网

现有的政策承担了所有的风险，特别是市场风险的托底，使市场机制对风险并不敏感，从而导致所有的市场风险最终累计成为政府的财政损失。对此，要充分发挥农业生产经营主体的敏感性与能动性，构建以财政补贴为基础的、市场化运行的、不区分特定产品的农业风险防控系统。在方式上支持多元市场主体参与，鼓励商业保险、互保等不同形式的设计。宜将现有的农业支持保护政策，特别是用于价格支持的财政资金转化为对风险防控的支持。

2. 逐步提高农村居民的社会保障水平

按照现有财政水平，很难通过价格支持对农民增收产生有效的积极作用。随着经济社会的不断发展，农户现金收入只是家庭财富的一个指标；除此之外，不妨将现有的直接补贴（按耕地规模补贴）转化为农村居民的社会保障补贴（按人头补贴），提高农村居民的社会保障水平，促进城乡融合发展。使未来农业支持保护制度回归到农业支持的功能，农民收入保障的功能

由其他社会福利政策来承担。

（二）改善农业基础设施水平，增强农业生产能力，实现农业可持续发展

改革开放40年来，中国农业基础设施水平有了显著提高，但是相对于发达国家仍然存在明显的差距。农业基础设施建设对农业全要素生产率提高有着直接关联，已经是研究共识（曾福生等，2014；李谷成等，2010）。2004年以来的历年中央一号文件对“农业基础设施”均有着墨。基于现有的农业生产实践，在未来相当长的时期内，不能回避的事实是：农业基础设施的改善只能依靠政府投入。无论参与方式如何变化，如农业基础设施建设运营等引入PPP模式，最终成本都需要由政府财政负担，在增加政府财政投入的同时需要考虑相关的投入风险与潜在的社会矛盾。

整体来说，农业基础设施投入需要着眼未来发展。农业基础设施与一般投入不同，具有长期性和稳定性，因此需要着眼未来农业发展需要。以丘陵山区农田改造为例，传统观点认为可以通过“以机适地”的方式提高丘陵地区农业机械化水平，从成本收益、农业生产效率、农业可持续发展的角度，这样的思路在实践中都是得不偿失的。而另一种可取的思路在于“改地适机”，即丘陵山区农田宜机化改造。通过宜机化改造，使整个丘陵山区农业能够满足规模化经营需要，增强农业生产能力。

从具体实施来看，农业基础设施允许规划与投入的适度超前。长时间以来，农业乃至农村基础设施投入中，“量入为出”一直是财政资金使用的基本准则。目前，由于农业基础设施投入来源的多样化，宜按照适度超前进行农业基础设施规划，以财政资金为依托，积极拓展资金来源渠道，提高农业基础设施水平，实现农业可持续发展。

（三）立足国内农业生产，积极统筹全球农业资源，保障粮食与食物供给

与农业基础设施投入形成共识所不同的是，利用全球农业资源与市场，仍有较大的争议，特别是在农业支持保护制度的工具选择上。部分观点认为，农业支持保护制度设计的初衷就是保护农业生产的弱质性，抵御外来农产品的冲击；也有部分观点认为，农业支持保护制度需要正确引导农业生产，提高资源配置效率。2017年，中国农作物播种面积25亿亩，而全国农产品进口总额为1259亿美元，折合虚拟土地约为12亿亩，国内农业生产资

源将长期处于紧张状态。在此背景下，积极统筹国内国际两种资源、两个市场，保障中国粮食与食物供给就是自然选择。从农业支持保护制度本身设计出发，也需要适应这一发展变化。

1. 改进现有农产品边境管理措施，促进农产品贸易均衡发展

根据测算，现阶段中国种植业产品加权平均关税率为 6.2%，而畜牧业产品加权平均关税率为 14.7%，其中饲料加工业平均关税率为 5%，而屠宰和肉类加工为 12%。不仅如此，在种植业产品内部，由于进口关税和配额管理，导致进口产品向个别产品，特别是向大豆的过度集中，形成了结构性不均衡。针对这一现象，有必要对农产品进口管理方式进行改革：尽快将种植业产品与畜产品关税协调一致，逐步降低对单一产品的过度依赖。通过农产品进口管理的改革，促进农产品贸易均衡发展。

2. 优化农产品边境管理的同时，切实加强农产品边境管理

由于农产品需求缺口存在，加之关税及非关税壁垒的存在，农产品大量走私行为长期存在，如肉类及制品、食糖、大米等。不仅对封闭运行的国内政策产生了一定的破坏作用，同时也增加了国内食品安全的输入性风险。针对此，有必要在优化农产品边境管理的同时，切实加强农产品边境管理，规范贸易与市场运行，改善农业支持保护措施的运行环境。

第四章　农村产业发展体制改革

农村是相对于城镇的地域性概念。农村产业是指国民经济体系中分布在广大农村的农业、工业和服务业。中国城乡发展的“二元结构”使农村产业发展体制在农业现代化、工业化、城镇化和信息化过程中具有独特性。可以预见的是，随着中国经济的进一步发展，城乡“二元结构”的逐步解体，城乡融合程度的加深，农村产业与城镇产业在体制上将趋同，除了农业之外，农村工业、服务业与城市工业和服务业的地位不再有地域上的差异，都是市场经济中享受普惠国民待遇的市场主体。回顾改革开放以来中国农村产业发展体制改革的过程，农村产业发展经历了从“以粮为纲”到“粮经饲”多种经营、工业化过程中乡镇企业的异军突起和转型、农村产业组织形态从农工商一体化到农业产业化经营、农村三次产业融合发展和农业供给侧结构性改革的演化。在体制层面，表现为政府对产品市场和要素市场管制的逐步松弛，市场对农村资本、人力、土地、技术等资源配置的作用日益加大，市场活力和要素配置效率逐步提升，促进了农村产业从单一的粮食生产到农村生产体系、经营体系和组织体系的形成。中共十九大提出了乡村产业兴旺目标，展望未来，农村产业发展将在保障粮食安全的基础上，更充分地参与全球产业分工，使市场在配置资源中的决定性作用得到加强，城乡之间和区域之间的产业更加协调发展。

一、从“以粮为纲”到多种经营的产业结构调整

改革开放前，中国实行计划经济体制，国家通过计划指令配置资源，一些学者将这种计划体制归结为重工业优先发展战略的需要，但这种理论不能很好地解释“二战”后其他社会主义国家也采取了类似的管制经济体制。实际上，把市场看作资本主义社会化大生产与生产资料私有制基本矛盾的意识形态教条是根本性的原因。政策制定者认为社会主义是没有剥削、没有压迫、有计划的、先进的社会制度，这种制度与资本主义制度根本的不同就是

生产资料公有制，劳动者成为生产资料的主人而不是生产资料的奴隶，因此在制度设计上限制个体自由参与社会经济活动，特别是错误地将经典理论中对小农经济的论述用于农业生产实践，通过身份制等系列制度安排限制农民的选择权、决策权等诸多权利，农业生产和乡村产业呈现“以粮为纲”的基本特征，这是制度压制市场交易的必然。中共十一届三中全会以后，农业生产向以粮为主、多种经营转变，这是市场化改革的结果。

（一）“以粮为纲”

传统中国以农立国，保障粮食生产是历朝历代的基本国策，各朝各代都制定了一系列的政策措施，促进粮食生产。《吕氏春秋・农政篇》对先秦时期的农业政策就有了较系统的认识，司马迁在《史记・货殖列传》中对发展市场来促进经济增长有非常深刻的论述，正所谓“仓廪实而知礼节，衣食足而知荣辱”，保障粮食的有效供给是任何社会得以生存和发展的基本要件，差别在于是通过强迫、掠夺、管制的方式还是通过市场激励机制来实现既定的政策目标。从历史的发展进程看，在粮食等生活资料短缺的战乱时期，通过配额的方式分配资源更能保障社会秩序，但社会秩序进入稳定期后，通过市场交易的方式更能促进经济发展。新中国成立后到改革开放这段历史时期，中国经济社会千疮百孔，在世界列强的重重包围下，选择高度集中的计划体制，有其内在的逻辑。1949 年，中国人均粮食占有量仅 210 公斤，大多数人食不果腹，通过组织动员的方式增加粮食生产和低水平平均分配进入了政策制定者的视野。1953 年 10 月，中共中央做出了《关于实行粮食的计划收购和计划供应的决议》，对粮食购销做出了明确规定，要求在 11 月底前完成全国动员，在全国实行粮食统购统销。

为了保障工业发展所需的资金，对粮、棉、油、生猪等其他大多数农产品实行分类管理和统购统销，农业生产资料集中计划管理、分级专营，价格由国家、地方部门定价和国家指导定价。新中国成立后很长一段时期农业科学技术落后，粮食等农产品生产水平低，农民生产积极性受到严重压制，粮食等农产品供应极度短缺。1957 年，全国人均粮食占有量 306 公斤，农民家庭平均年收入 73 元，农民的生活处于极低水平。为了解决人民的温饱问题，中央在农村开展了多项改革。据薄一波回忆，1958 年 6 月 18 日晚，毛泽东在中南海游泳池召集中央政治局常委和彭真、李富春、李先念、薄一波、黄克诚等人谈话。谈话中毛泽东提出了“以粮为纲，全面发展”的思路，随后在 1960 年 3 月中共中央转发农业部党组《关于全国农业工作会议的报告》

中，将“以粮为纲，全面发展”正式写入文件。

文件虽然提倡“以粮为纲，全面发展”，但在政策执行的过程中，却变成了“以粮为纲，其余砍光”，不少农民被迫铲掉花生、豆子等经济作物，只种植水稻、麦子和高粱。在20世纪六七十年代，即使是在城市居民的日常生活中，常年也只有萝卜、土豆、大白菜等蔬菜品种，粮油肉食等按票计划供应。毛泽东虽然一再向全党、全国人民强调粮食问题对于中国发展的重要意义，但他对阶级斗争的高度关注，对资本主义复辟的高度警惕，特别是他对列宁关于小生产者每日每时都在产生着资本主义的观点印象深刻，并多次在党内会议和各种谈话中予以强调，在实际生产中就形成了将农村家庭副业、多种经营当成资本主义尾巴加以割掉的政策（邹华斌，2010），农业生产姓资还是姓社的意识形态问题困扰着基层干部，“在发展多种经营中，有部分干部、群众划不清政策界限。他们认为搞农业就是社会主义，搞副业就是资本主义；集体副业就是社会主义，社员家庭副业就是资本主义；产品全部卖给国家就是社会主义，完成交售任务后，多产适当多分一点就是资本主义”（陇县革命委员会，1971）。在“姓资姓社”的意识形态束缚下，把“多种经营”当作资本主义经济形态严加防范，人为限制资源的高效利用。张晓山（2008）提到，农村人民公社是依据国家的宏观行政指令，对农业生产经营活动实行计划管理的主要机构，是计划经济体制的重要载体。从1958年建立到1984年解体，农村人民公社存在了26年时间，这种高度计划的体制，对市场经济的严加防范，“以粮为纲，全面发展”变成“以粮为纲，其余砍光”是在“以钢为纲”的赶超狂热下社会政策逻辑演绎的结果，因为多种经营需要以市场交换为支撑。“文革”十年，农业种植结构严重不合理，除蚕桑和茶叶的增产幅度大于粮食增产幅度外，其余各种重要经济作物，如棉花、油料、黄红麻、糖料和烤烟等的发展速度比粮食低，农业本应给轻纺工业提供的原料严重不足，影响到了城乡人民生活和农村经济的发展。

实际上，不管是学界还是在基层的农业生产实践中，对“以粮为纲，全面发展”口号中的“全面发展”不乏真知灼见，比如王耕今（1961）就讨论了食品需求与粮食和其他农产品生产之间的关系，“粮食生产在整个农业生产中占有极端重要的地位。粮食生产水平在相当程度上决定了经济作物、林业、牧业、副业和渔业等的发展状况，甚至也在很大程度上决定了整个国民经济的发展状况。因此，在全面发展农业生产中，应该首先保证粮食生产的发展。这是不容忽视的。但是，农业从来都不是一种单纯发展粮食生产的经济，而是包括粮食作物、经济作物、牧业、林业、副业和渔业等在内的综合经济。粮食生产不仅不能脱离这些部门孤立地发展，相反地，必须与这些部门密切结合，相互依赖、相互促进，共同发展。企图打破原有的合理的作物布局和耕作制度，用单一地发展粮食生产来增加粮食产量的想法和做法，都是不符合实际情况的，其结果总会是事与愿违。同时，这样做也满足不了国民经济对农业多方面的需要，吃的问题也不能很好地解决。人们的食品不仅仅是粮食，还有其他农产品、林产品、畜产品、副业产品和水产品等。这些食品的减少，会使吃的东西的总量减少，增加对于粮食的需要，加重粮食生产的任务”。应该说，那个时代持有这些科学认知的人并不是个别，但都没能得到重视，原因之一是没有一个对政策执行结果正常的监督和反馈机制，不能广开言路，而是大搞个人崇拜，科技工作者得不到应有的尊重。陈吉元等（1992）在回顾新中国成立后中国农村经济发展与改革的历程、问题及成因时提到，1978 年以前，粮食生产一直是中国农业生产的主体，但在近 30 年的时间里，人均粮食占有量并没有明显的提升，全国有 1 亿多农民的温饱问题得不到解决。中共十一届三中全会决定仍然坚持“以粮为纲”的方针，但是允许各地因地制宜地发展经济作物，同时对贫困地区减购或者是免购粮食。

（二）农村多种经营

1978 年，中国在经历了政治上和经济上的风雨后，全国人民认识到必须通过一系列的改革措施，探索出一条适合中国国情的发展道路，中共十一届三中全会就是在此背景下召开的。针对农村发展所面临的诸多问题，1979 年 9 月中共十一届四中全会正式通过了《中共中央关于加快农业发展若干问题的决定（草案）》，开始了农村经济体制的全面改革，主要政策措施包括提高农副产品收购价格、稳定农业生产资料价格；推行家庭联产承包责任制，肯定包产到户；开放集市贸易，调整产业结构，鼓励多种经营。中共中央在 1982~1986 年连续五年发布以农业、农村和农民为主题的中央一号文件，对农村改革和农业发展做出了具体部署。“五个一号文件”在中国农村改革史上成为了专用名词。概而言之，农村产业发展体制改革就是逐步放开、放活市场，减少计划控制，发展商品经济，以市场需求为导向促进农村产业结构调整。

1981 年 3 月 30 日，中共中央、国务院转发国家农委《关于积极发展农村多种经营的报告》的通知，更加明确了提倡农民发展多种经营、改变以粮为纲、单一经营的农业生产方针，认为“搞好多种经营是发展商品经济的关键环节，没有充分发展的社会主义商品生产，中国农业不但不能实现现代化，就是摆脱困境也是不可能的”，在鼓励发展多种经营、调整产业结构的同时，高度重视粮食生产，并增加粮食进口，为多种经营创造条件。认为粮食生产与多种经营是相互促进、共同发展的关系，“发展粮食生产而推广应用技术，兴办农田水利，改善物资供应，改造低产田，违背因地制宜原则，单纯抓粮食，不仅多种经营受到破坏，粮食生产最终也上不去。因地制宜，合理布局，发展多种经营，会在资金、肥料等方面对粮食生产起保障和促进作用，可收兼顾并利之效。此外，开展多种经营，还有利于促进农业生产的商品化、专业化，为大量剩余劳动力提供就业机会；有利于做到人尽其才、地尽其利、物尽其用；有利于保持适于农业发展的自然生态环境”。开展多种经营，可以增加农民收入，改善农民的生产生活条件，同时还可以发挥集体经济的优越性，巩固集体经济，这在意识形态上解决了多年争论不休的“姓资姓社”的问题；多饲养一些草食禽畜和鱼类，多生产一些食油、蔬菜、食糖、干果和野生植物淀粉等产品，代替部分粮食，可以逐渐使食物结构有所改进；可以充分发挥个人和集体的生产积极性，因此中央把多种经营、综合发展作为繁荣农村经济的一项战略性措施，这为农村产业结构调整、非农产业发展和乡镇企业的异军突起奠定了制度基础。

正是一系列鼓励发展商品经济和多种经营措施的出台，在其他农副产品供给大幅度增长的同时，使粮食产量也同步增长。1978~1984 年，全国农业总产值年均增长速度达到了 7.8%，明显高于 1978 年以前的增长速度；全国粮食总产量增加了 1 亿吨，年均增长率达到 5%；全国人均粮食占有量从 319 公斤提高到 396 公斤，年均增长 3.7%，一举解决了大多数人的吃饭问题。到了 1985 年，由于粮食和棉花的大幅度增产，不少主产区出现了卖难问题，为全面改革农产品统购统销制度提供了基础条件。在农业内部，林业、畜牧业、副业和渔业的平均增长速度高于种植业，种植业在农业中所占比重下降，这种变动趋势持续到现在，虽然其间有所起伏，呈现周期性变化。1985~1988 年，由于粮食卖难，农民种粮的积极性下降，粮食产量基本没有增长，但肉类、水产品、水果增长显著。经过 1989 年的通胀风波后，1990 年全国粮食总产量又大幅度增加，再次出现粮食卖难问题。中国农产品供求的结构性矛盾一直困扰着农业产业政策的制定。1992 年，国务院召开了全国高产优质高效农业会议，首次着力于解决农产品供求中的结构性矛盾，直到 2015 年农业供给侧结构性改革政策措施的出台，农业生产的结构性矛盾都没能得到根本性解决。

人们收入水平提高后，口粮需求下降，而肉、蛋、奶及其他农产品的需求增加，平衡粮食生产和其他农作物的种植结构就有了现实需求，因此，政策制定者将“粮经饲”三元种植结构作为多种经营的可选政策工具。“粮经饲”三元种植结构是在以粮食作物为主、经济作物为辅的二元结构的基础上，把饲料生产从粮食生产中分离出来，安排一定面积土地和适当的作物茬口来生产饲料，逐渐使饲料生产成为相对独立的产业，将人畜共粮的种植模式改变为人畜分粮，粮食作物、经济作物和饲料作物生产协调发展的种植模式。但是应看到，调整农业生产结构非一日之功，这是因为农业生产受自然环境的影响大，以小农户生产经营为主的大国小农生产体系容易使政策陷入过度调整的困境，加大了农产品供给的波动幅度。

（三）“菜篮子”和“米袋子”工程

1985 年农业进行结构调整后，1986 年粮食总产量突然比 1985 年下降 250 亿公斤。粮食下降，不仅形成了通胀压力，也影响了养殖业的发展，1987 年全国肉类产量增长只有 18 万吨，副食品涨价幅度很大，全国的物价上升指数为 7.2%，其中有 4.6%是由于副食品涨价引起的。这种情况引起高层重视，国务院采取了一系列措施，如调整粮食收购价、解决饲料供应问题。为了稳定城市物价，1988 年 5 月，农业部提出了《关于发展副食品生产保障城市供应的建议》，这就是实行至今的“菜篮子”工程。1989 年 1 月，农业部开始实施这项工程，“菜篮子”品种包括蔬菜、水果、畜禽蛋奶、水产品等在内。“菜篮子”工程着眼于保障大中城市的副食品供应，在改革副食品价格的基础上，改革农产品生产和流通体制，加大生产基地的基础设施建设，推广实用技术，调整副食品结构。“菜篮子”工程在组织上通过产销协作，克服行政分割弊端，通过政府引导、市场决定，把产区和销区紧密结合起来，建立起相对稳定的产销关系。1997 年，除了奶类和水果外，其余“菜篮子”产品的人均占有量已经超过了世界平均水平。“菜篮子”工程先后经历了建生产基地，增加副食品供应；完善市场体系，搞活农副产品流通；发展产加销一体化经营，提高基地企业综合效益；发挥基地龙头示范作用，推进农村产业结构调整等发展阶段，这对保障城市农副产品价格稳定发挥了重要作用。根据农业部市场与经济信息司在落实《新一轮“菜篮子”工程建设指导规划（2012~2015 年）》时提供的信息，通过强化信息服务、产销衔接和市场建设，2018 年全国“菜篮子”产品的产销运行已完全实现了市场化。

粮食和农业生产相对于工业等其他产业来说，比较效益低，地方政府在经济发展过程中有意无意地忽视粮食和农业生产，热衷于工业项目，为了保障全国粮食供求的总量平衡，国务院 1994 年《关于深化粮食购销体制改革的通知》中明确要求："实行省、自治区、直辖市政府领导负责制，负责本地区粮食总量平衡。"从粮食生产和流通发展的实际情况看，实行"米袋子"省长负责制。粮食省长负责制，就是要增强地方各级政府对农业投入及粮食生产的积极性和责任心。根据这项制度安排，粮食实行地区自求平衡，也不是要各地区自己平衡、各地区自给自足。地方政府需要根据当地在全国经济区域的合理分工，充分发挥农作物及其他经济作物的比较优势，让市场起到资源配置的基础性作用，进行专业化协作，实现高质量、高效益、优势互补的规模经营。中央政府的责任主要是在各地平衡的基础上制定全国粮食生产、收购包括议购、交换、调运、进出口等方面的总量平衡计划，组织、协调省际的粮食市场流通和跨省运输活动。粮食省长负责制对于保障全国粮食总量平衡发挥了重要作用。

二、农村产业发展的组织形式变迁

中国农业生产的基本特点是人均耕地面积少、户均经营规模水平低，很多农户是兼营，外出务工经商是改革开放后农民收入增长和生活水平提高的源泉所在，如何有效地将一家一户联合起来，增加农民的市场谈判能力和通过农产品转化加工增值，延伸农业产业链条，增强农业的市场竞争力就是一个永远需要我们面对的难题。在 20 世纪 80 年代初期，以国有农垦企业为代表的农工商一体化发展思路就进入决策者的视野，并引起广泛讨论。进入 20 世纪 90 年代中期后，山东省在农业生产实践过程中率先提出了农业产业化经营概念，并迅速引起学界关注和政府的大力支持，到今天，农业产业化经营仍是长久不衰的议题，作为管理农业生产的行政部门，农业（农村）部有农业产业化办公室①，每年都有上千篇学术文章讨论农业产业化经营中的各种热点难点问题。随着技术的进步，近两年，农村三次产业融合发展作为农业产业化经营的升级版，正成为各地探索农村产业发展的新形式。

---

① 根据 2018 年农业农村部机构改革最新方案，农业产业化办公室已与新成立的产业发展司合并。

（一）农工商一体化

1978 年 8 月，华国锋带队的考察团在南斯拉夫进行国事访问期间，参观了贝尔格莱德的农工联合企业，随后华国锋指示有关部门对贝尔格莱德的农工联合企业作专门考察。同年 9 月，国务院召开座谈会，讨论在人民公社和国营农场试办农工商联合企业的问题。根据考察情况，结合自身实际，会议决定选取部分人民公社和国营农场先行试点。1979 年，全国有 26 个省、自治区、直辖市开始试办农工商一体化企业，有许多试办单位办得很好，如北京市长城联合企业公司、新疆石河子垦区、武汉东西湖农场、上海嘉定县和辽宁旅顺市郊区等。国营农场自创业之初就有自办工业、商业的基础和经验，农工商综合经营的改革在国营农场最先实行，不仅突破了长期单一经营的格局，还体现了多种优越性。一是改变了农场只生产原料的状况，既生产原料，又自行加工，自销产品；二是农场多余劳动力有了出路；三是几个单位联合起来，共同筹措资金有利于扩大经营规模；四是联合企业可以直接销售产品，减少中间环节；五是联合企业与周围社队进行经济联合，密切了场社关系。

从当前的视角看，可能会觉得农工商联合经营是一个不用争论的话题，但在改革开放初期，各种观点并存，全国农工商联合企业学术讨论会于 1980 年 10 月在试点地区之一的上海市嘉定县举行，吴尚云（1980）对这次关于农工商一体化的全国性专题学术会议观点进行了介绍。有人认为，农工商一体化是农业现代化的客观要求，实行农工商综合经营，可把一部分利润返回农村，能减少不必要的生产和流通环节，做到综合利用，提高经济效益，缩小“剪刀差”，增加农民收入，安排农村剩余劳动力；但也有人认为，农工商一体化容易造成“小而全”，违背专业化分工的经济发展规律，张元奎、许友梅（1981）认为，农工商一体化至少在相当长的历史时期内是行不通的，农民应该集中精力搞好农业生产，而不应该亦工亦商……绝不应把农民引导到厌农喜工、弃农经商的方面去。

改革开放初期在大城市的郊区、国营农场等地区和部门，农工商一体化的实现形式有多种。一类是纵向联合为主，以一个农产品或几个农产品为基础组成专业性的农工商联合企业，简称一条龙；另一类是横向联合为主，以一个农场、一个公社、一个县为单位组成综合性的农工商联合企业。由于 20 世纪乡镇企业的快速发展，农工商一体化在 20 世纪 80 年代并没有形成主导性的乡村产业发展的组织形式，此外，对于农工商一体化内涵的认识也在不断地发展变化，有时称作“贸工农一体化”，有时称作“产加销一条龙”。

1993 年 6 月，中共中央、国务院在《关于当前农业和农村经济发展的若干政策措施》中指出，（要）“以市场为导向，积极发展贸工农一体化经营。通过公司或龙头企业的系列化服务，把农户生产与国内外市场连接起来，实现农产品生产、加工、销售的紧密结合，形成各种专业性商品基地和区域性支柱产业。这是中国农业在家庭经营基础上向专业化、商品化、社会化生产转变的有效途径”。总体来说，这些产业组织形式是以市场为导向，以企业为龙头，以家庭经营为基础，通过社会化服务和利益联结机制，使农工商贸结成风险共担、利益均沾的共同体，这就是农业产业化经营的雏形。

（二）农业产业化经营

以 1995 年 12 月《人民日报》发表题为《论农业产业化》的社论为标志，农业产业化经营逐步得到了各方面的认同和重视，政府也在不同时期出台了诸多鼓励农业产业化经营的政策措施，学界对农业产业化经营的讨论经久不衰。1996 年 3 月，全国人大八届四次会议批准的“九五”计划指出要鼓励发展多种形式的合作与联合，发展联结农户与市场的中介组织，大力发展贸工农一体化，积极推进农业产业化经营，随即，1996 年 10 月农业部成立了农业产业化工作领导小组，各级地方政府也建立各种组织，负责农业产业化经营工作。原农业部下属的事业单位农业部农村合作经济经营管理总站设立农业产业化处，其职责包括：①提出农业产业化经营、一村一品发展政策建议和规划，并指导实施；②指导农业产业化经营和一村一品发展工作；③监测农业产业化重点龙头企业运行和一村一品发展情况；④指导农业产业化经营管理人员培训；⑤承担全国农业产业化联席会议日常工作；⑥承担农业部农业产业化工作领导小组办公室、农业部发展一村一品联席会议办公室日常工作；⑦完成领导交办的其他工作。可见，事业单位承担了大量的政府行政职能，这也是中国农村产业发展宏观管理的一大特色。

1997 年 9 月，中共十五大报告中指出要积极发展农业产业化经营，形成生产、加工、销售有机结合和相互促进的机制，推动农业生产向商品化、专业化、现代化方向转变。1998 年，中共十五届三中全会通过的《中共中央关于农业和农村工作若干重大问题的决定》指出，农村出现的产业化经营，不受部门、地区和所有制限制，把农产品生产、加工、销售等环节连成一体，形成有机结合、相互促进的组织形式和经营机制，既能奠定农民家庭联产承包经营的基础，维护农民财产权，又能推动农民进入市场，采用现代科学技术，扩大生产经营规模，增强参与市场的竞争力，提高农业综合效益，是中国农业逐步走向现代化的有效途径。应该说，农业产业化经营是农工商一体化、产加销一条龙的延续和发展，这是由中国人多地少、小农户经营的基本特征决定的，通过延长农业产业链条，解决农业生产与加工流通环节脱离、农产品供给与需求脱离、农民与市场脱离的难题，促进农民增收是农业产业化经营的基本点。

在农业产业化概念提出后，学界高度关注，国内学者纷纷撰文对农业产业化的内涵、成因、影响以及路径进行理论总结，1996 年《中国农村经济》杂志社和《人民日报》经济部联合在北京召开了农业产业化研讨会（李静，1996）。陈吉元（1996）认为，农业产业化是市场经济下农业兴旺发达之路，农业产业化的本质是市场化、社会化和集约化农业。1997 年，《农业经济问题》编辑部在提出农业产业化经营理念的山东省组织召开了农业产业化学术研讨会，会议认为牛若峰对农业产业化的定义较好地归纳了农业产业化经营的本质特征。农业产业一体化是以市场为导向，以农户为基础，以龙头企业或合作经济组织为依托，以经济效益为中心，以系列化服务为手段，通过实行种养加、供产销、农工商一体化经营，将农业再生产过程的产前、产中、产后诸环节联结为一个完整的产业系统，是引导分散的农户小生产转变为社会化大生产的组织形式，是系统内“非市场安排”与系统外市场机制相结合的资源配置方式，是市场农业自我积累、自我调节、自立发展的基本营运机制，是多元参与主体自愿结成的经济利益共同体。总之，不管是早期的农工商一体化还是后期的农业产业化经营，核心思想都是农业经营的市场化、企业化、利益共享机制和科技含量的提升。

2001 年 12 月 11 日，中国正式加入世界贸易组织（WTO），意味着中国经济更加融入全球化浪潮，农业生产经营面临国际市场的激烈竞争。西方国家的农业产业化经营主要是市场化过程中农业经营主体之间的经济联合，政府的推动作用较小，中国特色的社会主义市场经济体制和农村产业发展体制与之不同的是，有为政府在不同时期都制定了大量的农业产业化经营政策。2002 年 11 月，中共十六大明确指出，要“积极推进农业产业化经营，提高农民进入市场的组织化程度和农业综合效益”，其间不乏政策出台。2012 年，国务院印发了《关于支持农业产业化龙头企业发展的意见》（国发〔2012〕10 号），要求加快发展农业产业化经营，做大做强龙头企业，打造一批自主创新能力强、加工水平高、处于行业领先地位的大型龙头地位，形成一批相互配套、功能互补、联系紧密的龙头企业集群，建设一批与龙头企业有效对接的生产基地；培育一批产品竞争力强、市场占有率高、影响范围广的知名品牌；构建一批科技水平高、生产加工能力强、上中下游相互承接的优势产业体系；强化龙头企业社会责任，提升辐射带动能力和区域经济发展实力。2015 年，国务院办公厅印发了《关于加快转变农业发展方式的意见》（国办发〔2015〕59 号），提出要大力开展农业产业化经营，把发展多种形式农业适度规模经营与延伸农业产业链有机结合起来。2017 年，农业部等六部委关于促进农业产业化联合体发展的指导意见，认为农业产业化联合体“有利于构建现代农业经营体系，有利于推进农村三次产业融合发展，有利于提高农业综合生产能力，有利于促进农民持续增收”，因此，在政策上要配套支持，通过了“鼓励地方采取财政贴息、融资担保、扩大抵（质）押物范围等综合措施，努力解决新型农业经营主体融资难题”等金融支持以及“落实促进现代农业、新型农业经营主体、农产品加工业、休闲农业和乡村旅游等用地支持政策”的用地保障政策。

（三）农村三次产业融合发展

2015 年，《中共中央 国务院关于加大改革创新力度加快农业现代化建设的若干意见》文件中首次提到要推进农村三次产业融合发展，这是在中国经济进入新常态、粮食产量“十二连增”的大背景下提出的，与前期的农工商一体化、农业产业化经营的基本思想是一致的，就是要通过延长农业产业链、提高农业附加值来增加农民收入，通过土地、财政税收、金融、科技等政策支撑，大力发展特色种养业、农产品加工业、农村服务业，扶持发展一村一品、一乡（县）一业，壮大县域经济，促进三次产业融合发展，推动农业现代进程和增加农民就业致富机会。农村三次产业融合发展是以农业为第一产业，加工为第二产业，包括旅游、电商、服务等第三产业的融合发展。农村三次产业并不是简单相加，而是通过技术创新、要素渗透、模式再造等，打破产业边界，拓展农村生产、生活、生态功能，实现“1+1+1>3”的融合效果。从这个角度来看，农村三次产业的融合是农业产业化的升级版（唐仁健等，2016），两者都以构建产业链为手段。农业产业化和三次产业融合都注重产业链的延伸，发挥经营主体的竞争优势，打通生产、加工、销售、流通、服务等各环节，实现一体化经营，提高竞争力和抗风险能力。农村三次产业融合，是中国经济发展后对农村产业链、企业链、技术链和空间链的新要求，是收入增长引发的市场需求变化，从农业提供初级农品到满足居民吃、住、行、教育、医疗和文化休闲需求升级的过程。

农业与第二、第三产业融合发展需以农业为依托，通过与第二、第三产业渗透、交叉、重组等方式，形成新技术、新业态、新商业模式以延长农业产业链、拓展农业功能，带动资本、技术以及资源要素优化重组，推动农业结构升级与农业多功能发挥。从产业融合过程看，农村三次产业融合发展就是通过农业与其他产业之间的渗透、交叉和重组等方式，激发原有产业链、价值链的分解、重构和功能升级，引发产业功能、形态、组织方式和商业模式的重大变化。随着农业功能的拓展和农村经济的发展，农村三次产业融合相比于农业产业化发展有三个方面的提升：其一，农村产业融合更加注重空间拓展，着力引导第二、第三产业向县城、重点乡镇及产业园区集中，培育农产品加工、商贸物流、休闲旅游等特色小城镇，实现产业发展和人口集聚的相互促进与协调，从而带动农村经济和区域经济繁荣。其二，农村三次产业融合更加注重产业链拓宽。农业的纵向融合程度反映了农业产业化经营的水平（黄祖辉，2015）。农村三次产业融合发展更加强调产业链的横向拓宽，挖掘农业的非生产功能，形成多重产业交叉互动的新产业，如休闲旅游、体验农业等。其三，农村产业融合更加注重产业业态创新。通过金融、技术等要素渗透，模糊产业边界，催生新产业新业态，如农村电商使第一产业与第三产业直接对接，促进特色初级农产品、初加工品借助物流网络直接送达消费者（王乐君、寇广增，2017）。

2015 年，国务院办公厅《关于推进农村三次产业融合发展的指导意见》对农村三次产业融合发展的政策背景、目标、任务和方式有详细的规定，政策的关键词包括用工业理念发展农业，产业链条完整，产业集聚发展，以新型城镇化为依托，制度、技术和商业模式创新等诸多方面，并对涉及国务院各行政部门在农村三次产业融合发展中的职责都有明确规定。文件认为农村三次产业融合发展是经济发展主动适应新常态的重大战略举措，是加快农村产业转型升级和农业供给侧结构性改革的重点内容，之后各行政主管部门和各级政府也纷纷出台农村三次产业融合发展的政策措施，以推动农村三次产业融合发展。比如，2017 年国家发展改革委制定了《国家农村产业融合发展示范园创建工作方案》，按照“当年创建、次年认定、分年度推进”的思路，力争到 2020 年建成 300 个融合特色鲜明、产业集聚发展、利益联结紧密、配套服务完善、组织管理高效、示范作用显著的农村产业融合发展示范园；同年，农业部办公厅制定了《关于支持创建农村三次产业融合发展先导区的意见》，按照“一年有规划、两年有起色、三年见成效”的总体安排，力争在全国范围内培育打造和创建一批产业融合方式先进、经济效益显著、产业集群发展高效、与农民利益联结紧密的融合发展先导区。从实践看，农村三次产业融合发展还处于摸索阶段，其经验和效果还有待进一步观察、总结和评估。

三、乡镇企业的异军突起与转型发展

在中国工业化、城镇化和现代化过程中，乡镇企业的异军突起曾在特殊的历史时期做出了巨大贡献，对于中国的工业化、现代化起到了历史性作用。在乡镇企业发展高峰时期的1998年，乡镇工业企业增加值15530亿元，占了全国工业增加值的46.3%，乡镇企业创造的产值占了农村总产值的79%。随着社会主义市场经济向纵深发展，意识形态上以地域为市场参与主体分类的方式让位于国有、集体、民营、混合所有制等多种所有制分类方式，经过多年的产权制度改革后，乡镇企业这个名词逐渐退出历史舞台。农业部乡镇企业宏观管理部门也从乡镇企业司上升为乡镇企业管理局，再到2018年农业农村部乡村产业发展司的变化。近年来的中央文件也没有再提到乡镇企业，学界也失去了对乡镇企业关注的热情。乡镇企业的兴起、名称的消失及发展转型，正是改革开放后农村产业发展体制变化和工业化进程的一个缩影。

（一）乡镇企业发展的背景

乡镇企业的前身是农村的社队企业。1953年6月，农村互助合作运动开展起来之后，一些原本在农村从事泥、木、竹、铁、石加工的个体工匠，由于有一定的手工技术但缺乏农业生产资料，进入了一些合作社办起的小规模手工业社，这在上海等大城市郊区最为突出。1958年“大跃进”时，因大炼钢铁和农业机械化的需要，有的人民公社办了以农机修造为主的机械加工、维修社队企业。这些社队企业的目标是就地取材、就地加工、就地销售（“三就地”），只允许公社、大队办，而不允许社员联户办和农户办。农民外出需要公社开证明，原料供应和产品销售受到严格限制，企业和商业常被视为“资本主义的尾巴”而加以打击，因此社队企业的发展十分缓慢。1979年，中央在《关于加快农村发展若干问题的决定》中提出了“社队企业要有一个大发展”的目标，并制定了一系列的政策措施。同年，国务院下发了《国务院关于社队企业若干问题的规定（试行草案）》，为社队企业的发展方向定了基调。1984年中央一号文件《中共中央关于一九八四年农村工作的通知》中认为，社队企业是农村经济的重要支柱，有些是城市大工业不可缺少的助手，在继续兴办社队企业的同时，鼓励农民个人或联合兴办各类企业。同年 3 月发布的《关于开创社队企业新局面的报告》中将社队企业正式更名为乡镇企业，乡镇企业发展有了更为宽松的政治经济环境。1984 年中央四号文件发布后，中共中央在 1985 年、1986 年两个一号文件和 1987 年五号文件中，明确规定允许农民和农村集体兴办交通运输业、参与小城镇建设、发展农产品加工业、大工业配套产业、短平快科技项目、城乡服务企业等，并在税收、信贷和运输计划安排等方面对乡镇企业实行扶持。

在中央政策的支持下，上海、江苏、浙江等沿海少数地区因基础好、起步快，其乡镇企业率先获得了快速发展，“苏南模式”“温州模式”“泉州模式”等乡镇企业和区域经济发展模式竞相呈现。“苏南模式”指苏州、无锡等地农民依靠自己的力量发展乡镇企业，以集体经济为主，通过乡镇政府为主导，市场调节为主要手段的方式促进乡镇企业快速发展。“温州模式”是指浙江省东南部的温州地区以家庭工业和专业化市场的方式发展非农产业，从而形成小商品、大市场的发展格局。“泉州模式”是指泉州市以民营企业为主力、以轻工业产业集聚为特点的经济发展模式。1987 年 6 月 12 日，邓小平对乡镇企业的发展给予了高度评价：“农村改革中，我们完全没有预料到的最大的收获，就是乡镇企业发展起来了，突然冒出来搞多种行业，搞商品经济，搞各种小型企业，异军突起。”

学者对这一时期乡镇企业的发展有了较系统的理论解释。由于家庭生产责任制极大地提高了农业劳动生产率，农业产生了一定的积累，农业剩余劳动力可以自由择业，为兴办乡镇企业创造了基础条件。那时城市改革尚未全面展开，国有企业对市场反应迟钝，城市非国有企业还没有发展起来。以市场为导向的经营策略和有激励的内部管理制度，使乡镇企业区别于死气沉沉的国有企业。长期的计划经济体制造成的消费品供应短缺，为乡镇企业提供了市场机遇。乡镇政府不能包揽企业的原材料供应、产品销售和价格制定，也不可能提供财政补贴。企业必须面对市场，在市场竞争中求生存和发展。乡镇政府虽然参与到企业的经营管理活动中，但主要不是发号施令和分配资源，而是规范和监督企业管理，还常常帮助企业找原料、找销路、找技术。乡镇政府或村行政组织也监督和管理企业的利润分配，除了用于企业分配和再投资部分，还提取一定比例的利润来反哺农业，以及用于乡村的公共设施建设，如修路、修建和补贴学校医院、建立影剧院和图书馆等公共文化娱乐设施、改善社区环境。在邻近上海等大城市的乡镇企业，很容易从国有企业“挖”到退休的或在职的技术、管理人员和高级技工，往往一两名关键技术人员就能够带活一家企业（王小鲁，2008）。

随着国家对城市经济发展的关注，乡镇企业发展政策开始起伏不定。1989～1991年，国家对乡镇企业发展采取紧缩调整和治理整顿的政策，要求乡镇企业资金主要依靠农民自己筹集。中央政策明确规定，“进一步提倡乡镇企业的发展要立足于农副产品和当地原料加工”。在这种情况下，乡镇企业发展受到抑制。1992年，邓小平南方视察为中国改革开放和发展社会主义市场经济指明了新方向，乡镇企业独有的体制优势和市场活力，激发了全国各地兴办乡镇企业的新热潮，“乡乡上项目、村村办企业”，农村工业迅速扩张，成为当时中国农村经济的主导产业、工业经济的“半壁河山”、国民经济的一大支柱。1992～1996年，国家高度肯定乡镇企业的市场先导作用，乡镇企业经历了1984～1988年、1992～1996年两轮超常规发展，但自20世纪90年代后期始，乡镇企业发展的速度明显放慢，出口增长大幅度下降，吸纳农村剩余劳动力的速度减缓甚至下降，农村工业经济效益整体变差，亏损企业数量明显增多，亏损额上升①。

（二）乡镇企业改革

乡镇企业发展的动因之一是基层政府的组织动员能力，乡村组织常常可利用政治信用为企业在农村社区内部融资作担保，加杠杆是乡镇企业发展和扩张的有效手段，但随着中国经济发展进入新阶段，“以产（量）定销（售）”的卖方市场向供给结构性过剩的买方市场变化，乡镇企业以生产附加值低的初级大宗产品为主，受到市场的冲击最为明显。导致20世纪90年代后期乡镇企业发展困境的原因是多方面的，根本原因是分散的乡村工业发展不符合工业化、城镇化发展的一般规律，工业发展要聚集生产要素，取得产业的聚集效应。分散布点、遍地开花的乡镇企业，随着制度红利的消失和城市工业体制改革的推进，其技术水平低、规模不经济和社区封闭性的局限突显出来。从早期的乡镇企业产业结构看，并没有依托农业或是与城市工业形成优势互补的产业结构，而是与城市工业结构相似。有学者估计，农村工业与城市工业的结构重复数高达0.95以上，乡村工业33个行业的产值结构与全国工业相对应的33个行业的产值结构，其相似系数为0.83。农村工业与农业的关联度很低，关联系数只有0.46，不能使绝大多数农产品就地加工

① 徐伟民：《解读中国乡镇企业30年——访农业部乡镇企业局常务副局长卢永军》，《管理观察》2009年第1期。

增值（范利霞，2008）。

此外，企业资产结构不合理，农村集体工业的传统产权制度已经不能适应市场竞争的新形势，盈利能力低、负债高是很多乡镇企业面临的突出问题。从 20 世纪 90 年代开始，国家鼓励兴办个体和私营企业，对集体经营的乡镇企业，鼓励承包直至转制为民营（私有）企业，让那些难以为继、毫无出路的企业实行破产。20 世纪 90 年代后期，在实施可持续发展战略的背景下，国务院出台了治理污染、保护环境、关闭“五小”及“十五小”企业的若干政策规定，所涉及的企业主要是乡镇企业，由于没有同时制定出类似关停国有企业的经济补偿、破产政策，不少地区采取“一刀切”的办法，强行关停一些乡镇企业，从而对乡镇企业发展，特别是中西部地区和老、少、边、穷地区的乡镇企业发展产生了不同程度的冲击。1998 年，乡镇企业的改革力度进一步加大，大约有 80%的乡镇企业实行了产权制度和经营体制改革。大型企业基本上转为股份制，中小型企业转为股份合作制，而小型、微利、亏损企业出售给私人，转为民营企业。

总体上，乡镇企业（集体）所有制经历了“统收统支”的集体所有制、承包制、股份合作制、民营化等改革，乡镇企业最终将融入整个市场分工合作体系，所具有的制度特色和优势逐渐消失，传统的乡镇企业发展模式成为历史（谭秋成，2008）。

（三）乡镇企业的转型发展

按 1990 年的不变价，1992 年乡镇企业产值达到 1.8 万亿元，1993 年达 3.2 万亿元，1994 年达 4.3 万亿元。在这三年，乡镇企业在国民经济中占据了“三分天下有其一”的地位，但是，随着城市工业体系的改革和发展，乡镇企业日益走向衰落。自 2004 年起，《中国统计年鉴》不再公布乡村工业统计资料，学术界对乡镇企业的关注热情下降。《中国农产品加工业年鉴》是一部综合反映中国农产品加工业发展进程和成就的资料性工具书，每年出版一卷，统计资料由农业部农产品加工局（乡镇企业局）提供，但自 2014 年起，《中国乡镇企业及农产品加工业年鉴》更名为《中国农产品加工业年鉴》。2014 年，农业部乡镇企业局更名为农产品加工局，农业部乡镇企业发展中心更名为农业部社会事业发展中心，创刊于 1982 年的《中国乡镇企业》学术期刊在 2015 年更名为《休闲农业与美丽乡村》。这些变化，正是改革开放以来中国乡镇企业和农村产业体制变化的生动反映。

1996 年 10 月颁布的《中华人民共和国乡镇企业法》第 2 条指出，“本法所称乡镇企业，是指农村集体经济组织或者农民投资为主，在乡镇（包括所辖村）举办的承担支援农业义务的各类企业。前款所称投资为主，是指农村集体经济组织或者农民投资超过百分之五十，或者虽不足百分之五十，但能起到控股或者实际支配作用”。从法律对乡镇企业的定义看，乡镇企业注定是经济社会发展的阶段性产物，主要体现在功能定位和身份制、二元体制管理经济的计划色彩上。乡镇企业限定在镇村的地域范围，以承担支援农业义务为目标，但乡镇企业的经营范围涉及工业、商业、交通运输业、建筑业、饮食业等多行业，企业发展到一定规模后，势必要求向城市乃至国际市场扩展业务，突破镇村范围；此外，农民的身份也在发生变化，市场经济要求市场经营主体平等、自由、公平地参与市场活动，而不能用农民、工人、干部这样非平等的、歧视性的方式规定企业的性质。随着城乡差异的缩小，城乡融合发展程度的加深，企业平等性的增强，乡镇企业自然分化为各种产权结构的新型企业。

学者对乡镇企业名称的消失与转型进行了理论分析（谭秋成，2008；范丽霞，2008；周端明，2011），主要的原因有：

（1）乡镇企业的产生、发展是经济体制改革阶段性的产物，乡镇企业早期的高速增长得益于家庭联产承包制后农民有了一定程度的自由选择权和剩余索取权，但乡村工业过于分散，“村村点火、镇镇冒烟”，难以取得生产要素的聚集效应，随着城市经济体制改革的推进，乡镇企业向城镇集中，中国乡村工业的区域分布具有先扩散后聚集的特征，是中国市场体系不均衡放开的产物。乡镇企业的外部矛盾在于工农城乡发展不平衡，资源要素交换不平等，农业农村难以获得平等的发展机会；内部矛盾在于乡村发展环境有待改善，农村产权制度不完善、经营机制不灵活、资源优势难体现、集聚效应难形成。

（2）城市重工业发展战略造成的轻工业产品的极度短缺，使乡镇企业在技术水平不高的情况下生产的产品也有广阔的市场。但经济发展后，技术进步、效率增进和人力资本等要素在企业发展中的作用日益加强，相比城市企业，乡镇企业不具有比较优势。加入 WTO 后，面对更加开放的市场和更加激烈的竞争，乡镇企业“粗放型经营模式、传统型企业制度、仿效型经济结构、分散化工业布局”的弊端日益凸显，乡镇企业改革、调整的步伐难以适应新形势发展的需要。

（3）生产资料公有制是改革之初意识形态上能接受的合法产权形式，通过创办集体所有制企业可以在一定程度上规避意识形态风险，可以实现“不管白猫还是黑猫，能抓得住老鼠的就是好猫”“摸着石头过河”的分阶段改革发展思路。中国市场化程度提高后，价格成为决定资源配置的主要信号，乡镇政府和村级组织所控制的资源日趋减少，多数乡村组织已失去大办乡镇企业的冲动。财政分税制后乡镇企业不再享有税收优惠，更为重要的是，中共十四大明确了建立社会主义市场经济体制的改革目标，中共十五大肯定了非公有制经济是社会主义市场经济的重要组成部分，市场化改革在制度上大大减少了民营经济发展的风险，乡镇企业自身也不再愿意接受“乡镇”这样的地域性标志。

（4）在物质生活极度匮乏的年代，乡镇企业填补了社会对物质产品旺盛需求的空缺，但它必然会受到技术、设备、原材料、质量和销售的制约，而无法与现代企业相提并论，当市场被更具现代性、专业性和更优质的企业占领后，乡镇企业的衰落有其必然性。乡镇企业在特别的历史时期发挥了其独特的作用，乡镇企业名称的消失在某种意义上也是经济社会进步的表现。

四、农业供给侧结构性改革与乡村产业振兴

2018 年《中共中央国务院关于实施乡村振兴战略的意见》正式发布，这是改革开放以来第 20 个、21 世纪以来第 15 个指导“三农”工作的中央一号文件，对实施乡村振兴战略进行了全面部署，提出乡村产业兴旺是乡村振兴的基础。确保中国粮食安全、农产品的有效供给和农村产业的兴旺与繁荣稳定始终是党和政府的头等大事，2014 年以来，中国经济从高速增长进入中速常规增长的“新常态”，经济发展从原来的重数量扩张到更加注重质量和优化结构的模式转变。在宏观经济进行供给侧结构性改革的大背景下，2015 年底中央农村工作会议首次提出“农业供给侧结构性改革”，强调改革的重点是“去库存、降成本、补短板”。实际上，在 1992 年粮食出现“卖难”时，曾提出发展“高产、优质、高效”农业，目标就是要改变农产品供求中的结构性矛盾，可见，改变农产品供应质量是一个长期的发展过程，不可能一蹴而就。

（一）农业供给侧结构性改革背景

2003～2015 年，中国粮食产量成功实现“十二连增”。从 2003 年的 43070 万吨迅速增加到 2015 年的 62143 万吨，13 年间全国粮食总产量增长了

近2亿吨，粮食总产量比改革开放时的1978年增长了一倍，人均粮食年产量达到了452.1公斤，远高于人均粮食安全保障水平。在粮食总产量保持多年增长的同时，中国的肉类、蔬菜、水果产量也大幅度增加，保障了国内农产品市场的有效供给。但是，通过财政补贴刺激粮食生产，粮食产量取得多年增长骄人业绩的代价也是巨大的。

自2015年始，粮食呈现生产量、进口量和库存量“三量齐增”的现象，国内粮食供求结构性矛盾非常突出。2014年和2015年中国大豆进口分别高达7140万吨和8169万吨，占到当年粮食进口量的65%以上。同期，玉米库存积压严重，通过多年提升国内小麦托市收购价，国内小麦价格已高于国际市场，严重影响到了粮食加工企业的生产。即使是稻谷和肉类，在产量大幅度增长的同时，中国从国际上进口的优质稻米和肉类也在增加。优质农产品需求旺盛，但供给不足，新时代农业的主要矛盾已从总量不足转变为普通农产品供过于求和优质农产品供给不足并存的结构性矛盾。

财政补贴负担越来越重，粮食生产效益下降。与欧美等国相比，中国农户经营规模小，不具有比较优势，随着劳动力成本、生产资料价格的上涨，粮食生产成本普遍上升，在国际农产品价格“天花板”约束下，粮食生产效益下降。通过财政补贴、激励农民粮食生产的政策机制给财政带来了沉重压力，粮食积压在仓库里，除了增加保管费、资金占用、利息外，粮食还会陈化和霉变，造成资源的直接消耗和浪费。

资源环境压力。中国地处全球灌溉带，粮食生产中的70%来自灌溉地，但中国水土资源不匹配，南方水多但人均耕地面积少，北方人均耕地面积相对多些但人均水资源量少。随着中国粮食生产区域布局的变化，粮食生产主体逐步北移，特别是北方的华北平原、关中平原、松辽平原在国家粮食生产中占的份额上升，而这些地区的粮食生产大量依赖于地下水资源进行灌溉。西北地区蔬菜、水果等高耗水农产品产量大幅度增加，使地下水资源严重过度开发利用，造成地下水位下降，沙漠化扩大，化肥、农药过量施用，给资源环境带来了巨大压力。

在此背景下，推动农业供给侧结构性改革势在必行（许经勇，2016；罗必良，2017）。

（二）农业供给侧结构性改革的目标与内容

2017年中央一号文件《中共中央国务院关于深入推进农业供给侧结构性改革　加快培育农业农村发展新动能的若干意见》对农业供给侧结构性改

革进行了全面部署，就是要在确保国家粮食安全的基础上，围绕市场需求变化，以增加农民收入、保障有效供给为主要目标，以提高农业供给质量为主攻方向，以体制改革和机制创新为根本途径，优化农业产业体系、生产体系、经营体系，提高土地产出率、资源利用率、劳动生产率，促进农业农村发展由过度依赖资源消耗、主要满足量的需求，向追求绿色生态可持续、更加注重满足质的需求转变。当前要加快消化过大的农产品库存量，加快粮食加工转化；通过发展适度规模经营、减少化肥农药不合理施用、开展社会化服务等，加强农业基础设施等农业供给的薄弱环节，增加市场紧缺农产品的生产。从产权的角度，一些专家认为中国农业供给侧结构性改革的核心在于明确而分立的产权细分机制；构建多主体参与的分工与合作机制；形成有效的中间主体进行投资和迂回交易的组织机制（罗必良，2017）。

近年来，中国农产品供求结构失衡，特别是过度强调粮食产量的国内自给率，通过财政补贴，在扭曲市场的情况下刺激粮食生产，“三量齐增”现象是由国家层面的“托市”收购和收储政策所致，因此，深化粮食等重要农产品价格形成机制和收储制度改革就是改革的重要任务。实际上，在 1998 年，中国粮食产量就曾达到 5.1 亿吨、人均粮食产量 410 公斤的较高水平。粮食产量的增加，带来的是粮食“卖难”，农产品价格下降，因此，1999 年就开始农业结构战略性调整。1998 年 10 月，中共十五届三中全会通过的《中共中央关于农业和农村工作若干重大问题的决定》就判断，粮食等主要农产品由过去的长期供给不足，变为总量大体平衡，丰年有余。2000 年，中央农村工作会议提出，实行战略性结构调整是新阶段农业和农村工作的中心任务，调减粮食生产量，提高粮食生产质量，否则库存消化不了，农民售粮困难。但随着政策的实施，1999~2002 年的 4 年时间，粮食年产量很快下降到 4.3 亿吨，人均粮食年产量下降到 333 公斤的低水平，引起决策层对粮食安全问题的担忧。于是在 2003 年后国家又开始制定各种政策刺激粮食生产，实现了粮食产量的“十二连增”，直到粮食满仓、库存高企而引发新一轮的供给侧结构性改革。

中国粮食和农产品供求的周期性波动，很大程度上是政策制定和执行“一刀切”，行政过度干预市场所致。一说要战略性结构调整或是供给侧改革，全国各个地区就同时、同向地进行结构性调整，都在缩减粮食生产而增加蔬菜和水果种植以及大力发展养殖业，没过几年，全国粮食又出现全面性的供给短缺，而肉类、蔬菜和水果产量过剩。历史经验一再表明，中国是一个区域差异性很大的国家，政策制定要赋予地方政府特别是省级政府更多权能，要让地方政府根据当地的资源条件制定更多符合当地农业生产的产业政策，不要全国各个地区同步运行，造成产业同构，加大农业市场波动幅度。因此，在新一轮农业供给侧结构性改革过程中，要严防各个地区同时缩减粮食生产而引发粮食供给不足，实行区域差异化政策，稳定粮食产量，提高特色和优质农产品生产。简单地说，有的地区农业进行供给侧结构性改革，有的地区经济发展水平落后，人们生活水平还很低，扩大消费需求就是满足农村产业发展的需要。总而言之，要因地制宜，因地施策。

（三）乡村产业振兴的提出及展望

中共十九大提出，中国特色社会主义进入了新时代，社会的主要矛盾已经转化为人民日益增长的美好生活需要和不平衡不充分发展之间的矛盾，并对 2020 年全面建成小康社会以后做了两个阶段的战略安排。第一步，2020~2035 年，在全面建成小康社会的基础上，再奋斗 15 年，基本实现社会主义现代化；第二步，2035 年至 21 世纪中叶，在基本实现现代化的基础上，再奋斗 15 年，把中国建成富强民主文明和谐美丽的社会主义现代化强国。同时，中共十九大明确提出要实施乡村振兴战略，按照产业兴旺、生态宜居、乡风文明、治理有效、生活富裕的总要求，加快推进农业农村现代化。2018 年 3 月 8 日，习近平总书记在参加山东代表团审议时又提出要推动乡村产业振兴、人才振兴、文化振兴、生态振兴和组织振兴，并把乡村产业振兴放在首位。

2018 年，国务院机构改革方案中，为了加强党中央对农业农村发展的宏观调控职能，把中共中央农村工作领导小组办公室合并到农业农村部，扩大了农业农村部的职能。将国家发展和改革委员会、财政部、国土资源部、水利部有关农业投资项目管理职责整合，组建农业农村部，作为国务院的组成部门，其主要职责是，统筹研究和组织实施“三农”工作战略、规划和政策，监督管理种植业、畜牧业、渔业、农垦、农业机械化、农产品质量安全，负责农业投资管理等，这一系列重大措施的出台，必将对农村产业发展产生重大影响。

20 世纪 50 年代，传统的工业化战略及其内生的城乡二元体制，衍生出城乡户籍制度、农产品统购统销制度等一系列制度安排，将占中国人口绝大多数的农民隔离在工业化进程之外。政府将手中掌握的大部分资源有计划地集中配置在大中城市，以优先建立城市工业体系为目标，而农业发展不仅得不到外部支持，反而成为被动为城市工业提供农业剩余的部门，由此造成了农村经济社会发展的迟缓，导致城乡差距日益扩大。这种制度安排虽然促进了中国工业体系和城市现代经济部门的形成，促进了综合国力在总体上的提升，却造成了城乡经济社会发展的严重失衡和刚性的二元经济社会结构，日益成为中国持续工业化和现代化的瓶颈因素。随着中国经济发展进入新时代，城乡产业政策将不再以地域为界限，从当前和今后一个时期农业供给侧和农村产业发展体制改革看，在乡村振兴大战略下，将会有更多的资本、技术、新型农业经营人才返乡创业，促进乡村产业兴旺和农村繁荣。

未来农村产业发展的第一要义是确保中国粮食安全特别是口粮安全。经过改革开放 40 年的发展，中国粮食安全的国内国际环境已发生深刻变化，粮食综合生产能力水平已大幅度提高。与改革开放前所面临的粮食安全形势最大的不同在于，那时中国农业科技水平低下，资源利用率和劳动生产率不高，粮食生产能力不足，粮食供求的矛盾是不具备提供人民群众所需粮食的生产能力；当下中国粮食安全的基本矛盾是，在保障基本农田的基础上，国内具备足够的粮食生产能力，但生产成本高，与国外进口的粮食相比，成本收益率低，经济上不合算，因此今后中国粮食安全保障的方式就要以更加开放的姿态，充分利用国际粮食市场，调剂粮食品种，提高国内资源利用效率，保障国内粮食生产能力。其他农产品如棉、油、糖、肉类产品，都要更加充分地利用市场价格机制，政府要避免逆周期调控农产品市场或政策执行全国“一刀切”，这会加大农产品市场波动幅度，影响农村产业的可持续发展。

通过发展农产品加工业，提升农业增加值。按照国务院的安排，将实施农产品加工业提升行动，鼓励企业兼并重组，淘汰落后产能，支持主产区农产品就地加工转化增值。重点解决农产品销售中的突出问题，加强农产品产后分级、包装、营销，建设现代化农产品冷链仓储物流体系，打造农产品销售公共服务平台，支持供销、邮政及各类企业把服务网点延伸到乡村，健全农产品产销稳定衔接机制，建设促进农村电子商务发展的基础设施，鼓励支持各类市场主体创新发展基于互联网的新型农业产业模式，实施电子商务进农村综合示范，推进农村流通现代化。到 2025 年，农产品加工转化率达到 75%，农产品加工业与农业总产值比进一步提高；自主创新能力显著增强，转型升级取得突破性进展，形成一批具有较强国际竞争力的知名品牌、跨国公司和产业集群，基本接近发达国家农产品加工业发展水平。

根据发达国家和地区经验，当人均 GDP 达到 8000 美元后，农业的休闲、文化等多功能性开始得到开发利用，整个社会的休闲需求显著增加，人们生活更加丰富多元，单纯提供农产品的农业转向生活、生态功能、科技示范等多功能产业，推进农业与旅游、教育、文化、健康养老等产业的深度融合，将农业生产与其他产业有机结合，休闲农业和乡村旅游业得到进一步发展，国家将支持有条件的村庄、农场、基地加强基础设施等美丽乡村建设，实现农村生产生活生态“三生同步”、三次产业“三次融合”、农业文化旅游“三位一体”的良好局面。

第五章　农村金融体制改革

改革开放40年来，中国农村金融体制改革与发展包含了两个方面的内容：一是改革，即对已有的农村金融机构进行改革，这是存量改革；二是发展，即建立和发展新的农村金融机构，这属于增量发展。沿着这两条主线，中国农村金融体制在改革中发展，在发展中改革，在不同时期各有侧重。改革开放的前30年，农村金融体制改革与发展的主基调是市场化；近十年来在市场化不断推进的同时，农村金融市场向一些新型农村金融组织与活动开放，获得金融服务机会的均等化越来越受到重视，普惠金融的理念、政策和实践得到不断落实。总的来看，中国农村金融体制改革和发展经历了四个阶段：一是专业银行体制主导阶段；二是银行商业化改革阶段；三是农村金融市场开放阶段；四是农村普惠金融建设阶段。前两个阶段的主要内容是对既有农村金融机构进行的存量改革，第三阶段的主要内容是增加新型农村金融机构和小额贷款公司等非存款类金融服务主体的增量发展，第四阶段的主要内容是推动获得金融服务机会均等化的普惠金融体系建设。

一、专业银行体制主导的金融改革

（一）改革战略与目标

改革开放前，中国实行单一银行体制，中国人民银行长期既行使中央银行的职能，又办理某些专业银行的业务。为了适应经济体制改革与农村经济发展的需要，1978年12月中共十一届三中全会在《中共中央关于加快农业发展若干问题的决定（草案）》中明确提出“恢复中国农业银行，大力发展农村信贷事业”。由此，中国农村金融体制开始了改革步伐。1979年2月，国务院正式发出《关于恢复中国农业银行的通知》，中国农业银行成为以农业为主要服务对象的专业银行。1984年8月，国务院批转中国农业银行《关于改革信用社管理体制的报告》，提出把农村信用社真正办成群众性的合作金融组织，农村信用社作为中国农业银行的基层机构，为乡镇企业投放了大量贷款。农业保险制度也在 1982 年开始恢复。

（二）主要改革内容及其实施

1. 中国农业银行恢复与发展

1979 年，国务院恢复中国农业银行（以下简称农行），将其作为国务院的一个直属机构，由中国人民银行代管，独立行使职责，自主经营业务。其主要任务是统一管理支农资金，集中办理农村信贷，领导农村信用合作社，发展农村金融事业。这样，农行成为服务农业和农村经济的专业银行。1979 年 3 月，农行接管了央行的农村金融业务，按照大力支持农村商品生产的指导方针，信贷对象由以集体经济组织为主逐步调整为以农户为主。1985 年，农行确立了转变为真正经济实体的改革方案。1988 年，农行扩大县支行管理权限，完善管理体制，企业化管理不断加强。

2. 农村信用合作社开始自主经营

根据 1979 年国务院《关于恢复中国农业银行的通知》，农村信用合作社（以下简称农信社）由农行代管，成为其下设机构。各地在恢复农行的同时，也加强了农行对农信社的领导，同时农信社的改革开始启动。

1984 年中央一号文件《中共中央关于一九八四年农村工作的通知》指出：农信社要进行改革，真正办成群众性的合作金融组。1984 年 8 月，国务院批转了《中国农业银行关于改革信用社管理体制的报告》，进一步明确“恢复和加强信用合作社组织上的群众性、管理上的民主性、经营上的灵活性，实行独立经营、独立核算、自负盈亏，充分发挥民间借贷的作用，把信用社真正办成群众性的合作金融组织”。随后农信社以恢复“三性”为主的改革开始在全国大范围地铺开（《当代中国的金融事业》编辑委员会，1989）。

在始于 1984 年的这轮改革中，影响最为深远的改革措施当属县级联社管理体制的建立。县联社及其内部机构的建立，增强了农信社的自主主体地位和自主主体意识，对于加强基层社的建设、进一步恢复和加强农信社“三性”都发挥了重要的促进作用，而且增强了农信社的内部管理能力，是信用社走向完全自主管理和发展的一个重要标志。

1989 年，农信社进入治理整顿阶段，主要开展强化内部管理、整顿金融秩序的活动。在这一阶段，通过清股和扩股，密切了农信社与社员的经济联系，经营管理体制有了明显改善，内部经营机制逐步向自主经营、自负盈亏的方向转变。

3. 农村合作基金会的兴起

农村家庭联产承包责任制实行后，农户家庭和乡镇企业成为农村融资需求的主体，融资需求也随着产业多样化而呈现多样化特征。同时，农村社会事业的快速发展也需要大量资金投入。但是，居于农村金融垄断地位的农行和农信社不能满足这些日益多样化的金融需求。1983 年，有的地区开始利用村组集体经济组织的资金成立了农村合作基金会，为本乡或村的经济社会活动提供融资，缓解了农村资金供求矛盾。

农村合作基金会受到了中央政府的高度重视和大力支持。1984 年中央一号文件指出："允许农民和集体的资金自由地或有组织地流动，不受地域限制。" 1985 年中央一号文件《关于进一步活跃农村经济的十项政策》提出："放活农村金融政策，提高资金的融通效益。" 1986 年中共中央办公厅和国务院办公厅批转的《关于清理内存集体财产的意见》提出："一些农村合作经济组织自愿把集体闲置资金集中起来，采用有偿使用的办法，用于支持本乡、本村合作经济组织和农户发展商品生产。这种办法只要不对外吸收存款，只在内部相互融资，应当允许试行。" 1987 年中央五号文件《把农村改革引向深入》进一步指出："一部分乡、村合作经济组织或企业集体建立了合作基金会……这些信用活动适应发展商品生产的不同要求，有利于集中社会闲散资金，缓和农行、信用社资金供给不足的矛盾，原则上应当予以肯定和支持。" 1991 年中共十三届八中全会通过的《关于进一步加强农业和农村工作的决定》强调"继续办好农村合作基金会"。

4. 农业保险制度尝试建立①

在这一时期，作为农村金融市场的重要组成部分，农业保险市场初现端倪。1982 年，国务院决定恢复农业保险，给予农业保险业务免征营业税的优惠政策，由中国人民保险公司（以下简称人保公司）负责经营。人保公司以"积极试办、稳步发展"为方针，以"组织补偿、稳定经济、发展生产"为经营目的，以"恢复平衡、略有节余、以备大灾之年"为经营原则，首先试办农村牲畜保险，范围后来扩展到农作物保险。1986 年，新疆兵团农牧业保险公司（中华联合财产保险股份有限公司的前身）成立，主要经营新疆建设兵团范围内的农牧业保险业务。

1987 年，中共中央在《把农村改革引向深入》中提出"发展农村社会

① 本节资料源自李传峰（2012）和陈文辉等（2015）。

保障事业，有条件的可试办合作保险”。1991 年，中共十三届八中全会决定，要“积极发展农村保险事业，扩大险种范围，鼓励农民和集体投保。在各级政府的支持下，建立多层次、相互联系的农村保险专项基金，逐步建立农业灾害补偿制度”。1995 年颁布实施的《中华人民共和国保险法》指出，“国家支持发展为农业生产服务的保险事业，农业保险由法律、行政法规另行规定”。根据中央政府的指示和相关的法律规定，人保公司逐步试办了包括粮、棉、油、菜、烟、牛、马、猪、鱼、虾、禽以及其他经济作物在内的 100 多个险种，区域涉及除西藏自治区以外的各省区市。

为了探索有效的农业保险经营模式，农业保险从原来的人保公司独家试办，转变为各级地方政府支持、有关职能部门协作试办。当时出现的农业保险模式，归纳起来主要有八种：①地方政府主办，人保公司代办；②人保公司和地方政府（财政）联合共保；③建立农村统筹保险互助会，在独立核算的基础上，向人保公司分保；④在地方政府的支持下，人保公司内部的农业保险部门与地方政府的农业行政部门合作建立农业保险的准专业经营机构（农业保险促进委员会），并与农业技术部门实行共保；⑤采用“一司两制”的做法，在地方政府的支持下，在人保公司内部将农业保险单独立账、单独核算，建立三级风险基金；⑥实行系统内自保；⑦带有相互保险组织性质的试验；⑧在农业行政部门的支持下成立渔船船东互助保险协会，从事专业性渔船和渔民人身保险业务经营。这八种模式中，后三种得到了保留和扩展，前五种维持的时间都不长。

（三）改革的成效与不足

1. 成效

在专业银行体制时期，中国人民银行不直接向农户提供贷款，只有农信社为农户提供少量的贷款。农行恢复之后，开始对农村集体经济组织和农户发放贷款，农村信贷的可获得性明显改善。1980 年农户贷款比上年增长 57%，此后几年几乎一直保持 70%以上的增长速度；以 1980 年为基期，1980~1993 年，农行和农信社各项贷款增加了 15.6 倍，年均增长率为 24.1%，农村社会总产值增加了 12.3 倍，年均增长率为 22.1%，说明农村信贷服务的增长在这一时期与农村经济增长基本同步（陈锡文等，2009）。

农村合作基金会的发展支持和促进了整个农村经济社会的全面发展，同时也比较有效地解决了长期以来集体资金管理混乱、使用不当的难题，起到了管好用活集体资金、使集体资金保值增值的效果。在中央政策以及地方政府和有关部门的肯定和积极支持推动下，农村合作基金会在全国发展迅速。至 1992 年底，全国已有 1.74 万个乡镇成立了互助基金会，占全国乡镇总数的 36.7%；成立基金会的村（队）有 11.25 万个，占村总数的 15.4%。集资额由 1988 年的 56.6 亿元增加到 1992 年的 164.9 亿元。

这一阶段，农业保险制度也开始试点，为农业保险市场的发展积累了宝贵的经验。

2. 不足

尽管专业银行体制时期农村金融改革取得了明显成效，但是其不足也是显而易见的。作为专业银行，农行兼有商业银行和政策性银行的职能与任务，严重影响了其作为独立企业主体的经营管理，这与改革开放初期中国社会经济资金严重短缺的背景和计划经济时期遗留和延续下来的城乡二元经济格局以及与之相匹配的二元金融制度安排有直接的关系。专业银行体制主导下的农村金融体系是围绕城市工商业发展需求建立的金融制度安排，其意在为城市工商业发展筹措资金，而非满足农村发展的资金需求，这意味着农村金融供给并非取决于农村金融需求，专业银行的商业化程度很低，因而涉农贷款常常是根据行政命令和财政划拨投向于政府意属的部门，国有经济组织和集体经济组织往往更容易得到贷款，而私人经济组织则难以获得贷款，其发展受到制约。因此，农村农业部门的金融供求在总量和结构上都出现了失衡。一方面，随着社会经济的发展，农村农业部门的各类资金需求总量越来越大，资金需求结构越来越多样化；另一方面，二元结构下的金融制度安排导致农村资金大量外流，而农村金融供给相对刚性，农村金融机构成为农村资金的“抽水机”，不断地吸收农村的储蓄，但对农户和涉农企业发放的贷款相对较少。中国农村金融市场的供不应求成为常态，农村成为金融资源的净供给方。“资金离农”导致农业农村领域发展长期投资严重不足。“三农”领域农村缺资金、农业缺投资、农户贷款难的困局长期存在（周立，2010）。与此同时，虽然农村合作基金会的商业化程度较高，但是由于缺乏有效监管，部分地方逐渐出现管理混乱的问题。

在农业保险方面，人保公司的大部分试验结果令人失望。即便农业保险的保险费费率不到 1%，农民仍不愿意投保。而且农业保险业务多处于亏损状态。人保公司利用其他商业保险险种的盈利弥补亏损。这实际上是中央政府对农业保险提供隐性补贴，难以持续。

二、构建分工协作的农村金融体系

（一）改革战略与目标

1993 年 12 月，《国务院关于金融体制改革的决定》（以下简称 1993 年《决定》）提出了中国金融体制改革的目标：建立政策性金融与商业性金融分离，以国有商业银行为主体、多种金融机构并存的金融组织体系；建立统一开放、有序竞争、严格管理的金融市场体系。在这一方针指导下，1996 年 8 月发布的《国务院关于农村金融体制改革的决定》提出了新一轮农村金融体制改革方案，提出建立和完善以合作金融为基础，商业性金融、政策性金融分工协作的农村金融体系建设目标，强调恢复农信社的合作性质，进一步增强政策性金融的服务功能，充分发挥国有商业银行的主导作用。

根据这一系列政策方针，农行开始了商业化转制，农信社也从农行独立出来并启动商业化进程，中国农业发展银行和中国邮政储蓄银行先后成立，商业性、政策性与合作性金融机构分工协作的农村金融体系逐步形成。同时，农村合作基金会被取缔。

（二）主要改革内容及其实施

1. 中国农业银行商业化转制与从县域的部分撤离

（1）中国农业银行商业化转制。农行重建的初衷是支持农产品生产和销售，其贷款绝大部分投入于粮食局、供销社等国有农业经营机构和乡镇工业企业，其业务一直兼具商业性与政策性。随着专业银行商业化经营需求的不断加强，1993 年《决定》提出农行要转变为国有商业银行。1994 年，农行向新组建的中国农业发展银行划转了粮棉油收购资金供应与管理等绝大部分政策性业务。1995 年《中华人民共和国商业银行法》颁布实施，农行开始逐步探索现代商业银行的运营机制。1996 年国务院印发了《国务院关于农村金融体制改革的决定》，农行不再领导和管理农信社，开始了与农信社脱离行政隶属关系的改革。1997 年，农行基本完成了作为国家专业银行“一身三任”的历史使命，开始进入了真正向国有商业银行转化的时期。但此时农行仍承担对供销社的贷款、部分扶贫贷款等政策性业务，其日常经营管理也无法完全避开地方政府的干预。

（2）中国农业银行从县域的部分撤离。1997 年，中央金融工作会议确定了“各国有商业银行收缩县（及县以下）机构，发展中小金融机构，支持地方经济发展”的基本策略，包括农行在内的国有商业银行日渐收缩县及县以下机构。此前，农行的分支机构几乎遍布中国所有的乡镇，网点数量约5 万个，居四大国有银行之首。而经过这一轮商业化改革，至 2007 年，农行在全国仅剩 2. 49 万个网点，机构数量在十年里减少了一半，虽然其中 60%的机构仍在县以下，且这些基层分支机构拥有农行 50. 2%的工作人员，但是农行的大部分利润来自城市业务，城市市场和大客户是农行重要的盈利支柱①。

2. 农村信用社的改制

（1）合作金融体制的恢复与规范。在此阶段，农信社改革经历了先按照合作制规范，后向合作制和商业化并举转变。1996 年 8 月，国务院农村金融体制改革部际协调小组发布《农村信用社与中国农业银行脱离行政隶属关系实施方案》的通知，正式宣告农信社与农行脱钩。从当年 9 月开始，全国5 万多个农信社和 2400 多个县联社逐步与农行顺利脱钩②。

1997 年 2 月，全国农信社管理体制改革工作会议确定了农信社体制改革的总体要求：按照合作制原则规范农信社，把农信社真正办成合作金融组织，完善县联社，组建自律组织，加强金融监管，初步建立起中国合作金融新的管理体制。其后农信社进行了以“民办”合作金融机构为核心的改革之路，农信社从形式上成为由社员入股、社员管理、服务社员的合作金融机构。

1997 年 6 月，国务院办公厅转发《中国人民银行关于进一步做好农村信用社管理体制改革工作的意见》，进一步明确了人民银行对于农信社改革的监管职责。同年，中国人民银行农村合作金融监督管理局成立，全面承担起对农信社改革的领导、监管职责，并颁布了《农村信用合作社管理规定》《农村信用合作社县级联社管理规定》《农村信用社章程（范本）》和《农村信用社县级联社章程（范本）》等文件。这一系列法规性文件在中国农信社改革发展史上具有深远意义，标志着中国农信社管理体制正式走上了按合作制原则规范、改革和发展的轨道。不过，尽管农信社从形式上成为合作金融机构，但实际上主要受监管部门自上而下的控制和经营层的内部控制。

① 参见苗燕：《农行网点撤并基本到位 员工不会大规模分流》，新浪财经，http：//finance. sina. com. cn/money/bank/bank_ hydt/20070202/03543305558. shtml。

② 朱振鑫：《农信社：被忽略的第六大行》，《首席财务官》2016 年第 14 期。

（2）自律组织制度形成。随着改革的推进，人民银行越发意识到农信社改革规模庞大、各地情况不一，单靠人民银行的监管力量很难全面覆盖整个农信社体系的改革。1999 年 4 月，中国信用合作协会筹备办公室宣告成立，指导各省因地制宜地建立行业自律组织。至同年 11 月末，全国首批五省（黑龙江、陕西、四川、浙江、福建）省级信用合作自律管理组织试点工作全部完成，试点省份的农信社行业管理职能也逐步移交给了行业协会，由此，人民银行实现了与农信社行业管理和监管职责的分离，农信社开始真正走上了自主管理的道路。

（3）商业化改制起步。农信社脱离农行时在财务上被转嫁了较大的历史包袱，再加上 20 世纪 90 年代大量乡镇企业亏损、转制和“逃废债”，全国各地出现大量农信社经营不善和亏损的局面。在这一背景下，中国人民银行逐渐启动了农信社新产权模式改革。

2001 年，中国人民银行开始推动对个别农信社的改革试点。2003 年 6 月，国务院下发了《深化农村信用社改革试点方案》，决定在浙江、山东等八省市率先开展关于农信社产权制度、管理体系的改革试点，产生了一批以县为单位的统一法人的县农村信用联社（仍为合作制）、农村合作银行（股份合作制）以及农村商业银行（股份制）。农村商业银行的出现标志着中国农信社系统商业化改制的开始。

3. 中国农业发展银行建立

为了提高资源配置效率，对相关行业实行产业倾斜政策，解决粮棉收购资金“打白条”和被挤占挪用等问题，实现政策性金融和商业性金融的分离，中国农业发展银行（以下简称农发行）于 1994 年成立，接受了农行和中国工商银行划转的农业政策性信贷业务。农发行的业务范围包括办理由国务院确定、中国人民银行安排资金并由财政予以贴息的粮食、棉花、油料、猪肉、食糖等主要农副产品的国家专项储备贷款；办理粮、棉、油、肉等农副产品的收购贷款及粮油调销、批发贷款；办理承担国家粮、油等产品政策性加工任务企业的贷款和棉麻系统棉花初加工企业的贷款；办理国务院确定的各项扶贫贴息贷款、农业综合开发贷款以及其他财政贴息的农业贷款；办理国家确定的小型农、林、牧、水利基本建设和技术改造贷款；办理中央和省级政府的财政支农资金的代理拨付，为各级政府设立的粮食风险基金开立专户并代理拨付等业务。

伴随着中国粮食棉花流通体制的市场化改革和购销政策的调整，农发行的业务范围几经调整。至 2013 年，农发行形成了以粮棉油收购信贷为主体，以农业产业化信贷为一翼，以农业农村基础设施建设和生态农业建设中长期信贷为另一翼的“一体两翼”业务发展格局，初步建立现代银行框架。

4. 中国邮政储蓄银行建立

1986 年，邮电部、中国人民银行联合发出《关于印发开办邮政储蓄协议的联合通知》，全面开办邮政储蓄业务，自此邮政储蓄业务正式恢复开办。随着金融改革的深化，建立邮政储蓄银行的设想和方案逐步酝酿成形。2004 年，银监会下发了《邮政储蓄机构业务管理暂行办法》，明确要求邮政储蓄与邮政业务应实行“财务分开和分账经营”，同年，《邮政储蓄机构业务管理暂行办法》实施，邮政金融被纳入银行业管理范围。2005 年，国务院印发《邮政体制改革方案》，决定成立邮政储蓄银行。2007 年，中国邮政储蓄银行（以下简称邮储行）正式挂牌成立。

5. 农村合作基金会的消亡

农村合作基金会本是农村社区内的资金互助组织，只限于入股的集体和个人使用。政府本也计划将其发展成为农村合作金融组织。国务院 1993 年《决定》提出，农村合作基金会不属于金融机构，不得办理存、贷款业务，要真正办成社区内的资金互助组织；对目前已办理存、放款业务的农村合作基金会，经整顿验收合格后，可转变为农信社。但是有些基金会突破了这些规定，以招股的名义高息大量吸收居民存款，入股人不参与管理，不承担风险，且受到严重的行政控制和干预，管理混乱，亏损问题和资金挪用问题较为严重，尤其是乡镇企业和政府贷款成为不良贷款的主要部分。

1999 年，《国务院办公厅转发整顿农村合作基金会工作小组清理整顿农村合作基金会工作方案的通知》要求，在全国范围内统一取缔农村合作基金会。到 2000 年底，在全国范围内农村合作基金会全部被关闭。在农行不断撤出县域的情况下，农村金融市场可能会重新回到农信社垄断的局面。

6. 农业保险体制改革

2002 年修订、2003 年实施的《中华人民共和国农业法》提出，“国家逐步建立和完善政策性农业保险制度。鼓励和扶持农民和农业生产经营组织建立为农业生产经营活动服务的互助合作保险组织，鼓励商业性保险公司开展农业保险业务。农业保险实行自愿原则。任何组织和个人不得强制农民和农业生产经营组织参加农业保险”。2003 年中共十六届三中全会提出，“探索建立政策性农业保险制度”。之后不久，中国保险业监督管理委员会（以下简称保监会）牵头出台了《建立农业保险制度的初步方案》，确立了“政策扶持、商业运作”的农业保险根本制度。2004 年中央一号文件提出：“加快建立政策性农业保险制度，选择部分产品和部分地区率先试点，有条件的地方可对参加种养业保险的农户给予一定的保费补贴。”2005 年中央一号文件指出：“扩大农业政策性保险的试点范围，鼓励商业性保险机构开展农业保险业务。”

根据中央的要求，保监会按照“总体规划、阶段部署、抓好试点、逐步推进”的指导方针，提出发展农业保险的五种模式：与地方政府签订协议，由商业保险公司代办农业保险；在经营农业保险基础较好的地区设立专业性农业保险公司；设立农业相互保险公司；在地方财政允许的情况下，尝试设立由地方财政兜底的政策性农业保险公司；引进具有农业保险经营先进技术及管理经验的外资或合资保险公司（李传峰，2012）。

（三）改革的成效与不足

1. 成效

随着农行商业化改制、邮储行和农发行以及农信社省级自律管理体制的建立，一个商业性、政策性和合作性金融机构分工协作的农村金融体系逐步形成。农村合作基金会的蓬勃发展，充分动员和有效利用了农村集体经济组织和农户的资金，填补了农行和农信社金融供给不足的空白，支持了乡镇企业发展和农民创收致富的融资需要。同时，农业保险业务开始起步。

2. 不足

农行的商业化改制导致其营业网点和业务从县域大量撤出，大大增加了农行向分散中小农户及乡镇企业提供金融服务的成本；贷款审批权的上收也影响了分支机构发放农业信贷的积极性，很多县级分支机构只存不贷。因此，农行改变了过去对农业及农村经济的融资方针，回报较低的农业项目逐渐淡出其业务重点范围，县域业务大规模萎缩。

农行从县域的撤出使农信社成为农村金融市场的垄断力量，而且随着农信社开始商业化改制，其合作金融的性质在逐渐丧失，服务“三农”的力度开始弱化。而农村合作基金会由于缺乏有效的外部监管和内部管理不善，导致其未能完成其作为农民自己的、真正的合作金融组织的使命。

农发行定位不够精准，与商业和合作金融机构缺乏互补性，存在挤出部分商业和合作金融的问题。邮政储蓄银行的商业化虽然也取得了成功，但每年从农村吸收大量储蓄，而投放的涉农贷款极为有限。农业保险体制建设滞后，以农业政策性保险为主，存在商业保险和合作保险少、保障水平低、分散农户投保意愿低、经营成本高、操作难度大、监管不到位等问题。

三、进一步开放农村金融市场

（一）改革战略与目标

农行和农信社的改制不但没有增加农村金融服务的有效供给，反而导致农村金融服务网点的大量减少和农村资金的大量流出，形成农信社在农村金融市场的垄断地位，加剧了农村金融供求矛盾。因此，增加农村金融服务的供给主体，打破农信社的垄断局面，对促进农村经济发展具有重要的战略意义。

2004 年中央一号文件指出："加快改革和创新农村金融体制……积极兴办直接为'三农'服务的多种所有制的金融组织。"2005 年中央一号文件要求："培育竞争性的农村金融市场，有关部门要抓紧制定农村新办多种所有制金融机构的准入条件和监管办法……有条件的地方，可以探索建立更加贴近农民和农村需要、由自然人或企业发起的小额信贷组织。"2006 年中央一号文件提出："在保证资本金充足、严格金融监管和建立合理有效的退出机制的前提下，鼓励在县域内设立多种所有制的社区金融机构，允许私有资本、外资等参股。大力培育由自然人、企业法人或社团法人发起的小额贷款组织，有关部门要抓紧制定管理办法。引导农户发展资金互助组织。"

在这种现实和政策背景下，中国政府进行了农村金融市场的增量改革，即增加新型农村金融机构，包括村镇银行、贷款公司、农村资金互助社和准金融机构小额贷款公司，并支持农民合作组织开展内部资金互助。

（二）主要改革内容及其实施

1. 新型农村金融机构

2006 年 12 月，银监会发布了《关于调整放宽农村地区银行业金融机构准入政策　更好支持社会主义新农村建设的若干意见》，提出要在农村地区新设村镇银行、贷款公司和农村资金互助社，以解决农村地区银行业金融机构网点覆盖率低、金融供给不足、竞争不充分等问题，推动"三农"和县域经济发展。2007 年，银监会发布了《村镇银行管理暂行规定》《贷款公司管理暂行规定》和《农村资金互助社管理暂行规定》。其中规定，村镇银行是指经由境内外金融机构、境内非金融机构企业法人、境内自然人出资，在农村地区设立的主要为当地农民、农业和农村经济发展提供金融服务的银行业金融机构；贷款公司是由境内商业银行或农村合作银行在农村地区设立的专门为县域农民、农业和农村经济发展提供贷款服务的非银行业金融机构，是发起银行全额出资的子公司；农村资金互助社是由乡（镇）、行政村农民和农村小企业自愿入股组成，为社员提供存款、贷款、结算等业务的社区互助性银行业金融机构。

2. 小额贷款公司

为引导广泛存在的民间金融走上规范发展道路，促进县域经济发展，2005 年人民银行在山西省、四川省、贵州省、陕西省和内蒙古自治区五省（区）各选一个县（区）开始小额贷款公司（以下简称小贷公司）试点。2008 年，银监会和人民银行共同发布的《关于小额贷款公司试点的指导意见》，扩大了小贷公司试点范围，规定小贷公司由民间资本组建，只贷不存，不能吸收公众存款，并明确地方政府对小贷公司的监管责任。此后，小贷公司在全国范围内迅猛发展。

3. 农民资金互助组织

2006 年之后，在农村资金互助社之外中国还出现了大量农民自发建立的资金互助组织以及开展内部资金互助的农民专业合作社。农民资金互助的快速发展是在中央政府连续出台相关政策的背景下出现的。2006 年中央一号文件提出引导农户发展资金互助组织。2008 年中共十七届三中全会进一步确认，允许有条件的农民专业合作社开展信用合作。2010~2017 年的中央一号文件相继提出，支持和规范农民专业合作社开展信用合作，并提出落实地方政府监管责任。其中，2014 年中央一号文件提出了“坚持社员制、封闭性、不对外吸储放贷、不支付固定回报”的农民资金互助四项原则。

4. 农村互联网金融

2013 年后，中国互联网金融快速发展，并逐渐延伸至“三农”领域。在全国范围内，政府对整个互联网金融的管制最初比较空缺和滞后，为包括互联网金融的出现和发展提供了空间。“三农”互联网金融的出现和发展同样如此。尽管进入互联网金融时代才只有几年时间，中国已经出现了多种“三农”互联网金融模式。具体包括：“电商平台‘三农’互联网金融”“网贷平台+‘三农’”“行社互联网金融化+‘三农’”“众筹+‘三农’”“互联网保险+农业”“互联网理财+‘三农’”“互联网金融+农业供应链”“互联网金融平台+‘三农’支付”等模式。

5. 中国农业银行和中国邮政储蓄银行的股份制改造

按照中央关于推进国有商业银行改革的部署，农行以建立完善现代金融企业制度为核心，积极进行股份制改革准备工作，2008 年国务院常务会议审议并原则通过《中国农业银行股份制改革总体实施方案》，2009 年中国农业银行股份有限公司成立，并于 2010 年启动 IPO，分别在上海、香港地区挂牌上市。

邮储行成立后，随着其各省级分行的成立，2009 年开始办理公司自营贷款业务，并随后进行整体的股份制改造。2016 年，邮储行在香港地区交易所主板成功上市①。

6. 农信社系统金融机构的新管理体制与股份化

2003~2007 年，农信社改革试点不断扩大，原银监会逐步将农信社系统的部分行业管理职能和风险责任下放到改革试点地区所在省的政府，建立起以省联社为主体的管理框架。鉴于农村合作银行和农村信用合作社均基本上失去了合作金融性质，银监会于 2010 年出台了《关于加快推进农村合作金融机构股权改造的指导意见》，强力推进农信社的商业化和股份化。据原银监会的统计，截至 2016 年底，中国有 1114 家农村商业银行、40 家农村合作银行，以及 1125 家农信社。

7. 农业保险体制

2006 年的《国务院关于保险业改革发展的若干意见》提出了建立政策性农业保险与财政补助相结合的农业风险防范与救助机制的目标，并提出完善多层次的农业巨灾风险转移分担机制，探索建立中央、地方财政支持的农业再保险体系的目标。2007 年，财政部发布的《中央财政农业保险保费补贴试点管理办法》首次提出了“自主自愿、市场运作、共同负担、稳步推进”的基本原则。2013 年生效的《农业保险条例》规定，农业保险的基本原则为“政府引导、市场运作、自主自愿、协同推进”。2016 年，财政部关于《中央财政农业保险保险费补贴管理办法》对这项原则进行了详细说明：①政府引导。财政部门通过保险费补贴等政策支持，鼓励和引导农户、农业生产经营组织投保农业保险，推动农业保险市场化发展，增强农业抗风险能力。②市场运作。财政投入要与农业保险发展的市场规律相适应，以经办机构的商业经营为依托，充分发挥市场机制的作用，逐步构建市场化的农业生产风险保障体系。③自主自愿。农户、农业生产经营组织、经办机构、地方

① 中国邮政储蓄银行官网：http：//www.psbc.com/cn/index.html；百度百科：https：//baike.baidu.com/item/中国邮政储蓄银行/8674001？fromtitle=%E9%82%AE%E5%82%A8%E9%93%B6%E8%A1%8C&fromid=2729173&fr=aladdin#5_1。

财政部门等各方的参与都要坚持自主自愿原则，在符合国家规定的基础上，申请中央财政农业保险保险费补贴。④协同推进。保险费补贴政策要与其他农村金融和支农惠农政策有机结合，财政、农业、林业、保险监管等有关单位积极协同配合，共同做好农业保险工作。

（三）改革的成效与不足

1. 成效

三种新型农村金融机构和小贷款公司的产生与发展以及互联网金融对农村的渗透，大大增加了农村金融服务的供给，增强了市场竞争程度，在很大程度上改善了农村金融供给紧张的局面，显示了增量改革的积极效果。同时，农行和邮储行的股份制改造与农信社的商业化改制推动了现代农村金融体系的建立。截至 2017 年底，全国共组建村镇银行 1587 家，其中有 65%的村镇银行设在中西部地区，已覆盖全国 31 个省份的 1248 个县市，县市覆盖率达到了 67%，全国 758 个国定贫困县和连片特困地区的县市中有 416 个①。截至 2015 年 9 月末，中国共有小贷公司 8965 家，贷款余额 9508 亿元②。

农民资金互助将农村金融资源留在了农村，为成员农户提供了便利的存款、融资和理财等服务，为农民创业、创收和改善生活，进而推动农村全面发展提供了条件，同时增强了农民在发展中的主体地位。据不完全统计，截至 2014 年 3 月底，全国开展信用合作的农民合作社有 2159 家（赵铁桥，2015）。

《农业保险条例》的出台与政府财政补贴幅度的增加和范围的扩大地推动了中国农业保险市场快速发展。2007~2016 年的十年间，全国的农业保险保费总收入从 51.8 亿元增长到 417.12 亿元，承保作物面积从 2.3 亿亩增加到 17.21 亿亩；农业保险开办区域覆盖全国所有省份，承保农作物品种 211 个，基本覆盖农、林、牧、渔各个领域③。提供农业保险服务的保险机构，从 2007 年的 6 家增加到 2017 年的 31 家，农业保险基层服务网点 2.2 万个（庹国柱、谢小亮，2017；刘峰，2016）。

---

① 《银监会“村镇银行有关政策”发布会》，中国网，http：//finance.china.com.cn/blank/20180112/510.shtml。

② 中国人民银行：《2015 年三季度小额贷款公司统计数据报告》，http：//www.pbc.gov.cn/goutongjiaoliu/113456/113469/2968461/index.html。

③ 江帆：《中国农业保险业务规模全球第二，保费收入 10 年增 7 倍》，http：//m.ce.cn/cj/gd/201706/20/t20170620_ 23727291.shtml，2017 年 6 月 20 日。

2. 不足

农行和邮储行的股份制改造以及农信社的商业化改制都加大了这些金融机构脱离农村金融市场的离心力。在农村信用社系统金融机构商业化和股份化之后，农村金融市场缺乏类似于德国合作银行体系或者日本农业信用协同组合体系这样的合作金融体系。邮储行资金外流，缺乏回流机制（比如通过开展对现有农村金融机构的资金批发）。农业保险推进艰难，多年来一直在进行制度探索和创新。

尽管大多数村镇银行定位于为“三农”和小微企业服务，但是也出现了一些村镇银行“不村镇”的问题，而且由于经营管理成本高等问题，影响了村镇银行在广大贫困落后地区的发展。截至 2017 年底，中国还有 588 个县市没有设立村镇银行，其中有 88%分布在中西部地区，有 58%属于国定贫困县和连片特困地区县；全国村镇银行县市覆盖率低于 50%的省份有 7 个，在中西部地区就有 6 个[①]。

贷款公司的业务及其运营模式并没有创新，没能有效解决增加农村金融服务供给的问题，也没有成为发起银行的盈利增长点，反而增加了银行的经营成本（任常青，2012）。因此，贷款公司没有发展起来，到 2016 年底全国只有 13 家贷款公司，营业网点 13 个，从业人员 104 人。由于监管过度等原因，农村资金互助社也没有广泛发展起来。截至 2016 年底，全国仅有 48 家农村资金互助社，从业人员 589 人（中国人民银行农村金融服务研究课题组，2017）。

按照政策要求，小贷公司应以小额分散为基本经营原则，主要为“三农”及小微企业提供服务。但小贷公司没有金融机构牌照，难以享受到政府对金融机构服务“三农”和小微企业的优惠政策。在实际运行中，大部分小贷公司业务范围主要在城镇，为中小企业服务，且有些小贷公司违规发放大量大额贷款，经营恶化，难以为继。截至 2017 年末，全国小额贷款公司数量已降至 8551 家，贷款余额 9799 亿元。

农民资金互助在发展中出现了一些乱象，主要表现为个别农民资金互助转变为非法集资，造成众多参与农户的财产损失，严重影响了农村经济社会稳定。而面对数量众多、覆盖面广的农民资金互助组织，现有的单一监管体制难以应对。

---

① 《银监会“村镇银行有关政策”发布会》，中国网，http://finance.china.com.cn/blank/20180112/510.shtml。

四、推进农村普惠金融体系建设

（一）改革战略与目标

2017年，习近平总书记在十九大报告中提出，中国社会的主要矛盾已经转化为人民日益增长的美好生活需要和不平衡不充分的发展之间的矛盾。而解决这一矛盾的金融政策措施就是发展普惠金融。2013年11月，中共十八届三中全会就提出了“发展普惠金融”的目标。2015年12月，国务院发布了《推进普惠金融发展规划（2016~2020年）》，指出要立足机会平等要求和商业可持续原则，以可负担的成本为有金融服务需求的社会各阶层和群体提供适当、有效的金融服务，其中，小微企业、农民、城镇低收入人群、贫困人群和残疾人、老年人等特殊群体是普惠金融的重点服务对象，让所有市场主体都能分享金融服务，推动大众创业、万众创新，增进社会公平和社会和谐，促进全面建成小康社会。

中国普惠金融的发展可以追溯到改革开放初期的扶贫专项贷款，以及其后开发式扶贫中的扶贫贴息贷款和扶贫小额信贷。中国扶贫开发实践证明，贫困问题的根本解决要靠经济发展，并在发展中使贫困人口得到公平的发展机会，共同分享发展成果。因此，中国在继续推动向贫困群体直接提供信贷服务的同时，更加着力打造提高社会各阶层的金融服务可获得性和便利性的普惠金融体系，除了开放农村金融市场，引入更多金融服务供给主体，还鼓励和支持国有大型银行设立专门扶贫和为“三农”和小微企业服务的金融事业部，以及资本市场、期货市场和保险市场为贫困地区的发展创造条件。

（二）主要改革内容及其实施

1. 扶贫专项贷款与扶贫贴息贷款

（1）扶贫专项贷款。专项贷款是改革开放初期为适应金融体制改革和国民经济发展需要，由中国人民银行（以下简称人民银行）根据不同地区、不同时期经济发展需要而开办的，采用优惠利率，用于支持贫困县发展种养殖、农副产品加工、小矿业等投资少、见效快的区域性龙头骨干项目，以增加贫困县自力更生、脱贫致富的经济实力，实现解决贫困县群众温饱问题的目标。1983~1986年，人民银行先后设立的专项贷款有“发展少数民族地区经济贷款”“老少边穷地区发展经济贷款”和“贫困县县办工业贷款”。

（2）扶贫贴息贷款。1986 年，人民银行与农行共同颁布了《扶持贫困地区专项贴息贷款管理暂行办法》，开始在经国务院确定的重点贫困县发放扶贫贴息贷款，用于发展能尽快解决群众温饱的生产项目。扶贫贴息贷款政策沿用至今，是中国最重要、规模最大、持续时间最长的金融扶贫工具。

扶贫贴息贷款管理体制几经变化，设立之初是由农行经营管理，1994 年改由农发行管理，后来由于农发行在基层没有营业网点，再次转归农行。为建立健全符合市场经济要求的信贷扶贫管理体制和运行机制，提高扶贫资金的运行效率和扶贫效益，2008 年国务院扶贫办等四部门出台了《关于全面改革扶贫贴息贷款管理体制的通知》，决定下放管理权限，扶贫贷款及贴息资金的管理、使用和效益统一由地方负责；鼓励商业银行自愿按商业原则参与扶贫贷款工作，公开公平开展竞争；扶贫贴息贷款的发放主体放开至各类商业银行。

扶贫贴息贷款的信贷资金最初来自人民银行，后来源于农行和人民银行再贷款。2008 年放开扶贫贴息贷款经营权之后，信贷资金由承贷机构自行筹集，人民银行提供再贷款。2016 年，中国人民银行设立了扶贫再贷款，专门用于引导贫困地区的地方法人机构扩大对贫困地区的信贷投放。扶贫贴息贷款一直实行优惠利率，并由财政部分贴息。

扶贫贴息贷款的使用范围最初主要是在国家级贫困县，2008 年后扩大到省扶贫开发工作重点县及非重点县的贫困村。贷款对象包括三类：贫困户、企业或农民合作组织、扶贫基础设施建设。在扶贫贴息贷款发展的过程中，贷款的重点对象和用途经过了若干次调整。

2. 扶贫小额信贷

“八七”扶贫攻坚时期，扶贫到户是实现扶贫目标的重要战略举措。其中，解决扶贫信贷资金直接到贫困户的问题是重要目标和任务。自 1993 年开始，中国社会科学院农村发展研究所与许多国内外机构协作，借鉴孟加拉乡村银行的小额信贷扶贫模式，在中国很多地区建立了民间组织形式的小额信贷机构，广泛开展了小额信贷扶贫试验，取得了扶贫资金到户、“真扶贫、扶真贫”和高还款率的效果。这些小额信贷模式后被称为“公益性小额信贷”。1998 年之后，中国政府采用了公益性小额信贷的扶贫模式，在扶贫办和农信社系统广泛推广。

2014 年，中国进入“精准扶贫、精准脱贫”的新阶段。同年 12 月，国务院扶贫办等五部委联合印发了《关于创新发展扶贫小额信贷的指导意见》，对符合贷款条件的建档立卡贫困户提供 5 万元以下、期限 3 年以内的信用贷款，并以财政扶贫资金对符合条件的贷款户给予全额贴息支持。

为了提高农户的自我发展和互助合作能力，继而实现贫困农户的能力脱贫并步入发展轨道，2006 年国务院扶贫办和财政部印发了《关于开展建立“贫困村村级发展互助资金”试点工作的通知》，在 14 个省（自治区）启动了“贫困村村级发展互助资金”试点，安排了一定数量的财政扶贫资金，在部分实施整村推进的贫困村内建立“互助资金”，同时，村内农户可以以自有资金入股等方式扩大互助资金的规模，村民以借用方式周转使用“互助资金”发展生产。截至 2013 年底，全国共有 19397 个贫困村开展了互助资金试点①。

3. 国有大型银行的扶贫金融事业部、三农金融事业部和普惠金融事业部

2007 年，第三次全国金融工作会议明确提出农行在“整体改制、商业运作、择机上市”的同时，要面向“三农”提供服务。2008 年，按照国务院《农业银行股份制改革总体实施方案》的要求，农行启动实施三农金融事业部改革试点。2015 年 4 月，国务院批准农行将“三农”金融事业部改革试点覆盖到所有县域支行。农行将全国 1875 个县和 128 个市辖区的 2097 个县域支行纳入三农金融事业部管理②，有效增强了对“三农”金融服务的能力。

2004~2008 年的中央一号文件连续提出，要缓解农村资金外流，并引导县及县以下吸收的邮政储蓄资金回流农村。2010~2012 年中央一号文件又连续提出，邮储行等银行业金融机构都要进一步增加涉农信贷投放。2014~2018 年中央一号文件连续提出鼓励邮储行拓展农村金融业务，建立“三农”金融事业部。2016 年，邮储行成立了“三农”金融事业部，构建了“总部—省级分部—地市级分部—县级营业部”垂直四级组织架构，并在县级成立了专门支农的小额贷款队伍。

2015 年 11 月，中共中央、国务院印发了《关于打赢脱贫攻坚战的决定》，将金融扶贫作为扶贫攻坚支撑体系的重要支柱，要求国家开发银行（以下简称国开行）、农发行分别设立“扶贫金融事业部”。2016 年，农发行与国开行先后设立了扶贫金融事业部，其中农发行的扶贫金融事业部实现了对全国 832 个国家级贫困县的业务全覆盖。

---

① 国务院扶贫开发领导小组办公室《中国扶贫开发年鉴》编委会：《中国扶贫开发年鉴 2014》，团结出版社 2014 年版，第 23 页。

② 《农业银行三农金融事业部改革取得明显成效》，人民网，http：//money. people. com. cn/n1/2017/1020/c42877-29599443. html。

2017 年 5 月 3 日，国务院常务会议明确要求大型商业银行要设立普惠金融事业部，服务“三农”与小微企业。截至当年 6 月末，工、农、中、建、交五大国有商业银行均在总部设立了普惠金融事业部。

4. 资本、期货和保险等金融机构的扶贫措施

为落实《关于打赢脱贫攻坚战的决定》文件精神，增强扶贫金融服务的精准性和有效性，2016 年人民银行等七部委印发了《关于金融助推脱贫攻坚的实施意见》，支持证券、期货、保险等金融机构在贫困地区设立分支机构；鼓励和支持贫困地区符合条件的企业通过主板、创业板、全国中小企业股份转让系统、区域股权交易市场等进行融资，发行企业债券、公司债券、短期融资券、中期票据、项目收益票据、区域集优债券等债务融资工具；支持贫困地区开展特色农产品价格保险，改进和推广小额贷款保证保险，扩大农业保险的密度和深度。

5. 农村民间金融

民间金融是对正规金融服务的重要补充，是普通农户重要的融资来源，是普惠金融天然的组成部分。农村民间金融也称农村非正规金融，一般指的是未被金融当局监管，也缺乏上述有关政策依据的金融组织或活动。

传统的农村民间金融组织与活动主要涉及各种个人和单位的民间自由借贷（带息或不带息），民间放贷人，银背（或称钱中），一些合作机构的经济服务部和金融服务部、金融社、小部分村级农村合作基金会，各种合会，私人钱庄，当铺，民间票据贴现，贸易商放款和商业信用等①。

计划经济时期民间高息放贷基本消失。随着改革开放，人们的商品生产与经营活动增多，对资金的需求也增多，民间借贷也开始增多，而且高息放贷、集资开始在 20 世纪 80 年代中后期抬头。政府对民间金融管理的重点是防范和控制集资诈骗、“非法吸收公众存款”、高息放贷以及其他严重“投机倒把”行为。其中集资诈骗和“非法吸收公众存款”属于在农村地区最常见的非法集资类罪。

从 20 世纪 90 年代末开始，中国政府相继出台了多部法规政策规范集资诈骗和“非法吸收公众存款”以及高息放贷。2015 年 8 月 29 日，全国人大常委会通过的《刑法修正案九》，废除了集资诈骗罪的死刑，成为中国司法史上一个重大的司法进步和转折点。

民间借贷利息的高低是政府与社会关注的焦点。20 世纪 90 年代初以来，

① 很多互联网金融组织与活动其实属于民间金融，但不属于农村传统民间金融。

关于民间借贷利息的上限，一直是依据 1991 年最高人民法院印发的《关于人民法院审理借贷案件的若干意见》。该意见规定，民间借贷的利率可以适当高于银行的利率，但最高不得超过银行同类贷款利率的四倍（包含利率本数）。2015 年，最高人民法院审判委员会《关于审理民间借贷案件适用法律若干问题的规定》第二十六条规定提高了高利借贷的利率上限："借贷双方约定的利率未超过年利率 24%，出借人请求借款人按照约定的利率支付利息的，人民法院应予支持。借贷双方约定的利率超过年利率 36%，超过部分的利息约定无效。借款人请求出借人返还已支付的超过年利率 36%部分的利息的，人民法院应予支持。"其中利率超过年利率 24%、低于年利率 36%的区间为自然债务区。这一司法解释放宽了民间借贷的利率上限，迎合了社会上要求放宽这方面限制的呼声。

此外，中国政府对设立金融机构或者从事金融业务活动实行严格的审批制。根据国务院 1998 年发布的《非法金融机构和非法金融业务活动取缔办法》，未经中国人民银行依法批准，任何单位和个人不得擅自设立金融机构或者擅自从事金融业务活动。而且，根据当前多重政府监督管理的格局，中国银行保险监督管理委员会、公安部、国家市场监督管理总局和中国人民银行于 2018 年 4 月 16 日联合发布的《关于规范民间借贷行为 维护经济金融秩序有关事项的通知》特别规定，未经有权机关依法批准，任何单位和个人不得设立从事或者主要从事发放贷款业务的机构或以发放贷款为日常业务活动。

（三）改革的成效与不足

1. 成效

在中央政府的大力推动下，中国普惠金融体系建设取得了长足进步。1986~2013 年，中国累计发放专项扶贫贷款 4717.67 亿元①，2001~2013 年，中央财政对专项扶贫贷款累计贴息 71.05 亿元②。中央财政扶贫资金发挥了较好的杠杆作用，撬动了银行资金对扶贫事业的投入。公益性小额信贷和农民资金互助扶贫的探索为中国改进金融扶贫方式发挥了良好的试验示范作用。

国有大型银行的"三农"金融事业部、扶贫金融事业部的建设也推动了

①② 国务院扶贫开发领导小组办公室《中国扶贫开发年鉴》编委会：《中国扶贫开发年鉴 2015》，团结出版社 2016 年版。

中国普惠金融的发展，增加了涉农贷款。截至 2016 年末，农行三农金融事业县域贷款余额达 3. 18 万亿元，较 2011 年末累计增长了 81. 5%，比全行贷款增幅高 8. 8 个百分点；涉农贷款余额达到 2. 76 万亿元，较 2011 年末累计增长了 71. 6%，连续多年增速高于全行贷款平均水平①；而同期邮储行涉农贷款余额达 9174. 45 亿元，同比增长 22. 67%（张承惠、潘光伟等，2017）。

在资本市场和期货市场方面，截至 2018 年 3 月，已有 12 家贫困县企业通过绿色通道发行上市，募集资金超过 30 亿元，63 家企业已经启动上市工作，82 家公司在新三板挂牌。2017 年 12 月 22 日，苹果期货合约在郑州商品交易所正式挂牌交易，有助于推动苹果产业发展。

2. 不足

中国农村普惠金融体系还很不完善。服务于中低收入农户和农村新型经营主体的公益性小额信贷机构、农民资金互助组织的法律地位和监管体制没有解决，小贷公司的监管制度亟待完善，大型国有银行的普惠金融服务战略和措施仍然没有完全落地，面向农业农村经济发展的资本市场、期货市场和农业保险市场发育严重不足。

虽然《刑法修正案九》废除了集资诈骗罪的死刑，以及最高人民法院司法解释放宽民间借贷的利率上限，适应了中国国情要求，但目前中国没有出台《放贷人条例》，不利于一些民间放贷人规范经营民间借贷。此外，中国也没有出台个人信用破产制度，不利于在严肃债务人偿债责任的同时，保护债务人最基本的生存需要。

五、未来农村金融体制改革的方向

（一）继续采取市场化和市场开放的原则和方向推进农村金融体制改革

中国农村金融体制作为整体金融体制的一部分，随着经济体制的改革而不断变化。这些变化的主轴是农村金融机构的市场化和农村金融市场的不断开放。市场化改革为农村金融机构带来巨大活力。而市场开放增加了农村金融供给主体，增强了农村金融市场的供给和竞争性，促进了多层次、广覆

① 《农业银行三农金融事业部改革取得明显成效》，新华网，http：//www. xinhuanet. com/money/2017-09/22/c_ 1121709435. htm，2017 年 9 月 22 日。

盖、可持续的农村金融体系的形成。今后应继续市场化和市场开放的方针政策，让农村金融市场更加充满活力。

（二）继续推进适合“三农”特点的农村金融体系建设

2007年，全国金融工作会议提出了建立健全适应“三农”特点的多层次、广覆盖、可持续的农村金融体系的目标，要求充分发挥商业性金融、政策性金融、合作性金融和其他金融组织的作用。当前的农村金融体系尚未完全实现这一目标。

第一，农村合作金融仍然是短板，应尽快补齐。农信社进一步完成股份化改造之后，将留下农村合作金融组织空白，缺乏一种类似于德国或者日本农村合作金融体系的中国农村合作金融体系。此外，应当认真对待和正视广泛蓬勃发展的农民资金互助行为，从有利于充分动员农村内部资源，调动农民内在积极性和主体性，以及有利于实现乡村振兴战略目标出发，尽快建立有效的监管体制，为农民资金互助真正发展成为新型的农村合作金融提供制度保障。

第二，互联网金融或数字金融将有助于克服传统农村金融服务的难点，应大力发展。传统的农村金融服务方式面临着成本高、风险大等难点，而随着互联网、大数据、人工智能等信息技术在金融领域广泛而快速的应用，这些问题将在很大程度上得到解决。目前，中国农村两大“三农”互联网发展趋势并存：一方面，非金融机构的“三农”互联网金融创新及发展在加快；另一方面，金融机构的互联网金融化也在加快。当然，对于互联网金融的风险也不能低估。总体上，政府需要推行适当的监管，而非过度监管或者监管不足。

第三，农业保险存在保障水平低、经营粗放等问题，应根据农业的发展和需要，在制度和经营等多个方面提高和创新。

第四，完善农村商业金融机构的激励约束机制，引导其切实服务农业农村经济发展和乡村振兴。农行和邮储行的“三农”金融事业部应回归服务“三农”本位，充分利用自身业务和网点优势，加强针对农业新型经营主体、农业农村基础设施建设和县域经济新业态等重点领域的信贷投放。邮储行需要建立有效的资金回流机制，比如开展对现有中小农村金融机构的资金批发业务。对股份制改造之后的农村商业银行和农信社（无资格股）应该打破行政区的束缚，允许在其所在行政区和周边行政区的较大经济区域开展经营活动。对村镇银行应根据其小型农村社区银行的特点调整监管政策，推进“多县一行”和投资管理型村镇银行的试点工作，提高村镇银行的发展和服务能力。

(三) 进一步加强农村普惠金融体系建设

农村普惠金融是中国普惠金融体系中最薄弱的环节，面临诸多问题与挑战。例如，农村地区，尤其是偏远的贫困地区农村金融机构发展不均衡，小微企业和弱势群体融资难、融资贵的问题突出，金融资源向经济发达地区、城市地区集中的特征明显；普惠金融宏观、中观和微观体系不健全，金融法律法规体系仍不完善，直接融资市场发展相对滞后，政策性金融机构功能未完全发挥，金融基础设施建设有待加强；“数字鸿沟”问题凸显；普惠金融的商业可持续性有待提高；等等。这些短板应是今后力争提高中国普惠金融发展水平的主攻方向和重点。普惠金融强调可获得性和商业可持续性。扶贫贴息贷款由于缺乏可持续性，因而是需要谨慎对待的。作为普惠金融体系的中观层面，农村金融市场的配套制度有待进一步完善，包括担保、保险（农业保险、人身保险和信贷保险等)、征信体系和统计等方面。

(四) 农村金融立法

农村金融市场和功能的完善及制度规范创新是关键和根本，必须通过构建农村金融的政策法规制度来营造良好的农村金融外部环境。当前，中国有关公益性小额信贷机构和农民资金互助组织的法律法规缺位，小贷公司和互联网金融法律不健全，农业保险法、民间金融法等立法工作也亟待完善。这些已经成为制约农村金融，尤其是普惠金融发展和农村金融创新的瓶颈。

第六章　供销合作社改革

供销合作社是中国合作经济的重要组成部分，在成立之初按照自愿联合、民主集中制管理、为社员服务等原则建立，在计划经济时期，供销合作社改革经历了反复调整，数度并入国营商业机构，合作经济组织属性淡化。中共十一届三中全会以来，党中央、国务院对供销合作社改革提出了新要求，从1982年中央提出恢复集体所有制，真正办成农民群众集体所有的合作商业，到1995年中央提出坚持集体所有制，真正办成农民的合作经济组织，再到2015年中央提出将供销合作社系统打造成为与农民联结更紧密、为农服务功能更完备、市场化运行更高效的合作经济组织体系，成为服务农民生产生活的生力军和综合平台，成为党和政府密切联系农民群众的桥梁纽带，切实在农业现代化建设中更好地发挥作用。

供销合作社围绕中央提出的改革目标，重点围绕产权改革、制度建设和经营服务创新三个层面进行了系列化的改革。对于产权层面的改革，供销合作社经历了从吸纳农民入股实现全民所有制向集体所有制转变，到因经营亏损和“股金风波”等开始对社员股金进行清理整顿，进而导致许多农民退出了供销合作社，再到通过领办创办农民专业合作社，以间接的方式把农民作为供销合作社的社员。对于制度建设层面的改革，供销合作社经历了从国营体制中独立出来到被纳入参公管理体制的转变。对于经营服务创新层面的改革，供销合作社坚持市场化的改革方向，经历了扩大自主经营权、建立市场化经营机制、创新经营服务方式和拓展经营服务领域等改革举措。

供销合作社改革在不同阶段的侧重点有所不同，总体而言，供销合作社产权层面的改革是失败的，未实现把供销合作社真正办成农民的合作经济组织这一目标；在制度建设层面的改革取得了一定的成效，县以上的联合社基本建立了“三会”制度，形成了中国特色的供销合作经济组织管理体系；在经营服务创新层面的改革是比较成功的，坚持市场化改革方向，实现了从计划性的统购统销向市场化的经营转变，初步构建起了农村现代流通网络，为农服务能力和水平得到了显著提升。

目前，供销合作社还存在着产权不清晰、与农民利益联结不紧密、组织体系松散等问题，展望未来，供销合作社应加强产权层面和管理体制层面的改革，以基层社为重点通过吸纳农民和各类新型农业经营主体入社等多种方式恢复合作经济组织属性，按照政事分开、社企分开的原则，进一步厘清行政管理、行业指导和经济发展的职能，解决参公管理体制和市场化运行经济组织之间的矛盾，坚持为农服务根本宗旨，强化经营服务创新，不断提升为农服务能力和水平。

一、供销合作社的建立

作为合作社的重要组成部分，供销合作社在中国共产党领导下，新中国成立前已经在东北、华北农村地区广泛建立，新中国成立后在全国范围内快速发展，截至 1949 年底，全国基层社已有 2.3 万个，入社社员 1384 万人，入社股金 1482 万元①。新中国成立初期，为迅速恢复和发展生产，迫切需要建立自己的商业组织，以解决生产资料严重缺乏和农产品不能及时推销的问题。按照中共七届二中全会精神，党和政府在积极发展国营经济的同时，大力发展合作社经济。农民自己凑集股金，按照自愿联合、民主集中制管理、为社员服务等原则组建供销合作社，并通过自愿联合的方式自下而上形成了由基层社、县级联合社、省（区、市）级联合社和全国供销合作总社四级完整的组织体系。

为加强合作社的管理，1949 年 11 月，中央设立了中央合作事业管理局，统一领导管理全国的合作事业。1950 年 7 月，政务院召开全国合作社工作者第一届代表会议，成立中华全国合作社联合总社，领导包括农村的供销合作社和信用合作社、城乡消费合作社、城乡手工业合作社（含农产品加工合作社）、运输合作社等。直到 1954 年 7 月，全国合作社第一届社员代表大会召开，决定将“中华全国合作社联合总社”改名为“中华全国供销合作总社”，并通过了《中华全国供销合作总社章程》。在关于章程说明的文件中明确供销合作社是劳动人民群众的集体经济组织，是社员的集体所有制（即合作社所有制）。由于所有制上的差别，决定了供销合作社的组织、管理、资金构成和盈余分配与国营商业有很大的不同。供销合作社是由分散的各负盈亏自愿联合起来的组织，以社员大会或代表大会为最高权力机关，理事会

① 《中国供销合作社大事记与发展概况》（1949~1985），中国财政经济出版社 1987 年版。

和监事会作为执行机关和监督机关，供销合作社的资金主要来自社员出资的自有资金，所有盈余除向国家缴纳所得税外，为社员群众集体所有。在各级党政的领导和支持下，供销合作社发展速度很快，截至1952年底，全国已有3.5万个基层社，入社股金2.4亿元，社员人数1.48亿人，入社社员占农户总数的90%以上①，2000多个县以上各级机构，从城市到农村建立了一套批发零售机构和商业网点，形成了上下相连、城乡沟通、服务农民的流通网络（蒋省三，2013）。

1958年，在"左"的思想影响下，供销合作社的体制第一次由集体改为全民，县级以上供销合作社与国营商业合并，基层供销合作社变成人民公社供销部，公积金、社员股金等交给中国人民银行。伴随着人民公社体制调整为"三级所有，队为基础"，1962年4月26日，中共中央、国务院发布《关于国营商业和供销合作社分工的决定》，要求供销合作社的体制大体上恢复到1957年以前的状况，全国各地的基层社和各级联社又恢复和建立起来。但由于"左"的影响继续存在，许多供销合作社的干部愿意供销合作社"官办"而不愿意"民办"，1969年全国供销合作总社、商业部、粮食部、国家工商管理局四个单位合并组成商业部，标志着供销合作社与国营商业再一次合并。直到1975年，为加强农村商业工作，搞好城乡物资交流，处理好同农民的关系，中央决定恢复全国供销合作总社（傅德宝，2010）。

长期以来，供销合作社一直是我国贸易经济的极重要组成部分，是党和国家有计划地开展城乡物资交流的重要工具，在促进生产、保障需要和稳定物价等方面有重大作用（伯云，1956）。1950年，供销合作社农副产品购进额5亿元，生活资料和农资零售额分别为7.7亿元和0.4亿元，1978年供销合作社的农副产品收购总额为181.7亿元，占社会农副产品收购总值的32.7%，日用品和农资零售额分别达到了392.7亿元和160亿元，占社会的比重分别达31%和54.5%②。

二、供销合作社改革的历程

改革开放以来，供销合作社改革主要集中在产权改革、制度建设和经营服务创新等领域，经历了四个阶段。

①②《中国供销合作社大事记与发展概况》（1949~1985），中国财政经济出版社1987年版。

（一）扩大自主经营权（1978~1981年）

这一阶段的改革主要围绕经营层面展开，在保持全民所有制商业体制不变的情况下，逐步扩大自主经营权利。虽然在1975年供销合作社与国营商业分开，但由于“左”的思想依然存在，供销合作社的所有制性质并未改变，仍属于社会主义全民所有制商业，被纳入国营经济的组成部分。供销合作总社名称改为“中华人民共和国供销合作总社”，作为国务院的一个部门；基层供销合作社社员股金所占比例越来越小，1978年6月末，社员股金只有3.6亿元，只占供销合作社自有资金的2%①，合作经济组织属性淡化。随着国营企业实行扩大经营自主权的改革，供销合作社在全系统开展了扩大基层社和社有企业自主权的改革试点，一些地方供销合作社探索尝试经营责任制。截至1980年8月，全国有650家企业、3885家基层社进行了扩大企业自主权试点，普遍进行扩权试点的县有127个②，供销合作社业务经营自主权、财务自主权、人事管理权和职工民主管理权得到了扩大。

（二）恢复“三性”为核心的改革（1982~1994年）

随着农村商业、农副产品购销制度从计划体制逐步向有计划的商品经济转变，国营商业、合作商业和个体商业等多种商业模式开始在农村发展（蒋省三，2013），但由于供销合作社长期实行全民所有制管理，各项经营管理制度按国营商业的要求落实，但出现了合作制原则缺失、经营方式缺乏灵活性等一系列问题。针对上述问题，供销合作社在改革开放初期着力开展以恢复“三性”为核心的改革。

1. 以产权改革为核心，通过推进全民所有制向集体所有制转变恢复组织上的群众性

1980年，供销合作总社召开了全国省、区、市供销合作社主任会议，讨论了供销合作社所有制改革问题，有的认为不改变全民所有制，基层社不下放人民公社，还有一种观点认为，可以采取集体所有制的办法进行试点。1983年，供销合作总社与中国社会科学院财贸物资经济研究所联合召开的供销合作社所有制性质座谈会上，对恢复供销合作社合作商业性质进行了讨论，有人认为供销合作社的合作商业性质就是集体所有制，也有人认为供销合作社是国家与集体农民的联合合作所有制。

①②《中国供销合作社大事记与发展概况》（1949~1985），中国财政经济出版社1987年版。

中央层面肯定了供销合作社改革应由全民所有制向集体所有制转变，1982年1月中共中央批转的《全国农村工作会议纪要》提出，要恢复和加强供销合作社组织上的群众性、管理上的民主性、经营上的灵活性，使它在组织农村经济生活中发挥更大作用。1982年通过的《宪法》确立了供销合作社的所有制从全民向集体的转变，“农村人民公社、农业生产合作社和其他生产、供销、信用、消费等各种形式的合作经济，是社会主义劳动群众集体所有制经济”。1982~1986年各年中央一号文件也都明确，要将供销合作社真正办成农民群众集体所有的合作商业，如1986年中央一号文件强调，为适应农民发展商品经济的要求，必须加快改革步伐，彻底成为农民群众的合作商业。国家对各级供销合作社在财政、税收、信贷、人事制度等方面，都要按集体所有制的合作商业对待，并给予必要的优惠。

在从全民所有制向集体所有制转变的过程中，供销合作社改革要重点解决好两个关系：一是同农民的关系，通过与农民开展广泛的联合，使农民社员在经济上、政治上享受到应当享受的权力，真正体现社员是合作社主人的地位①。密切同农民的利益联系主要从基层社开始，通过清理社员股金和兑现股金分红，吸引农民群众自愿向供销合作社入股，让农民真正成为供销合作社的主人，在经济上与农民的利益联结起来，将供销合作社由“官办”改为“民办”。针对供销合作社由集体改全民后，对农民的股金管理松散，没有单个成员账户以及长期没有分红等问题，1982年全国供销合作社组织动员干部职工，逐村逐户进行社员股金清理，明晰落实股权并补发红利，当年共给社员补发历年所欠红利达1.2亿元。在清股的基础上，广泛吸收农民入股，到1994年，全国80%的农户在供销合作社入了股，共有1.6亿户社员，入股金额达100亿元，比改革前增加了27倍（陈俊生，1995）。二是同国家的关系，争取供销合作社的合法权益得到保护，对供销合作社进行清产核资，厘清供销合作社与政府部门之间的债权债务关系，并通过充分核实协商，具体落实供销合作社集体财产所有权（唐伦慧，2000）。坚持在平等的条件下，使供销合作社实行独立核算、自负盈亏，在承担政府的委托任务时明确政府与供销合作社的权利等。通过厘清两个关系，基本完成所有制改革，实现从全民所有制向集体所有制的转变。

2. 建立民主化管理机制，恢复管理上的民主性

供销合作社的本质特征决定了其管理应按照合作制原则实行民主管理，

---

① 《供销合作社理事会关于供销合作社体制改革汇报提纲》，载黄道霞、余展、王西玉等编：《建国以来农业合作化史料汇编》，中共党史出版社1992年版。

但长期以来，供销合作社在国营经济的体制下，按行政的方式进行管理，为农民想得少，服务质量差，上头给什么就卖什么，给多少就卖多少，农民社员在供销合作社中没有话语权。针对这些问题，供销合作社着力建立具有供销合作社特点的管理体制，把入股社员作为供销合作社的主人，将合作社的管理权力让渡给农民社员，强化社员民主管理，着力恢复管理上的民主性。

根据党中央、国务院 1982~1985 年对供销合作社改革方向、方针政策、组织原则等要求，全国供销合作社理事会于 1983 年制定了基层社和县级供销合作社的章程草案，1985 年制定了全国供销合作社的章程，重新在联合社机关恢复建立理事会、监事会，让理事会和监事会成为供销合作社的决策和监督机构。截至 1985 年，除了供销合作社总社与商业部、粮食部再一次合并组成新商业部之外，在全国大部分省份，基层社和县以上供销合作社都从地方政府序列中分离出来，普遍重新组建联合社[①]。供销合作社按照合作制原则，普遍召开了社员代表大会，选举产生了理事会和监事会，建立了民主管理制度，基本上实现了干部由社员选举产生，重大事项通过民主的方式决定。截至 1985 年底，各级供销合作社的民主管理组织和制度基本建立和健全起来，全国有 9 万多名农民社员通过选举进入供销合作社理事会和监事会。

3. 逐步建立市场化运行机制恢复经营上的灵活性

1982 中共中央转批《全国农村工作会议纪要》时提出，供销合作社要充分利用现有经营机构，打破地区封锁，按照经济规律组织商品流通，大力开展产品推销工作。1984 年中央一号文件要求供销合作社体制改革后，经营范围必须适当扩大，经营方式必须更加灵活。各地供销合作社除承担国家计划产品的购销任务之外，积极开展农民乐于接受的经营活动，如为农民剩余的农产品主动寻找销路，为农民供应生产和生活资料；发展农商联营共同兴办农产品加工业和种植养殖基地；接受农民委托开展代购代销业务。

在向市场体制转轨的过程中，供销合作社仍然担负着“一身二任”的作用，一方面承担国家计划产品的购销任务，另一方面为农民推销产品，供应生产和生活资料，提供生产和生活服务。从 1985 年起，除个别品种外，国家不再向农民下达农产品统购派任务，而是实行合同定购和市场收购，供销合作社才真正向市场经济转轨。与此同时，随着“三多一少”（多种经营成

---

① 1995 年，全国供销合作总社也从政府序列中分离出来。

分、多种流通渠道、多种经营方式、少环节）流通体制的形成，供销合作社为了积极参与市场竞争，按照田纪云副总理在1984年全国经济工作会议上的讲话以及《国务院批转国家体改委、商业部、农牧渔业部关于进一步做好农村商品流通工作的报告的通知》（国发〔1984〕96号）精神，在打破全民所有制规章制度限制方面开展了"五个突破"，即突破农民入股限制，放手吸收农民入股，扩大农民资金比重，使供销合作社在经济上同农民的利益紧密联系起来；突破原有经营范围和服务领域，实行购销结合，综合经营，搞好产前、产中和产后服务；突破原有劳动人事制度，基层干部真正由农民产生，能上能下，农民有罢免权，供销合作社的职工要能进能出；突破原有的分配制度，推行各种形式的经营责任制，实行按劳分配，真正体现多劳多得，打破分配上的平均主义；突破物价限制，允许供销合作社有一定的定价灵活性。《国务院批转国家体改委、商业部等单位关于一九八六年商业体制改革几个问题报告的通知》（国发〔1986〕56号）对商业体制提出了横向联合、搞活、放开、放权等改革举措，顺应这一形势，供销合作社在1986年开始探索"六个发展"，即发展系列化服务、横向联合、农副产品加工、多种经营方式、农村商业网点、科技教育。随着1992年邓小平同志南方谈话和中共十四大提出建立社会主义市场经济体制的总目标，供销合作社加快推进市场化改革，打破传统的统购统销、独家专营、政府定价的计划体制，按照《全民所有制商业企业转换经营机制实施办法》并结合合作经济特点，积极推动经营机制转换，全面落实了供销合作社的自主权。一些地方供销合作社借鉴农业生产责任制形式，开展多种形式的经营责任制，以大中型商场、批发市场和专业公司为龙头，以工业品联购分销和农副产品分购联销为手段，探索实行代购、代销、代储、代运、代加工的代理制，多种形式的联营制和返利制，产销合同制（唐伦慧，2000）。

（三）探索办成农民的合作经济组织（1995~2013年）

1. 探索办成农民的合作经济组织

《中共中央、国务院关于深化供销合作社改革的决定》（中发〔1995〕5号）提出把供销合作社真正办成农民的合作经济组织，是深化改革的根本目标，也是改革能否成功的关键。为实现这个目标，文件强调必须坚持集体所有制性质，必须坚持为农业、农村、农民提供综合服务的办社宗旨，必须坚持自愿、互利、民主、平等的合作制原则。为了体现合作经济属性，各地供销合作社按照自愿原则，广泛吸引农民入股入社。但是随着流通体制改革进程的加快，商品市场的迅速发展，商品市场价格也逐步市场化，特别是供销合作社长期专营的棉花和农资市场逐步放开，但供销合作社的经营机制没有及时转换，导致各地供销合作社出现了大范围的亏损，加上一些地方供销合作社采取“保息分红”的方式吸纳社员股金，一些地方出现了挤兑风险。面对严峻的困难局面，1999 年国务院出台了《关于解决当前供销合作社几个突出问题的意见》，明确提出，要通过改革，使供销合作社建立起自主经营、自负盈亏的经营机制。这一时期，供销合作社提出“供销合作社不消灭亏损，亏损就会消灭供销合作社”，并将改革的重点放在了扭亏增盈上，对基层社和社有企业的资产实行转、包、租、卖的改革，队有社员股金则通过分期转退、停止吸收新股的方式进行清理整顿，对基层社则实行撤销、合并、破产等改革。到 2000 年供销合作社全系统汇总实现利润 13.8 亿元，实现了扭亏增盈，但由于许多农民退出了供销合作社，导致合作经济属性淡化。

2000 年 9 月，中华全国供销合作总社第三次代表大会提出了“面向社会、实行开放办社”思想，各地供销合作社开始探索产权多元化改革。一方面，吸引社会资本和职工出资等对社有企业进行产权多元化改造，一些地方供销合作社吸引了社会资本和职工入股，推进公司制改革，形成了股份多元化的混合所有制企业。到 2008 年，全系统社有企业 21084 家，实现公司制改革的企业 12295 家，改制面达到 58.3%（中华全国供销合作总社合作指导部、北京商业管理干部学院，2017）。另一方面，对于基层社不再追求直接让农民入股成为基层社社员的方式，而是通过领办创办农民专业合作社，将专业合作社的成员作为基层社社员这一间接的方式重构社员基础。由于供销合作社在产权层面的改革历经反复，产权很难再明确最终所有者，因此，供销合作社对产权层面的改革基本上是对最终所有权归属问题采取不争议的做法，将不能明确产权主体的资产界定为供销合作社集体资产，并由联合社理事会行使出资人职责，作为集体资产所有权代表和管理者。

2. 按照合作经济组织的原则构建治理体系

中发〔1995〕5 号文件提出，供销合作社要按照民主的原则，普遍设立理事会和监事会，理监事会领导干部通过民主选举产生，强化社员民主管理，实现社员当家做主；按照联合的原则，上下层级之间建立了自下而上的经济联合关系，形成了基层社，县、市联合社，省、自治区、直辖市联合社，全国总社几个层级的机构；按照政社分开的原则，各级供销合作社退出政府行政机构序列；按照社企分开的原则，确立了理事会是本社集体财产的所有权代表和管理者，落实了社有企业独立的法人主体地位，实行自主经营、自负盈亏。根据这一文件精神，1995 年国务院办公厅《关于印发中华全国供销合作总社组建方案的通知》对全国供销合作总社职责、机构和人员编制进行了清晰界定，明确供销总社机关是事业编制（全额拨款）。各省也陆续出台了供销合作社“三定方案”，将供销合作社机关界定为全额或差额拨款的事业单位。在此基础上，各级联合社设立或修订了章程，按照章程建立健全了社员代表大会、理事会、监事会制度。2006 年《公务员法》出台实施后，为了扶持规范供销合作社发展，党中央、国务院将全国供销合作总社纳入参照公务员法管理，各省也陆续将供销合作社纳入了参公管理范畴，因此，除少部分供销合作社外，全国大部分供销合作社成为按照参公管理与合作经济民主管理“双重”身份管理的机构。

3. *在传统经营业务基础上探索打造现代经营服务体系*

供销合作社经营层面的改革主要是沿着市场化的方向，通过拓展经营服务领域、创新经营服务的方式打造现代经营服务体系。在拓展服务领域方面，中发〔1995〕5 号文件提出，供销合作社要积极拓展服务领域，扩大经营范围，只要有利于满足农业、农村和农民的需要，有利于繁荣城乡经济的活动，供销合作社都应当依法积极去做。要进一步从单纯的购销组织向农村经济的综合服务组织转变，大力发展以加工、销售企业为龙头的贸工农一体化、产供销一条龙经营，带动千农万户连片兴办农产品商品基地和为城市服务的副食品基地，发展农产品加工、储藏、运输业和其他第二、第三产业，发展专业合作社，积极为农业、农村、农民提供综合性、系列化的经济技术服务，引导农民有组织地进入市场。这一时期，供销合作社依托农村日用品连锁便民店和农资供应连锁店，积极拓展和引入经营性和公益性服务项目，着力发展农村综合服务社，为群众提供市场信息、技术培训、文化娱乐、医疗卫生、综合维修、养老幼教、红白大事等多种服务，有的还为保险、电信、水电、银行、邮政、广播电视等部门代理其在农村的业务。

2002 年，全国供销合作总社提出“四项改造”，明确以发展现代流通方式改造传统经营网络。2007 年，中央财政设立“新农村现代流通服务网络工程”专项资金，扶持供销合作社农资、农副产品、日用消费品和再生资源网络建设。2009 年，《国务院关于加快供销合作社改革发展的若干意见》（国发〔2009〕40 号）再次提出要加快推进供销合作社现代流通网络建设，成为农村现代流通的主导力量。因此，这一时期，各级供销合作社开始将经营的重点由政府委托开展统购统销业务转向市场化的经营业务，并且顺应连锁经营快速发展的形势，构建以农资、农副产品、日用消费品和再生资源为主的连锁经营网络。在政策和资金的支持下，供销合作社构建起了以企业为龙头、以连锁经营为主要业态的遍布城乡的经营网络，截至 2013 年底，供销合作社系统连锁企业 6312 家，拥有配送中心 12021 个，发展连锁、配送网点 99.5 万个，实现销售额 6430.4 亿元①。在创新服务方式方面，供销合作社按照中央要求，不断增强市场竞争意识，开展企业化经营，实行多种形式的经营责任制，打破“铁饭碗”和平均主义。在具体的业务上，供销合作社探索以经济利益关系为纽带，打破行政区域和所有制限制，以连锁经营为手段改造传统经营网络，构建农资、农副产品、日用消费品和再生资源连锁经营网络；同时，顺应电子商务快速发展的形势，搭建全国性和区域性电商平台，推进线下与线上融合发展，初步形成了网上交易、仓储物流、终端配送一体化经营模式。

(四) 综合改革（2014 年至今）

中共十八大以来，习近平总书记多次对供销合作社工作做出重要指示批示，要求在新的历史条件下继续办好供销合作社。在 2013 年中央农村工作会议上，习近平总书记强调，供销合作社要积极创新组织体系和服务机制，在建设现代农业中发挥作用。2014 年 7 月，习近平总书记为中华全国供销合作总社成立 60 周年作出重要批示，强调要充分发挥供销合作社的独特优势和重要作用。2015 年 3 月，中共中央、国务院印发《关于深化供销合作社综合改革的决定》（中发〔2015〕11 号）。按照文件要求，供销合作社综合改革的目标是，以密切与农民利益联结为核心，以提升为农服务能力为根本，以强化基层社和创新联合社治理机制为重点，按照政事分开、社企分开的方向，因地制宜推进体制改革和机制创新，加快建成适应社会主义市场经济需要、适应城乡发展一体化需要、适应中国特色农业现代化需要的组织体系和服务机制，努力开创中国特色供销合作事业新局面。2016 年 4 月，习近平总书记在安徽凤阳县小岗村召开的农村改革座谈会上，再次强调要推进供销合作社综合改革，并作为当前农村六项重点改革任务之一，要求按照为农服务宗旨和政事分开、社企分开方向，把供销合作社打造成为同农民利益联结更紧密、为农服务功能更完备、市场运作更有效的合作经济组织体系。

这一阶段供销合作社先在河北、山东、浙江和广东四省开展综合改革试

---

① 《全国供销合作社系统 2013 年基本情况统计公报》。

点，在此基础上又选择28个省份的32家单位，围绕双线运行机制、三次产业融合、“三会”制度建设等七个方面开展专项试点。这一阶段综合改革主要围绕以下几个方面展开：

1. 推进不同层级社有企业间的产权、资本和业务联结

供销合作社企业资源分散在不同层级，不同层级之间的利益关系难以理顺，上下联合与合作进展缓慢。在综合改革试点期间，广东省供销合作社制订了农资、粮油、日用品、再生资源、冷链物流、小额贷款等省级公司与试点单位对接的具体方案，发挥省社直属企业在资金、技术和人才等方面的优势，遵循市场经济规律，对接重组市县供销合作社经营业务和网点资源，将系统的组织优势转化为规模优势和竞争优势，打造上下贯通、有效对接的现代经营服务体系。其中，产权联结是由省级社有龙头企业通过股份转让、增资扩股等形式入股市县级社有企业或与市县级社共同出资组建区域公司，省级社有龙头企业一般要求获得相对控制权，具体参股比例由双方企业平等协商。产权联结属于要素契约，这种契约形式主要集中在市县级社有企业经营能力较弱而省级社有龙头企业的人力资本和管理技术对于其开拓市场是必需的区域。业务对接主要是省社直属农资、日用品、农产品等企业在连锁配送的基础上，与市县级供销合作社直属企业开展联采分销或为其提供技术服务等，由此整合了系统相对分散的资源，提升了为农服务的能力和水平。业务对接属于商品契约的范畴，主要集中在市县级社有企业经营实力较强的区域，各级社有企业通过共享资源、优势互补，打破了过去分散采购、同业竞争的局面，实现了良性发展。截至2016年底，省级供销合作社的农资、粮油、日用品、再生资源、冷链物流等企业与20个试点县全部实现了两项以上的业务对接，与70%的试点县实现了产权对接，合作组建公司75家，对接基层服务网点7531个。这种跨层级的联合合作，打破了层级界限和区域分割，在破解“联合社不联合”的问题上进行了有益探索，也实现了供销合作社得发展、农民得实惠的双赢。

2. 开展供销合作、生产合作、信用合作“三位一体”组织体系建设

2014年综合改革试点启动以来，浙江省供销合作社提出了深化“三位一体”改革的“一揽子”方案；2015年浙江省委、省政府出台了《关于深化供销合作社和农业生产经营管理体制改革构建“三位一体”农民合作经济组织体系的若干意见》，把“三位一体”改革作为健全“三农”治理体系和管理体系的重要内容来设计，自下而上构建省市县乡四级农合联组织体系及运转机制。浙江省供销合作社充分发挥骨干作用，以县、乡两级为重点，建

立具有生产、供销、信用“三位一体”综合合作功能的农民合作经济组织联合会。农合联按照“农有、农治、农享”原则完善内部治理机制，实行成员(代表)大会、理事会、监事会制度，农合联依托供销合作社设立执行委员会，由供销合作社承担农合联的日常运营管理职责。农合联把建设现代农业、城乡商贸、农村信用三项基本服务功能作为重要工作，着力构建现代农业服务体系、城乡商贸服务体系和农村信用服务体系。截至 2017 年底，浙江全省已经完成了 11 个市级农合联、82 个县级农合联、930 个乡镇农合联的组建工作，会员涵盖农民合作社及联合社、行业协会、农业龙头企业、家庭农场等各类为农服务组织 6 万家，形成了比较完整的“三位一体”组织框架。通过打造“三位一体”综合合作，供销合作社把自身的流通优势与农民合作社的生产优势和信用社的资金优势，以及农业科技推广机构的技术优势等充分结合起来，整合到农合联这个大平台上，形成了集生产、供销、信用等多重功能于一体的综合服务平台，聚合了服务资源，降低了服务成本，提升了服务的层次和水平，实现了大组织大平台与小组织小农户的对接，较好地满足了广大农民和新型农业经营主体的服务需求。

3. 进一步完善社有资产管理体制

为实现社有资产服务“三农”和自身保值增值的双重目标，供销合作社在综合改革过程中，借鉴国有企业和国有资产管理体制的改革思路，以“管资本为主”加强对社有资产的监管。在改革的过程中，具体从两个层面展开：

在社企关系改革层面。各地供销合作社按照政事分开、社企分开的方向，以社有资产管理委员会和社有资本投资运营公司建设为重点，打造“社有资产管理委员会+社有资本投资运营公司+出资企业”的社有资本投资运营组织架构。黑龙江、江苏、湖北等 10 多个省级社成立了社有资产管理委员会，26 个省级社成立了社有资本投资平台。一些地方供销合作社通过制定出资企业重大事项决策、委派出资企业董事监事履职管理办法、审计监督管理办法等一系列社有资产监管制度，厘清了理事会与资产管理委员会、资本投资公司、出资企业的职能边界，把该管的管起来，不该管的放下去，依法依章开展社有资产监管工作，确保社有资产保值增值。如广东省形成了“省联社理事会—粤合资产公司—投资企业”管理体制，省联社依法落实社有资产出资人代表职责，重点监管重大人事、业绩考核、重大投资，规范企业资产运营和管控，逐步从行政管理企业向出资人依法管理社有资本转变。

在社有企业改革层面。通过引进国有资本、私营资本等多种形式，让其他所有制资本参股、入股和控股社有企业，并适当增加经营者和员工持股比例，推进社有企业混合所有制改革。如广东天禾农资公司推进混合所有制改革，省社持股47%，员工持股31%，社会投资者持股22%，既保持了省供销合作社的控制力，又放大了社有资本的功能，发挥了各方投资主体的作用。一些社有企业积极推行市场化的薪酬激励机制，规范法人治理结构，不断健全市场化经营机制。如浙江农资公司建立了比较规范的“三会一层”制度，公司董事会中既有省社派出的股权代表，也有公司高层管理人员，还有普通员工代表，形成了有效的决策、执行、监督机制，公司高管和员工的收入与绩效和贡献挂钩，有效调动了各方面的积极性。还有一些地方供销合作社积极推进社有企业同业整合和内外联合，实现了资源优化配置和规模化经营，培育了一批具有龙头带动和产业支撑作用的大型企业集团。截至 2017 年，供销合作社系统年营业收入超百亿元的全资和控股企业集团达到 11 家。

4. 以密切与农民利益联结为核心推进基层社改造

供销合作社综合改革以来，把补齐基层社这个短板作为改革的重点任务之一，相继实施了“基层组织建设工程”和“千县千社”振兴计划，设立基层组织发展专项资金，按照强化合作、农民参与、为农服务的要求，将基层社逐步办成规范的、以农民社员为主体的合作社，不断强化基层社合作经济组织属性。例如，对于实力较强的基层社，通过建立庄稼医院和电商服务站等，拓展服务功能，积极发展生产合作、供销合作、消费合作、信用合作，加快办成以农民为主体的综合性合作社。对于实力较弱的基层社，通过引入大学生村官、村“两委”负责人、涉农龙头企业等入社，改造创办新型基层社。对于没有基层社的地区，通过领办创办农民专业合作社或联合社、强社带弱社、社有企业帮扶等多种方式恢复发展基层社。如河北省供销合作社按照农民出资、农民参与、农民受益的原则，通过劳动合作、资本合作、土地合作等多种途径，采取合作制、股份合作制等多种形式，广泛吸纳农民和各类新型农业经营主体入社，多种形式推进基层社改造，改造后的基层社，围绕农民产前、产中、产后等各个环节，开展农资、农机、农技、农化等系列化服务，服务能力显著提升。截至 2017 年底，河北省在 11 个地级市、147 个县、1268 个乡镇组建农民专业合作社联合社，覆盖率由改革前的46%变为现在的涉农乡镇全覆盖，农民社员占到 70%。有的地方还依托省、市供销合作社的农产品电商、农村产权交易、农村资金互助、合作保险、互联网金融、融资担保、金融租赁等企业平台，采取业务、产权、资金合作的方式，向下延伸经营业务，帮助基层社提升为农服务能力。

5. 拓展为农服务功能，搭建为农综合服务平台

供销合作社服务方式改革，重点围绕服务规模化和流通现代化两个重点展开。在服务规模化方面，供销合作社采取土地托管、代种代耕、股份合作等多种方式，为各类新型经营主体和广大农户提供综合性、全方位的农业生产经营服务，着力破解“谁来种地”“地怎么种”等问题。山东省供销合作社在合改革试点以土地托管为突破口，探索出了以服务规模化推进农业现代化的新路子，打响了“农民外出打工，供销合作社给农民打工”的品牌。如山东省高密市社以孚高农业服务公司为龙头，联合基层社、农民专业合作社等市场主体在乡镇共同投资建设 29 家为农服务中心，着力打造“3 公里土地托管服务圈”，在不改变土地承包经营关系的基础上，为农民提供农资直供、测土配肥、机种机收、统防统治、粮食代储代销、农技指导等“保姆式”“菜单式”托管服务，小麦、玉米托管后，可增加有效种植面积 10%以上，亩产提高 15%左右，降低农药施用量 20%、化肥施用量 15%~20%，农民亩均节支增收 200 多元，一些经济作物每亩可达千元以上。

三、供销合作社改革的成效

通过 40 年的改革，供销合作社虽然在产权层面未能实现把供销合作社真正办成农民的合作经济组织这一目标，但是在制度建设和经营服务创新层面的改革取得了显著成效，提升了供销合作社为农服务的能力和水平。

（一）综合经济实力明显提升

供销合作社发展在从计划经济向市场经济转轨的过程中曾经出现过严重的滑坡，但随着改革的进一步深入，综合经济实力开始恢复并快速发展。截至 2017 年底，供销合作社系统实现销售收入 5.4 万亿元，利润 441.5 亿元，资产总额达 1.5 万亿元（见图 6-1）。农资、棉花等传统企业加快转型升级，特别是农产品经营业务发展迅速，现代物流、农村金融等新产业新业态加快发展，社有企业的数量也实现了恢复性增长，截至 2017 年底，供销合作社系统共有各类法人企业 21852 个（不含基层社），其中各级政府和省以上有关部门认定的农业产业化龙头企业 2381 个。

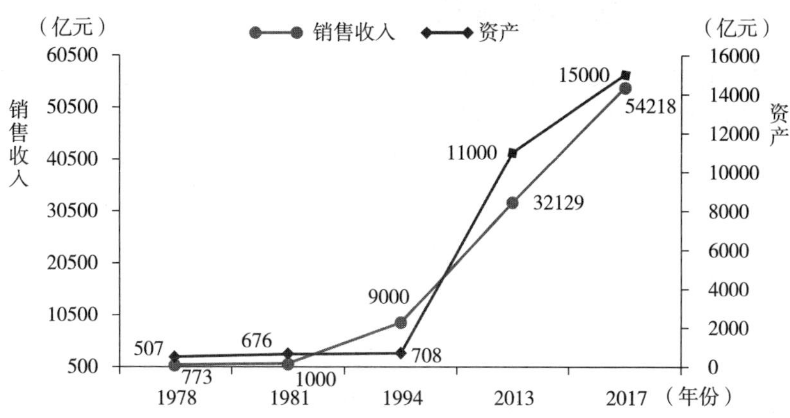

图 6-1　1978~2017 年供销合作社销售收入和资产总额

资料来源：根据中华全国供销合作总社系统数据整理。

（二）为农服务能力显著增强

供销合作社面向农业现代化和农民生活，不断优化和创新服务供给，从以流通服务为主拓展到为农服务各领域、农民生产生活各方面。如土地托管服务从无到有，推广到全国 29 个省份，托管对象从大田托管发展到草场托管、林果托管、高原农业托管，服务内容从农资供应延伸到耕、种、管、收、售各环节，土地托管等农业社会化服务面积超过 1.4 亿亩。发展农村综合服务社（中心）39.6 万个，覆盖了 65%的行政村，通过整合各类涉农资源，凝聚为农服务合力，推动民政、卫生、教育等部门把服务资源送到农民身边，有效发挥了服务农民生产生活综合平台的作用。

（三）基层薄弱局面根本扭转

在改革的过程中，各地供销合作社采取联合社帮扶、社有企业带动、与社会资本合作等方式恢复重建基层社，采取社有企业或基层社投资入股或服务带动、基层干部职工领办等方式兴办各类农民专业合作社。截至 2017 年底，供销合作社基层社数量达 3 万多家，乡镇覆盖率提高到了 95%以上；领办创办的农民专业合作社数量达 18.6 万家，入社社员 1582 万户；县及县以下的销售和利润占全系统的比重分别提升到 74%和 64%，基层长期薄弱的局面得到扭转。

（四）农村流通网络全面铺开

供销合作社利用原有的资源积极推动农村商品流通网络建设，特别是自2007 年中央财政设立“新网工程”专项资金以来，重点支持了供销合作社企业开展农业生产资料、农副产品、日用消费品、再生资源四大网络建设。截至 2017 年底，中央财政累计安排“新网工程”专项资金 133.5 亿元，带动地方财政近 100 亿元，带动社会投资超过 1000 亿元。在各级财政的支持下，供销合作社系统建设农资、农副产品等各类配送中心 10942 个，发展连锁、配送网点 98.5 万个，初步形成了县城有大型商场和配送中心，乡镇有中心超市，村有便民店，县、乡、村三级连锁经营服务网络的格局。近年来，供销合作社积极运用现代流通方式和信息技术，大力推进网上交易、仓储物流、终端配送一体化经营，初步构建起以县域为基础、全国互联互通的供销合作社农村电商服务体系。

四、供销合作社改革存在的问题

供销合作社通过一系列的改革，经济实力和服务能力明显增强，但是供销合作社产权不清晰、主体缺位、组织体系松散等问题制约着其作用的进一步发挥。

（一）产权还不明晰

供销合作社建立之初是农民自己的组织，但在集体与全民之间反复改革的进程中，农民主体地位不仅未能恢复，反而被异化或被支配。虽然中央文件多次强调要争取更加广泛的农民群众入社，但这一顶层设计基本没有实现。有研究提出供销合作社改革滞后，关键是由于主体缺位（陈宏军，2013），社员的主体地位未得到真正的落实和体现、民主管理的原则未得到严格的坚持和遵循（郭翔宇，2001），一些研究者看了供销合作社的现状后就会质疑供销合作社的社员是谁，以及如果没有社员还能否称为合作社。虽然供销合作社从全民实现了向集体所有的转变，其资产属于集体所有，但不可能将其量化到每个人，而正是这种集体所有制导致供销合作社产权不清晰，农民的利益难以得到有效保护，因此，产权制度积重难返是供销合作社深化改革的瓶颈，也是其他一切问题的根源（徐旭初、黄祖辉，2006）。

（二）参公管理的行政体制与按照市场原则运营的经济组织之间存在矛盾

目前，供销合作社县级以上联合社机关已基本参照公务员管理，其所出资的企业为社有全资或混合制企业，这种“上官下企”的经营体制在实际运营和管理中，导致联社机关干部对出资企业不负责任，而出资企业经营者对企业经营后果承担的责任也非常有限，导致社有资产运营效率偏低，目前供销合作社资产回报率仅为3%。供销合作社的资产归属不同层级所有，人员分级管理、相互独立，各级联合社领导由当地政府任命，“让领导满意”就成为各级联合社追求的最终目标。由于联合社机关越来越趋向于行政化，合作的色彩越来越淡化，这样的组织也就难以真正体现农民的利益。

（三）供销合作社与农民的利益联结还不紧密

从改革开放初期，中央提出供销合作社要恢复“三性”开始，供销合作社改革的目标就是要真正办成农民的合作经济组织。但由于供销合作社缺少与农民的产权联结，不可能形成真正的利益共同体。实践中只能依靠服务的方式联结农民，并且在服务的过程中多采取市场化运作的手段，如以市场价或优惠价向农民销售农资、从农民手中购买农产品等，所有这些服务仍然是“一买一卖”，农民的利益只体现在价格优惠层面，而供销合作社自身发展的好坏则与农民没有太多关系。因此，供销合作社把改革重点过多地放在了自身生存发展上而非性质改革本身，导致供销合作社不是离农民越来越近了，而是离农民越来越远了，结果供销合作社成了“三不承认”（农民不承认是自己的组织，供销合作社职工不承认是农民的，政府不承认是官办的）的怪胎（韩长江，2012）。

（四）不同层级之间缺乏有机联系

供销合作社在历史上形成了资产“分级所有、分级管理”的体制，不同层级的联合社机关属于“块块管理”，上级社对下级社只是指导和服务，下级社对上级社是松散的成员社关系。目前因缺少产权和业务联系，上下层级之间只是通过发文件指导帮助、综合业绩考核和工作评价等方式建立联系，联合社与成员社之间、联合社与下属公司之间、公司与基层社之间，不仅没有形成有机的经营管理整体，甚至经营业务存在很多相似之处，在市场竞争中经常会出现相互争业务、争市场、争利益的现象（唐伦慧等，1995），造成供销合作社内耗过大与联合对外能力下降。因此，供销合作社虽然属于一个系统，但各层级供销合作社以及社有企业之间缺乏经济和利益联系，导致庞大的系统因资源被分散在不同的层级，形成了“合作社不合作，联合社不联合”的状况。

五、进一步深化供销合作社改革的方向

供销合作社体制改革的方向是真正办成农民的合作经济组织，这一点从中央到地方，从业内人士到学术界都坚信不疑。但是如何实现这一目标，学者有不同的看法，并提出了各自的路径设计。以合作制理论为指导，以理顺产权关系为基础，以加强组织建设为保证，以全面振兴基层社为重点，转换运行方式，强化管理体制，完善经营机制，建立现代企业制度，达到真正成为广大农民集体所有的合作经济组织目标（唐伦慧等，1995）。张晓山（2004）提出“两种组织资源对接”的思路，即通过合作社赎买供销合作社的资产或股份，雇用供销合作社的干部职工，从而以专业合作社或专业协会为主体，改造、融合和“吃掉”供销合作社。徐旭初、黄祖辉（2006）提出，供销合作社改革应以农民合作经济组织作为供销合作社的组织定位，通过大力发展农民专业合作社和广泛吸收各类为农服务组织，再造供销合作社的组织基础，构建农业社会化服务体系重塑供销合作社的组织功能，进而完成以产权制度和治理结构转型为核心的体制创新。苑鹏（2013）提出，供销合作社改革的突破口应该是以社会企业的新理念打造全新的供销合作社，建立全国最大的社会企业。孔祥智（2013）提出，供销合作社改革就是围绕新型经营主体来构建新型的合作，即发展“专业合作+资金合作”的综合合作社。杨团（2013）提出，供销合作社改革的基本目标应该是东亚的综合农协模式，突破口应是县乡组织机构改革，整合现有的各类农村合作组织，组建乡镇级综合农协，并建立县级综合农协实体，将县级供销合作社的资产、人员基本上转型到新建的县农协中。

中发〔2015〕11号文件对供销合作社下一步的改革指出了明确方向，以密切与农民利益联结为核心，以提升为农服务能力为根本，以强化基层社和创新联合社治理机制为重点，按照政事分开、社企分开的方向，因地制宜推进体制改革和机制创新。

（一）以基层社为重点重构合作经济组织基础

基层社是供销合作社的基础，直接体现农民合作经济组织性质和实现为农服务宗旨的基本环节。首先，通过劳动合作、资本合作、土地合作等多种途径，采取合作制、股份合作制等多种形式，广泛吸纳农民和各类新型农业经营主体入社，也可以探索由基层社与农民专业合作社等经营主体共同成立合作制经济组织，形成以农民为主体的成员结构。其次，按照合作制原则加快完善治理结构，落实基层社社员代表大会、理事会、监事会制度，强化民主管理、民主监督，提高农民社员在经营管理事务中的参与度和话语权。最后，进一步规范基层社和农民社员的利益分配关系，建立健全按交易额返利和按股分红相结合的分配制度，切实做到农民出资、农民参与、农民受益。

（二）探索落实集体所有权的实现形式

一些学者提出要将供销合作社的集体资产量化到 1984 年之前的每一个农民身份及其继承者个人身上（冯建明，2017），但这种做法的成本太高甚至不利于保障社有资产的完整性。可以将中发〔2015〕11 号文件提出的“做实供销合作发展基金”作为落实集体所有权的实现形式，各级联合社当年社有资产收益按不低于 20%的比例注入本级供销合作社合作发展基金，同时通过建立基金运行机制，保障基金全部投向基层、为农服务领域。

（三）切实推进政事分开、社企分开

按照建设合作经济联合组织的要求，进一步厘清行政管理、行业指导和经济发展的职能，可以按照弱化行政管理职能、调整行业指导职能、授权经济发展职能的方向推进改革。弱化行政管理职能就是去行政化，切实转变联合社行政化的工作作风和思维理念，要按照经济组织的原则运作；调整行业指导职能就是将联合社工作重点聚焦于整个系统的发展上，加强行业规划指导、服务协调，推动供销行业健康发展；授权经济发展职能就是联合社机关要将部分经济发展职能剥离出去，减少以企业的干预，把企业作为真正的市场主体，让市场发挥资源配置的决定性作用，切实改变联合社既是裁判员又是运动员的局面，实现由管资产向管资本的转变。

（四）探索打造上下贯通的实体性经济组织

中发〔2015〕11 号文件明确提出，允许联合社机关根据自身情况，选

择参公或企业化管理，特别强调要创新县级联合社运行机制，逐步建立市场化的管理体制、经营机制、用人制度，允许在办成实体性合作经济组织方面进行探索。因此，供销合作社需要选择一些有条件的地区，可以以省为单位，也可以以县为单位，推进联社机关退出参公管理，实行企业化改革，同时将区域范围内的资产界定为最高一级供销合作社所有，形成供销合作社母子公司体制，实现联合社机关与社有企业融合发展，不同层级供销合作社一体化发展。在没有实行联合社与社有企业融合发展的地方，大力推进不同层级社有企业之间的产权联系，在区域范围内通过产权联结形成上下一体的大型企业实体。

（五）进一步密切与农民的经济联系

除了通过重构基层社建立与农民的产权联系外，要在为农服务方式上进行创新，可以借鉴日韩综合农协的做法，将买卖制转变为代理制的服务模式，实现从赚农民的钱向帮农民赚钱转变，从而与农民形成紧密的利益共同体。

（六）构建综合性、规模化、可持续的为农服务体系

供销合作社是为农服务的合作经济组织，综合改革必须始终把服务“三农”作为供销合作社的立身之本、生存之基，把为农服务成效作为衡量工作的首要标准，做到为农、务农、姓农。要面向农业现代化、面向农民生产生活，推动供销合作社由流通服务向全程农业社会化服务延伸、向全方位城乡社区服务拓展，加快形成综合性、规模化、可持续的为农服务体系。

第七章　农民专业合作社制度创新

20 世纪 80 年代初，中国农村普遍实施家庭联产承包责任制，农户成为自负盈亏的独立生产经营主体，计划经济时期建立的传统农村人民公社制度被彻底废除。随着农村改革逐步深化，国家取消了农产品统购统销制度，最终全面引入市场机制。广大农户在从事商品化生产中，出现了单家独户“解决不了、解决不好、解决了不合算”的问题，于是，他们当中的少数人自发联合起来，按照自愿互利原则，开展互助合作，形成了农民专业合作社的发展雏形①。

改革开放 40 年，从政府与农民的关系视角看，农民专业合作社制度大体经历了改革初期政府支持农民的自我探索与创新，到 20 世纪 90 年代初政府介入开展试点、扩大农民的创新空间，再到 21 世纪初政府全面推动、积极扶持农民的创新发展三个发展阶段。农民专业合作社总量规模从改革之初的星星之火，发展到今天的遍地开花。截至 2018 年 2 月底，全国在工商部门依法注册登记的农民专业合作社达 204.4 万家，实有入社农户 11759 万户，约占全国农户总数的 48.1%；成员出资总额 46768 万亿元。其中，超过一半的合作社为成员提供产加销一体化服务，服务总值 11044 亿元②。农民专业合作社正在成为巩固和完善农村基本经营制度、改善农户的农业社会化服务、拓展农户的市场渠道、促进农户增收的重要载体。但农民专业合作社仍然处在发展的初级阶段，总体水平仍旧是规模小、实力薄、服务能力弱、市场竞争力不强，尤其是政策投机、政策寻租产生了大量的“空壳社”“休眠社”“冒牌社”，严重影响了农民专业合作社的整体社会形象。

展望未来，农民专业合作社将有望逐步走上高质量的发展轨道，以提升整体经济实力和服务成员能力。农民专业合作社开放办社的力度将加大，联合与

---

① 改革初期，国内对农村合作经济组织主要分为两大类：一是在农民自愿原则基础上，以产品、产业为纽带的专业型合作经济组织；二是以村社地缘、土地集体所有制为纽带，改造传统人民公社体制形成的社区型合作组织。本章涉及的内容是第一种形式。

② 乔金亮：《全国依法登记的农民专业合作社达 204.4 万家》，《经济日报》2018 年 5 月 2 日。

合作将取得重要突破，股份合作制导向突出。政府应以史为戒，以落实新修订的《农民专业合作社法》为契机，将合作社政策转向促进发展与强化市场监管并举，更加重视为农民专业合作社的发展营造与其他市场主体平等的竞争环境。

一、农民专业合作社改革的背景

新中国成立初期，中国共产党领导农民完成土地革命，消灭封建土地所有制，建立农民土地所有制，实现耕者有其田。随后，中国共产党采取领导、示范方式，引导个体分散农户走互助合作的道路，在农村构建起农业生产合作、供销合作、信用合作的合作经济组织体系。1953 年底，中国共产党提出过渡时期总路线，对农业进行社会主义改造，通过发展合作社，将个体所有制过渡到集体所有制，在农村实行粮食统购统销制度。20 世纪 50 年代中后期，为实现工业化发展战略目标，国家违背农民意愿，以实行疾风骤雨大规模群众运动的方式，先后在农村推行农业集体化和人民公社化，在农村全面建立起单一的“政社合一”[①] 人民公社体制取代了合作社制度，农民被迫成为没有自由迁徙权[②]、没有生产资料私人财产权、没有生产经营自主权的简单农业劳动者。同时，强制改变供销合作社和信用合作社组织性质，使供销合作社和信用合作社最终走向官办化。

20 世纪 70 年代末，以全面推行“包干到户”为核心的中国农村改革，动摇了农村人民公社体制“三级所有、队为基础”的根基[③]，人民公社体制最终被瓦解，农户成为相对独立的生产经营主体，拥有集体承包土地的使用权和其他农业生产资料的私人财产权，在完成国家定购的农副产品任务和村集体的提留后，承包农户有权利自我开展生产经营活动，并能够自由处置个人的剩余农产品。农户在参与市场竞争中，出现了市场信息不畅、农产品卖难、缺少资金与技术、生产规模不经济等问题，而政府与民间的农业社会化服务缺位，由此产生了农户自我联合与合作的土壤和动力，一些从事商品生产的专业农户率先联合起来，在保持个体独立生产经营地位不变的前提下，围绕农产品生产，开展产前、产中及产后多环节的互助合作，形成了多类型的农民专业合作组织。

---

① 即基层政权组织和基层经济组织合二为一。

② 1958 年 1 月，我国颁布《户口登记条例》，实行户籍制度管理，全国人口分为农业户口和非农业户口，取消人口自由流动，实行严格限制和政府管制。

③ 即生产队、生产大队、人民公社三级所有制，以生产队为基础。

二、农民专业合作社改革的历程

改革开放40年，从政府与农民关系的视角，农民专业合作社创新与发展经历了三个主要发展阶段：改革初期民间自我探索，政府及时肯定与支持，要求解放思想，破除旧观念束缚，尊重农民的选择，营造宽松的制度创新环境；20世纪90年代初，中国确立发展社会主义市场经济体制后，中央启动合作社试点建设，不断释放创新空间，继续鼓励民间自我发展；21世纪初，中国工业化城镇化发展进入新阶段，“三农”工作成为全党工作的重中之重，政府全面推动、制定相关政策、出台《农民专业合作社法》，确立农民专业合作社的市场主体地位，释放强烈的政策支持信号，吸引各路社会精英积极参与。

（一）民间探索（1983~1992年）

1. 农民为主体、自发创建各类农村专业技术协会

改革开放之初，中国处于短缺经济状态，农业长期实行“以粮为纲”政策，导致农产品品种单一化，果蔬畜禽等特色农产品总量严重不足、供不应求。一些嗅觉灵敏的农户捷足先登，改变传统的粮食生产，面向市场需求，生产附加值高的农产品，但是他们首先遇到了新品种、新技术如何获得等问题，一家一户难以解决，于是专业大户自发行动起来，带领从事相同农产品生产的农户，联合在一起，以不改变各自家庭承包经营地位为前提，共同开展技术引进、技术交流等活动，形成了自我服务的技术经济服务组织，成为改革开放以来中国新型农民专业合作经济组织的雏形。如早在1980年，四川就出现了农民养蜂协会，广东出现了杂交水稻研究会，大包干发源地的安徽省也在1982年出现了第一家技术交流为主的农民专业协会（张晓山、苑鹏，2003）。

中央及时洞察到农民的创新实践，并在1983年以来连续出台的五个一号文件中明确了国家的态度，积极支持并加以引导。1983年，中共中央在关于《当前农村经济政策的若干问题》通知中强调解放思想，从群众的实践出发，破除合作经济等同于集体统一经营、共同生产的“左”倾错误观念。提出合作经济发展应多样化，在生产合作之外，向产前产后的社会化服务延伸。1984年，中央一号文件在明确土地承包期一般应延长至15年以上的同时，指出农民可不受区域限制，发展不同形式、不同规模的各种专业合作经

济组织。在随后几年连续颁发的一号文件中，中央继续营造宽松的制度创新空间和社会舆论氛围，强调合作组织发展应当尊重农民的选择，尊重和支持农民的自我创新，坚持群众自愿原则，不允许政府干涉。

在有利的政策环境和市场不断放开的推动下，农民专业合作组织稳步发展，有关初步统计显示，到 1987 年，全国农村专业技术协会达到 7.8 万个，其中一些省份尤其突出，如四川省（11000 家）、黑龙江（6000 家）、山东（7000 家）三省累计占总量的 30.76%（农村专业技术协会课题组，1992）。到 20 世纪 90 年代初期，全国农村专业技术协会达到 11 万余家，会员 350 万户，分布在种植、养殖、加工、服务业等 140 多个行业（农村专业技术协会课题组，1992），农村专业技术协会在一定程度上弥补了公共技术推广体系服务供给的不足，促进了专业户、专业村的发展，并成为日后农民专业合作社发展的重要母体。

政府高度肯定农村专业技术协会的创新，称其为“我国农民在改革开放中的一大创举”（姚监复，1992），并对其发挥的作用给予高度评价，认为它是一种新型的合作经济组织，是农村经济社会发展的助推器，促进分工分业，加快农村经济专业化、商品化的步伐，促进科技成果转化、推广，为农民商品生产提供技术、信息、流通等系列化服务，促进农民发展合作经济的意愿，加强农村精神文明建设，同时预测这种组织将从技术服务向服务经营型转变（阂耀良等，1988）。

2. 实体型农民专业合作社的成规模出现

在民间积极探索发展各种农村专业协会的同时，供销合作社在改革传统体制、回归经典合作社发展道路的探索实践中，较早地创新出一批农民专业合作社。

如河北省供销合作社领办的专业合作社，最早产生于 1983 年（郗桂芳等，1990），当时在恢复“三性”① 的改革中，供销合作社发挥自身在流通领域的资源优势，按照自愿、互利、平等、自主的原则，与农民共同创建专业合作社，开展“统分双层经营”，农民保持家庭生产经营，供销社统一为农民提供系列化服务，并收购农产品，盈余按照各自的入股额及农民提交的产品量比例返利，实现互利共赢。以河北冀县为例，供销社领办农民专业合作社以服务为主，致力于解决农民在产前、产中、产后遇到的各种难题。1987 年，建立起了 21 家各类特色的农产品合作社（陈文旭等，1986）。又如江苏

① 组织的群众性、管理的民主性和经营的灵活性。

吴江县基层供销社，针对改革后涌现的大批专业户发展生产中遇到的信息不畅、资金短缺、原材料缺乏、产品“卖难”等问题，凭借自身的购销网络，引导同类专业户联合起来，组建专业合作社，既适应了专业户发展商品生产的需要，又为供销社体制改革迈出了新步；既保护了农民的经济利益，也搞活了供销社的经营（张俊仁，1987）。

据供销社系统26个省、自治区、直辖市的统计，到20世纪80年代末，以供销合作社为依托，组织农民成立的专业合作社有10384个，专业协会和其他专业服务组织有18876个，分别比上年增长49.6%和46.3%（潘遥，1990）。供销社领办农民专业合作社的共同特点是行业范围广泛，不仅包括种植业、养殖业，而且涉及（加）工业、运输业、服务业等，覆盖农林牧副渔、工商建运服等各领域，合作社的组织规模大的二三百户，小的三五户，组织程度从松散型、半紧密型到紧密型，有采取订单收购方式，有委托代理方式，也有共担风险方式（申光华，1988）。

就在同一时期，一批初具规模、组织功能发挥良好的农民专业技术协会，也在原有的基础上，快速转型升级为实体经营型的专业合作社。以四川省三合乡为例，一些专业协会为解决群众团体不能作为经济法人对外签订各种合同的问题，按照合作制原则，办起了专业生产合作社。自1986年办起绵阳市第一个草编专业生产合作社之后，到1990年发展到700多个，入社农户超过3万户，占全县总农户的2.7%（蒋仕钧，1991）。

中共十三届八中全会通过的《中共中央关于进一步加强农业和农村工作的决定》（1991年）充分肯定了农民的组织创新。指出农民自愿组成的服务实体，是农业社会化服务体系的重要组成部分，并提出“农户自办、联办的各种服务组织，适应性强，要积极扶持”。

因此，改革开放初期到20世纪90年代初期，农民专业合作社的发展在宽松的政策环境下，沿着民间自我创新和基层改革传统旧体制的不同路径，稳步向前推进。

（二）政府介入、启动农民专业合作组织试点（1993~2003年）

1. 前奏：1987年启动农民专业合作组织试点县

1987年，根据当年中央五号文件关于“有计划地建立改革试验区”的精神，国务院首批建立了12个农村改革试验区[①]，试验区的任务是为党中央

① 《我国建立12个农村改革试验区》，《农业现代化研究》1988年第12期。

深化改革提供决策参考和示范经验，“农民专业合作组织建设示范”位列其中，地点选在黑龙江尚志县。根据试验区的工作总结，改革在组织体系建设方面初见成效。到 1989 年底，全县建立了市、乡、村三个层次农民专业协会 216 个，市级农民专业协会或行业协会的联合会 6 家，组建尚志市农民专业协会联合总会，入会会员 1.2 万人，占全市农村劳动力总数的 17.3%（陈枫，1990）。在此基础上，建立了 8 个市级专业开发公司，与农民专业协会业务接口，形成新的利益共同体（朱守银，1992）。据了解，尚志县的试验虽然有好思路，如搭建起三级农民合作组织化体系、开展实体化公司运作，但受到当时宏观经济体制转型滞后和市场化发育程度偏低的制约，专业协会的改革试验并没有产生预设的示范经验。

2. 政府全面介入、启动中西部三省试点（1993~2002 年）

1993 年，中共十四大确立了建立社会主义市场经济体制的改革目标，中共十四届三中全会通过了《关于建立社会主义市场经济体制若干问题的决定》，发挥市场机制在资源配置中的基础性作用，尽快取消生产资料价格双轨制，加速生产要素价格市场化进程，改革现有商品流通体系，进一步发展商品市场。据此，中共中央、国务院颁发《关于当前农业和农村经济发展的若干政策措施》（中发〔1993〕11 号）提出建立健全农业社会化服务体系，并提出农村各类民办的专业技术协会（以下简称农技协）要逐步形成技术经济实体，鼓励农技协向实体化、集团化、股份化方向发展，国务院明确农业部为行政主管部门。同年，中国农村技术协会成立，定位于“成为党和政府联系广大农民的助手和纽带”。

在政策引导下，各类农技协组织稳步发展。政府、民间力量共同参与农技协的建设，发起人群体构成复杂，既包括专业大户、农民技术员、村干部等，也包括科协组织、农业推广部门，还包括农业行政部门、乡镇政府等。据农业部不完全统计，到 1993 年底，全国各类合作经济组织已有 146.6 多万个[①]，比 1990 年增长 18.9%，其中以生产经营类为主，占 59.9%；其次是生产服务类，占 33.4%，其他为技术服务类（李惠安等，1995）。另据对 145 个县的典型调查显示，1993 年末共有各种农技协 3007 个，平均每县 20.7 个，59.7%由村社内专业农户组成，24.3%是乡内跨村，13.8%是县内跨乡，1.7%是省内跨县，0.4%是跨省。农技协以技术服务为主，占 79.6%；

① 包括 4.4 万个合作基金会和 12 万个农民专业技术研究会，参见刘登高：《中国农村合作事业的一种新气象——农民专业协会的产生与发展》，《农业技术经济》1995 年第 2 期。

有销售服务的占23%，有购买服务的占15.1%，有资金服务的占7.9%，有加工储藏服务的占5.4%。区域发展不平衡突出，东部、中部地区农技协总量比上年分别增长4.7%和12.4%，而西部地区下降9.3%（刘登高，1995）。农技协制度建设普遍薄弱、依靠能人权威维系，一些社团型农技协存在行政色彩重、地方领导直接任职等问题（潘劲，1996）。大多数农技协处于产中技术交流层次，间或伴有产前、产后服务。进入实体经济领域，从事产供销、贸工农系列化服务的农技协仅占10%左右（农村专业技术协会课题组，1992）。他们后来成为21世纪农民专业合作社发育的重要母体。

1994年，中共中央、国务院关于《1994年农业和农村工作的意见》（中发〔1994〕4号）提出抓紧制定《农民专业技术协会示范章程》，以引导农民技术协会真正成为“民办、民管、民受益”的新型经济组织。同年，国务院决定在陕西省进行借鉴日本农协经验，建设农协体系试点工作。与此同时，农业部选择在安徽、山西开展农民专业协会试点工作，其中，山西借鉴日本农协经验发展农民专业协会，安徽开展规范专业农协试点，制定农民专业协会的示范章程。根据当年试点省的总结报告，试点工作的成效有限（周基炳、岳岩鹰，1995；习天成、白西兰，1997）。可以说，是发挥了“试错”的作用。

20世纪90年代中期以来，农业产业化经营在以山东潍坊为代表的发达地区兴起，农民专业合作社日益成为重要参与主体。据农业部1998年的一项调查显示，各类农业产业化组织中，合作经济组织带动型约占其总数的30%左右，而合作经济组织当中有60%是专业合作社（李惠安，2000），因此，按照官方数据，到20世纪90年代末，农民专业合作社成为推进农业产业化经营的一种重要的组织载体。

1998年，中共中央、国务院《关于农业和农村工作的意见》（中发〔1998〕2号）肯定农民自主建立的各种专业合作社、专业协会等有利于引导农民进入市场，完善农业社会化服务体系，提出要积极鼓励和大力支持。同年，中共十五届三中全会通过的《中共中央关于农业和农村工作若干重大问题的决定》，积极支持农民采用多种多样的股份合作制兴办经济实体，特别鼓励发展以农民的劳动联合和资本联合为主的集体经济。此文件的颁布具有不同寻常的重要历史意义，是党中央的最高会议文件中首次为农民的联合与合作定调，并为21世纪政府出台相关的扶持政策、加速农民合作组织的立法进程奠定了良好的社会环境和制度基础。

按照农业部的统计，到20世纪90年代末，农民专业合作经济组织规模仍旧稳定在 140 多万个，其中规模较大、管理较好、活动较为规范的有近 1/10，带动的农户数约 4000 多万户（范小建，1999）。政府通过“摸着石头过河”的试点方式，逐步改善农民专业合作社的发展环境，完善相关政策，鼓励农民专业合作社自我创新。农民专业合作社以市场为导向，在发展农业产业化经营中开始发挥重要作用。但是从全国水平看，广大农户以兼业生产为主，经营规模超小化，利用土地资源的增收空间不大，加上传统计划经济时代留给农民的“谈合色变”阴影仍未消散，普通农民缺少合作与联合的内在动力，农民集体行动存在选择性激励不足的问题。另外，国家对农民的联合与合作没有出台专门的法律法规和具体扶持政策，外部制度供给的刺激有限。因此，20 世纪 90 年代初至 21 世纪初期，中国农民专业合作社顺应了中国市场化的进程和农业产业化的发展，总体处在自我向前稳步发展的状态，只在沿海少数农业产业化较为发达的地区出现快速发展势头。

3. 政府推动下的加速发展阶段（2003 年至今）

进入 21 世纪后，中国农民专业合作社的发展环境发生重大变化。中国工业化进入中期阶段，农产品供给由全面短缺走向总量基本平衡、结构性相对过剩，农民增收从主要依靠农产品，特别是粮食增产和提价，转向主要依靠多种经营和非农产业（农业部软科学课题组，2001）。农民收入增长缓慢成为“三农”问题的重中之重，2002 年，中共十六大提出了统筹城乡经济社会发展的战略思想，2003 年初的中央农村工作会议上，中央首次提出要把解决“三农”问题作为全党工作的重中之重，实行“多予、少取、放活”的“三农”政策。

2003 年 3 月 1 日实施的《农业法》（修订版）明确“国家鼓励农民在家庭承包经营的基础上自愿组成各类专业合作经济组织”，并明确国家鼓励和支持各类农民专业合作经济组织参与农业产业化经营、农产品流通和加工以及农业技术推广等。同年 10 月，中共十六届三中全会通过的《中共中央关于完善社会主义市场经济体制若干问题的决定》，提出支持农民按照自愿、民主的原则，发展多种形式的农村专业合作组织。并明确加大国家对农业的支持保护，增加各级财政对农业和农村的投入。随后，2004 年中央一号文件明确，中央和地方要安排专门资金支持农民专业合作组织开展信息、技术、培训、质量标准认证、市场营销等服务，并要求有关金融机构支持农民专业合作组织建设标准化生产基地、兴办仓储设施和加工企业、购置农产品运销设备，并提出财政可适当给予贴息。财政部当年启动“中央财政农民专业合作组织发展资金”项目，规模 7000 万元，截至 2007 年，中央财政专项资金累计达到5.15亿元，29个省（区、市）制定了专门文件，明确了地方各级政府对农民专业合作组织的财政扶持政策（苑鹏，2009）。

2007年7月1日正式实施的《农民专业合作合作社》，在确立农民专业合作社市场地位的同时，从法律上规定了国家对农民专业合作社的扶持政策。2008年，中共十七届三中全会通过的《中共中央关于推进农村改革发展若干重大问题的决定》，进一步指出要按照服务农民、进退自由、权利平等、管理民主的要求，扶持农民专业合作社加快发展，使之成为引领农民参与国内外市场竞争的现代农业经营组织。2013年，中共十八届三中全会通过的《中共中央关于全面深化改革若干重大问题的决定》，继续明确鼓励农村发展合作经济的同时，具体提出了“三允许”，即允许财政项目资金直接投向符合条件的合作社，允许财政补助形成的资产转交合作社持有和管护，允许合作社开展信用合作。此外，2004年以来连续15年的中央一号文件从农业社会化服务、新型农业经营体系建设、发展适度规模经营、强化农产品质量安全、提升农产品市场竞争力以及促进农民增收等多个方面，提出促进农民专业合作社健康发展的具体政策举措。

进入21世纪以来，在政府一系列利好措施的刺激下，尤其是2007年实施《农民专业合作社法》以及随后的中共十八届三中全会决定，推动农民专业合作社发展进入改革开放以来最活跃的加速扩张时期，农民专业合作社发展出现了“井喷”式的增长态势，成为备受社会关注的一个新现象。据统计，2007~2017年，在工商部门登记注册的农民专业合作社数量保持强劲快速增长，截至2017年12月底，农民专业合作社的注册登记总量达到201.7万家，占全国各类市场主体的2.1%，是2007年底的77.6倍。其中，合作社注册成员规模从2007年的35.0万户，到2011年突破1000万户，至2016年底达到4485.5万户。农业部提供的数据显示，截至2016年底，实有入社农户11759万户，约占全国农户总数的48.1%；超过一半合作社提供产加销一体化服务，服务总值11044亿元。中央财政累计安排农民合作社发展资金118亿元，年均增长21.48%①。农民专业合作社逐步成为政府完善农村基本经营制度，完善农业社会化服务体系，构建新型农业经营体系，推进农业产业化经营、促进三次产业融合发展的一个重要载体。

① 乔金亮：《全国依法登记的农民专业合作社达204.4万家》，《东方城乡报》2018年5月8日第B05版。

三、农民专业合作社改革的绩效评价

（一）主要成效

1. 助力农村基本经营制度的巩固与完善

早在 1983 年，针对农村中普遍实施家庭承包制，当年的中央一号文件就明确指出农村联产承包制是采取统一经营与分散经营相结合、统分结合的双层经营体制。但从农村改革多年的实践看，村集体统一经营基本是一个空架子。2008 年，中共十七届三中全会提出了统一经营要向发展农户联合与合作，形成多元化、多层次、多形式经营服务体系的方向转变。农民专业合作社成为农户实现统一经营方式的重要载体。

农民专业合作社的典型运行形式是“生产在家、服务在社”，即农户保持家庭承包经营，合作社为入社农户提供所需要的生产、技术、销售、资金等各种不同类型的服务，帮助农户解决分散经营遇到的共同问题，降低农户的交易费用、市场风险和不确定性，助力统分结合基本经营制度的巩固和完善。

2. 助力农业科技成果的推广与应用

小农户厌恶风险，使用新技术的内在动力不足，很多农业科技成果的潜在社会效益大，但对农户而言，潜在经济效益有限，两者之间的矛盾长期存在。一大批农民专业合作社发挥推广者与使用者同一的合作社制度优势，与农业科研院所、大专院校等建立了长期合作机制，成为农业科技示范、成果转化的试验地和示范田，不仅符合农民眼见为实的行为理性，同时帮助农民直接销售农产品，保障农民的收益，从而促进了科技成果的有效转化和科技推广的最后一公里问题，并成为中国农业社会化体系建设的重要组成部分。

3. 助力农业生产的适度规模经营

一方面，以农民专业合作社为平台，开展土地流转，促进了土地的适度规模经营。2016 年，家庭承包耕地流转入合作社的面积为 1.03 亿亩，占流转总面积的 21.6%。全国已有 10.3 万家土地股份合作社，入股土地面积 2915.5 万亩（叶贞琴，2017）。另一方面，农机、植保、用水等服务型合作社大批出现，以农业社会化服务的规模化促进了不愿放弃土地承包经营权的农户实现了生产的规模化、专业化、社会化，为探索中国特色的规模化经营道路提供了有益经验，同时缓解了农业劳动力老龄化带来的负面影响。

4. 助力农业产业化发展

作为重要的中介载体，农民专业合作社促进了农业产业化各利益主体之间建立起稳定的合作关系，它一手联龙头企业，另一手联广大农户，在促进公司与农户形成稳定契约关系的同时，降低了双方的交易成本，助力保障双方的经济利益。随着经营实力的增强和市场的扩张，越来越多的农民专业合作社延伸产品增值链条，直接投资加工领域或休闲农业、乡村旅游等领域，通过三次产业融合发展，拓展农户的收入增长源。

5. 助力农户增收

改革 40 年来，农民专业合作社以多种方式助力农户增收。通过联合购买农资、联合使用生产设施等，实现规模经济，降低农户的生产经营成本，促进农户节本增收；通过联合销售农产品、发展农超（校）对接、开展产品商标注册和认证、分级销售等措施，保障和增加农户的农产品销售收入；通过调整和优化生产结构，采用新品种、新技术，发展新产业、新业态等，为农户创造新的增收渠道和增收空间。

（二）问题与挑战

1. 总体发展仍处在小、弱、散状态

目前，中国农民专业合作社的平均成员规模只有 25.0 户/家，按照中国户均耕地不足 10 亩的平均水平粗略地计算，合作社平均生产经营服务规模低于中国种粮家庭农场的平均规模①。农民专业合作社面临着与农户经营相同的小、弱、散等突出问题，综合经营实力和服务农户的能力仍旧很弱，大量的农民专业合作社停留在简单的提供技术、信息服务为主阶段，并且缺少一支具有合作精神的企业家领军队伍，影响了农民专业合作社的作用发挥。

2. 有效、规范运作的比例低

农民专业合作社群体虽然数量大，但是有效运作的比例低，“四六开”“三七开”“二八开”，甚至“一九开”等的状况在不同地区存在着（潘劲，2011）。在政府缺乏有效的市场监管、社会信用缺失的环境下，政策投机、有名无实、从未开展业务活动的“空壳社”，为骗取国家项目扶持资金或税

① 2016 年，我国种植类家庭农场的平均规模为 385 亩。参见中国社会科学院农村发展研究所“全国家庭农场监测研究团队”：《中国家庭农村发展现状、特征及变迁（2014~2016）》，课题打印稿，2018 年。

收优惠，以合作社之名、行投资者所有公司之实的“挂牌社”，以及因经营不善或产业政策（被迫）停止开展业务活动的“休眠社”或“僵尸社”等大量存在，已经影响了农民专业合作社的整体社会形象，并带来不良的社会影响（苑鹏、曹斌，2018）。

此外，在经营服务正常开展的农民专业合作社中，不规范已经成为影响其健康可持续发展的一个重要因素（徐旭初，2012），突出反映在产权结构不合理、大股东控股现象较普遍、领办人控制决策权等问题，普通农户的所有者主体地位缺失，与领办人之间没有形成利益共同体，没有体现出“所有者与惠顾者同一”的合作社本质属性（邓衡山、王文烂，2014）。合作社的变异性问题突出（苑鹏，2013），而农民社员能否成为专业合作社的主体，将是农民专业合作社未来走向健康与否的“试金石”（张晓山，2009）。

3. 政府存在不当干预

如前所述，进入 21 世纪以来，在中央政府强烈的政策信号激励下，各级政府加大对农民专业合作社的扶持力度，在“压力型行政体制”下，一些地方和部门为了求发展规模，一窝蜂、搞摊牌、下数量指标考核（张德元，2011），还有些部门或地方政府将农民专业合作社作为申报或享受政府财政项目支持或财政补贴优惠的前提条件，政府不当干预形成政策投机、政策寻租的土壤环境。

在落实农民专业合作社年报制度中，很多地方政府出于政绩目标，行政干预制定达标率，造成农民专业合作社年报率程度不同失真，对政府公信力和农民专业合作社的社会声誉产生负面影响。另外，在实施精准扶贫战略中，一些地方政府制定文件，要求贫困村甚至每个村都要建立农民专业合作社，引发了新一轮“空壳社”的风险①。

四、未来发展趋势与政策转型

（一）转入平稳增长的提质阶段

中共十九大报告首次提出实施乡村振兴战略，加快推进农业农村现代化，同时指出要发展多种形式适度规模经营，培育新型农业经营主体，健全

① 国家工商总局个体司促进农民专业合作社健康发展研究课题组：《创新与规范：促进农民专业合作社健康发展研究》，《中国市场监管研究》2018 年第 4 期。

农业社会化服务体系，实现小农户和现代农业发展有机衔接。在新的政策环境下，未来农民专业合作社将重点围绕发展现代农业、建设生态宜居家园、实现生活富裕的综合性目标，更好地发挥服务中介和服务主体的重要功能。

从全球范围看，无论是发达国家还是欠发达国家，家庭农业均占有不可取代的主体地位。以小规模农户为代表的家庭农业是体现农业多功能性目标的重要载体，农业领域家庭生产的稳固性和长期性，使为广大农户服务的农民专业合作社具有经久不衰的生命力，并将成为今后中国农民合作社发展的重要源动力。从发展趋势看，一方面消费者需求在转型升级，更加关注农产品安全、品质和获取的便利性；另一方面政府在推进农业农村现代化过程中，更加关注生态环境保护、可持续发展和农民增收，同时会强化市场监管。外部双重挤压会促使农民专业合作社的发展转入提质期，增长速度将会放缓，逐步进入有质量的发展阶段，以有效促进农户增收，提升农户的获得感。

（二）以股份合作制为导向

在国际国内日益严峻的竞争环境倒逼下，农民专业合作社将以股份合作制为导向，通过土地、劳动力、资本、技术、市场渠道等多要素的合作，扩大经营规模、增强服务实力、改善服务功能，公司化、股份化的经营倾向会继续下去，大多数普通农户仍将保持普通惠顾者身份，少量农户将从生产经营者向生产经营者和投资者双重身份转型发展。

与此同时，在实施乡村振兴战略的历史机遇下，村两委领办、以社区为纽带、提供综合服务的农民专业合作社将有可能出现一个规模化的发展。村集体通过深化农村集体产权改革，利用村庄的自然资源和共同体优势，引领本村广大农户发展股份合作社，为农户提供生产生活综合性服务，在促进精准扶贫、改善乡村治理、实现社区可持续发展方面有效发挥作用。

（三）联合与合作步伐加速

农民专业合作社之间的联合与合作将成为未来发展的新增长点。这种联合与合作将以专业化分工、协作为基础，以产品、产业为纽带，以提升市场竞争力为目标，以打造全产业链服务、区域性特色品牌、行业性公共服务平台以及规模经济、纵向一体化经营为重点。新修订的《农民专业合作社法》为联合社的发展壮大提供了有利的法律支持，视同于农民专业合作社的法律地位，并且法律还规定农民专业合作社可以依法向公司等企业投资，拓宽了农民专业合作社联合与合作的发展空间。农民专业合作社将不拘泥于同质性合作社之间的合作，大力开展与其他类型新型经营主体和公司企业的合作，通过实现生产要素的合理流动和优化配置，进一步提升市场竞争力和为成员服务的能力。

（四）政策应转向促进发展与强化监管并举

中外合作运动的经验研究表明，国家的不当干预是发展中国家合作运动溃败的根源（张晓山、苑鹏，2009），虽然无法超越体制来谈论合作社的发展，但是处理好政府与合作社的关系是促进合作事业健康发展的基本前提。因此，从未来看，政府应弱化对农民专业合作社财政方面的单独扶持政策，彻底取消一些部门将农民专业合作社作为财政项目申请或优惠的前置条件的做法，将政策核心转向营造与其他类型市场主体平等的竞争环境，改善农民专业合作社的公共服务，特别是金融服务和市场准入机会，促进农民专业合作社提升为成员服务的能力，强化对农民专业合作社的市场监管力度。

按照新修订的《农民专业合作社法》，改进农民专业合作社的注册登记制度，严肃农民专业合作社年报制度的权威性，将年报率与政绩考核彻底脱钩，提升年报质量；并落实该法的规定，对那些连续两年未从事经营活动的，直接吊销营业执照，以有效遏制农民专业合作社群体存在的“空壳社”“休眠社”等问题，改善农民专业合作社的社会形象。

此外，在实施脱贫攻坚战略中，应防止造成新一轮的“空壳社”出现。政府政策应重视农民专业合作社的扶弱性组织属性，而不是简单地定发展数量指标，要求贫困村村村建合作社。国际经验表明，一些国家政府视合作社为消除贫困的一个载体而加以利用，这种由组织外部力量驱动的目标，其结果可能是合作社经营和基本方向的扭曲（管爱国、符春华，2000）。

第八章　农村集体产权制度改革

农村集体经济是集体成员利用集体所有的资源要素，通过合作与联合实现共同发展的一种经济形态，是社会主义公有制经济的重要形式。[①] 40 年来，中国农村改革的对象就是农村集体经济，沿着两条主线展开：一是农村产权制度改革，不断创新农村集体所有制的实现形式；二是农村市场化改革，发挥市场在资源配置中的决定性作用。农村产权制度改革的核心是农村集体产权制度改革，其目的是实现农民集体所有制与社会主义市场经济的有机融合。农村改革过程是向农民不断赋权的过程，赋予农民创新农村集体所有制实现形式的权利，打破了集体统一经营的单一模式，建立了家庭承包经营制度；赋予农民自主经营的权利，调动了农民的生产积极性；赋予农民参与市场的权利，促进了农村产业的融合发展；赋予农民进城务工的权利，有效疏通了农村劳动力资源的流动，从而开启了 40 年的农村繁荣之路。农村集体产权制度改革依然需要遵循向农民赋权的逻辑，赋予农民继续探索现代化经济体系下集体所有制新的实现形式，赋予农民选择权，赋予市场主导权。

农村集体资产包括农民集体所有的土地、森林、山岭、草原、荒地、滩涂等资源性资产；用于经营的房屋、建筑物、机器设备、工具器具、农业基础设施、集体投资兴办的企业及其所持有的其他经济组织的资产份额、无形资产等经营性资产；用于公共服务的教育、科技、文化、卫生、体育等方面的非经营性资产。这三类资产是农村集体经济组织成员的主要财产，是农业农村发展的重要物质基础。

① 《中共中央国务院关于稳步推进农村集体产权制度改革的意见》（2016 年 12 月 26 日），《人民日报》2016 年 12 月 30 日第 1 版。

一、改革前中国农村集体产权制度的形成

中国农村集体经济形成于 20 世纪 50 年代中期，随着农业合作化运动的不断深入，在高级社阶段消灭了主要生产资料的私人所有，逐步建立起土地和生产资料的集体所有制。人民公社把“三级所有，队为基础”作为根本制度，明确生产队是基本核算单位，农村土地和基本生产资料的所有权也确定为生产队，以生产队集体所有为基础的农村集体产权制度基本确立。

（一）限制和消灭个人所有制，建立集体所有制

土改之后，中国农村土地实行的是具有完全产权权能的土地私人所有制。在农业生产领域开展的互助与合作是建立在私人产权基础上的劳动协作。互助组时期农民拥有对自己土地的生产经营权，农户间土地边界清晰，生产的农产品归自己所有。农户之间只是劳动互助，通过协作解决户与户之间生产要素不均衡的问题，是公平对等的劳动互换。

随着互助合作运动的不断推进，1953 年末，中国农村互助合作运动的中心转移到发展农业合作社。初级社是农业合作社的初级形式，这一时期，土地仍归农户所有，在保留土地农户私有性质的前提下，加入合作社的农户以土地入股，由合作社统一经营、统一分配，保留入股土地分红，但每户的收益与自己土地上的收成无关，而是根据合作社的总收成进行分配。这一时期，首次出现了土地的私人所有权与经营权分离，农户的土地所有权通过土地分红得以实现，而土地的收益水平与土地质量、土地的位置和农户的劳动投入没有直接关系。

由初级社向高级社的转变在中国农业合作化进程中具有重大意义。正是在高级社阶段，中国正式消除了土地的私人所有制，建立了土地集体所有制。以土地集体所有为基础的农村经济体制，实际上是在初级社消亡、高级社建立之后才逐渐形成的（陈锡文等，2009）。

1955 年夏天，“农村社会主义高潮”运动席卷中国农村，运动的核心是建立高级社。1956 年 6 月 30 日，第一届全国人民代表大会第三次会议通过了《高级农业生产合作社示范章程》（以下简称《示范章程》）。《示范章程》第二条规定：“农业生产合作社按照社会主义的原则，把社员私有的主要生产资料转为合作社集体所有……”第十三条规定：“入社的农民必须把私有的土地和耕畜、大型农具等主要生产资料转为合作社集体所有。”取消

土地报酬，实现“各尽所能，按劳取酬”的分配方法。初级社时期的土地私有，集体统一经营，统一分配，土地分红，转变为了土地集体所有，统一经营，统一分配，取消土地分红。土地所有权与经营权合为一体。到1956年底，全国基本实现了高级农业合作社的普遍化。高级农业社实行主要生产资料完全集体所有制，这标志着中国农村集体所有制正式确立。

建立在土地和生产资料集体所有基础上的农业生产合作社也就成了农村集体经济组织。《示范章程》规定：“农业生产合作社（指高级农业生产合作社）是劳动农民在共产党和人民政府的领导和帮助下，在自愿和互利的基础上组织起来的社会主义的集体经济组织。”集体经济组织实行统一经营，农民只是劳动者，不是经营者。农民的收益不是来自产权，而是来自劳动。

（二）“三级所有，队为基础”的农村集体所有制的确立

1958年9月29日，中共中央发出《关于在农村建立人民公社问题的决议》。人民公社的基本特征是“一大二公”和政社合一。所谓“一大二公”就是公社的规模大，公有化程度高。实现一乡一社，若干个高级社合并成立一个公社，一个公社为一个农村集体经济组织，同时采取“一平二调”的方式把原来属于合作社的土地和生产资料，甚至部分生活资料平调为公社所有，公有化程度高。公社实行政社合一，即以乡为单位的农村集体经济组织和乡政府的管理职能合为一体。

人民公社成立初期追求“一大二公”，采取对高级社集体产权和劳动力平调的方式实现生产资料的完全公有化，实行高度集中统一的生产组织方式。在分配方式上采取按劳分配，否认了高级社之间集体产权的不平衡，导致了生产大队之间、生产队之间和农户之间的利益冲突；导致了农民的生产积极性不足，出工不出力。加上错误的政策指导，结果出现了极为严重的共产风、浮夸风、命令风、干部特殊风和对生产的瞎指挥风，严重地破坏了农村生产力。

1962年9月27日，中共八届十中全会通过的《农村人民公社工作条例修正草案》对“三级所有，队为基础”进行了重要调整，明确了人民公社的基本核算单位是生产队。根据各地方的不同情况，人民公社的组织可以是两级，即公社和生产队；也可以是三级，即公社、生产大队和生产队。生产队实行独立核算，自负盈亏，直接组织生产，分配收益。明确生产队范围内的土地归生产队所有。至此，以“三级所有，队为基础”为基本特征的农村

集体所有制正式形成，成为主导中国农村政治和经济走向的制度安排。

（三）按劳分配，弱化产权的经济属性

人民公社制度下，农村集体产权明确为生产队集体所有，生产队实行统一经营、统一分配。集体分配遵循“各尽所能、按劳分配、多劳多得、不劳动者不得食”的原则。农民虽然是集体经济组织中的一员，但只是集体里的一个劳动者，其收入仅仅与其劳动付出挂钩，不与产权权益联系。在人民公社时期，产权的经济属性极度弱化，所有的产权都具有一定的社会属性，因此其社会属性达到了顶峰（邓大才，2017）。

人民公社时期，中国实行计划经济体制，农村集体产权不能进行市场交易，更不会通过市场交易获取财产性收益，使农村集体产权的经济属性弱化到只用于农业生产的单一功能。这个时期的农村土地所有权和经营权高度统一，生产队是农村土地的所有者，也是生产、核算、分配的主体。

二、农村集体产权制度改革 40 年回顾

1978 年，中共十一届三中全会拉开了中国农村改革的序幕。改革的对象是人民公社高度集中统一的经营体制，恢复农户家庭经营。最终，确立了以家庭承包经营为基础、统分结合的双层经营体制为农村基本经营制度。农村集体产权改革在这一基本经营制度框架下进行。

经过 20 世纪 80 年代前期家庭联产承包责任制改革和 20 世纪 90 年代中期乡镇企业改制，以及后来的农村税费体制，“四荒拍卖，草原承包制度，集体林权制度，小型农田水利体制等一系列改革，农村集体所有制的存在范围，实现形式乃至集体所有制下的产权结构都发生了深刻变化”（国务院发展研究中心，2014a）。农村产权改革以土地产权和集体资产产权改革为主线，开展了一系列产权结构调整，从而实现向农民赋权、扩大农民财产权和财产性收益的目标。

（一）农村土地产权结构的演变

农村土地产权通过“两权分离”向“三权分离”的转变，土地的占有、使用、收益和处分权益的权能发生变化。农民的使用权、收益权和占有权不断得到强化。土地改革更加注重农民权益的保护，同时有利于提高土地的使用效率。

1. 农村土地的“两权分离”

农村改革从形式上表现为农业经营形式的改变，实质上是确立了农户家庭经营在农业经营中的地位。从初级社开始到人民公社，农户家庭经营让位于集体统一经营，家庭成为一个单纯的消费单位和劳动力的提供者。农村改革首先从农业家庭承包责任制开始，即“包产到户”和“包干到户”，把集体统一经营和农户家庭经营结合起来，赋予家庭经营独立自主权，恢复农村家庭的经营功能，使其成为农业的经营者和消费者。1987 年 1 月 1 日起实施的《中华人民共和国民法通则》首次给予农村承包经营户以法律地位，其第 27 条规定，农村集体经济组织的成员，在法律允许的范围内，按照承包合同规定从事商品经营的，为农村承包经营户。2017 年 10 月 1 日实施的《中华人民共和国民法总则》第 55 条规定，农村集体经济组织的成员，依法取得农村土地承包经营权，从事家庭承包经营的，为农村承包经营户。第 99 条规定农村集体经济组织依法取得法人资格，即特别法人资格。

既要坚持土地集体所有制，发挥农村集体经济组织在经营中的作用，又要恢复农户家庭经营的功能，调动农民的生产积极性，发挥农户家庭经营的优势，其实现途径是把土地的所有权和经营权分离，所有权仍归集体，经营权交给农户，即“两权分离”。这一制度安排既坚持了土地集体所有制这一社会主义特征，又确立了农户家庭经营的农业经营主体地位，同时还保留了集体经营的部分功能。这种制度安排有效消除了人民公社时期生产队统一经营的弊端，解决了激励问题，取得了极大的成功。建立在“两权分离”基础上的以家庭承包经营为基础、统分结合的双层经营体制被确定为中国农业的基本经营制度，并写入《宪法》。

在 2003 年 3 月 1 日开始实施的《中华人民共和国农村土地承包法》实施之前，“两权分离”具体指的哪两权，曾经有不同的说法，对于其中的一权“所有权”是普遍认可的，对另一权的表述则有土地经营权、土地使用权、土地承包权、土地经营自主权等不同说法。《土地承包法》将两权确定为土地所有权和承包经营权，从此，“两权分离”被法定为土地所有权与土地承包经营权的分离。并且将农村土地承包经营权定义为“土地承包经营权人依法对其承包经营的耕地、林地、草地享有占有、使用和收益的权利。农村土地承包经营权属于物权中的用益物权”。

党和政府禁止以“两田制”的形式剥夺农民的土地承包权益。“两田制”是指把土地分为“口粮田”和“责任田”，主要是为了解决负担不均和完成农产品定购任务难等问题。但是“两田制”在执行过程中出现了与农村基本经营制度相背离的问题，有些地方搞的“两田制”实际上成了收回农民承包地、变相增加农民负担和强制推行规模经营的一种手段。为了解决这一问题，《中共中央办公厅、国务院办公厅关于进一步稳定和完善农村土地承包关系的通知》（中办发〔1997〕16 号）提出要认真整顿“两田制”。中央不提倡实行“两田制”，没有实行“两田制”的地方不要再搞，已经实行的必须按中央的土地承包政策认真进行整顿，从而扭转了侵犯农民土地权益的趋势。

“两权分离”理顺了土地集体所有与农户家庭经营之间的关系，为确立家庭经营的地位奠定了政策基础。但是，“两权分离”在处理土地的占有、使用、收益、处分等权能方面并不是均衡的。政策演变的趋势是收缩集体所有权权能，扩大农户土地承包经营权权能，确保收益权和处分权。中央相继出台的一系列农村政策和法律都强调保护农户的土地权益。

2. 承包地的“三权分置”

“三权分置”是在“两权分离”的基础上进一步将土地承包经营权分为承包权和经营权，实行所有权、承包权、经营权分置并行，是继家庭联产承包责任制后农村改革又一重大制度创新。“三权分置”有利于明晰土地产权关系，更好地维护农民集体、承包农户、经营主体的权益，是农村基本经营制度的自我完善。“三权分置”是中共十八届三中全会《中共中央关于全面深化改革若干重大问题的决定》提出的“赋予农民对承包地占有、使用、收益、流转及承包经营权抵押、担保权能”的具体改革措施，仍然延续了向农民赋权的改革逻辑。

2013 年底召开的中央农村工作会议提出，顺应农民保留土地承包权、流转土地经营权的意愿，把农民的土地承包经营权分为承包权和经营权，实行承包权和经营权分置并行。2014 年中央一号文件首次提出了在落实农村集体所有制的基础上，稳定农户承包权，放活土地经营权。2014 年 11 月，中共中央办公厅、国务院办公厅印发了《关于引导农村土地经营权有序流转发展农业适度规模经营的意见》，指出“坚持农村土地集体所有，实现所有权、承包权、经营权三权分置，引导土地经营权有序流转”。

2016 年 10 月 30 日，中共中央办公厅、国务院办公厅印发的《关于完善农村土地所有权承包权经营权分置办法的意见》提出了土地所有权、承包权、经营权分置并行的实施办法。要求围绕正确处理农民和土地关系这一改革主线，科学界定“三权”内涵、权利边界及相互关系，逐步建立规范高效的“三权”运行机制，不断健全归属清晰、权能完整、流转顺畅、保护严格的农村土地产权制度。

承包地“三权分置”是土地集体所有权的新的实现形式，是农村集体产权制度的发展与完善。“三权分置”后，落实集体所有权，稳定农户承包权，放活土地经营权，充分发挥“三权”的各自功能和整体效用，形成层次分明、结构合理、平等保护的格局。

落实集体所有权。农村土地农民集体所有，是农村基本经营制度的根本，坚持土地集体所有制不变是农村土地制度改革的底线。首先，充分维护农民集体土地所有权各项权能，保障土地集体所有权人对集体土地依法享有的占有、使用、收益和处分的权利，维护农民集体对承包地的各项权能。其次，建立健全集体所有权行使机制，完善集体经济组织治理机制，保障集体成员参与集体管理的权利，确保农民集体有效行使集体土地的所有权。最后，通过农村集体土地所有权确权登记颁证，明晰农村集体土地所有权，维护农民集体的土地权益。

稳定农户承包权。农户享有土地承包权是农村基本经营制度的基础，农村集体土地由作为本集体经济组织成员的农民家庭承包，任何组织和个人都不能取代农民家庭的土地承包地位，都不能非法剥夺和限制农户的土地承包权。要充分维护承包农户使用、流转、抵押、退出承包地等各项权能。不得违法调整农户承包地，不得以退出土地承包权作为农民进城落户的条件。

放活土地经营权。赋予经营主体更有保障的土地经营权，是完善农村基本经营制度的关键。放活经营权就是要通过市场机制实现经营权的流转，让土地经营权人对流转土地依法享有在一定期限内占有、耕作并取得相应收益的权利。在依法保护集体所有权和农户承包权的前提下，平等保护经营主体依流转合同取得的土地经营权，保障其有稳定的经营预期。

“三权分置”是在中国传统农业向现代农业转变的关键时期推出的一项制度创新，直接目的是实现农业的规模经营。因此，对经营权赋予了更强的权能，强调赋予经营主体更有保障的土地经营权。把经营权从承包经营权中分离出来，为没有承包权的非集体经济组织成员经营者赋予更强的权能，体现了制度创新的目的性。为此，2015 年 8 月，国务院出台了《关于开展农村承包土地的经营权和农民住房财产权抵押贷款试点的指导意见》（国发〔2015〕45 号），赋予土地经营权和住房财产权抵押融资功能。2016 年 3 月 15 日，中国人民银行、中国银监会、中国保监会、财政部、农业部联合推出了《农村承包土地的经营权抵押贷款试点暂行办法》和《农民住房财产权抵押贷款试点暂行办法》，把农村土地经营权和住房财产权抵押融资功能落实到操作层面。

3. 承包地确权登记颁证

2010 年，中央一号文件提出要加快农村集体土地所有权、宅基地使用权、集体建设用地使用权等确权登记颁证工作，工作经费纳入财政预算。力争用三年时间把农村集体土地所有权证确认到每个具有所有权的农民集体经济组织。

2011 年，农业部、中央农村工作领导小组办公室等六部门印发《关于开展农村土地承包经营权登记试点工作的意见》（农经发〔2011〕2 号），要求各省（自治区、直辖市）根据各地实际，选择 1～3 个代表性强、领导重视、土地承包管理机构健全、工作扎实的县（市、区）开展农村土地承包经营权登记试点。可在若干乡（镇）或村开展先行试验，再扩展到全县（区、市）域。试点工作进度由各地统筹安排，2012 年前完成。

2015 年 1 月 27 日，农业部、中央农村工作领导小组办公室等六部门又联合印发了《关于认真做好农村土地承包经营权确权登记颁证工作的意见》（农经发〔2015〕2 号），要求进一步统一思想认识、明确总体要求、把握政策原则、抓好重点任务、加强组织领导。该意见指出，农村土地承包经营权确权登记颁证是集中开展的土地承包经营权登记，是完善农村基本经营制度、保护农民土地权益、促进现代农业发展、健全农村治理体系的重要基础性工作，事关农村长远发展和亿万农民的切身利益。开展这项工作，有利于强化对农民土地承包经营权的物权保护，稳定农民土地经营的预期，增加农民的财产性收入；有利于保持土地承包关系稳定，激发农村生产要素的内在活力，促进土地经营权流转，发展农业适度规模经营；有利于完善农村社会管理，妥善解决土地承包的突出问题，促进农村社会和谐稳定，推进城乡发展一体化。

2014 年，山东、四川、安徽 3 个省和其他省区市的 27 个县分别开展农户承包地确权登记颁证整体试点工作。2015 年，新增江苏、江西、湖北、湖南、甘肃、宁夏、吉林、贵州、河南 9 个整省试点。2016 年，新增河北、山西、内蒙古、辽宁、黑龙江、浙江、广东、海南、云南、陕西 10 个省份整省推进，当年整省试点省份已达 22 个。截至 2017 年底，农村承包地确权登记颁证试点整省推进的省份已达 28 个，试点范围为全国 2718 个县（区、市）、3.3 万个乡（镇）、53.9 万个行政村。山东、宁夏、安徽、四川、江西、河南、陕西 7 省（区）确权登记颁证工作基本完成。全国范围的确权登记办证工作要求在 2018 年完成。

4. 农村土地流转

农户家庭承包经营带来了农业生产效率的不断提高，不久就出现了季节性和常年性的劳动力剩余，加上非农就业机会越来越多，农村劳动力开始在非农部门就业，剩余劳动力转移不断增加。一些家庭开始把土地交给别人经营，土地流转现象开始出现。这时的土地流转仅仅是把自家的承包地交给别人耕种，收取一定的租金，或由耕种者代缴农业税。

1984 年，中央一号文件明确规定，鼓励土地逐步向种田能手集中。社员在承包期内，因无力耕种或转营他业而要求不包或少包土地的，可以将土地交由集体统一安排，也可以由社员自找对象协商转包。1986 年，中央一号文件指出，随着农民向非农产业转移，鼓励耕地向种田能手集中，发展适度规模的种植专业户。

1993 年 11 月，《中共中央、国务院关于当前农业和农村经济发展的若干政策措施》指出，在坚持土地集体所有和不改变用途的前提下，经发包方同意，允许土地使用权依法有偿转让。允许少数第二和第三产业比较发达、大部分劳动力转向非农产业并有稳定收入的地方，可以从实际出发，尊重农民意愿，对土地作必要的调整，实行适度的规模经营。通过组办、村办农场，“两田制”由大户承包经营和通过土地使用权的自由流转形成规模经营。中共十四届三中全会《关于建立社会主义市场经济体制若干问题的决议》也提出，允许少数经济比较发达的地方，本着群众自愿的原则，可以采取转包、入股等多种形式发展适度规模经营。

1995 年 3 月，《国务院批转农业部关于稳定和完善土地承包关系意见的通知》要求建立土地承包经营权流转机制，在坚持土地集体所有和不改变土地农业用途的前提下，经发包方同意，允许承包方在承包期内，对承包标的依法转包、转让、互换、入股。

2001 年，中共中央《关于土地承包经营权流转的规定》的 18 号文件对土地流转的主体、原则进行了规定，提出农村土地流转的主体是农户，土地流转必须坚持“自愿、依法、有偿”的原则。2003 年实施的《农村土地承包法》规定，通过家庭承包取得的土地承包经营权可以依法采取转包、出租、互换、转让或者其他方式流转；土地承包经营权流转应当遵循“平等协商、自愿、有偿”的原则，土地承包经营权流转的主体是承包方。承包方有权依法自主决定土地承包经营权是否流转和流转的方式。

2002 年 12 月 4 日，新华社播发的《中共中央关于做好农户承包地使用权流转工作的通知》（中发〔2001〕18 号）指出，当前农村出现的土地使用权流转，多数反映了生产要素的合理流动和优化配置，总体上是健康的。但是一些乡村推行的土地流转，存在不少违背农民意愿、损害农民利益的问题，需要引起足够重视，强调土地流转要按照有关法律法规和中央的政策进行。在承包期内，村集体经济组织无权单方面解除土地承包合同，也不能用少数服从多数的办法强迫农户放弃承包权或改变承包合同。不准收回农户的承包地搞招标承包，不准将农户的承包地收回抵顶欠款，不准借土地流转改变土地所有权和农业用途。明确土地流转的主体是农户，土地使用权流转必须建立在农户自愿的基础上。在承包期内，农户对承包的土地有自主的使用权、收益权和流转权，有权依法自主决定承包地是否流转和流转的形式。

为了规范农村土地承包经营权流转行为，保护土地流转双方的利益，农业部制定了《中华人民共和国农村土地承包经营权流转管理办法》，于 2005 年 3 月 1 日起实施。该管理办法明确土地流转要遵循平等协商、依法、自愿、有偿的原则。

2014 年 11 月，中共中央办公厅、国务院办公厅印发的《关于引导农村土地经营权有序流转 发展农业适度规模经营的意见》指出，鼓励创新土地流转形式。鼓励承包农户依法采取转包、出租、互换、转让及入股等方式流转承包地。严格规范土地流转行为。土地承包经营权属于农民家庭，土地是否流转、价格如何确定、形式如何选择，应由承包农户自主决定，流转收益应归承包农户所有。加强土地流转管理和服务。有关部门要研究制定流转市场运行规范，加快发展多种形式的土地经营权流转市场。合理确定土地经营规模。各地要依据自然经济条件、农村劳动力转移情况、农业机械化水平等因素，研究确定本地区土地规模经营的适宜标准。扶持粮食规模化生产。加大粮食生产支持力度，原有粮食直接补贴、良种补贴、农资综合补贴归属由承包农户与流入方协商确定，新增部分应向粮食生产规模经营主体倾斜。加强土地流转用途管制。坚持最严格的耕地保护制度，切实保护基本农田。

据农业部的数据，截至 2017 年 6 月底，全国家庭承包经营耕地流转面积 4.97 亿亩，流转率达 36.5%。其中，转包和出租是主要流转方式。全部流转耕地中，转包和出租面积分别为 2.36 亿亩和 1.74 亿亩，两者合计占流转总面积的 82.5%。流转入农户的面积比重持续下降。2010~2016 年，流转入农户的面积比重由 69.2%降低到 58.4%。流转出承包耕地的农户达到 7434.3 万户，占家庭承包农户总数的 27.7%，流转合同涉及耕地面积 3.5 亿亩。新型农业经营主体基本上以流转入土地为主，种植业家庭农场经营的耕地中，流转耕地面积 4066.9 万亩，占 80.7%。

（二）农村“三块地”改革

2015年1月，中共中央办公厅、国务院办公厅联合印发了《关于农村土地征收、集体经营性建设用地入市、宅基地制度改革试点工作的意见》，标志着农村土地征收、集体经营性建设用地入市、宅基地制度（以下简称农村“三块地”）进入改革试点阶段。

“三块地”的改革不只是对现有土地制度和政策的调整，而且涉及相关的法律法规条款。为了使改革试点顺利进行，2015年2月27日第十二届全国人大常委会第十三次会议通过了《全国人民代表大会常务委员会关于授权国务院在北京市大兴区等三十三个试点县（市、区）行政区域暂时调整实施有关法律规定的决定》。决定在北京市大兴区等33个试点县（市、区）暂停实施《土地管理法》《城市房地产管理法》关于农村土地征收、集体经营性建设用地入市、宅基地管理制度的有关6个条款，按照重大改革于法有据的原则推进农村土地征收、集体经营性建设用地入市、宅基地制度改革试点，该授权于2017年12月31日届满。2017年11月4日，十二届全国人大常委会第三十次会议通过决定，将北京市大兴区等33个农村土地制度改革试点单位的农村土地征收、集体经营性建设用地入市、宅基地管理制度改革试点期限延长一年至2018年12月31日。

“三块地”改革的底线是坚守土地公有制性质不改变、耕地红线不突破、农民利益不受损。改革的目标是以建立城乡统一的建设用地市场为方向，以夯实农村集体土地权能为基础，以建立兼顾国家、集体、个人的土地增值收益分配机制为关键，以维护农民土地权益、保障农民公平分享土地增值收益为目的，发挥法律的引领和推动作用，着力政策和制度创新，为改革完善农村土地制度，推进中国特色农业现代化和新型城镇化提供实践经验。

1. 土地征收制度改革

中共十八届三中全会通过的《中共中央关于全面深化改革若干重大问题的决定》指出，要建立城乡统一的建设用地市场。缩小征地范围，规范征地程序，完善对被征地农民合理、规范、多元保障机制。扩大国有土地有偿使用范围，减少非公益性用地划拨。建立兼顾国家、集体、个人的土地增值收益分配机制，合理提高个人收益。完善土地租赁、转让、抵押二级市场。

根据土地征收试点工作意见，改革试点的内容主要是针对征地范围过大、程序不够规范、被征地农民保障机制不完善等问题，要缩小土地征收范围，探索制定土地征收目录，严格界定公共利益用地范围；规范土地征收程序，建立社会稳定风险评估制度，健全矛盾纠纷调处机制，全面公开土地征收信息；完善对被征地农民合理、规范、多元保障机制。改革最初在 3 个县（市、区）进行试点，2017 年将试点范围扩展到全部 33 个试点县（市、区）。

土地征地制度改革对于维护农民的土地权益，建立有序的土地市场具有重大意义。改革的出发点是：规范征地程序，建立土地征收保障机制，避免土地征收中存在的“公共利益”扩大化现象，使土地征收信息更加透明、公开，补偿机制更加科学、合理。

2. 建立农村集体经营性建设用地入市制度

中共十八届三中全会指出，要建设城乡统一的建设用地市场，在符合规划和用途管制的前提下，允许农村集体经营性建设用地出让、租赁、入股，实行与国有土地同等入市、同权同价。针对农村集体经营性建设用地权能不完整，不能同等入市、同权同价和交易规则亟待健全等问题，要完善农村集体经营性建设用地产权制度，赋予农村集体经营性建设用地出让、租赁、入股权能；明确农村集体经营性建设用地入市范围和途径；建立健全市场交易规则和服务监管制度。上述改革内容在 15 个县（市、区）进行试点，2017 年试点工作扩展到全部 33 个试点县（市、区）。这项改革的重大意义在于把被市场排斥在外的集体经营性建设用地纳入了市场的轨道，由市场决定其价值。这项改革是向农民赋权、让利的改革，因此，得到了农村集体经济组织和农民的广泛接受。政府和农民积极性都很高的地方，改革推进得较快。例如，浙江德清完成 136 宗入市交易，农民和农民集体获得 1.55 亿元收益，9.1 万余农民因此获益。截至 2018 年 3 月，全国已有 812 宗集体经营性建设用地入市，总面积 1.6 万亩，总价款约 183 亿元。

农村集体经营性建设用地入市是维护农村土地权益的一项重要改革。通过入市交易，可以逐步建立农村土地市场，是激活要素、激活市场的重大举措。

3. 完善农村宅基地制度

宅基地是村集体给本集体内部村民使用的、用来建房的土地。2018 年初，国土资源部宣布中国将探索宅基地所有权、资格权、使用权“三权分置”，落实宅基地集体所有权，保障宅基地农户资格权，适度放活宅基地使用权。

农村宅基地制度改革的内容是针对农户宅基地取得困难、利用粗放、退出不畅等问题，完善宅基地权益保障和取得方式，探索农民住房保障在不同区域户有所居的多种实现形式；对因历史原因形成超标准占用宅基地和一户多宅等情况，探索实行有偿使用；探索进城落户农民在本集体经济组织内部自愿有偿退出或转让宅基地；改革宅基地审批制度，发挥村民自治组织的民主管理作用。

研究制定权属不变、符合规划的条件下，非房地产企业依法取得使用权的土地作为住宅用地的办法，深化利用农村集体经营性建设用地建设租赁住房试点。政府将不再是居住用地唯一的提供者。无论是对农村还是房地产市场而言，“三权分置”改革所撬动的红利和机会远超土地本身。

（三）农村集体产权制度改革

农村改革以来，农村集体经济得以发展，集体经济组织积累了大量的资产。据农业部的统计数据，截至2016年底，全国农村集体资产（不包括土地等资源性资产）总额3.10万亿元，村均555.4万元。其中，流动资产占43.5%，村均241.3万元；农业资产占0.9%，村均5.2万元；长期资产占55.6%，村均308.9万元。分地区看，东部地区资产总额2.36万亿元，占资产总额的76.1%，村均1027.6万元；中部地区资产总额4671.3亿元，占资产总额的15.1%，村均271.4万元；西部地区资产总额2742.2亿元，占资产总额的8.8%，村均175万元。但是这些资产长期以来在管理、运营和分配上存在不完善和不规范的现象，导致农民利益受损。为了保障农村集体经济组织成员权利，赋予农民更多财产权利，有必要改革农村集体产权制度，创新农村集体经济运行机制。

1. 农村集体产权制度改革有关政策

中共十八届三中全会通过的《中共中央关于全面深化改革若干重大问题的决定》提出要赋予农民更多财产权利。保障农民集体经济组织成员权利，积极发展农民股份合作，赋予农民对集体资产股份占有、收益、有偿退出及抵押、担保、继承权。保障农户宅基地用益物权，改革完善农村宅基地制度，选择若干试点，慎重稳妥推进农民住房财产权抵押、担保、转让，探索农民增加财产性收入渠道。建立农村产权流转交易市场，推动农村产权流转交易公开、公正、规范运行。

2016年，中央一号文件对深化农村集体产权制度改革做出了部署，要求到2020年基本完成土地等农村集体资源性资产确权登记颁证、经营性资产折股量化到本集体经济组织成员，健全非经营性资产集体统一运营管理机制。

完善集体林权制度，引导林权规范有序流转，鼓励发展家庭林场、股份合作林场。完善草原承包经营制度。

为探索农村集体所有制有效实现形式，创新农村集体经济运行机制，保护农民集体资产权益，调动农民发展现代农业和建设社会主义新农村的积极性，中共中央、国务院于2016年12月26日印发了《中共中央国务院关于稳步推进农村集体产权制度改革的意见》。改革的指导思想是以明晰农村集体产权归属、维护农村集体经济组织成员权利为目的，以推进集体经营性资产改革为重点任务，以发展股份合作等多种形式的合作与联合为导向，探索集体经济新的实现形式和运行机制。科学确认农村集体经济组织成员身份，明晰集体所有产权关系，发展新型集体经济；管好用好集体资产，建立符合市场经济要求的集体经济运行新机制，促进集体资产保值增值。

2017年，农业部会同有关部门全面启动农村集体资产清产核资工作，力争用3年的时间完成。在原农业部2015年在全国29个县（市、区）开展试点的基础上，2017年增加100个试点县（市、区），2018年吉林、江苏、山东3个省，河北石家庄等50个地市，天津市武清区等150个县（市、区）被确定为农村集体产权制度改革试点单位。截至2018年，29个试点县共清查核实集体资产1125.6亿元，确认集体成员918.8万人，量化集体资产879亿元。

2. 集体资产清产核资

集体资产清产核资，明晰农村集体产权关系是顺利推进农村集体产权制度改革的基础和前提。要对集体所有的各类资产进行全面清产核资，摸清集体家底，健全管理制度，防止资产流失。清产核资的重点是未承包到户的资源性资产和集体统一经营的经营性资产以及现金、债权债务等，查实存量、价值和使用情况，做到账证相符和账实相符。清产核资要查清没有登记入账或者核算不准确的资产，长期借出或者未按规定手续租赁转让的资产，有的则是被个人侵占的资产。查实的资产要经公示后入账管理，建立健全集体资产登记、保管、使用、处置等制度，实行台账管理。集体资产清产核资工作从2017年开始，按照时间服从质量的要求逐步推进，力争用3年左右时间基本完成。

清产核资的同时，要把资产落实到不同层级的农村集体经济组织成员集体，实现产权归属的清晰。包括村集体经济组织、跨村集体经济组织、乡镇集体经济组织在内的农村集体经济组织应是农村集体资产的所有权人。

3. 确认集体经济组织成员权资格

确认集体经济组织成员权资格是农村集体产权制度改革的一项重要内容。农村改革以来，随着农村劳动力的流动和城镇化的推进，一些农村集体经济组织成员的就业与生活已经不在农村，同时，也有一些经济发达的农村吸引了外地劳动力就业。与改革前农村的封闭性不同，目前的中国农村至少在人员流动方面是开放的。改革前，本村村民即本村集体经济组织成员的认定方式已经与开放的农村现状不相适应。因此，农村集体产权制度改革过程中必然要对集体经济组织成员资格进行确认。

《中共中央 国务院关于稳步推进农村集体产权制度改革的意见》对农村集体经济组织成员资格认定提出了原则，即尊重历史、兼顾现实、程序规范、群众认可，统筹考虑户籍关系、农村土地承包关系、对集体积累的贡献等因素，协调平衡各方利益。中国农村地域辽阔，各地情况千差万别，不可能出台一个统一的集体经济组织成员资格认定标准。这是一项与当地实际结合紧密，需要广泛吸收群众参与协商的工作，民主、公开、公正尤为重要。成员资格认定的准确与否直接影响当事人的权益。因此，在实际工作中，各地在坚持原则的基础上，都制定了较为详细的认定标准，力争囊括各类不同情况的人。

成员资格认定并得到确认后，农村集体经济组织成员就得到了确定。谁是成员、谁不是成员就非常清晰了。对于成员大多采取静态管理的方法，不再将成员家庭自然出生的新增人口自动认定为集体经济组织成员，而是通过分享成员家庭内拥有的集体资产权益的办法，按章程获得集体资产份额和集体成员身份。

4. 集体资产量化到人（户）

清产核资和成员资格认定工作完成后，一项重要工作是农村集体产权量化到人（户）。将核实的集体资产和确定的集体经济组织成员对应起来，采取量化的方式，确定集体经济组织成员的份额，从而实现集体资产的共同共有向按份共有转变。按份共有理顺了集体经济组织成员与集体资产之间的关系，成员对集体资产的保值增值更加关心，有利于集体资产的有效运营，同时明晰了集体资产收益的分配权。

集体资产量化的范围各异，有四种情况：一是只量化集体经营性净资产，这种做法比较普遍。因为集体经营性净资产是正在运用的资产，可以带来收益。而公益性资产和资源性资产大多不具备收益功能，其资产不易估价，因此，不便于量化。二是同时对经营性资产和非经营性资产量化。处于城市郊区或城乡结合部的农村，其非经营性资产的价值易于估算，便于全部量化。三是全部资产量化。这些地方大多是城市近郊或城郊结合部，资源性资产可以参考当地城市土地价格估值，有条件对全部资产量化。四是只对土地资源估值进行量化。有些土地股份合作开展得比较好的地方，会对土地进行估值，量化到农户家庭或个人，然后农户以土地价值入股合作社进行规模经营，这种做法有利于土地股份合作的实现。按照要求，资产量化计划用 5 年左右时间基本完成。

5. 集体资产股份化改革

农村集体产权制度改革的目的是探索农村集体所有制的有效实现形式，创新农村集体经济运行机制，保护农民集体资产权益，调动农民发展现代农业和建设社会主义新农村的积极性。清产核资、确认农村集体经济组织成员资格、集体资产量化等工作是农村集体产权制度改革的基础性工作，为进一步探索农村集体所有制的有效实现形式，创新农村集体经济运行机制奠定了基础。

对于经营性资产来说，股份合作制改革是这次改革提出的方案。集体成员将量化的股份或份额入股合作社，成为产权清晰、权责明确、民主管理、共享收益的新型农村合作组织。集体成员量化的股份或份额是集体收益分配的基本依据。

经营性资产股份合作制不同于传统的合作制，也不是传统的股份制。因此，农村股份合作制的建立不同于工商企业的股份制改造。首先，农村集体经营性资产的股份合作制要体现成员集体所有和特有的社区性，是在农村集体经济组织内部进行的一种制度安排。其次，股权设置以成员股为主，是否设置集体股由本集体经济组织成员民主讨论决定。最后，股权管理实行不随人口增减变动而调整的方式。经营性资产股份合作制的农村集体经济组织要完善治理机制，制定组织章程，涉及成员利益的重大事项实行民主决策，防止少数人操控。

股份合作经济组织是农村集体经济组织新的实现形式，是农村集体经济运行机制的创新。应赋予其市场主体地位，参与市场竞争。长期以来，中国农村集体经济组织因不具备法人资格，面临诸多困难，如没有组织机构代码证，在签订合同，申请、注册网站域名等方面面临诸多不便。2017 年 3 月 15 日，十二届全国人民代表大会第五次会议表决通过的《民法总则》明确了赋予农村集体经济组织以特殊法人地位。农村集体经济组织具备了法人主体地位，就与其他市场主体具备了公平竞争的资格。

6. 农村“三变”

农村“三变”是指资源变资产、资金变股金、农民变股东。2017 年中央一号文件指出，要从实际出发探索发展集体经济的有效途径，鼓励地方开展资源变资产、资金变股金、农民变股东等改革，增强集体经济发展活力和实力。农村“三变”是促进农村集体经济发展、维护农民财产权益、扩大农民财产性收入的一种积极探索。

资源变资产。村集体以集体土地、森林、草地、荒山、滩涂、水域等自然资源性资产和房屋、建设用地（物）、基础设施等可经营性资产的使用权评估折价变为资产，通过合同或者协议的方式，以资本的形式投资入股企业、合作社、家庭农场等经营主体（以下简称“经营主体”），享有股份权利。把原来闲置的、没有得到充分利用的资源变成有价值的资产，发挥资产的增值功能。

资金变股金。把资金作为股金投入集体经济活动中，发展集体经济。包括财政资金变股金、村集体资金变股金及村民自有资金变股金。其中财政资金包含各级财政投入农村的发展类、扶持类资金等（补贴类、救济类、应急类资金除外），在不改变资金性质的前提下，量化为村集体或农民持有的股金，通过民主议事和协商等方式，投资入股经营主体，享有股份权利。主要包括五大块：生产发展类资金、农村设施建设类资金、生态修复和治理类资金、财政扶贫发展类资金、支持村集体发展类资金。

农民变股东。农民变股东指农民自愿以自有耕地、林地的承包经营权、宅基地的使用权，以及资金（物）、技术等，通过合同或者协议方式，投资入股经营主体，享有股份权利。

农村“三变”为充分利用当地资源发展集体经济，开展适度规模经营提供了便利。“三变”效益发挥得如何，取决于农村集体资产清产核资工作是否做得踏实，是否得到了集体经济组织成员的认可，也取决于集体经济组织的治理是否有效。发挥“三变”的最大效益需要重新构建农村集体经济组织的治理模式。

7. 农村产权流转交易市场建设

中共十八届三中全会通过的决定提出，要建立农村产权流转交易市场，推动农村产权流转交易公开、公正、规范运行。2014 年 12 月，国务院办公厅印发《关于引导农村产权流转交易市场健康发展的意见》，明确了农村产权流转交易市场的性质、功能、设立、构成、形式以及交易品种、交易主体、管理制度等方面的内容。

2016 年，中共中央印发的《关于稳步推进农村集体产权制度改革的意见》中进一步强调，“鼓励地方特别是县乡依托集体资产监督管理、土地经营权流转管理等平台，建立符合农村实际需要的产权流转交易市场”“县级以上地方政府要根据农村产权要素性质、流转范围和交易需要，制定产权流转交易管理办法”。

2016 年，农业部印发《农村土地经营权流转交易市场运行规范（试行）》，规范了农村土地经营权流转交易的主体、条件和品种，以及交易具体事项。为配合“两权”抵押试点，明确了农村土地流转交易市场经有权机关授权可以开展土地经营权抵押登记。国家林业局印发的《关于规范集体林权流转市场运行的意见》对林权流转交易的范围、流入方的资格条件以及流转程序等做出了规定。这些政策的出台有利于农村产权市场的发育，有利于保护农民产权利益。

随着农村市场化程度的不断提高，农村产权交易将会越来越多，产权交易市场建设将会发挥越来越大的作用。产权交易市场功能的发挥取决于农村产权制度的完善程度，建立在依法进行产权登记、依法保护产权、依法保护产权交易的基础之上。

三、农村集体产权制度面临的问题与改革需求

40 年来，中国农村集体产权结构发生了很大的变化，产权权能细化，不断向农民赋权，体现了集体产权的根本属性是为成员带来更大的利益。农村集体产权制度改革是社会主义市场经济建设的根本需要，是建设现代化经济体系，实现农业农村现代化的客观要求。在推进农业农村现代化进程中，农村集体所有制的实现形式应该与现代化的需求相适应。在激活主体、激活要素、激活市场方面应有所突破，也为今后进一步的改革提出了新需求。

（一）土地制度改革对土地的财产属性重视不够

“三权分置”政策更加突出了经营权，重视维护经营者的权益，并且赋予经营权抵押贷款的权能。三权之间的权利关系仍需在政策和法律层面加以规范和界定，但是这种目的单一性的制度安排能否最终促进土地配置效率的提高还有待于实践的检验。

“三权分置”仍然没有触及土地问题的深层矛盾，那就是土地的财产属性以及与之相关的产权保护和交易制度。《物权法》已经将土地承包经营权

确定为用益物权，农村土地承包关系则从合同约定转变为物权确认，土地承包关系的长久不变意味着对农民产权的永久保护。让农民获得更多财产性收入，就必须通过立法和制度设计发挥土地的财产权利属性。承认和保护农民对土地的财产权是对土地集体所有制的突破，也是市场经济的客观要求。

探索集体所有制的实现形式，在土地确权颁证的情况下，建立农村土地退出机制，由市场决定土地资源的配置，让农民切实获得土地的财产性收入。农业的规模化经营建立在土地流转市场化的基础上，应夯实土地规模经营的制度基础，确保规模效益的发挥，促进规模经营的可持续性和农业现代化的实现。

（二）集体资产股份权能需要进一步完善

中共十八届三中全会明确了农村集体资产股份的六项权能，即占有、收益、有偿退出、抵押、担保和继承权。这是改革试点的核心。从现有的实践看，占有权和收益权落实得比较好，但有偿退出、抵押、担保和继承权的探索实践还不够。而权能改革越是困难的领域、与市场接轨紧密的领域，越是改革的关键和要害领域。如果在这些领域的改革不能突破，集体经济发展就会面临困难。与市场联系紧密的权能能否得到强化，是农村集体产权市场化程度的标准之一。农村集体产权改革迫切需在集体资产的有偿退出、抵押、担保和继承权方面探索市场化的破解方案。

（三）创新集体经济组的治理结构

发展集体经济，实现农村集体产权的收益最大化是农村集体经济组织的职责。在产权清晰、成员明确的情况下，如何建立集体经济的有效治理结构就尤为重要。这决定了集体经济能否健康发展，能否给集体经济组织成员带来更高收益的问题。应积极探索“政经分设”的集体经济组织治理方式。《民法通则》赋予了农村集体经济组织特殊法人地位，这就自然要求农村自治组织与经济组织的分离。

农村集体产权改革的最终目的是使农民获得更多的财产权益，实现这一目的的前提是农村集体经济组织要成为一个有竞争力的市场主体，这就需要创新农村集体经济组织治理结构，引进先进的管理手段和方法，加强民主管理，由成员选举管理者，管理者要为成员负责。

（四）提高农村集体经济组织的市场化程度

作为市场主体，农村集体经济组织要与其他市场主体一样参与市场竞争，要真正赋予农村集体经济组织完全的市场主体地位。应打破农村集体经济组织的封闭状况，消除长期以来阻碍农村集体经济组织参与市场竞争的制度和体制壁垒。一方面，面向市场引进管理、资金、技术、人才，促进农村集体经济组织的质量提升；另一方面，以要素市场化为着力点深化农村集体产权制度改革，探索土地退出、宅基地退出、农村集体产权股份在更大范围的转让和交易。通过立法完善农村产权登记制度，把土地经营权的抵押担保权属做实。推进城乡要素平等交换，使市场在资源配置中起决定性作用。加快建设农村产权流转交易市场，促进农村各种要素自由流动、优化组合，真正实现城乡要素平等交换。

推进农业农村现代化进程，给农村集体产权制度改革提出了新的任务，农村集体产权制度改革仍将继续。农村集体产权改革要尊重经济规律、尊重市场、尊重现代化的要求，把农村集体经济组织建设成现代化的、有竞争力的市场主体，让农民共享现代化经济发展的成果。深化农村集体产权制度改革，既要有问题导向，又要放眼长远，把农村集体产权制度改革放到推进农业农村现代化、建设现代化国家、实现中华民族伟大复兴中国梦的大视野中去谋划。

第九章　集体林产权制度改革

20 世纪 50 年代中后期，在土地改革和合作社的基础上，包括集体林地在内的农村土地逐步形成一种以成员为资格的共有所有制。1962 年，《农村人民公社工作条例（修正草案）》规定的“三级所有、队为基础”的农村集体所有制得以最终确立，是一种在政治运动中形成的具有中国特色的土地产权制度安排（周其仁，1995），人民公社体制不断强化集体土地（包括林地在内）所有权。在人民公社体制下，集体土地由包括生产大队和生产小组在内的集体统一经营管理。在 20 余年的集体化过程中，探索包产到户等非集体化经营形式均昙花一现，但农村集体经济并没有实现农业生产和改善农户生计的目标，1978 年农民人均收入仅为 133 元，其中 81%的生产队人均收入低于 60 元，正如邓小平多次对身边人所说的，“我们太穷了，太落后了，老实说对不起人民”；并且农民对集体经济失去信心，包括集体林在内的农村集体经济向何处去成为当时中国社会各界关注的焦点之一（杜润生，2008）。

1978 年，中共十一届三中全会启动了波澜壮阔的改革开放大幕，率先启动了农村改革，推行了家庭联产承包责任制，取得了辉煌的成就，解决了农民的吃饭问题，增加了农户收入。集体林区的农户希望获得与从事农业农户一样的生产经营自主权。1981 年，中共中央、国务院正式出台文件，拉开了改革开放以来中国集体林产权制度改革的序幕，20 世纪 80 年代的集体林产权制度改革为其后续改革提供了借鉴与基础。

在中国森林资源中，集体林占据重要地位，集体林业用地面积占中国林业用地面积的 60%左右；在木材及其他林产品和生态系统服务与产品供给中，集体林均发挥着重要作用。20 世纪 80 年代集体林产权制度改革时期出现大规模毁林以后，中国集体林状况呈现出良好增长态势，数量在增长，质量在提高。从第三次全国森林资源清查期（1984~1988 年）到第八次全国森林资源清查期（2009~2013 年）期间，集体林地面积、有林地面积、活立木蓄积量和林分面积、林分蓄积分别增长了 20.10%、84.45%、109.22%、

92.35%和 146.45%，均高于全国同期平均水平；同期集体有林地生产力和集体林分生产力水平分别比全国相应指标增长率高 3.66 个百分点和 9.80 个百分点。

本章拟回顾改革开放以来中国集体林产权制度确权和林地林木流转的历程，总结经验，在此基础上，对未来中国集体林产权制度改革进行展望。

一、改革开放以来的集体林产权制度变迁

1949 年以来，中国集体林产权制度安排与变迁基本模仿农业集体产权制度改革，先后经历了土地改革、初（高）级合作社、人民公社和 1978 年以后以家庭经营为主的集体林产权制度变迁。根据集体林产权制度变迁时期和主要集体林产权制度特征，1978 年以来的集体林产权制度变迁可划分三个重要阶段：第一阶段，以林业“三定”（划定自留山、确定林业生产责任制、稳定山林权）为主要特征的 20 世纪 80 年代集体林产权制度改革，出现了责任山和自留山两种新型林地权属形式，从人民公社林业经营管理体制过渡到家庭经营为主导，村（生产大队）和村民小组（生产队）依然掌握着巨大的经济权利，可以决定自留山和责任山的大小以及责任山的承包期长短与分配比例；第二阶段，1987 年出现大规模乱砍滥伐以后，政府重新鼓励集体经营，各地探索各种集体林经营模式；第三阶段，2003 年福建省率先启动新一轮集体林产权制度改革。

（一）1981~1987 年：林业“三定”时期

20 世纪 70 年代末，中国对社会经济发展战略进行了重大调整，由此拉开了改革开放的大幕。20 世纪 80 年代初期，中国率先开展了农村改革，以家庭联产承包责任制为特征，将农村土地从集体经营向个体家庭经营转变。中国农村 20 世纪 80 年代出现惊人增长的关键因素是实施家庭联产承包责任制（Lin，1992）；家庭土地权属的不确定性降低了农户对土地的投资激励（Wen，1995）。农村家庭联产承包责任制的成功实施为中国集体林区引入家庭经营提供了良好的参照系，依靠林业维持生计的农民要求获得集体林地的使用权（Hyde、Belcher 和 Xu，2005）。在当时的历史条件下，集体林经营是否借鉴农地产权制度改革存在相当大的争议，也是在集体林区迟迟没有引入家庭经营的重要原因。反对在集体林区引入家庭经营的人士主要引用马克思关于林业生产周期比较长不适合采用私人和资本主义形式的观点，主张采用

公有制形式加以经营；赞成者认为，完全可以实施集体林家庭经营，把集体林经营的责权利有机地结合起来，最后赞成把家庭经营引入集体林经营的观点占了上风，但一些集体林区依然采取类似集体经营的股份合作制等多种形式，赋予了时代特色，行政性干预减弱，经济性色彩增强，如建立股东委员会，鼓励实行民主决策，至少出现了端倪。

1979 年 1 月，国务院颁布了《关于保护森林制止乱砍滥伐的布告》；同年 2 月，全国人大常委会通过的《中华人民共和国森林法（试行）》进一步明确了集体林区森林资源经营管理相关问题。1980 年 12 月，国务院发布了《关于坚决制止乱砍滥伐森林资源的紧急通知》。20 世纪 70 年代末期或 80 年代初期（林业“三定”之前），中国林业状况可以概括为“森林破坏严重，砍的多，造的少，消耗过多，培育太少”（《当代中国的林业》编辑委员会，1985）。中央和地方对于如何遏制森林资源乱砍滥伐问题给予高度重视，希望家庭经营成为解决这一困局的抓手之一。

1. 林业“三定”改革内容

1981 年以前，部分集体林区已出现林业“三定”雏形。1980 年，贵州省委、省政府决定在有条件的地方，划给农民少量自留山植树造林；同年，贵州省台江县开展了类似林业“三定”的试点工作，根据 1964 年“四固定”确定的集体山林权属，划定自留山和责任山，确定林地林木权属（贵州省地方志编撰委员会，1994），属于地方性集体林产权制度改革的实验和探索。

1981 年 3 月，中共中央、国务院颁布《关于保护森林发展林业若干问题的决定》，希望能够“迅速扭转林业面临的严重局面，坚决制止乱砍滥伐，保护现有森林，严格控制采伐，降低资源消耗”“落实山林林权，落实林业生产责任制”。实施划定自留山，确定林业生产责任制，稳定山林林权，使林业多种经济成分共存的格局初露端倪。1981 年，国务院办公厅转发的《林业部关于稳定山权林业落实林业生产责任制情况的简报的通知》提出：“集体的山权，一般以‘四固定’时确认的权属为准；‘四固定’时没有确定权属的，参考合作化或土改时确定的权属……自留山的面积，一般都是荒山荒地多的多划，少的少划。有些地方按亩计算，规定每户 3~5 亩，多的每户达到 10 亩。有些地方按百分比计算，规定自留山面积占社队林业用地总面积的 5%~15%，个别可达到 20%~30%……过去划定的自留山，社员已经经营多年，就是面积多一些，也予以承认，不再调整（间接证实了在 20 世纪 80 年代集体林产权制度改革以前，集体林区曾经划分自留山并且存在相当长的时期——笔者注）……林木生产周期长，承包年限，一般规定五年、十年、二十年不变。”并“要求各地尽快作出部署，组织力量在明春以前完成这项工作”。1984 年 3 月，中共中央、国务院发布《关于深入扎实地开展绿化祖国运动的指示》，提出要扩大自留山的面积，承包集体的荒山荒滩面积可以不限，承包期可以延长到 30~50 年，承包权可以继承转让。1984 年 9 月，中共中央、国务院在《关于帮助贫困地区尽快改变面貌的通知》中指出：“集体的宜林近山、肥山和疏林地可作自留山，由社员长期经营，种植的林木归个人所有，允许继承，产品自主处理，可以折价有偿转让，允许卖‘活立木’。”这些中央政府政策均鼓励分林到户，推进林业家庭责任制，对自留山和责任山呈现出放松态势，也就是说，对集体林而言，实行家庭经营呈现更大的自由度与开放度。

林业“三定”时期坚持林地集体所有，交够国家，留足集体的集体林分配机制能够有效地解决当时国家、集体和农户之间的利益关系，试图建立农户努力与报酬之间的直接明确联系。

1985 年以后，集体林区尤其是南方集体林区出现了大量采伐集体林的现象。为此，1987 年，中共中央、国务院颁布的《关于加强南方集体林区森林资源管理，坚决制止乱砍滥伐的指示》明确要求：“集体所有集中成片的用材林凡没有分到户的不得再分。已经分到户的，要以乡或村为单位组织专人统一护林，积极引导农民实行多种形式的联合采伐，联合更新、造林。”林业部决定停止集体林家庭经营的分配并鼓励发展集体经济，收回一些已分配下去的自留山和责任山。当时在集体林经营管理中引入家庭经营的反对者起到了推波助澜的作用，主张废除家庭经营，回归集体经营或追求林地大规模经营。1987 年，终止了林业“三定”进程，20 世纪 80 年代的中国集体林产权制度画上了休止符，进入了两次（20 世纪 80 年代集体林产权制度改革和新一轮集体林产权制度改革）重要集体林产权制度改革的过渡期。

2. 林业“三定”改革的进展

在林业“三定”时期，出现了两种新型集体林产权模式，即自留山和责任山。自留山可以长期使用或所种植的树木“永远归社员个人所有，允许继承”；责任山则是社队林业推广专业承包、联产计酬责任制的林地权属形式。责任山可以承包到组、承包到户、承包到劳动力。通过签订承包合同，责任山把集体山林同农民个人劳动力、资本和技术等生产要素结合起来，由农民自主开展生产经营，联系造林营林成果，按合同规定分配收益，超产奖励或收益比例分配。在确定生产责任制时，林价收入在村或村民小组与承包者之间按照规定的比例进行分成，如江西省吉安地区规定：林价收入由所有者与承包者采取三七或二八分成，现有蓄积量所有者得大头，承包后新增蓄积量承包者得大头，荒山造林采取一九或全部收益归承包人（吉安地区林业志编纂委员会，1994）。林地所有权和经营权开始分离，但农村集体组织（生产大队或村委会、生产队或村民小组等）依然掌握着发包、生产经营计划、统一经营和收益分配等权力。对于集中成片的远山集体林依然由村或村民小组统一经营管理，称为“统管山”，因此，在林业“三定”时期，形成了自留山、责任山和统管山三种集体林地林木权属形式。

截至1981年底，全国有1695个县已开始实施集体林地产权改革，组织大量人力参加林业“三定”工作。截至1982年底，1069个县和66%的村民小组完成集体林地产权改革，同时已将1100万公顷的集体林地分配给4500万户农民。截至1983年底，65%的县和79%的生产队完成了林业“三定”任务（林业部，1984）。截至1984年，全国除上海、西藏外，已完成林业“三定”的县为1781个，占全国应开展“三定”工作县的77.5%；完成林业“三定”的生产队有475.4万个，占应开展林业“三定”生产队总数的88.2%；完成定权发证的山林面积达9666.67万公顷；建立各种形式的林业生产责任制的山林面积达7866.67万公顷。截至1986年底，南方集体林实行家庭承包经营的约占集体林总面积的69%。在林业“三定”时期，福建、陕西等地实施了在全国范围内较有影响的股份合作制（孔明、刘璨，2000），福建省的林地分配到户率仅为32%（林业部，1986），其中福建省划定自留山面积为14.64万公顷，占集体所有林权面积的2.62%（福建省地方志编撰委员会，1996）；且福建省90%的用材林仍旧归集体所有（孔繁文、谢晨和戴广翠，2004）。在南方一些集体林区，坚持长期不变和谁造谁有的原则，对于远山、面积比较大的山场和荒山实行林业生产责任制，承包期可以延长至50年或更长（刘璨等，2000）。在平原农区，林木实行“树随地走”等多种形式与农田一起分给了农户。

1984年以后，安徽省和广西壮族自治区等南方一些集体林区出现了“两（三）山并一山”和“扩大自留山”的现象。当时，广西提出“两山并一山”，即将自留山与责任山合并，统一经营，导致出现了乱砍滥伐。主要原因在于：一些社员认为，“两山并一山”就是把集体林分配到农户，怕以后政策有变。或因一家一户管理不便，生怕被盗被抢，或者在把林木分配到户时，担心难以把林木合理分配，生产队干脆砍伐林地上的林木重新分配，这类事情发生后，政府曾下令制止，但因涉及面广，不易奏效。划定自留山和责任山的主要目的在于界定地权和林权以及明确了责任制，但由于林地过于分散，一家一户难以管理（广西壮族自治区地方志编纂委员会，2001）。1984 年 7 月，金寨县政府做出把责任山一律改为自留山的决定，以林业“三定”为基础，将各种形式的责任山改为自留山，颁发自留山证，由农民长期经营，允许继承，集体林权折价给农户，林木款分期偿还集体。同年 8 月底，责任山重新划为自留山工作结束。全县各种林木以自定价转让，合计折价金额 5242.2 万元，户均 473.73 元，人均 98.5 元（时价）；金寨县自留山面积 22.93 万公顷，占全县宜林山地的 81%。“两（三）山并一山”仅局限于少数南方集体林区，没有在全国范围内实施。

（二）1988~2002 年：两次集体林产权制度改革过渡期

1987 年，中央政府叫停集体林产权制度改革以后，在两次集体林产权制度改革过渡期内基本上是以家庭经营为基础，股份经营、合办林场、专业户造林（或管理）、国家与乡村（或个体）联营等多种林业共有产权实现形式并存的格局。

在两次集体林产权制度改革过渡期内，对自留山和责任山的处理有如下几种情形：①继续维持分户经营；②集体赎回山林，统一经营，村组联户兴办林场进行经营管理，对于森林资源经营管理比较好的农户，由集体支付报酬，继续承包经营；③责任山和自留山收归集体，林业“三定”时期划定的自留山保持不变，集体收回责任山和扩大划定的自留山，或由集体统一经营，或由原承包户经营管理，实行集体经济组织和家庭双层经营（林业部，1988）。

集体林主要责任制形式包括如下几种：一是选派专职或兼职护林员看管成片山林；二是专业组承包护林、造林；三是专业户承包管理零星分散山林；四是包干到户，以户经营；五是作股折价等。鼓励租赁，最长租赁期为 99 年。

江西省德兴市集体收回自留山 0.43 万公顷，其中以行政手段收回 0.10 万公顷，抛荒后集体收回 0.33 万公顷；集体收回责任山 0.31 万公顷，其中以行政手段收回 0.26 万公顷，抛荒后集体收回 0.05 万公顷。收回责任山的主要理由包括：一是由于人口的增长，已分配到户的责任山需要按照人口变动进行再分配；二是由于乱砍滥伐，未履行责任山和自留山的经营责任。浙江省象山市 1987~1988 年重新调整林地后，责任山的数量下降了 20%（浙江省林业志编撰委员会，2001）；湖北省自留山的面积从 570 万公顷减少到

470万公顷，下降了17.54%（刘璨，2008）。20世纪80年代末期到90年代，广东、云南和安徽等省掀起了消灭荒山运动，如“十年绿化广东”、安徽的“五八消灭荒山”等，对于尚未绿化的已分到户的林地采用谁造谁有或收归集体所有统一造林，成为收回责任山和自留山的重要理由之一（广东省地方志编撰委员会，1998）。

（三）2003~2018年：新一轮集体林产权制度改革

根据国家林业局2003年的初步统计，中国集体林地的使用权和林木所有权依然是以家庭经营为主导的产权模式。云南、四川、浙江、安徽、湖南和江西等省家庭经营林地面积占其集体林面积的比重分别为92.84%、80.24%、67.00%、98.00%、73.30%和54.00%（刘璨，2015）。这一调查结果显示：虽然在两次集体林产权制度改革过渡期内推行收回自留山和责任山等措施，但家庭经营依然为中国集体林产权的重要模式。

鉴于集体林业发展的内外部条件发生了重大变化，2002年颁布的《农业法》《农村土地承包法》、2004年颁布的《宪法》《土地管理法》、2007年颁布的《物权法》等法律政策框架为新一轮集体林产权制度改革提供了有力保障。与此同时，集体林地林木存在权属不清、纠纷不断、责权利不明确、利益分配不合理、集体林经营管理机制不活、林地林木流转不规范等问题，直接制约了农民从森林资源经营管理中获取更高的经济回报，导致森林资源增长缓慢以及林地生产力水平不高，不能很好地提供更好更多的生态系统服务。鉴于良好的外部环境条件和集体林经营管理面临的危机与困难，启动新一轮集体林产权制度改革成为政府和农户等利益相关主体的潜在选择之一。

1. 新一轮集体林产权制度改革内容与进展

2000年前后，由时任国务院副总理牵头组织开展了《中国可持续发展林业战略研究》，该林业战略研究提出了完善和改革集体林产权制度的政策建议（中国可持续发展林业战略研究项目组，2002）。正如前文所述，鉴于林业股份合作运行不十分理想，福建省不再把林业股份合作经营作为主要选择，在实施林业股份合作制的过程中，不断加重家庭经营的成分，把林业家庭经营作为可替代选择，使引入家庭经营成为一种趋势。2001年，福建省武平县集体林产权制度改革试点，把集体林地林木的承包权和经营权落实到户（张建龙，2017）。2003年，中共中央、国务院出台了《关于加快林业发展的决定》，林业“三定”时期分林到户率最低的福建省率先在全省推行以家庭经营为主要特征的新一轮集体林产权制度改革；2004 年，江西、辽宁和浙江等省亦启动了新一轮集体林产权制度改革。2008 年，中共中央、国务院颁布了《关于全面推进集体林权制度改革的意见》，要求“用 5 年左右的时间，基本完成明晰产权、承包到户的改革任务。在此基础上，通过深化改革、完善政策、健全服务、规范管理，逐步形成集体林业的良性发展机制，实现资源增长、农民增收、生态良好、林区和谐的目标”。2008 年以后，其他省区市陆续启动新一轮集体林产权制度改革，此次集体林产权制度改革的主要任务为“明晰产权”“堪界发证”“放活经营权”“落实处置权”“保障收益权”“落实责任”等。通过采取自留山稳定不变、已分到户的责任山稳定不变、落实谁造谁有、家庭经营、林业股份合作、有偿转让经营、稳妥处理已流转的集体林地，把林地所有权落实到村组，林权落实到户，发放林权证到户。各省市区启动和完成新一轮集体林产权制度改革的时间不一致，呈现出时间上的多样性。

对于集体统管山而言，中央政府文件精神要求趋于收紧，2003 年的《关于加快林业发展的决定》要求“要区别对待，分类指导”；2008 年的《关于全面推进集体林权制度改革的意见》规定“村集体经济组织可保留少量的集体林地”，进一步强调家庭经营。2011 年，国家林业局制定的《林业“十二五”规划》中明确指出“集体林地家庭承包经营率山区不低于 70%，丘陵地区不低于 60%，平原区不低于 50%，确权准确率、纠纷调处率和档案管理合格率不低于 95%”。集体林地承包期为 70 年，承包期满可以续约；农户长期使用自留山，不得强行收回。根据中央颁布的集体林产权制度改革的原则，各省市区采用多样性林地林木确权形式，有些省市区简单地对 20 世纪 80 年代责任山和自留山进行确权发证工作，有些重新测量林地面积和“四至”边界，颁发新林权证；一些省市区对林地林木重新分配，把原来由集体统一经营的林地划分到农户。新一轮集体林产权制度改革要求承包期延长至 70 年，各地承包期计算时点不尽一致，把 20 世纪 80 年代作为林业“三定”以及后续集体林产权制度改革的时点；或将两次集体林产权制度改革过渡期的某次集体林地确权的年度作为计算时点；或将新一轮集体林产权制度改革时点作为计算承包期的时点，因此，新一轮集体林产权制度改革到期年度将存在较大差距。新一轮集体林产权制度改革林地承包期到期以后，可以续延，集体林地承包到期差异对农户投入林业积极性可能不会产生显著影响，但需要假以时日进行观察。

福建省一些地区采取了预期均山的方式把集体林分配到农户，在新一轮集体林产权制度改革之前，部分集体林地已租赁给农户或其他经营主体但尚未到期，预期均山就是将已租赁出去的林地到期后交给农户经营管理；同时，福建省一些地区向农户承包的集体林地收取租金，用于发展公益事业。浙江省一些地区维持 20 世纪 80 年代林业“三定”时期的责任山保持不变，但超过新一轮集体林产权制度改革时点的承包林地需要缴纳一定费用，根据我们的实地调研结果，村集体经济组织难以收取承包林地租金和超出林地收取费用。

除上海和西藏以外，29 个省区市已完成确权林地面积从 2009 年的 1.18 亿公顷提高到 2016 年 1.80 亿公顷，从占全国集体林地面积的 64.7%提高到 98.69%。2009 年，发放林权证 5544 万本，发证面积占集体林地面积的 51.2%，2016 年的发证面积占已确权林地面积的 97.65%，2009~2016 年的家庭经营面积增长了 23 个百分点。

新一轮集体林产权制度主体改革中，存在集体林地“四至”边界不清、错划和漏划等问题。新一轮集体林产权制度改革完成之后，一些省市区实施了新一轮集体林产权制度改革回头看，进一步明晰集体林地林木权属，完善集体林地林木确权。

2. 颁发集体林不动产证的进展

政府提出对包括集体林地在内的所有林地办理不动产证，一些集体林区停止办理和换发林权证的工作。虽然全国各级政府努力探索如何办理集体林地不动产证的颁发工作，如 2018 年 8 月，平果县发放了广西壮族自治区第一份集体林不动产证，但林地不动产证工作尚未全面启动，既有部门之间的协调与交接工作存在问题，也存在林业部门林权证确权系统与不动产证办理系统不兼容的问题。不动产部门仅需要进行登记，勘界等外业工作需要由第三方承担，地方林业部门是否继续承担外业工作尚存在较大争论。我们 2018 年暑期实地调研发现：在贵州省锦屏县，对于每宗 10 亩以下的林地要收取 1000 元，对超过 10 亩以上的林地，每增加 1 亩林地需要另收取 20 元，与原来林业部门办理林权证仅收取每本 5 元的低成本形成鲜明对比，可能需要政府以购买服务的形式解决如此高昂的不动产办理成本。广东省和平县正在探索政府购买服务的形式，支付办理集体林不动产证外业成本，否则将会出现农户或其他经营主体不愿意办理林地不动产证的问题。在世界其他地区，因为产权登记的成本较高，贫困或小农户不愿意办理土地产权登记，富裕或大户则愿意办理土地产权登记，需要关注集体林地不动产登记过程中可能出现的问题。同时，应当建立林权证向不动产证过渡过程中一些应急性措施，解决集体林地林木经营主体亟须确权和换发（林地林木）权证的问题。

3. 林业“三权”分置改革的进展

2014 年，中共中央、国务院出台了《关于全面深化农村改革加快推进农业现代化的若干意见》，2016 年国务院办公厅印发的《关于完善集体林权制度的意见》和 2018 年国家林业和草原局出台的《关于进一步放活集体林经营权的意见》均提出：要推行集体林地所有权、承包权、经营权的“三权”分置；积极创建家庭林场、农民林业专业合作社示范社、林业产业化示范基地、林业示范服务组织，加快培育新型经营主体；建立承包合同网签管理系统，健全承包合同取得权利、登记记载权利、证书证明权利的确权登记制度；提倡通过流转合同鉴证、交易鉴证等多种方式对土地经营权予以确认，促进土地经营权功能更好地实现。

一些省区市已推行林地经营权证制度，积极稳妥推进林地流转，着力培育新型林业经营主体，发展林地适度规模经营，实现集体林经营管理的规模经济。2015 年，江西省启动颁发集体林经营权证工作，并在全省 11 个县开展试点工作。为进一步保障经营权流转证的法律效能，在颁发经营权流转证的同时，还为流转双方提供了《经营权流转鉴证书》。但经营权证尚未有明确的法律依据，需要在《物权法》等法律条款增加经营权，经营权的目的在于促进规模经济。浙江省在 24 个县开展了“三权”分置试点，并于 2015 年出台了《浙江省林地经营权流转证发证管理办法》，明确了林地经营权权能，按照流转合同约定，经营权流转证实现了林权抵押、评优示范、享受财政补助、林木采伐和其他行政审批等事项的权益证明功能。在试点的基础上，在全省范围内进行了推广，据不完全统计，截至 2018 年 5 月底，浙江省发放林地经营权流转证 1000 余本，经营权流转证面积超过 2 万公顷。福建、四川等省的一些地区开展集体林经营权证和集体林经营权鉴证的工作，取得了一定预期效果，但尚需从法律的角度加以明确。

二、集体林地林木流转制度的变迁

改革开放 40 年以来，中国集体林初始确定承包权是基于公平分配集体林地林木的视角，在一个共有集体林组织范围内，按照人口或劳动力平均分配集体林地；一些地区在较大范围内重新分配集体林地林木时，基本上按照人口或劳动力变动情况进行再分配。集体林产权制度变迁实现了公平分配集体林地的目标，但以牺牲效率为代价，在集体林经营过程中，需要权衡公平与效率，寻求二者的最优结合点。由于集体林区农户等经营主体的异质性，其林业经营管理能力、认知和知识等方面存在显著差异。因此，每个农户的劳动力、林地和资本等生产要素投入的林业回报也不同。若林地能够自由流转，把林地转移到能够产生最大价值的农户或其他经营主体的手中，则可获得流转效益。本章的第一部分着重回顾了集体林地林木确权的历程，即如何确定集体林地林木的权属形式，属于解决集体林地林木权属的安全性问题；本章的这一部分着重回顾集体林地林木流转历程，如何实现林地林木经营的效率。这两个部分属于人们关注的公平和效率两个方面，缺一不可。

在人民公社体制下，当时主流意识形态和《宪法》等认为集体林地林木和劳动力都不属于商品，在单一公有制体制下，经营主体单调，集体林地林木采用无偿划拨或平调。20 世纪 80 年代初期，在集体林区推行林业“三定”以来，打破了集体经济组织为集体林地林木单一经营者，农户等经营主体获得了林地承包权和林木所有权，经营和产权主体多元化使集体林地林木流转成为可能，集体林地林木流转能否成为现实取决于相关制度；随着政府相关政策、法律和意识形态的调整，集体林从禁止流转转包，到可以转包，再到可以在本集体经济组织内流转，进而发展到在非本经济组织外流转，新一轮集体林产权制度改革出台林地“三权”分置政策以后，政府积极鼓励集体林地林木流转，以期建立新型经济组织，实现规模经济。从集体林产权束的角度来看，集体林地林木流转从单一产权发展为多种产权束的流转，林木所有权、经营权可以流转，林地承包权可以流转。从经济林流转拓展到用材林流转，进而拓展到生态公益林流转，这既与意识形态和《宪法》等变迁有关，也与森林资源利用方式和技术进步有关。

（一）新一轮集体林产权制度改革之前的集体林地林木流转

林业“三定”时期，虽然贵州等重点集体林省区开展了一些小规模林地林木流转的实验性工作，但是由于当时《宪法》和意识形态等制定规则的规则桎梏，原则上，自留山和责任山不能流转，如果农户个人经营不善，集体可以收回，由集体统一经营或再进行承包经营。林业“三定”之后，由于收入预期未明和难以筹集造林资金，活立木转让日趋活跃，集体林地林木流转局限于县级行政区域甚至行政村的范围内。1984 年 3 月到 1993 年 5 月，贵州省黔东南州 16 个县市转让了 14 宗活立木，面积为 3666.67 公顷（其中集体林、个体和国有转让面积分别为 2200 公顷、1400 公顷和 66.67 公顷），成交额为1643万元（时价）。州内林业部门受让3133.33公顷、其他部门和个人分别受让166.67公顷和233.33公顷；流转给州外受让方不足66.67公顷(帅宗和、张国民等，1994)。

1992年，中共十四大把建立社会主义市场经济体制作为改革目标。1993年，中共十四届三中全会通过了《中共中央关于建立社会主义市场经济体制若干问题的决定》，深化农村经济体制改革。1995年，国家体制改革委员会和林业部联合下发了《林业经济体制改革总体纲要》，允许以多种方式有偿流转宜林“四荒地使用权”“开辟人工活立木市场，允许通过招标、拍卖、租赁、抵押、委托经营等多种形式，使森林资产变现”。1998年，颁布了修订后的《森林法》，国家允许森林、林木、林地作为资产有偿转让，或者将其作价入股，作为合资合股的条件。随后颁布的《森林法实施细则》规定商品林可以进行流转，但生态林不可以进行流转。集体林地林木流转依赖于完备的森林资源产权法律体系，林地林木流转的日常制度受制于宪法和意识形态等制定规则的规则（Schmid，2004）。集体林地林木流转呈现出快速增长态势，宜林“四荒”拍卖和租赁经营成为主要林地林木流转形式。

林业“三定”以后，通过林地林木流转，集体林区出现了大户、专业户等多种集体林产权安排形式，同时维持集体统一经营和家庭经营，形成了多种林地林木权属形式。随着农村商品经济的发展，农村林业发展出现了一些新的矛盾和问题，主要表现为：①承包林地后缺乏长远规划和必要的投入，存在短期行为，以及包而不治、治而不快、治而无效的现象；②林业生产要素不能合理流动和优化配置，出现了有山无人治或无力治，有人想治却无山可治的现象。当时的政策尚未完全解决承包土地后的稳定性和权属感，无法调动他们治山兴林的积极性。大多数农户认为，只有花钱买的东西才真正属于自己，并拥有支配和使用的权利。

20世纪80年代末期以来，山西省吕梁地区出现了拍卖“四荒”，包括未经治理的宜林荒山（坡）、荒沟、荒滩、荒地（沙）的林地权属安排，这些“四荒”面积大，开发利用率低，拍卖“四荒”的使用权，经营期限在50~99年。“四荒”拍卖从山西省陆续扩展到河北等16个省市（林业部，1994)。1992~1993年底，吕梁地区共拍卖“四荒”面积8万公顷，参加购买的农户达4.5万户，参加购买的机关团体60个，收回拍卖资金194.78万元，治理面积达30万亩（白建信等，1994)。1996年8月，林业部在山西省吕梁地区召开拍卖宜林“四荒”地使用权研讨会，时任林业部副部长祝光耀主持会议，并对拍卖宜林“四荒”地使用权工作提出10项原则要求，进一步推动了全国范围内的“四荒”拍卖。江西省金溪县112户个体工商户把大量资金投向林业，承包、租赁、购买“四荒”搞开发经营。截至1996年，开发“四荒”面积866.67公顷，投入资金546万元（时价）。由此可见，20世纪80年代末期和20世纪90年代的“四荒”拍卖成为集体林地林木流转的主流形式。

20世纪80年代末期和20世纪90年代，与责任山的林地林木权属形式相比，把集体统一管理的林地承包经营给本集体经济组织成员或非本集体经济组织成员的模式设计目标为以效率优先为取向，承包期限有别于国家规定的责任山的承包期，经过双方协商确定承包经营期限及相关合约条款，且需要向本集体经济组织上缴承包费。1991年，浙江省实施完善林业生产责任制政策，积极发展林业大户和专业户等经营主体，实现规模经济，将集体统管山承包给大户，经营期限为30年。一些集体林区为了发展基础设施和解决财务等问题，把集体统管山承包给农户或其他经营主体经营。1995年10月，崇义县决定进行林地林木经营权租赁改革试点，采取“统一规划，自主经营，利益共享，比例分成”的办法，将用材林经营期定为一个轮伐期，经济林定为30年，每公顷最低和最高租金分别为300元和900元。租赁林地面积达376.67公顷。2003年，新一轮集体林产权制度改革以前，福建省沙县和顺昌县村集体流转出面积占总集体林地流出面积的比例分别为87.66%和36.74%，流入本村农户的集体林地占村集体林地流出面积的98.58%和92.82%（中国集体林产权制度改革相关政策问题研究课题组，2012）。20世纪80年代末期到90年代，部分农户把其责任山和自留山流转给其他经营主体。

新一轮集体林产权制度改革之前，对于谁决定集体统一管理的林地林木流转，1986年的《民法通则》亦没有明确集体林地林木流转等重要决策，在集体林地林木流转中，尤其是集体林统一经营管理的林地林木，一些村干部滥用职权，集体林地林木流转具有随意性和不规范性，如合约不规范，流转期限和租金具有较高的随意性，没有真正地与集体林成员进行协商。1998年的《土地管理法》和2002年的《农村土地承包法》对于集体统一经营管理的林地林木流转提出了要求，把集体统一经营管理的林地流转给本集体经济组织之外的个人或单位时，必须由集体成员进行民主决策，要取得2/3的村民或村民代表的同意，须报乡镇政府批准，并要审查流入方的资信情况和经营管理的能力，在同等条件下，本集体经济组织成员享有优先承包权；但在实践中，这些法律与政策没有得到很好的遵守，依然存在集体统一经营管理的林地林木流转的随意性或合同粗糙等问题。

（二）新一轮集体林产权制度改革后的林地林木流转

2003 年出台的《中共中央国务院关于加快林业发展的决定》提出“加快推进森林、林木和林地使用权的合理流转”。2008 年出台的《中共中央国务院关于全面推进集体林产权制度改革的决定》要求：“规范林地、林木流转”和“加快林地、林木流转制度建设，建立健全产权交易平台，加强流转管理，依法规范流转，保障公平交易，防止农民失山失地。”2009 年，国家林业局出台的《关于切实加强集体流转管理意见》进一步鼓励和规范林地林木流转。2016~2018 年，中央和国家林业（草原）局关于“三权”分置的政策性文件进一步鼓励集体林地林木流转。新一轮集体林产权制度改革以后，出现了集体林地林木流转高潮，尤其是工商资本和企业从煤炭、石油等能源和房地产等产业转向森林资源经营管理，使林业成为继房地产、能源等产业之后的又一备受青睐的产业。对于工商资本参与集体林地林木流转，中央政策有所波动。2001 年，中共中央的 18 号文件不提倡“工商企业长时间、大面积租赁和经营农户承包地”。2005 年，《中共中央国务院关于进一步加强农村工作提高农业综合生产能力若干政策的意见》规定：应当“防止片面追求土地集中”。2013 年的中央一号文件提出“探索建立严格的工商企业租赁农户承包耕地（林地、草原）准入和监管制度”。2014 年的中央一号文件规定：设立担保基金，化解工商企业租赁林地所带来的风险。国家林业局也出台相应政策，规范与限制集体林地大规模地向工商资本流转，防止农民失山、失地。2013 年，国家林业局出台的《关于进一步加强集体林权流转管理工作的通知》中规定：禁止以市场投机和工商业掠夺为目的的林地租赁行为，防止森林资源和当地生态受到破坏。2016 年出台的《关于完善农村土地所有权承包权经营权分置办法的意见》规定：“完善工商资本租赁农地监管和风险防范机制，严格准入门槛。”虽然中央一号文件、《农村土地承包法》等法规和国家林业局的政策对集体林地流转给工商资本做出了一些限制，但是明晰集体林地林木产权为转入方提供了明确的预期，南方集体林区出现了一批民营林场，加之 2009 年新一轮集体林产权制度改革配套改革措施之一，即林权抵押贷款政策的出台，进一步刺激了工商企业流转林地的积极性。由于林权抵押贷款没有明确规定用途，通过林权抵押获得的贷款实际上可以用于房地产开发等用途，因此一些地区出现了工商资本流入集体林地跑路的现象，难以处理所抵押的林地，如浙江省安吉县和江西省修水县出现因工商资本跑路而遗留的林地，农户希望重新获得林地承包权，但金融机构因抵押贷款尚未偿付而不愿意放弃作为抵押物的集体林地，地方林业部门陷入两难境地，不知所措，在金融机构和农户两头不讨好。与此同时，我们需要清醒地看到，工商资本流入具有一定的盲目性，它们中的大多数没有从事森林资源经营的经历，尚不熟悉森林资源经营管理；也会出现侵害农民利益，导致农民失山、失地的问题，鉴于此，部分地区如江西省修水县规定农户流转其经营林地的最高比例，以防止农户失去山林，但又违背了农户自愿流转的愿望。

2009 年、2011 年、2012 年、2013 年和 2014 年底，全国累计发生集体林地流转面积分别为 813. 33 万公顷、1080 万公顷、1280 万公顷、1460 万公顷和 1520 万公顷；分别占已确权集体林地面积的 5. 00%、6. 05%、7. 12%、8. 10%和 8. 43%。截至 2016 年底，全国累计发生集体林地流转面积 1886. 67 万公顷，占已确权面积（1. 83 亿公顷）的 10. 5%，占承包到户面积（1. 30 亿公顷）的 14. 5%（张建龙，2017）。

三、集体林产权制度改革的经验与反思

改革开放以来，在维持林地集体所有权基因的前提下，农户获得了集体林地的承包权，承包期在不断延长，集体林地使用权和经营权由单一集体主体转变为以农户为主导的多元主体；由禁止集体林地林木流转转变为鼓励流转，流转规模在扩大，参与流转的主体在增加。因此，集体林产权制度实现了产权转型，不论从量还是从质的角度来看，中国集体森林资源状况都得到了明显改善。中国集体林产权制度改革既有成功的经验，也有亟须破解的困境与难题。

（一）经验总结

1978 年以来，多次集体林产权制度改革没有触动土地集体所有这一核心问题，集体林权属安排的基因没有变，这是集体林产权制度变迁顺利推行的经验之一。集体林产权制度变迁的是集体林地的使用权和经营权，农户获得的是集体林地承包权而非所有权。多次集体林产权制度改革调整的是集体林地的使用权，农户获得一定期限的林地使用权，自留山可以长期使用。允许农户获得承包权后再进行流转，即承包权和经营权，进一步调整集体林地的

使用权在不同经营主体之间的再划分，也就是目前探索的林业“三权”分置，林地集体所有的核心概念没有变，只是在主体上划分使用权。即使农户自愿退出集体成员资格，他们依然持有集体林地的承包权。若触动林地集体所有这一核心问题，那么中国集体林产权制度变迁将会是另外一种格局，甚至不可能进行40年来中国集体林产权变迁的探索。如果触动林地集体所有的底线，那么就不是林业政府部门所能解决的困局，需要对制定规则的规则进行大幅度改革。

20世纪80年代引入家庭经营权属安排，一直保留着家庭经营这一核心，这是中国改革开放以来集体林产权制度和流转制度变迁取得的重要经验之二。改革开放40年来，中国集体林产权制度变迁的核心基因应当包括林地集体所有和家庭经营这两个核心基因，这两个核心基因具有明显的路径依赖效应。新一轮集体林产权制度改革可视为20世纪80年代集体林产权制度改革的延续，20世纪80年代的林业“三定”时期推行的以家庭经营为主导的集体林产权制度安排不彻底，一些地区没有推行家庭经营而实现了诸如林业股份合作制等多种形式，即使在实施家庭经营的集体林区，实施家庭经营的比重也不高。新一轮集体林产权制度在全国范围内推行家庭经营且家庭经营的比重明显提高，进一步强化了家庭经营权属模式，并颁发了全国统一编号且具有法律效应的林权证，使家庭经营得到法律支撑。

包括意识形态和《宪法》变化在内的制定规则的规则变迁和解放思想是时代的主旋律，各级政府主动愿意放松对集体林的控制权，原来不可能的选择成为可能，使集体家庭经营和集体林地林木流转成为可能并付诸实践，鼓励探索集体林产权实现的途径与路径，从时空的角度来看，全国各地集体林产权呈现出多样性，丰富多彩，既是各地积极探索实验的结果，也是各地社会经济发展和森林资源状况的客观要求。这是中国改革开放以来集体林产权制度和流转制度变迁取得的重要经验之三。延长集体林家庭承包期也是意识形态和《宪法》等调整的结果，集体林地的承包期从5~15年延长至30年，再延长至50年，新一轮集体林产权制度改革把集体林承包权再度延长至70年，一再延长且可续期。延长集体林地承包权期限给予农户等经营主体的安全产权预期，在一定程度上促进了经营主体的林业生产要素投入的积极性。

（二）主要问题

改革开放以来，中国集体林产权制度改革和集体林地林木流转在取得重要进展的同时，也存在一些改革难点和问题，主要表现为如下几个方面：

首先，中国集体林产权制度变迁的行政干预味道浓，经济性措施选择有待加强。集体林产权和林地林木流转变迁更多地依靠行政运动和手段的强制实现，并伴随着群众运动。20 世纪 80 年代的集体林产权制度改革动员了大量政府部门和乡村人力与物力。新一轮集体林产权制度采用了省、市、县、乡镇和行政村“五级”书记抓集体林权制度改革的模式，要求在规定时间内完成集体林产权制度改革，采取运动的形式推行集体林产权制度变迁。中央政府提出一个完成某次集体林产权制度改革的期限，随着地方政府层级的下降，层层加码，要求提前完成集体林权制度改革的任务，基层部门难以在短期内完成任务，采用障眼法或粗制滥造的手段赶进度，因此，确权质量不高是后遗症之一。

其次，产权模式统一性要求多，区域差异不足。就全国范围而言，集体林产权制度改革推行某种主导集体林地林木权属形式时，虽然在政策性文件中提到要考虑各地特点，因地制宜地选择适合当地特点的集体林产权制度形式，但在实际操作过程中，没有充分考虑到各地森林资源和社会经济发展差异，采用不同集体林地林木权属安排形式，更多地采用主导模式，如在新一轮集体林产权制度改革过程中，考核集体林产权制度改革进展的重要指标之一就是集体林地到户率，而忽视了其他林地权属模式的选择和确认。

再次，集体林地细碎化严重。根据国家林业局经济发展研究中心农村林业政策研究团队长期跟踪采集全国 12 个省区的 32 个县、7000 个样本农户结果：1990~2015 年，户均林地地块数呈现出下降—上升—下降的态势。这与 20 世纪 80 年代林业“三定”和 2003 年新一轮集体林产权制度改革有密切关系。林业“三定”结束以后，一些集体林区收回已经分林到户的林地或鼓励发展林业大户、专业户和林业股份合作经济等，样本农户经营的林地减少，从 1990 年的 4. 52 块下降到新一轮集体林产权制度改革前一年（2002 年）的 4. 05 块；新一轮集体产权制度改革启动以后，样本农户经营的林地地块数再增加，此后样本农户经营管理的林地面积呈现出下降态势。块均林地面积趋势虽有所波动，但基本上呈现出上升态势，从 1990 年的每块 3. 38 亩增加到 2012 年的每块 10. 36 亩。根据国家林业局经济发展研究中心农村林业研究团队对山东、广西、浙江、湖南、四川、辽宁、江西、福建和河南 9 省区 18 个县的 2400 个样本农户调查结果显示：2013 年，36. 5%的农户有 1~2 块林地，28%的农户有 3~4 块林地，17%的农户有 5~6 块林地，13%的农户有

7~10 块林地，4.5%的农户有 10~20 块林地，1.2%的农户有 20 块以上的林地。通过对新一轮集体林产权制度改革的前一年与后一年的情况进行对比后发现：每个样本农户的平均林地地块数量显著增加，辽宁、广西和湖南的样本农户的情况尤为明显。新一轮集体林产权制度改革完成后，湖南省的样本农户明显地获得了更多林地地块。

最后，集体林地林木纠纷多而复杂。由于历史、政策和自然等多种复杂原因，造成集体林地林木纠纷严重，成为各级政府和林业主管部门迫切需要处理的问题。林地林木纠纷主要有两个类型：一类是新一轮集体林产权制度改革以前遗留的较难协调的老大难问题；另一类是新一轮集体林产权制度改革以来出现的新问题。出现集体林地林木权属纠纷的主要原因包括国有林和集体林权属界定以及合作过程中合约不清、“谁造谁有”政策设计及后续利益政策不完善、集体林地林木流转合同不规范和不完善、林业“三定”和新一轮集体林产权制度改革及两次集体林权制度改革期之间政策措施不完善和急躁冒进等，尤其是集体林产权制度改革过程中对集体林产权界定的难度认识不足，在操作过程中，赶进度和工作粗糙以及档案不完善等问题突出。集体林地林木纠纷可能带来的毁灭性或不可利用的竞争，降低了林地林木的使用价值，迫切需要加以解决。

四、对集体林产权制度改革的展望

改革开放以来，在集体林区，中国一直推行以家庭经营产权制度为主导的产权制度安排，新一轮集体林产权制度改革进一步强化了集体林家庭经营的权属，集体林家庭经营解决了林地分配的公平问题，但由于家庭经营具有规模小、经营分散和集约经营强度低等问题，因而牺牲了集体林地经营的效率，集体林地林木流转试图从低效率的经营主体向高效率的经营主体流转林地，优化劳动力、资本和林地等生产要素的优化配置。2014 年以来，根据集体林地“三权”分置的原则，鼓励农户等经营主体流出林地，发展农民林业专业合作社、家庭林场和民营林场等新型林业经营组织，各地已在探索集体林地“三权”分置和建设新型经营组织的措施与路子。在集体林地林木流转的基础上，发展具有规模经济效益的新型经营组织是未来中国集体林产权和林地林木流转制度改革的方向。

发展适应规模经济效益的集体林权属模式具有必然性。中国生态林面积占林地面积的30%以上；2015 年又启动了以生态建设为导向的国有林场和国有林区改革，国有林木材供给能力明显下降，集体林成为木材和其他林产品生产基地。目前中国是世界上木材和其他林产品的最大进口国，贸易保护主义抬头和林产品国际贸易绿化等，使木材和其他林产品进口受到严重制约，需要提高集体林地生产力，依赖分散的小规模农户难以完成此重任。我们需要清醒地看到：农村就业人员从 1978 年的 3.06 亿人下降到 2017 年的 3.52 亿人，占全国劳动力的比重从 75.31%下降至 43.60%，尤其是年轻劳动力流失严重，林业又属于造林等初始阶段性劳动密集产业；1979 年和 2016 年农村劳动力价格增长了 15.90 倍；木材价格从 1979 年的 72.93 元/立方米提高到 2016 年的 123.82 元/立方米，增长了 69.78%（1994 年不变价），这些变化导致集体林区农户产出价格上涨不能弥补劳动力等生产要素价格上涨，故使其经营陷入困境。如果国家不出台相应的政策措施鼓励集体林地林木流转，农户要么放弃林地经营，要么把所经营的林地林木流转出去，要么寻求租赁林地，适度扩大所经营林地的规模，走林业新型经济组织的道路。日本、美国和欧洲一些国家的林业发展历程也验证了小农户退出森林资源管理的这一点，如日本私有林主要由森林组合负责日常经营管理，私有林主基本不参与或放弃经营。

农户退出集体经济组织成员和流转其林地林木为逐渐的过程，需要一个过渡期，主要原因在于农户要寻求其替代收入来源，替代收入稳定且高于其不放弃林业经营的收入时，农户才会退出。在发展林业新型经营组织的过程中，要坚决避免一哄而上和急躁冒进的现象，坚持稳扎稳打和循序渐进的原则；对于过大林地规模林业新型主体的出现要持慎重态势，林地规模扩大要适度与稳妥。

鼓励农户流出林地林木和彻底放弃集体经济组织的成员资格，需要坚持自愿和兼顾利益的原则，使他们逐步退出集体林地经营。未来集体林产权和林地林木流转政策需要强化如下工作：①设计农户退出集体经济组织成员资格的路径和补偿方式方法；②强化对林业新型经营组织的资金扶持和人员培训力度，在这些新型经营组织建立初期，解决其融资难和融资贵的问题，对其核心成员进行林业专业技能培训，走职业化和专业化的路子，降低他们参与森林资源经营的盲目性和冲动性，提高其成功的可能性；③帮助与协调他们解决林地林木纠纷；④为林业新型经营主体提供社会服务，解决他们日常经营中面临的技术与政策等难题；⑤政府部门需要增加对林区防火和病虫害防治等基础设施投入；⑥鼓励林业新型经济主体走横向和纵向一体化的路子，鼓励他们充分利用森林资源和延长产业链，逐步形成林纸、林板和森林旅游、森林康养等综合发展体，融入当地社会经济一体化发展的格局，逐步形成相应的林业产业聚集；⑦开展农户专业技能培训和提高农户社会保障水平，让他们能够“走出去”，活得下去，生活得好；⑧建立保障集体林地林木安全产权的法律与政策体系，保障他们的权益，为选择成立建立林业新型经营组织的主体吃下定心丸，树立他们开展林业长期经营的信心。

第十章　农村宅基地制度改革

根据国土资源部给出的定义①，所谓农村宅基地，也称房屋地基，是指“农村居民依法取得的用于建造住宅及其生活附属设施的建设用地”。农村宅基地制度又可以分为农村宅基地产权制度和农村宅基地管理制度。前者主要是指农村宅基地归谁所有、由谁使用、有何权利等，后者则主要是指农村宅基地的规划和计划管理、审批管理、超占多占管理等。宅基地是农村土地的重要组成部分。目前，中国尚未对农村宅基地专门立法，农村宅基地由相关法律法规、国家政策和各地传统习俗共同规范、调整。

中国现行的农村宅基地制度，发端于人民公社时期，在 1978 年农村改革启动后的相当长时期内保持稳定，此后因城乡发展形势变化而持续调整。总体而言，40 年来的农村宅基地制度改革，是一个从政府供给为主到农民需求诱致的上下结合的制度变迁过程。随着农村宅基地制度改革的深化，农民拥有的宅基地权利逐步增多，国家对农村宅基地的管理也有所松动。然而，由于采取了渐进式赋权的改革思路，当前的农村宅基地制度改革呈现出明显的“零敲碎打”特征，导致土地制度建设在很多方面互不配套，难以满足农民的需求和农村发展的需要；由于坚持城市优先发展战略，现有的农村宅基地制度没能平等地保护农民的土地财产权，造成城乡土地制度无法互补衔接，成为农村转型和城乡一体化发展的障碍（王淑华，2011；曲福田、田光明，2011）。

展望未来，农村宅基地制度改革应当以实现“同地同权”为基本理念，给予农民更多的土地财产权利，让农民分享更多发展成果；应当以构建城乡一体的土地政策体系为核心导向，建立健全平等开放、统一监管的城乡建设用地市场体系和土地管理制度。

---

① 国土资源部 2010 年 3 月印发的《关于进一步完善农村宅基地制度切实维护农民权益的通知》。

一、农村宅基地制度改革的背景

自 1949 年新中国成立，一直到 1962 年，农村宅基地和房屋都属于农民私人所有，可以进行买卖。这在 1950 年实施的《土地改革法》和 1954 年颁布的《宪法》中都有明确规定。1956 年通过的《高级农业生产合作社示范章程》明确规定，“社员原有的坟地和房屋地基不必入社”，表明合作化运动并没改变农村宅基地和房屋的农民私人所有性质。

在高级农业合作社演变为人民公社后，农村宅基地亦逐步集体化，农民原本享有的宅基地所有权被转化为宅基地使用权。1962 年，中共八届十中全会通过的《农村人民公社工作条例修正草案》（即人民公社“六十条”）规定，“生产队范围内的土地，都归生产队所有。生产队所有的土地，包括社员的自留地、自留山、宅基地等等，一律不准出租和买卖”“社员的房屋，永远归社员所有。社员有买卖或者租赁房屋的权利”。农村宅基地不得买卖，是指尚未盖房的集体所有的宅基地，不能以买卖的方式取得，以保障村民尤其是贫困村民的居住权利。但是由于房屋归私人所有且可以买卖，已经盖房的宅基地可以随房屋买卖而转移给其他人使用。至此，宅基地属于集体所有、房屋属于农民所有的中国农村“一宅两制”制度正式形成。

针对宅基地集体化后，有些地方的农民因担心宅基地上的树木被充公、房屋被没收、调剂而出现的砍树、卖房现象，1963 年 3 月，中共中央发布了《关于各地对社员宅基地问题作一些补充规定的通知》，在强调宅基地归生产队集体所有、不准出租和买卖的同时，明确宅基地上的附着物，如房屋、树木、厂棚、猪圈、厕所等永远归社员所有，社员有买卖和租赁房屋的权利；房屋出卖以后，宅基地的使用权即随之转移给新房主，但所有权仍归生产队所有。这个文件首次明确提出并区分了“宅基地的所有权”和“宅基地的使用权”，奠定了中国农村宅基地制度的基本框架，成为日后农村宅基地制度改革的历史起点。1966 年，“文化大革命”爆发后，国家陷入不稳定状态，各项制度的建设和完善几近停滞，农村宅基地制度亦无显著变化。1975 年《宪法》规定，“国家保护公民的劳动收入、储蓄、房屋和各种生活资料的所有权”“公民的住宅不受侵犯”。1978 年《宪法》也规定，“国家保护公民的合法收入、储蓄、房屋和其他生活资料的所有权”“公民的住宅不受侵犯”。显然，“文革”期间及此后一个时期，农民一直可以出卖农村房屋并顺带实现宅基地使用权的转移。

1978 年 12 月，中共十一届三中全会召开后，国家政治上拨乱反正，经济上从计划向市场转型，为中国农村土地制度改革提供了历史机遇，并由此揭开了农村宅基地制度完善发展的新篇章。此后 40 年来，中国农村宅基地制度因农民的需求和城乡经济社会发展的需要而持续调整和创新。

二、农村宅基地制度改革的历程

总体看，以社会各界最为关心的城乡一体化进程中农民的房屋能否买卖、农村宅基地使用权能否流转为标准，可以将 1978 年农村改革启动以来中国农村宅基地制度改革划分为延续保护、严格限制和有限放松三个阶段：第一阶段，1978~1998 年，国家延续人民公社时期的宅基地制度基本框架，出台了相关法律法规，允许农村房屋和宅基地“房地一体”转让；第二阶段，1999~2008 年，受城镇住房制度改革和城镇化快速发展的推动，一些农村尤其是城市郊区农村宅基地的价值凸显，很多城镇居民到农村购买农民房屋，国家严厉限制农民的农村宅基地开发和房屋处置权利；第三阶段，2008 年中共十七届三中全会以来，城乡发展一体化的趋势加快，农民“同地同权”的诉求高涨，国家开始放松对农村宅基地权利的限制，并逐步有管控地激活农村房屋出租和转让市场。

（一）保护农村宅基地使用权转移（1978~1998 年）

1978 年启动农村改革以后，随着市场化改革的推进和国家法律制度的健全，农村宅基地产权制度和管理制度逐渐规范化。总体而言，直到 1998 年，中国一直延续并持续完善人民公社时期形成的农村宅基地制度，在市场化改革的基本取向下，承认农民房屋的私有产权性质，准许农民把自家房屋连同宅基地一体转让，并通过相关法律予以明确和规范。

所有权包括占有、使用、收益和处分四项基本权能。农民拥有房屋的所有权，因此可以处分（出卖）。在 2004 年《宪法》修正案通过之前，保护农民的房屋所有权，从而准许农民出卖房屋，一直都是《宪法》明确赋予农民的神圣权利。在农村房屋由农民私人所有且可以处分的“一宅两制”下，宅基地的使用权将因房屋买卖而转移，不言自明。因房屋和宅基地不可分割，不允许宅基地使用权转移，将事实上限制农民对房屋的处分而违反《宪法》。因此，无论是城镇居民还是农民，都可以通过合法的农村房屋买卖，连带获得宅基地的使用权。1979 年 2 月，最高人民法院印发的《关于贯彻执行民事政策法律的意见》指出，“依法准许买卖的房屋，经过合法手续，确定了买卖关系的，应保护双方的权利”。

1982 年 2 月，国务院发布的《村镇建房用地管理条例》（以下简称《条例》）很好地诠释了《宪法》的精神。《条例》第十五条规定，“由于买卖房屋而转移宅基地使用权的，应按第十四条的规定办理申请、审查、批准手续”，首次以国家法规的方式明确了农村宅基地使用权可以因房屋买卖而转移，但是“出卖、出租房屋的，不得再申请宅基地”。而且，《条例》在第十四条对城镇居民回乡取得宅基地的程序做出了明确规定：回乡落户的离休、退休、退职职工、军人和回乡定居的华侨，可以向所在生产队申请，经生产大队审核同意，报公社管理委员会批准后获得建房需要宅基地，“确实需要占用耕地、园地的，必须报经县级人民政府批准。批准后，由批准机关发给宅基地使用证明”。不仅如此，《条例》还明确指出，“严禁买卖、出租和违法转让建房用地”。这表明不允许买卖和转让的是将用于建造房屋的土地。对于房屋宅基地使用权的转移，并没有限制（魏后凯、刘同山，2016）。

《条例》的上述精神在 1986 年颁布的第一部《土地管理法》中得到了充分体现。这部《土地管理法》第三十八条规定，“出卖、出租住房后再申请宅基地的，不予批准”。而且第四十一条规定，“城镇非农业户口居民建住宅，需要使用集体所有的土地的，必须经县级人民政府批准”。虽然城镇非农业户口申请农村宅基地的审批权从公社（后来的乡镇）上移至县一级，这部法律仍然允许城镇居民以申请的方式合法获得农村宅基地。1988 年修订的《土地管理法》第二条规定，“国有土地和集体所有的土地的使用权可以依法转让。土地使用权转让的具体办法，由国务院另行规定”。1991 年，国务院发布的《土地管理法实施条例》对土地使用权转让的具体细则做了补充，在第六条规定：“依法改变土地的所有权、使用权，或者因依法买卖、转让地上建筑物、附着物等而使土地使用权转移的，必须向县级以上地方人民政府土地管理部门申请土地所有权、使用权变更登记，由县级以上人民政府更换土地证书。”

在社会主义市场经济体制基本确立后，1994 年中国启动了城镇住房制度改革。为了遏制城镇居民对农村尤其是城郊农村住房及宅基地的需求，减少对城镇住房市场的分流，1998 年 8 月重新修订的《土地管理法》删除了关于城镇非农业户口居民可以在农村取得宅基地的规定。但由于修订后的《土地管理法》仍保留了“土地使用权可以依法转让”和“农村村民出卖、出租住房后，再申请宅基地的，不予批准”的条款，城镇居民实际上依旧可以通过购买农民的房屋获得宅基地使用权。而且，1998 年 12 月国务院发布的《土地管理法实施条例》第六条规定："依法改变土地所有权、使用权的，因依法转让地上建筑物、构筑物等附着物导致土地使用权转移的，必须向土地所在地的县级以上人民政府土地行政主管部门提出土地变更登记申请，由原土地登记机关依法进行土地所有权、使用权变更登记。"与 1991 年实施条例第六条的内容基本一致，表明"地随房走"的农村宅基地管理基本取向尚未改变。

总之，在农村改革后的 20 年间，中国延续了人民公社时期形成的农村宅基地管理制度，并没有对农村宅基地使用权转移进行限制，而是通过承认并保护农民房屋所有权，附带允许宅基地使用权转移。

（二）限制农村房屋及宅基地交易（1999~2008 年）

20 世纪末，随着市场经济的发展和城乡人口流动的加快，中国城市居民收入持续增加，富裕起来的城市居民到农村购买房屋的情况也明显增多。尤其是 1998 年 7 月《国务院关于进一步深化城镇住房制度改革加快住房建设的通知》要求自 1998 年下半年起"停止住房实物分配，逐步实行住房分配货币化"后，很多城市居民涌向城乡结合部购买农民的住房，一些地方甚至出现了以开发"果园""庄园"为名炒卖地皮的现象。为了治理农村土地非法转让乱象，同时将城市居民的购房需求限制在城市范围内（以保障城镇住房制度改革顺利推进），1999 年 5 月国务院办公厅发布了《关于加强土地转让管理严禁炒卖土地的通知》，规定"农民的住宅不得向城市居民出售，也不得批准城市居民占用农民集体土地建住宅，有关部门不得为违法建造和购买的住宅发放土地使用证和房产证"。

由于农村居民家家有住房，而且在彼时符合条件的村民可以免费申请宅基地，农民没有动力购买他人的房屋及宅基地，农村房屋交易主要是农村居民卖给城市居民。前述规定，禁止农民把住宅出售给城市居民，实际上限制了农民房屋所有权，相当于剥夺了农民的财产权，违反了《宪法》关于保护农民房屋所有权和农民合法财产的规定。而在此之前，国家从未从法律层面上限制过农民的房屋出售以及随之而来的宅基地使用权转移，更没有对受让对象做出限定（张云华，2011）。此后，限制农民把房屋出售给城市居民的制度一直延续下来，造成城市居民难以回流到农村，"告老还乡、衣锦还乡、解甲归田"成为历史。城市人才无法回流到农村，加剧了城乡二元分割和农村的衰落。

虽然 2004 年修订的《土地管理法》依旧保留了“土地使用权可以依法转让”和“农村村民出卖、出租住房后，再申请宅基地的，不予批准”等条款，但限制城镇居民购买农民住房、损害农民房屋所有权权益的做法日益盛行：2004 年 10 月，国务院发布了《关于深化改革严格土地管理的决定》，要求“禁止城镇居民在农村购置宅基地”；2004 年 11 月，国土资源部发布的《关于加强宅基地管理的意见》强调，“严禁城镇居民在农村购置宅基地，严禁为城镇居民在农村购买和违法建造的住宅发放土地使用证”；2007 年 12 月，国务院办公厅发布的《关于严格执行有关农村集体建设用地法律和政策的通知》再次强调，“城镇居民不得到农村购买宅基地、农民住宅或‘小产权房’”。不仅如此，为了弱化农民的房屋所有权，避免农民依据《宪法》规定主张房屋自由出售的权利，2004 年修订后的《宪法》，将第十三条“国家保护公民的合法的收入、储蓄、房屋和其他合法财产的所有权”修改为“公民的合法的财产不受侵犯”，从而模糊了农民房屋的私人所有属性和自由处置权。

在前三次《物权法》审议稿中，曾对宅基地使用权流转问题做出规定：“本集体以外的人通过转让取得宅基地使用权的，应当缴纳宅基地使用费。”但因争议较大，在第六次审议稿中改为“宅基地使用权人经本集体同意，可以将建造的住房转让给本集体内符合宅基地使用权分配条件的农户；住房转让时，宅基地使用权一并转让。禁止城镇居民在农村购置宅基地”（赵树枫等，2015）。然而为了维护既有法律和政策，并为今后修改有关法律、调整有关政策“留有余地”，2007 年颁布实施的《物权法》最终没有对宅基地使用权能否转让、如何转让给出规定，而是采用转至条款，指出“宅基地使用权的取得、行使和转让，适用土地管理法等法律和国家有关规定”，从而回避了宅基地使用权转移这一非常重要而又十分敏感的问题。2008 年，中央一号文件亦再次强调，“城镇居民不得到农村购买宅基地、农民住宅或‘小产权房’”。2008 年 2 月，住房和城乡建设部发布的《房屋登记办法》第八十七条规定，“申请农村村民住房所有权转移登记，受让人不属于房屋所在地农村集体经济组织成员的，除法律、法规另有规定外，房屋登记机构应当不予办理”。由于法律法规并未明确指出城镇居民可以购买农村房屋，故该规定表明房屋登记部门不会为城镇居民购买的农村房屋办理所有权转移登记手续（戴孟勇，2009）。2008 年 7 月，国土资源部《关于进一步加快宅基地使用权登记发证工作的通知》要求，“严格执行城镇居民不能在农村购买和违法建造住宅的规定。对城镇居民在农村购买和违法建造住宅申请宅基地使用权登记的，不予受理”。可见，禁止农村房屋和宅基地使用权向城市居民转让，是这一时期宅基地管理政策的核心目标。

（三）有限增强农村宅基地权能（2008 年以来）

21 世纪以来，城乡壁垒日益消除，大量农村人口流向城市，农村房屋及宅基地浪费现象严重，农村空心化问题引发社会关注（刘同山、孔祥智，2016）。为了提高农村宅基地利用效率，国家在严禁农村建设“小产权房”的同时，开始鼓励集体成员内部的农村住房及宅基地转让，以及进城落户农民的农村宅基地有偿退出。其标志是 2008 年 1 月国务院发布《关于促进节约集约用地的通知》（以下简称《通知》）。《通知》规定，“对村民自愿腾退宅基地或符合宅基地申请条件购买空闲住宅的，当地政府可给予奖励或补助”。按照此前的法律法规，农民腾退的宅基地都是由集体无偿收回后统一安排使用的。《通知》不仅明确村民可以通过购买空闲住宅获得宅基地，还明确对自愿腾退宅基地的给予奖励或补助，尚属首次。看似政策上的微小调整，却是农村宅基地迈向市场化配置的一大步。如果说《通知》只是鼓励形成农村集体内部的建设用地市场，那么 2008 年 10 月中共十七届三中全会通过的《中共中央关于推进农村改革发展若干重大问题的决定》则更进一步，不仅要求“完善农村宅基地制度，严格宅基地管理，依法保障农户宅基地用益物权”，还提出“逐步建立城乡统一的建设用地市场”。2010 年，中央一号文件提出“加快农村集体土地所有权、宅基地使用权、集体建设用地使用权等确权登记颁证工作”。2012 年，中央一号文件进一步提出“推进包括农户宅基地在内的农村集体建设用地使用权确权登记颁证工作”。确权颁证为下一步农村宅基地使用权的转让、抵押奠定了制度基础。

2013 年 11 月，中共十八届三中全会通过的《中共中央关于全面深化改革若干重大问题的决定》要求“赋予农民更多财产权利”“保障农户宅基地用益物权，改革完善农村宅基地制度，选择若干试点，慎重稳妥推进农民住房财产权抵押、担保、转让，探索农民增加财产性收入渠道”。此后，以市场化为基本取向，以还权、赋能为重要特征的农村宅基地制度改革步伐逐渐加快，农民住房的财产权和宅基地使用权等权益持续加强。2014 年 3 月发布的《国家新型城镇化规划（2014~2020 年）》充分体现了中央的这一精神，提出“建立城乡统一的建设用地市场，保障农民公平分享土地增值收益”。2015 年 1 月，中共中央办公厅和国务院办公厅联合印发的《关于农村土地征收、集体经营性建设用地入市、宅基地制度改革试点工作的意见》明确提出，“探索进城落户农民在本集体经济组织内部自愿有偿退出或转让宅基地”，并在福建晋江、浙江义乌等 15 个县（市、区）开展试点。但是，因改革仅在试点地区进行，且农村宅基地自愿退出或转让被限制在集体成员内部，社会影响较小。

2015 年 11 月，中共中央办公厅、国务院办公厅印发的《深化农村改革综合性实施方案》提出“探索宅基地有偿使用制度和自愿有偿退出机制，探索农民住房财产权抵押、担保、转让的有效途径”。2016 年，中央一号文件要求，维护进城落户农民的宅基地使用权，并支持引导其依法自愿有偿转让。2016 年 3 月发布的全国《“十三五”规划纲要》进一步提出，“开展宅基地融资抵押、适度流转、自愿有偿退出试点”。鉴于农村宅基地抵押存在无法赎回的可能，上述政策意味着农村宅基地交易仅限于集体成员内部的规定正在被打破，对农民住房财产权和宅基地用益物权的限制逐步被取消。为推动乡村振兴，2018 年中央一号文件进一步提出，“完善农民闲置宅基地和闲置农房政策，探索宅基地所有权、资格权、使用权‘三权分置’”“落实宅基地集体所有权，保障宅基地农户资格权和农民房屋财产权，适度放活宅基地和农民房屋使用权”。至此，国家对宅基地改革思路逐渐清晰，即按照渐进式赋权的思路，持续强化农民的宅基地用益物权。

三、农村宅基地制度改革取得的成就

经过 40 年的改革发展，农村宅基地制度改革不仅初步建立了相关法律法规体系，明确了改革目标方向，还为公共财政和城镇化建设做出了重大贡献。

（一）明确了农村宅基地制度改革方向

经过 40 年的探索，中国农村宅基地制度改革的基本取向逐渐清晰。由于自 1999 年开始国家严格禁止农民把房屋出售给城镇居民，而且农民翘首以盼的《物权法》中宅基地相关条款只有寥寥四条，农村宅基地制度改革的前景一度变得模糊。但是 2008 年中共十七届三中全会提出“逐步建立城乡统一的建设用地市场”，而且先从集体经营性建设用地着手，要求“对依法取得的农村集体经营性建设用地，必须通过统一有形的土地市场、以公开规范的方式转让土地使用权，在符合规划的前提下与国有土地享有平等权益”。农村宅基地为农民建造住宅用地，属于建设用地（陈小君、蒋省三，2010），且是农村最主要的建设用地。中共十七届三中全会关于“逐步建立城乡统一的建设用地市场”的决定，无疑指明了中国农村宅基地制度改革的基本方向和改革前景。此后，2010 年、2012 年和 2013 年中央一号文件都提出加快宅基地使用权确权登记颁证工作。明晰产权是发展市场经济的基本逻辑和重要前提，上述中央一号文件表明，长期来看，中国将推进农村宅基地市场化改革。

2013 年 11 月，中共十八届三中全会通过的《中共中央关于全面深化改革若干重大问题的决定》再次提出“建设城乡统一的建设用地市场”，并要求“赋予农民更多财产权利”“保障农户宅基地用益物权，改革完善农村宅基地制度，选择若干试点，慎重稳妥推进农民住房财产权抵押、担保、转让，探索农民增加财产性收入渠道。建立农村产权流转交易市场，推动农村产权流转交易公开、公正规范运行”。这个文件不仅明确了农村宅基地制度改革的大方向——城乡统一的建设用地市场，还提出了基本原则（保障农户宅基地用益物权）和具体路径（选择若干试点慎重稳妥推进农民住房财产权抵押、担保、转让和农村产权流转交易）。此后，以市场化为基本取向，以还权、赋能为重要特征的农村宅基地制度改革步伐逐渐加快，农民住房财产权和宅基地使用权等权益持续加强。近年来，逐步放活农村宅基地使用权，强化其用益物权权能，一直是农村改革的前沿领域，并取得了较为丰富的改革成果。

（二）建立了农村宅基地法律法规体系

回顾过去 40 年，虽然从农民住房财产权的角度看，农村宅基地制度改革曾出现停顿甚至一定程度的回调，但总体来看，中国不断完善宅基地制度，持续以法律等正式制度的形式巩固改革成果，规范宅基地制度建设。改革 40 年来，农村宅基地制度形成了包括《宪法》相关条款、《土地管理法》《物权法》《土地管理法实施条例》《村镇建房用地管理条例》等国家法规、《土地管理法》地方实施办法等地方法规，以及有关司法解释和部门规章等，基本建立起农村宅基地用益物权保护制度和宅基地管理法律体系，逐步将农村宅基地纳入法制化管理轨道。

在农村宅基地产权制度建设方面，1982 年《宪法》首次在国家根本大法中明确了宅基地属于集体所有。1982 年印发的《村镇建房用地管理条例》指出，社员对宅基地只有按照规定用途使用的使用权，没有所有权。1986 年《土地管理法》则从法律上明确了宅基地属于集体所有，个人可以依法使用，把农村宅基地所有权、使用权“两权分离”以法律形式确定下来。1988 年《土地管理法》提出集体所有的土地的使用权可以依法转让。1991 年《土地管理法实施条例》规定了土地使用权转让的具体细则。这一时期，城镇非农业户口居民也可以通过向县级人民政府申请，获得农村宅基地使用权。1998 年修订的《土地管理法》删除了城镇非农业户口居民可以在农村取得宅基地的规定。但这部法律不限制农民把房屋自由出售，因此城镇居民实际上仍可通过购买农民的房屋获得宅基地使用权。1999 年，国家开始以宅基地集体所有为名，限制农民把房屋连同宅基地“房地一体”转让给城镇居民。为了配合“因地限房”的做法，2004 年修订的《宪法》模糊了对农民房屋所有权的保护。针对农民日益觉醒的财产权利，2007 年《物权法》明确了宅基地使用权是一种用益物权，宅基地使用权的取得、行使和转让，适用《土地管理法》等法律和国家有关规定。但遗憾的是，截至目前，有关宅基地转让的法律和规定一直未能出台。

在农村宅基地管理制度建设方面，1982 年印发的《村镇建房用地管理条例》明确了利用宅基地建房应遵循的统一规划、用地标准和审批制度。1986 年《土地管理法》规定，农村居民建住宅，应当使用原有的宅基地和村内空闲地。使用耕地的，经乡级人民政府审核后，报县级人民政府批准；使用原有的宅基地、村内空闲地和其他土地的，由乡级人民政府批准。农村居民建住宅使用土地，不得超过省、自治区、直辖市规定的标准。此后，一些省份制定了农村宅基地管理规定。比如，《河北省农村宅基地管理办法》规定，“人均耕地不足 1000 平方米的平原或者山区县（市），每处宅基地不得超过 200 平方米；人均耕地 1000 平方米以上的平原或者山区县（市），每处宅基地不得超过 233 平方米；坝上地区，每处宅基地不得超过 467 平方米。农村村民因继承等原因形成一户拥有二处以上宅基地的，多余的住宅应当转让”。2004 年修正的《土地管理法》指出，农村村民一户只能拥有一处宅基地，其宅基地的面积不得超过省、自治区、直辖市规定的标准；农村村民建住宅，应当符合乡（镇）土地利用总体规划，并尽量使用原有的宅基地和村内空闲地；农村村民住宅用地，经乡（镇）人民政府审核，由县级人民政府批准。

（三）形成了一些宅基地改革试点经验

进入 21 世纪后，随着城镇化的发展，一些市场经济较发达的地区，为了盘活农村宅基地和房屋市场，或者在城乡建设用地“增减挂钩”的政策下为城镇建设用地争取更多指标，进行了一些制度创新。近几年，随着农村人口向城镇迁移，农村宅基地闲置和低效率利用情况日益突出，如何盘活农村宅基地和房屋资源、提高农村土地利用效率受到各方重视。2015 年 1 月，中共中央办公厅、国务院办公厅联合印发了《关于农村土地征收、集体经营性建设用地入市、宅基地制度改革试点工作的意见》，中国农村土地制度改革进入试点阶段。2015 年 2 月，全国人民代表大会常务委员会通过了《关于授权国务院在北京市大兴区等三十三个试点县（市、区）行政区域暂时调整实施有关法律规定的决定》，同意在北京市大兴区等 33 个试点县（市、区）暂停实施《土地管理法》《城市房地产管理法》的 6 个条款，按照重大改革于法有据的原则推进农村土地征收、集体经营性建设用地入市、宅基地制度改革试点（以下简称"三块地"改革试点）。试点期限至 2017 年底，后经全国人大授权，延长至 2018 年底。目前来看，农村宅基地制度改革初步形成了一些经验（魏后凯、刘同山，2016）。

一是农村宅基地换城镇住房。一种是政府主导的宅基地换房。其基本动机是在城乡建设用地利用效率"冰火两重天"的困境下，从国家的"增减挂钩"政策出发，实现城乡建设用地的统筹利用。这类宅基地换房，主要发生在城郊地区，是城市规模扩张和土地制度约束下的创新之举，比如"三块地"改革试点之一的四川郫县的宅基地换房就是这方面的典型。另一种是企业主导的宅基地换房。其主要考虑的是发挥农村建设用地的商品属性，在改善农民居住环境、使其就地或者就近转移的同时，在节约的建设用地上从事房地产开发获利。河南浚县中鹤集团是开展宅基地换房业务的农业企业之一。

二是农村宅基地收储。农村宅基地收储，主要是政府或者有经济实力的村集体，为了提高农村宅基地利用效率，改善村民居住环境而进行的宅基地制度改革。农村宅基地收储也可以分为两种情况：一种是村集体收储。福建省晋江市是 33 个"三块地"改革试点之一。福建晋江市砌坑村是传统农区村集体实施宅基地收储的典型。自 2006 年起，砌坑村开始由集体经济组织安排资金，实施宅基地收储、村庄统一规划建设和集中安置搬迁。为了规范宅基地退出和村内搬迁工作，2016 年 3 月，砌坑村在总结前期经验的基础上，制定了宅基地退出补偿办法。另一种是政府收储。与晋江市村集体主导的宅基地收储不同，2013 年宁夏平罗县为了插花安置生态移民，在县域范围内制定了详细的宅基地和房屋收储办法，并出资 500 万元设立农村宅基地和房屋收储基金，启动了收储式宅基地退出试点工作。平罗县也是"三块地"

改革试点之一。

三是农村宅基地市场化交易。一些地方政府顺应经济社会发展需要，利用市场机制有效实现了部分农户闲置宅基地的退出。从各地的实践看，通过市场化交易实现宅基地退出主要有两种类型：一种是房地一体转让。浙江乐清市开展的房地一体转让就是这方面的有益探索。温州乐清市是中国民营经济最先发展起来的地区之一。长期以来，为了获得经营资金，乐清人对农房抵押、转让的需求强烈。为了规范农村房屋交易行为，21 世纪以来，当地政府开始对“跨集体”的农村房屋转让进行登记备案并收取一定费用。近年来，农村房屋和宅基地房地一体跨村、跨镇交易的现象日益普遍。仅“十二五”期间，就有 5409 起农村房屋转让在乐清市住建局进行了登记备案。另一种是地票交易制度。所谓地票，是指土地权利人自愿将其建设用地按规定复垦为合格的耕地等农用地后，减少建设用地所形成的在交易所交易的建设用地指标。2008 年 12 月，重庆市在全市范围内启动了地票交易制度。

（四）支持了公共财政和城镇化建设

受长期的“城市优先”发展思路的影响，前期农村宅基地制度改革的一个重要考虑是如何保障政府在城镇化进程中对土地的垄断性控制，从而积累更多资金支持城市发展。就这一目标而言，40 年来的农村宅基地制度改革成绩斐然。

自 1999 年 5 月起，农民在宅基地上建设“小产权房”出售的行为被严格禁止。农村宅基地及其他集体土地需经政府征收转变为国有土地后，才能用于城市建设。而任何单位和个人想在城市进行建设，必须按照有偿使用的原则，缴纳土地使用权出让金、土地有偿使用费等，依法向政府申请国有土地的使用权。政府一方面垄断了城市国有土地供给（周飞舟等，2018），另一方面又控制着农村宅基地土地性质和用途转变，可以通过“低征高卖”的方式为国家发展和城镇化建设筹集资金（曹亚鹏，2014）。据国务院发展研究中心和世界银行（2014）估计，中国城市建设所需要的土地，约有 90%是征收的农村土地。从《中国国土资源年鉴》的数据来看，2003 年，全国征地总费用 1668. 37 亿元，国有土地出让金为 5421. 41 亿元；到 2011 年，征地总费用为 4997. 93 亿元，但国有土地出让金已经激增至 32126. 08 亿元。仅此一项，2011 年农民就为国家贡献了 2. 7 万亿元的财政收入。在被征收的农村土地中，有相当大比例的土地本来为宅基地，尤其是城市郊区的农村宅基地。

除征收外，国家还通过城乡建设用地“增减挂钩”的方式，将农民集中居住节约的农村宅基地复垦后，在耕地面积不变的情况下，通过减少农村集体建设用地来增加城镇建设用地指标（中国社会科学院农村发展研究所“农村集体产权制度改革研究”课题组，2015）。2006 年 4 月，山东、天津、江苏、湖北、四川五省市被国土资源部列为城乡建设用地增减挂钩第一批试点。2008 年 6 月，国土资源部颁布《城乡建设用地增减挂钩试点管理办法》。至 2009 年，全国已有 24 个省份成为增减挂钩试点，第一批即获得“增减挂钩”周转指标 15.3 万亩，还有第二、第三批指标下达。虽然国土资源部要求“建新地块实行有偿供地所得收益，要用于项目区内农村和基础设施建设，并按照城市反哺农村、工业反哺农业的要求，优先用于支持农村集体发展生产和农民改善生活条件”，但大部分地区基于“城市优先战略”，将建设用地指标空间转移产生的级差收益，作为财政收入用于城市的基础设施建设及相关公共支出。

四、农村宅基地制度改革面临的挑战

农村宅基地改革关系到农民房屋所有权的实现，以及资源要素的城乡双向流动。当前农村宅基地制度改革滞后，难以适应农村转型和城乡一体化发展的需要。

（一）法律法规不健全甚至失调

农村房屋是农民的私有财产。《宪法》《民法通则》规定，公民合法的私有财产受法律保护。农民对其私有的房屋有支配和处分的权利，但宅基地属于集体所有。为了调和“私房公地”的矛盾，农村改革之后，农村房屋交易延续了人民公社时期“地随房走”的规定，即宅基地使用权随房屋交易而转移。但是 1999 年 5 月国务院办公厅印发了《关于加强土地转让管理严禁炒卖土地的通知》，要求“农民的住宅不得向城市居民出售，也不得批准城市居民占用农民集体土地建住宅”，从而严格限制了农民的房屋处置权，造成农村房屋和城镇房屋不能“同权同利”，人为地加剧了城乡二元对立。《物权法》规定，“所有权人对自己的不动产或者动产，依法享有占有、使用、收益和处分的权利”。照此规定，作为农村房屋的所有权人，农民可以依法处置自家的房屋，但该法又规定“宅基地使用权的取得、行使和转让，适用土地管理法等法律和国家有关规定”，导致在法理上自相矛盾。

不仅如此，《物权法》在第 12 章建设用地使用权第 147 条规定，“建筑物、构筑物及其附属设施转让、互换、出资或者赠予的，该建筑物、构筑物及其附属设施占用范围内的建设用地使用权一并处分”。国土资源部把农村宅基地定义为“农村居民依法取得的用于建造住宅及其生活附属设施的建设用地”，显然应当适用第 147 条的条款。但是农村宅基地使用权被作为与建设用地使用权并列的一种权益单独列出，而且宅基地转让“适用土地管理法等法律和国家有关规定”。可惜的是，虽然近年来中央一号文件多次明确提出加快修订《土地管理法》，社会各界的呼声也很大，但新版的《土地管理法》迟迟未能出台，农村宅基地使用权转让依旧受到严格限制，农民住房的处置权也得不到保障。

此外，现有法律法规对农村宅基地的规定较少，内容也比较笼统模糊，在不少方面存在法律空白。比如，《民法通则》第 76 条规定，“公民依法享有财产继承权”，但对于城镇居民依法继承的农村房屋能否给予宅基地使用权登记，尚没有做出合理解释；《土地管理法》第 62 条规定，“农村村民一户只能拥有一处宅基地”，但对于因继承或赠予而合法拥有多处宅基地的情况如何处理，一直没有给出明确规定。随着农民乡城迁移和“一户多宅”现象的增多，因法律空白和模糊而引发的问题日益突出。

（二）改革步伐滞后于发展实践

改革 40 年来，与城乡经济社会的快速变化相比，农村宅基地制度改革进展缓慢，越来越难以适应经济社会发展的需要，并引发了一些问题。

一是制度障碍损害了农村宅基地利用效率。改革开放以来，农村宅基地制度的主要特征是“福利分配、长期使用、无偿回收、限制流转”，因此宅基地使用权是一种带有社会福利性质的权利，是农民基于集体成员身份而享受的福利保障，相对而言却忽略了农民的宅基地收益权和财产权。这种制度不仅助长了农民“不占白不占”的社会心态，还限制了宅基地的交易价值，造成大量农村宅基地低效率使用甚至长期闲置而不退出（张军扩、张云华，2017）。按理说，城镇化水平的提升和乡村人口数量的减少从总体上来讲应当是有利于节约居住性建设用地的，因为相对于农民在农村的宅基地而言，农民进城后的居住用地会更加集约。但实际情况却恰恰相反，在乡村人口大量减少的背景下，不仅城镇建设用地大幅增加，农村建设用地也继续增加。

据《国家新型城镇化规划（2014~2020年）》显示，2000~2011年，在农村人口减少1.33亿人的情况下，以宅基地为主的农村居民点用地不仅没有减少，反而增加了3045万亩。这意味着农村宅基地存在大量闲置浪费问题①。国土资源部有关报告的数据显示，当前农村居民点空闲和闲置用地面积约为3000万亩，低效用地面积在9000万亩以上，分别相当于现有城镇用地规模的1/4和3/4②。

二是限制交易不符合农民意愿与发展趋势。农村房屋交易和宅基地使用权流转是城镇化和市场经济发展的内在需要。中国的城镇化进程尚未结束，大量农民将会持续离开农业农村迁入城镇。农村人口向城镇迁移要求财富能够相应流动，如果宅基地使用权流转不畅，农民就难以处置农村房屋，从而会削弱其进城的意愿和能力（袁铖，2010）。而且相当多农民已经退出农业、离开农村，宅基地的福利属性不断弱化。权利意识觉醒的农户对宅基地及房屋的财产属性要求逐渐强烈。

实际上，相当多的农户有过宅基地交易经历。笔者2018年1~3月在黄淮海农区对1020户农户的抽样调查结果显示：有12.2%（124户）的农户曾经交易过宅基地使用权，在161户有闲置宅基地的农户中，分别有29户和40户愿意以当前的市场价格把宅基地转让给别人或者交给国家；有13.7%（140户）的农户家里有长期闲置的房子，其中近半数（67户）农户愿意把闲置的房子连同宅基地一起转让给别人；分别有34.2%、29.6%的样本农民对“外村人到本村买房子”持“赞成”或“无所谓”的态度。而且，笔者在2014年7~9月对冀、鲁、豫三省779户农户调查发现，有近半数（45.9%）的农民表示，在家里有闲置宅基地时，愿意以合适价格将其出售。在经济较发达的一些东部地区，农村房屋连同宅基地“房地一体”跨集体转让已非常普遍。比如浙江乐清市，从2009年7月允许农村房屋交易到当年底，已有206起农房转让交易在住建局登记备案。至2016年2月，乐清市经政府部门备案的农村房屋交易已达7185起，累计交易面积115.73万平方米。

三是用途管制不力导致“小产权房”大量存在。所谓“小产权房”，是指在农民集体土地上建设的、未缴纳土地出让金等相关税费、面向社会公开

---

① 据笔者2018年1~3月在黄淮海农区20县对1020户农户的抽样调查数据，多达15.8%（161户）的农户家里有闲置宅基地。

② 国土资源部：《推进土地节约集约利用的指导意见解读之一》，国土资源部网站，2014年10月28日，http://www.mlr.gov.cn/xwdt/mtsy/xinhuanet/201410/t20141028_1333615.htm。

销售、购买人与开发商或乡镇政府、村委会签订购买协议、无法律认可的产权证明的房屋（张云华，2011）。近 20 年来，城市快速蔓延和城乡土地巨大的价差，使“小产权房”一直是城郊农村土地管控的难点和重点。虽然政府三令五申，但“小产权房”开发却屡禁不止，并已经大量进入住房市场。据全国工商联房地产商会的统计，至 2015 年 3 月，全国“小产权房”面积在 70 亿平方米左右，占全国城镇住房总面积的 25%~30%①。

法理上讲，农村的土地归农民集体所有，法治国家只能从公共利益出发，借助宅基地管理制度或乡村规划法对农民的宅基地利用行为进行约束，即做好用途管制。但是，中国现有的分散于《土地管理法》《物权法》的宅基地管理制度对城镇化进程中农民的宅基地发展权几乎没有涉及。《城乡规划法》第 41 条规定，在乡、村庄规划区内使用原有宅基地进行农村村民住宅建设的规划管理办法，由省、自治区、直辖市制定。然而，省级政府部门难以直接面对众多的乡村，最终只能将村庄规划的编制权层层下移至乡镇。例如，2009 年发布的《北京市城乡规划条例》在第 15 条第 4 款明确指出，“村庄规划由所在乡、镇人民政府组织编制”。这无疑为乡村合谋建设“小产权房”或“乡产权房”提供了空间。只要符合乡镇政府组织编制的村庄规划，“小产权房”并不违法。这也是“小产权房”问题难以解决并不断积累的一个重要原因。

（三）改革举措的合理性有待提升

近年来，中国农村宅基地制度改革步伐加快，农民宅基地使用权的用益物权权能持续增加。但是也有一些改革举措偏离了改革目标，不符合国家的改革趋向，并增加了下一步改革的难度。

一方面，农村宅基地“三权分置”偏离了建设城乡统一的建设用地市场目标。建立城乡统一的建设用地市场是农村宅基地制度改革的目标。中共十七届三中全会提出“逐步建立城乡统一的建设用地市场”，中共十八届三中全会也强调“建设城乡统一的建设用地市场”。城镇土地归国家所有，居民或企业在缴纳土地出让金后，根据法律规定在一定期限内使用，也就是所有权、使用权“两权分置”下的“国有民用”。按照“建立城乡统一的建设用地市场”这一改革目标，农村建设用地市场也应当是所有权、使用权“两权

---

① 李宇嘉：《不动产登记很难撇开小产权房》，《证券时报》2015 年 3 月 5 日，http：//epaper.stcn.com/paper/zqsb/html/2015-03/05/content_661831.htm。

分置”下的“集体所有、村民使用”，或者更进一步，采取赎买等方式，将农村集体所有的土地转变为国有，然后与城镇一样实行“国有民用”。但是，2018 年中央一号文件提出，“探索宅基地所有权、资格权、使用权‘三权分置’，落实宅基地集体所有权，保障宅基地农户资格权和农民房屋财产权，适度放活宅基地和农民房屋使用权”。上述“三权分置”的改革思路，让宅基地物权具有收益权能，强化了农民的宅基地财产权利，是沿着城乡资源要素双向流动的市场化思路推进改革，是对现有宅基地制度的积极创新。

但是，将农村宅基地使用权进一步细分为资格权和使用权的做法，不仅会让权利束复杂化，增加日后改革的难度，还偏离了城市建设用地“国家所有、有偿使用”的模式，因而不利于城乡统一的建设用地市场建设。而且在农村宅基地总量难以增加、存量已经由农户分散占有使用且相关改革滞后的情况下，何谓宅基地资格权、资格权到底是身份权还是财产权、谁拥有资格权、资格权包括哪些内容以及如何保障这一权利，也都难以厘清。比如，在宅基地福利分配难以为继的情况下，新出生或新分户的村民是否有宅基地资格权？如何保障他们的这种权利？这种资格权与实际占有宅基地的村民的资格权有何区别？这些问题显然都难以厘清。因此，有学者表示，农村宅基地所有权、资格权、使用权“三权分置”的提法令人困惑。

另一方面，农村宅基地“增减挂钩”覆盖面的扩大，不利于集体土地和国有土地“同权同价”的市场化改革。中共十八届三中全会提出，“在符合规划和用途管制前提下，允许农村集体经营性建设用地出让、租赁、入股，实行与国有土地同等入市、同权同价”。2018 年 6 月，国务院办公厅印发了《跨省域补充耕地国家统筹管理办法》和《城乡建设用地增减挂钩节约指标跨省域调剂管理办法》，首次明确了以“增减挂钩”节余的城乡建设用地指标可以跨省调剂流转。由于城镇化进程中人口的空间迁移，这种扩大“增减挂钩”范围的做法，对发现宅基地市场价值、提升宅基地利用效率以及支持城镇化建设都有重要作用。不过农村宅基地复垦后增加的城镇建设用地指标，农民并不能在市场上自行交易，也不像城市土地那样通过“招拍挂”的方式进入市场，而是必须通过政府部门才能进入市场，交易价格也由政府确定。因而对农民来讲，“增减挂钩”与传统的征地在本质上颇为相似。城乡建设用地指标跨省调剂，扩大农村宅基地复垦指标的市场交易半径，会强化政府对农村土地的垄断性地位，不利于使市场在资源配置中起决定性作用，不利于推进集体土地和国有土地“同权同价”。

五、农村宅基地制度改革展望

航向已经指明，坚冰已被打破。可以预期，中国的农村宅基地制度改革将继续遵循“同地同权”的基本理念，以“城乡一体的建设用地市场”为核心目标，进一步强化农村宅基地权利权能，加快健全相关法律法规，最终形成能够充分发挥市场与政府“两个优势”的具有中国特色的农村宅基地制度。

（一）持续强化农村宅基地权利权能

一方面，给予农村宅基地使用权人更多权能。农村房屋是农民最重要的财产，很多农户要举全家之力，耗尽几年甚至十几年的收入修建房屋。与城市接触增多和文化水平的提高，让越来越多的农民开始主张《宪法》赋予其的房屋财产权利。为了保障农民的房屋所有权，加快城乡资源要素双向流动，需要重新允许农民转让宅基地使用权，逐步取消农村宅基地使用权只能在本集体内部流转的不合理规定，允许农村房屋和宅基地使用权跨集体交易（宋志红，2016）。像城镇居民的房屋可以市场化交易一样，允许农村宅基地使用权和农民房屋“房地一体”交易，“地随房走”是强化农村宅基地使用权权能的应有之义和必然趋势。当前农村宅基地“三权”分置是这种趋势的一个具体体现。另一方面，给予农村宅基地所有权人更多权利。农村土地是农民的，属于小集体所有。在“城市反哺农村”和农村优先发展的大背景下，作为大集体的国家，掠取本就落后的农村小集体的宅基地处置收益，用以支持城市发展，是不合理的。随着城市建设高潮的落幕和政府对土地财政依赖的降低，国家将会像放弃维持几千年的农业税一样，逐渐退出对宅基地市场交易的干预、放弃从宅基地流转中获益，而负责农村集体建设用地的规划编制和管理。因此，长期来看，如同国家可以通过“招拍挂”让渡城镇土地使用权一样，农村集体作为宅基地的所有者，终将有权在符合规划和用途管制的前提下，对农村土地使用权进行处置（周其仁，2015；胡振红、叶桦，2018）。与在城市获得国有土地使用权需要向国家缴纳土地出让金一样，获得农村宅基地使用权，需要向作为土地所有者的集体缴纳一定的费用。

（二）加快健全农村宅基地法律法规

首先，调适农村宅基地相关法律法规，需要清理不符合甚至违背《宪法》精神的各种规定。实行依法治国，建设社会主义法治国家是全国人民的共同要求。维护《宪法》的权威性和《物权法》《土地管理法》等法律的严肃性是依法治国的重要前提。对于现有不同各法律中失调甚至冲突的条款，下一步将会加快修改完善，如党中央已多次要求加快《土地管理法》修改；对于一些不符合《宪法》精神的法律法规条款，下一步将会加快清理废止。其次，按照“同地同权”的思路设计完善相关法律法规。在现有法律框架内，对于一些目前相关法律规定还比较模糊甚至空白的重要问题，如宅基地有偿使用、宅基地使用权转让等，将会逐渐明确。在乡村振兴战略的推动下，越来越多的村庄将会编制规划，并按照规划利用农村建设用地，村庄无序建设的局面将会大幅改善。城市郊区的村庄规划权将逐渐上移，以便与城镇发展对接。随着全国范围内宅基地确权登记颁证工作的完成，农村宅基地使用权、农民房屋将“进场交易”，国家将收取相应的税费并给予产权证明。

此外，考虑到城乡时代大变革和经济社会转型发展的要求，下一步的农村宅基地制度改革将更加注重改革的系统性、整体性、协同性（杜志雄、崔红志，2015），扭转现有改革日益线条化的态势，形成跨部门的改革合力，综合推进农村集体产权制度、农村基本经营制度、农村社会保障制度等相关改革。

第十一章　农村社会保障制度改革

社会保障制度是保证社会公正、维护社会稳定和促进经济发展的重要制度安排，关系着每一个家庭的福祉，而面向广大农村居民的农村社会保障制度无疑成为整个社会保障体系的重要内容。改革开放后，农村社会保障制度经历了蹒跚的探索和整顿阶段，走过了新型社保体系的建立和完善阶段，并正在向城乡整合的历史进程中前行。本章在回顾改革开放后中国农村社会保障制度变迁的基础上，对其取得的成就和面临的挑战进行了评价，并对今后的改革方向进行了展望。

一、农村社会保障制度改革的背景

改革开放前，中国农村社会保障体制囊括了农村社区的社会保障机制、政府救灾制度、队社五保供养制度和合作医疗制度。其中，社区的社会保障机制或是通过按劳分配与按人分配相结合的方式，或是采用向困难户预支或借款的方式，起到了保障集体组织内部弱势人群起码生活水平的社会功能；政府在借鉴历史经验的基础上继续发挥救灾救济制度在特殊时期的社会保障功能。除了以上两种制度，社区内部的五保供养制度和合作医疗制度更是对农村地区起到了长远而深刻的影响。

为了解决缺乏劳动能力或没有子女农民的生活保障问题，中国于1956年颁布了《1956~1967年全国农业发展纲要（草案）》，首次将农村孤寡残幼的供养问题写进了农村发展规划，形成了后来五保供养制度的雏形；1958年，《农业发展纲要》对“保吃、保穿、保烧、保教、保葬”的明确表述将“五保”制度化，为老、弱、孤、寡、残等弱势群体的基本生活水准提供了重要保障。五保供养制度是中国社会保障制度中针对农村实际情况的一种重要安排，在当时农村社会保障极不完善的情况下，该制度为无法定抚养义务人或无正常经济来源的老人、残疾人以及孤儿提供了生活必需的经济支持，在稳定社会秩序和保障农村最贫困群体的基本生存方面，发挥了巨大的作用。据不完全统计，到1958年，全国获得五保户待遇的农民共计519万人，涉及农户413万户（宋士云，2007），全国建立敬老院15万多所，收养老人300余万人（温忠文等，2013）。

合作医疗最早可以追溯到中国共产党在解放区创造和启蒙示范的“卫生合作社”形式。新中国成立后，随着农业合作社的发展，在山西、河南和河北等省份的农村地区涌现了一些由农业生产合作社创办的保健站，东北等地区也通过合作制和群众集资的方法开办了一些卫生机构。它们虽然并不能称为后来典型的合作医疗，但这种先期探索为合作医疗制度的发展起到了重要的示范作用。1964年，卫生部下发《关于继续加强农村不脱离生产的卫生员、接生员训练工作的意见》后，合作医疗开始在全国范围内蓬勃发展。到1978年，全国的“赤脚医生”和卫生员已经分别达到了4777469人和1666107人，合作医疗覆盖率也超过了90%（崔红志，2008）。农村合作医疗制度首次在农村建立起初级的医疗保障防线，缓解了农村缺医少药的困境，极大地促进了农民的看病和就医行为。到20世纪70年代末期，医疗保险几乎覆盖了所有的城市人口和85%的农村人口，这是低收入发展中国家举世无双的成就（世界银行，1993）。

然而必须看到的是，改革开放前的农村社保形式受限于小范围互济制度自身的不确定性。这种不确定性来源于共济体系的制度特点，即其共济范围多局限于生产队、公社或村集体内部，且各共济体之间缺乏合理的余缺调剂机制，在当时较为落后的生产条件下保障能力必然受到制约，难以发挥稳定的制度功能。以农村五保供养为例，如果在困难时期普通社员的生活都难以保证，那么可分配于五保户的粮食和现金则必然会减少甚至消失，五保户供养问题无法得到根本解决。对农村合作医疗来说，其基金主要来自集体经济，还有一小部分来源于农民个人缴纳的保健费，公社卫生院的运行主要依赖于社队财务的支持，大队卫生室的房屋、器械、流动资金和人员经费也均由大队投资拨款（林闽钢，2002）。然而公社和生产队的经济运行要受到诸多因素的影响，体量较小，抗风险能力有限。一旦集体经济组织的财务下滑，那么合作医疗将会直接受其影响，无法获得稳定的资金来源，当然也无法为农民提供稳定和廉价的医卫服务，这种“由农村集体生产、行政组织和个人共同出资购买基本医疗保健服务”的形式也逐渐式微（朱玲，2000）。

同时，改革开放前的农村社保形式容易引致服务的非公平性。当时的农村社保制度还十分不成熟，并没有明确的制度细则和稳定的制度架构，也缺乏有效的监管机制，农民对自己遭遇风险时得到帮助的可能性与程度大小都不确定，对制度发挥作用的稳定预期十分有限。在这种不完整契约的影响下，农村合作医疗制度容易引致服务的非公平性，被一些有权威的“搭便车”者利用，例如，有些干部及其家属在缴纳保健费时少交或欠账，而在享受服务时却多拿药、拿好药。这种“群众交钱，干部吃药”“干部吃好药、群众吃草药”的不良现象严重影响了农村合作医疗的形象，也有违制度初衷。

二、农村社会保障制度改革的历程

随着家庭联产承包责任制的推行，集体经济迅速解体，这使以其为基础的农村合作医疗制度和五保供养制度失去了资金筹集的组织基础。为了应对社会保障制度所暴露出的不稳定性、不确定性和不公平性等弊端，社保领域推行了一系列重大改革，并大致经历了 1978~2001 年的探索与整顿阶段、2002~2011 年的建立与完善阶段和 2012 年以来的城乡整合阶段。

（一）农村社会保障制度的探索与整顿：1978~2001 年

在农村社保制度的探索和整顿阶段，农村养老保险经历了 1978~1991 年的初步探索和 1992~1998 年的加速推动，但受制度本身和国际社会的双重影响，1998 年之后农村养老保险不得不因整顿调整而陷于停滞。与养老保障类似，医疗保障制度也首先经历了一个农村合作医疗的恢复阶段，然而由于政府投入有限等诸多原因，合作医疗制度最终未能得以重建。

具体来讲，早在改革开放之初，就有一部分村庄对老年农民实行退休养老。1982 年，全国有 11 个省份 3457 个生产队实行养老金制度，规定凡参加集体生产劳动 10 年以上的、年满 65 周岁的男社员和年满 60 周岁的女社员，可享受养老金待遇（蒋月，1999）。20 世纪 80 年代中期，为适应计划生育政策和家庭联产承包责任制的普遍推行，国家“七五”计划提出“建立中国农村社会保障制度雏形”的任务，民政部开始要求各地探索建立农村社会保障新制度。1986 年 10 月，全国农村基层社会保障工作座谈会决定，“根据农村的实际，在经济比较发达的地区，发展以社区（乡镇、村）为单位的养老保险”，此后民政部在此基础上，向国务院递交了《关于探索建立农村基层社会保障制度的报告》，就农村基层社会保障制度的构想、资金来源、家庭的作用以及农村社会保障制度主管部门等问题，提出了粗线条的构想。一些地区根据沙洲会议的精神，开展了社区型养老保险试点，资金主要来源于乡、村的公共积累（黄佳豪，2009）。1987年3月14日，民政部下发了经国务院同意的《关于探索建立农村基层社会保障制度的报告》，各地农村尤其是经济发达地区的农村加快了建立农村社会养老保险的步伐。据不完全统计，截至1989年底，全国共有19个省、自治区和直辖市的190多个县（市、区、旗）进行了农村养老保险方面的探索，800多个乡镇建立了乡（镇）本位或村本位的养老保障制度，并积累了一定的资金。

在这一阶段，农村的养老保险大都以社区（乡镇、村）为单位，资金主要来源于乡、村的公共积累。这种资金统筹模式容易受到来自市场和自然的冲击，难以形成稳定、长效的养老金发放机制。20世纪90年代初，国务院授权民政部以县为基本单位，从农村实际出发，以保障老年人基本生活为目的，在有条件的地区探索建立农村社会养老保险的试点。此时的农村养老模式是以农民自我保障为主、社会共济为辅，社会养老保险和家庭养老保险相结合。截至1992年，民政部出台《县级农村社会养老保险基本方案（试行）》，明确表述农村社会养老保险基金筹集以个人缴费为主、集体补贴为辅；试行个人账户储备积累制，农民个人缴纳的保险费和集体对其的补助全部记在个人名下；基金以县级机构为基本核算平衡单位，按国家政策规定运营；保险对象达到规定领取年龄时，根据其个人账户基金积累总额计发养老金。这一重大举措意味着，农村社会养老保险在全国范围逐步发展起来（胡晓义，2011）。为了高效推进农村社会养老制度的落实，国家分别于1993年和1994年成立了农村社会保险司和农村社会养老保险管理服务中心，迈出了完善农村社会养老保险管理机构的重要一步。1995年，民政部《关于进一步做好农村社会养老保险工作的意见》指出，全国已有26个省、自治区、直辖市人民政府颁发了养老保险的地方性法规，参加社会养老保险的农村人口已近5000万，积累保险基金32亿元，形成了一定的规模。

然而由于金融危机等一系列事件的影响，银行利率连连下挫，在原先农村社会养老保险计息和给付水平都较高的情况下，养老制度不堪其重，在全国大部分农村地区出现了参保人数下降和保险金给付困难等问题，还有一些地区的农村社会养老保险工作甚至陷入了停顿。基于此，1998年出台的《国务院机构改革方案》将农村社会养老保险由民政部门移交至劳动和社会保障部，并在随后的《国务院批转整顿保险业工作小组〈保险业整顿与改革方案〉的通知》（国发〔1999〕14号）中指出，“目前中国农村尚不具备普遍实行社会保险的条件。对民政系统原来开展的‘农村社会养老保险’，要进行清理整顿，停止接受新业务，区别情况，妥善处理，有条件的可以逐步将其过渡为商业保险。整顿和规范农村养老保险的具体办法，由劳动和社会保障部、民政部会同保监会等有关部门另行制定”，农村社会养老保险制度趋于停滞。

在农村医疗保障方面，随着农村土地家庭联产承包责任制的推行、财税体制的变迁和市场经济的浪潮，原有的以队社为基础的农村合作医疗制度因失去了资金筹集的制度基础和组织基础而迅速衰落，农民的健康保障问题逐渐显现，因病致贫或因病返贫的现象在农村地区屡见不鲜。到 1989 年，实行农村合作医疗的行政村只占全国行政村总数的 4.8%（汪时东、叶宜德，2004），大部分农民失去了低水平的医疗保险，重新回到了自费医疗的阶段。基于这一情况，1990 年卫生部、国家计划委员会和农业部联合发布了《中国农村实现“2000 年人人享有卫生保健”的规划目标》，明确提出了 2000 年人人享有卫生保健的最低目标，提出集资医疗保健在“宽裕”和“小康”地区覆盖率要达到 60%，在“贫困”和“温饱”地区要达到 50%。1992 年，卫生部和财政部下发了《关于加强农村卫生工作若干意见的通知》，要求“按照自愿互利的原则，鼓励受益群众、全民、集体企事业单位和社会团体多方面筹集资金，支持建设乡镇卫生院、村卫生室和举办农村合作医疗”。

然而需要注意的是，直到 1997 年，国家依旧坚持“民办公助、自愿量力、因地制宜积极稳妥地推进农村合作医疗的健康发展”这一政策取向。由于缺乏政府的资金投入，农村合作医疗的恢复并未取得大的进展（胡晓义，2011）。根据卫生部“第二次国家卫生服务调查”，1998 年全国仅有 12.56%的农村居民得到了医疗保障，而这其中享有农村合作医疗的仅为 6.57%。这一结果与改革开放前九成以上的合作医疗覆盖率相比不可同日而语。即使进入 21 世纪后，2003 年农村人口当中的合作医疗者也只有 9.5%（第三次国家卫生服务调查，2004），合作医疗的恢复不得不说是以失败而告终的。

农民工是中国改革开放和工业化、城镇化进程中的重要力量，他们亦工亦农，流动性强，不能简单地用农村或城镇的医疗保障制度加以覆盖。2001 年，劳动和社会保障部发布的《关于完善城镇职工基本养老保险政策有关问题的通知》（劳社部发〔2001〕20 号）对农民合同制职工参保、转移及退保做出了规定，指出“参加养老保险的农民合同制职工，在与企业终止或解除劳动关系后，由社会保险经办机构保留其养老保险关系，保管其个人账户并计息，凡重新就业的，应接续或转移养老保险关系；也可按照省级政府的规定，根据农民合同制职工本人申请，将其个人账户个人缴费部分一次性支付给本人，同时终止养老保险关系，凡重新就业的，应重新参加养老保险。农民合同制职工在男年满 60 周岁、女年满 55 周岁时，累计缴费年限满 15 年以上的，可按规定领取基本养老金；累计缴费年限不满 15 年的，其个人账户全部储存额一次性支付给本人”。同时，广东、浙江等省份也都制定了相应的政策，逐步将农民工纳入城镇企业职工社会保险覆盖范围。

除此之外，对家庭人均收入低于当地最低生活保障标准的农村贫困人口进行差额补助的农村最低生活保障制度也在不断探索中。1996 年，国家民政部《关于加快农村社会保障体系建设的意见》确立了“保障资金由当地各级财政和村集体分担”的筹资原则，并明确指出了低保制度建设在农村社保体系构建工作中的重点地位。1997 年后，农村低保制度在中国部分有条件的地方得以推行，相关法律条文也得到了不断的增设和完善。

（二）新型农村社会保障制度的建立与完善：2002~2011 年

在新型农村社保制度的建立和完善阶段，新型农村合作医疗制度和新型农村养老保险制度相继确立并不断完善发展，五保供养制逐步由集体供养制转换为财政供养制，农村最低生活保障制度也在全国实现覆盖。

2002 年 10 月，中共中央、国务院发布《关于进一步加强农村卫生工作的决定》，要求“建立和完善农村合作医疗制度和医疗救助制度”“各级政府要积极组织引导农民建立以大病统筹为主的新型农村合作医疗制度，重点解决农民因患传染病、地方病等大病而出现的因病致贫、返贫问题”。这是国家首次明确承诺各级政府对农村合作医疗和医疗救助给予支持，要求“从 2003 年起，中央财政对中西部地区除市区以外的参加新型合作医疗的农民每年按人均 10 元安排合作医疗补助资金，地方财政对新型合作医疗的农民补助每年不低于人均 10 元，具体补助标准由省级人民政府确定”。这标志着农村医疗保障制度开始由农民互助合作向由政府资助加个人缴费的新型合作医疗制度转化。2006 年，卫生部等七部委联合下发《关于加快推进新型农村合作医疗试点工作的通知》，在总结和肯定浙江、湖北、吉林和云南等试点经验的基础上，要求积极推进新型农村合作医疗试点工作。次年的《关于完善新型农村合作医疗统筹补偿方案的指导意见》为进一步规范新型农村合作医疗基金管理和提高基金使用效率指明了方向，提出要逐步扩大农民受益面，完善了新型农村合作医疗（以下简称新农合）统筹补偿方案（胡晓义，2011）。

较之于农村合作医疗，新农合具备四个方面的明显特征。一是资金统筹级别更高。新农合之前的合作医疗以社队为单位进行资金统筹和互助，资金结构单一且稳定性差，对抗风险的保障能力十分有限；新农合突破了这种低级次、小范围的筹资模式，将资金统筹级别提升到县，使共济资金的体量成倍扩大，抗风险能力也随之增强。这种社会化程度更高的模式可以更稳定地向农民提供医疗保障服务，也可以在更大范围内分散风险。

二是管理模式更加完善。新农合之前的合作医疗社会化程度低，管理者通常是队社或集体经济组织自身，在这种内乏严谨体制机制规章，外无有力监督检查制度的情况下，其管理水平较为有限；而新农合与之不同，它由县级政府直接组织实施，设有负责统筹和监管具体工作的专门管理机构，同时还受县以上相关部门的领导和监督，加之群众监督机制也日益完善，新农合的管理能力、效率和体系远远优于之前的合作医疗。

三是政府作用不断凸显。新农合之前的合作医疗在某种程度上含有“民办”性质，政府几乎不参与，更不是主要的运营方；而新农合则是一种在政府主导下的，由政府、集体和个人共同筹资的保险模式，政府在其中发挥着最主要的资金筹集功能，具有最为重大的意义和作用。

四是可选择的就诊范围更大。传统的农村合作医疗资金来源于队社内部，受益范围和服务供给也来自队社自身。参保者如果在队社或村外就医，则无法获得报销，这无疑大大限制了人的就医选择权，造成了福利的损失。新农合以县为统筹单位，医疗服务的可报销范围也随之扩展到了县，乃至于外县（市）和外省，可选择的就诊范围和报销范围不断放大，便利性和福利性得到了极大的提升。考虑到困难群众收入有限，对新农合的利用程度受到影响，为进一步保障其能够享受到基本医疗卫生服务，财政部、民政部、人力资源和社会保障部以及卫生部联合发布《关于进一步完善城乡医疗救助制度的意见》（民发〔2009〕81 号）。意见指出，要探索建立城乡一体化的医疗救助制度，坚持突出重点、分类施救、公开便捷的原则，发挥医疗救助的救急救难作用，保障困难群众基本医疗需求，筑牢医疗保障底线；用 3 年左右时间，在全国基本建立起资金来源稳定，管理运行规范，救助效果明显，能够为困难群众提供方便、快捷服务的医疗救助制度。

在建立新型农村社会养老保险方面，早在 2002 年，中共十六大就提出“有条件的地方，要探索建立农村养老、医疗保险和最低生活保障制度”。2003 年，劳动和社会保障部接连下发了《关于当前做好农村社会养老保险工作的通知》和《关于认真做好当前农村社会养老保险的通知》，要求各地积极稳妥地推进农村社会养老保险工作。2006年，劳动和社会保障部把积极稳妥地开展农村社会养老保险工作列为年度工作重点之一；同年起，一种全新的农村养老保险政策开始在部分省区市实行，变“个人缴费为主，集体补助为辅，国家政策扶持”为“个人、集体和政府”三方共同筹资，并且养老金还会随着生活水平的提高而相应增加（关盛梅，2014）。这是开始农村养老保险制度探索以来，首次明确公共财政在整个农村社会养老保障制度中需要承担供款责任，确立了未来新型农村养老保险制度筹资渠道的基本框架。

改革开放初期，农村五保供养制度依旧是以村提留和乡统筹为经费和实物来源的集体供养制度。在该制度下，应保对象的实际保障比例较低。2004年，国家民政部、财政部和国家发改委发布了《关于进一步做好农村五保供养工作的通知》（民发〔2004〕145号），指出“五保供养工作出现了一些新情况、新问题”，强调“各级民政、财政、发展改革等部门要切实履行好自己的职责，把妥善解决好五保对象生活、实现五保对象‘应保尽保’，列为当前和今后工作的重点”，不再强调五保供养的“集体福利事业”性质，而突出了县乡财政及上级转移支付的责任。2006年1月，国务院修改并公布了新《农村五保供养工作条例》（国务院令第456号），将原有农村五保制度资金“从村提留或者乡统筹中列支”改为“在地方人民政府财政预算中安排”，“县级人民政府和乡、民族乡、镇人民政府应当为农村五保供养服务机构提供必要的设备、管理资金，并配备必要的工作人员”“中央财政对财政困难地区的农村五保供养，在资金上给予适当补助”。这意味着五保供养制度从原来较低层级的村民互助自养式转变为较高层级的由政府公共财政负担的财政供养制（宋士云，2007），标志着农村五保供养制度开始了向现代社会保障体制的历史性转变（崔红志，2008）。

2007年3月，全国人民代表大会十届五次会议通过的《政府工作报告》提出，年内在全国建立农村最低生活保障制度。2007年8月，国务院发出的《关于在全国建立农村最低生活保障制度的通知》指出，将符合条件的农村贫困人口纳入保障范围，重点保障病残、年老体弱、丧失劳动能力等生活常年困难的农村居民；逐步将符合条件的农村贫困人口全部纳入保障范围，稳定解决全国农村贫困人口的温饱问题；建立农村最低生活保障制度以地方政府为主，实行属地管理，中央财政对财政困难地区给予适当补助。

2006年，《国务院关于解决农民工问题的若干意见》（国发〔2006〕5号）再次强调要积极稳妥地解决农民工社会保障问题。意见指出，各项制度“要适应劳动力流动性大的特点，保险关系和待遇要能够转移接续，使农民工在流动就业中的社会保障权益不受损害；要兼顾农民工工资收入偏低的实际情况，实行低标准进入、渐进式过渡，调动用人单位和农民工参保的积极性”。在具体工作中，要“坚持分类指导、稳步推进，优先解决工伤保险和大病医疗保障问题，逐步解决养老保障问题”。

（三）城乡居民基本社保制度的整合：2012 年以来

经过不断调整发展，新型农村合作医疗的覆盖面不断扩大，“应保尽保”的目标基本实现。然而与此同时，整个社会经济高速发展，城乡差距不断扩大，医保政策在城乡之间的差距受到越来越多的关注，新农合和城镇居民医保这两项制度城乡分割的弊端逐步显现，重复参保、重复投入、待遇不够公平等问题日益突出。2016 年，《国务院关于整合城乡居民基本医疗保险制度的意见》（国发〔2016〕3 号）指出，整合城镇居民基本医疗保险和新型农村合作医疗两项制度，建立统一的城乡居民基本医疗保险制度，是推进医药卫生体制改革、实现城乡居民公平享有基本医疗保险权益、促进社会公平正义、增进人民福祉的重大举措，对促进城乡经济社会协调发展、全面建成小康社会具有重要意义。意见在总结城镇居民医保和新农合运行情况以及地方探索实践经验的基础上，明确并轨要整合基本制度政策，统一覆盖范围、筹资政策、保障待遇、医保目录、定点管理和基金管理，同时要理顺管理体制，整合经办机构，创新经办管理，提升服务效能。

从 2016 年起，各地结合自身实际，制订具体方案落实城乡居民基本医疗保险制度。例如，湖南省将新型农村合作医疗、城镇居民医保两项制度归人社部门统一管理，并按照“一整合、六统一”的思路，完成了新农合职能、机构和人员的移交工作；2016 年 12 月，湖南省印发《湖南省城乡居民基本医疗保险实施办法》（湘政发〔2016〕29 号），明确新的城乡居民医保制度自 2017 年 1 月 1 日起施行。城乡整合后，农村居民与城镇居民参保缴费标准一致，不再有“农村人”和“城里人”的医保待遇差别。

截至 2016 年 10 月，至少已有 19 个省份先后出台文件，部署城乡医保并轨，其中天津、上海、浙江、山东、广东、重庆、宁夏、青海和新疆建设兵团 9 个省（区、市）在国务院出台文件前已经全面实现制度整合；河北、湖北、内蒙古、江西、新疆、湖南、北京、广西、陕西、福建等也于 2016 年上半年先后出台文件，部署城乡医保整合（仇雨临、吴伟，2016）。在经办机构方面，除陕西和福建外，有 17 个省（区、市）均明确将整合后的城乡居民医疗保险制度由人力资源与社会保障部门统一管理（《经济参考报》，2016）。

在养老保险方面，面对凸显的城乡二元结构化特征和城镇化、市民化的时代浪潮，城乡间差别较大的养老保险制度也亟须整合。2012 年，全国所有县级行政区全面开展国家城乡居民社会养老保险工作。2014 年初，国务院颁布了《国务院关于建立统一的城乡居民基本养老保险制度的意见》（国发〔2014〕8 号），将新农保和城居保合并实施，在全国范围内建立统一的城乡居民基本养老保险制度，实现了制度名称、政策标准、管理服务和信息系统的统一，迈出了最终破除城乡二元结构的重要一步。

在农村社会化养老制度的完善过程中，相关部门针对流动人口的保险接续问题进行了明确部署，较大地提升了农村地区养老制度的社会化程度和保障能力，是全体公民共享改革成果的重要表现。国务院在 2014 年出台的《国务院关于建立统一的城乡居民基本养老保险制度的意见》（国发〔2014〕8 号）中，明确指出未领取城乡居民养老保险待遇的参保人可在迁入地申请转移养老保险关系；人社厅在 2016 年出台的《人力资源社会保障部办公厅关于城乡居民养老保险关系转移接续有关问题处理意见的复函》（人社厅函〔2016〕206 号）中进一步明确：对于在迁移户籍前已经满 60 周岁的城乡居民，应由原户籍地负责其城乡居民养老保险参保缴费和待遇发放，无论户籍是否迁移，其养老保险关系不转移；对于未满 60 周岁需要户籍迁移、跨地区转移城乡居民养老关系的，可在迁入地申请转移养老保险关系，一次性转移个人账户全部存储额，并按迁入地规定继续参保缴费，缴费年限累计计算。这一规定在流动人口数量庞大的现实国情基础之上，保障了老年人顺畅获得养老保险的权利，也同时维护了人口自由流动的发展权益。

在医疗救助方面，2015 年《国务院办公厅转发民政部等部门关于进一步完善医疗救助制度全面开展重特大疾病医疗救助工作意见的通知》明确指出，各地要在 2015 年底前，将城市医疗救助制度和农村医疗救助制度整合为城乡医疗救助制度。同时，还应按照财政部与民政部共同制定的《城乡医疗救助基金管理办法》（财社〔2013〕217 号）的要求，合并原来在社会保障基金财政专户中分设的“城市医疗救助基金专账”和“农村医疗救助基金专账”，在政策目标、资金筹集、对象范围、救助标准、救助程序等方面加快推进城乡统筹，确保城乡困难群众在规则公平的基础上获得公平的医疗救助权利、机会和待遇。

三、农村社会保障制度改革的主要成效

（一）保障范围明显扩大

一是医疗保险的覆盖面迅速扩大。新农合的创建和完善作为中国农村地区医疗保险改革方面的重大举措，取得了有目共睹的成效，至2008年已覆盖全国95.65%的县（市、区），发展十分迅速。如表11-1所示，2003年新农合开始试点，共有试点县304个，占全国县（市）的10.62%；经过两年发展，试点县已翻番至2005年的23.70%，2006年过半，2007年超过八成；到2008年，新农合已经在全国基本推行，覆盖2729个县（市、区），占比达到95.65%。2008~2012年，由于部分城镇化的加速推进和城市居民医保的全面推进，推行新农合的县（市、区）有所下降，但最低比例依然维持在2012年的89.94%以上。

表11-1 中国新型农村合作医疗的推进情况

年份	开展新农合县（市、区）（个）	占全国县（市）的比例（%）	参合农民数量（亿人）	参合率（%）
2003	304	10.62	0.645	—
2004	333	11.64	0.804	9.07
2005	678	23.70	1.79	20.18
2006	1451	50.70	4.10	47.20
2007	2451	85.50	7.30	83.00
2008	2729	95.65	8.15	91.53
2009	2716	95.20	8.33	94.19
2010	2678	93.87	8.36	96.00
2011	2637	92.43	8.32	97.48
2012	2566	89.94	8.05	98.26
2013	—	—	8.02	98.70
2014	—	—	7.36	98.90

注：2014年不含天津、山东、广东及浙江部分地区。

资料来源：历年全国卫生工作会议、全国政府工作会议、《年度卫生事业发展统计公报》《中国卫生统计年鉴》和《中国卫生和计划生育统计年鉴》。

参合农民的数量大致呈图 11-1 所示的倒“U”形变动态势。2003 年，全国有 0. 645 亿人加入新农合，之后逐年递增，增长速度在 2005 年和 2006 年分别达到 122. 64%和 129. 05%，并在 2007 年达到增速的最高点 178. 05%。2008 年，参合农民超过 8 亿人，继续增长两年后达到 2010 年的 8. 36 亿人。2010 年之后，随着城镇化进程的加快和农村人口的城向流动，新农合参保人数呈下降趋势。截至 2014 年，参合人数减少到 7. 36 亿人。

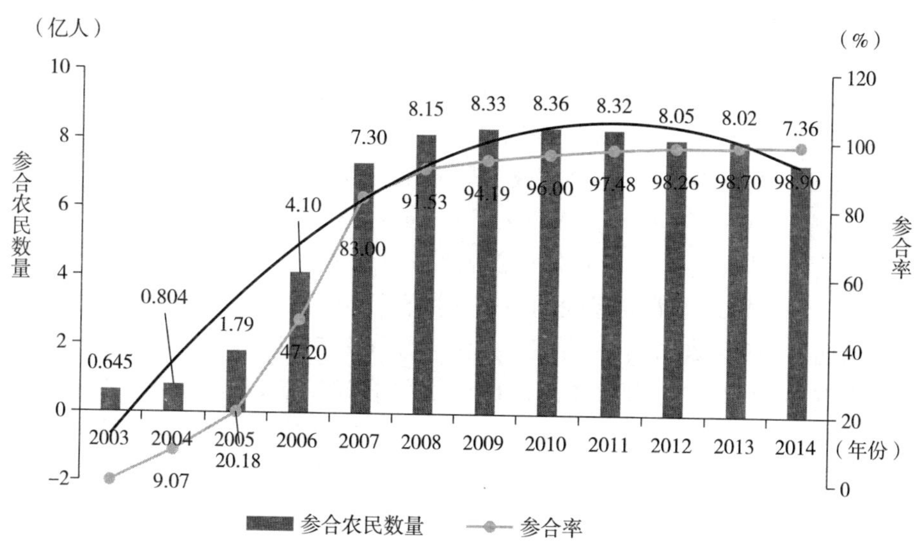

图 11-1　农民参与新型农村合作医疗的情况

注：2014 年不含天津、山东、广东及浙江部分地区。

资料来源：根据历年《卫生健康事业发展统计公报》《中国卫生统计年鉴》《中国卫生和计划生育统计年鉴》中数据整理绘制。

不同于参合人数的倒“U”形变动，新农合参合率从 2003~2014 年呈明显的上升态势。在 2004 年还仅为 9. 07%的参合比率到了 2006 年就已经接近了 50%，2007 年继续上升 35. 8 个百分点达到 83%。2008 年之后参合率突破九成，之后连年递增至 2014 年的 98. 90%。城乡居民基本医疗保险的整合进一步实现了参保人数的上扬。整合后的城乡居民基本医疗保险意在从制度安排上减小城乡医疗保障的差距，提高城乡居民参保的公平性。到 2017 年末，全国参加城乡居民基本医疗保险的人数达到 87343 万人，其中获资助者 5203

万人，参保总量远远大于参加职工基本医疗保险的30320万人①。

在全国不同地区，城乡居民基本医保参保率的上升趋势也十分明显。以较早推行医保整合的天津市为例，自2009年统筹城乡社会保障体系后，天津市的参保人数稳步上升，由2011年的498.30万人逐年递增至2013年的508.4万人，至2015年已增至532.11万人。浙江省于2014年底在11个设区市制定出台了全市统一的城乡居民基本医疗保险制度，完成了城乡居民医保职能、制度和经办机构的并轨。到2015年底，浙江省城乡居民医保参保3202万人，总参保率达到95%，全民医保体系基本形成。2012~2015年，广东省参加城乡（镇）居民基本医疗保险的人数分别为5048.39万人、5709.46万人、6157.1万人、6424.17万人，2015年底全省参保率达到98%。2012~2015年，宁夏参加城乡居民基本医疗保险的人数也呈上升趋势，分别达到453.19万人、456.92万人、462.48万人和470万人。

二是养老保险惠及人口在低位徘徊后实现增长。从图11-2可以非常明显地看出，农村社会养老保险的参加人数在经历了1993~1998年的上升之后，遭遇了1998~2007年的萎缩，参保人数降至5171万人。从2008年起，参保人数才不断恢复上升，并在2011年实现了222.88%的增长率。2012年，全国所有县级行政区全面开展城乡居民社会养老保险的整合工作，参保人数又实现了45.77%的增长，此后参保人数持续稳步增加。2016年，城乡居民基本养老保险参保人数为50847万人，到2017年12月底，参保人数已达到51255万人，农村社会养老保险覆盖人群得到了大幅提升。

（二）保障水平明显提升

一是保障水平不断增强。由表11-2可知，新农合在2008~2014年人均筹资水平不断上升，在此基础上基金支出呈现出明显的上升趋势。2008年，全国新农合基金支出662.31亿元，是2007年的1.91倍，此后继续以39.34%的增速上升至2009年的922.92亿元，在2010年基金支出过千亿后，2012年支出翻番，并在2013年达到了2909.20亿元。受益人次方面，新农合从2008年起以平均每年2.71亿人次的数量增加，年际平均增速为28.01%，到2013年已有19.42亿人次当年受益，2014年略有下降，但年受

① 参见《中华人民共和国2017年国民经济和社会发展统计公报》。2017年参保总量较2016年增加42483万人，增加较多，根据公报注释，一是因为原参加新型农村合作医疗人员并入城乡居民基本医疗保险参保人员统计，二是因为开展全民参保登记，基本医疗保险覆盖面进一步扩大。

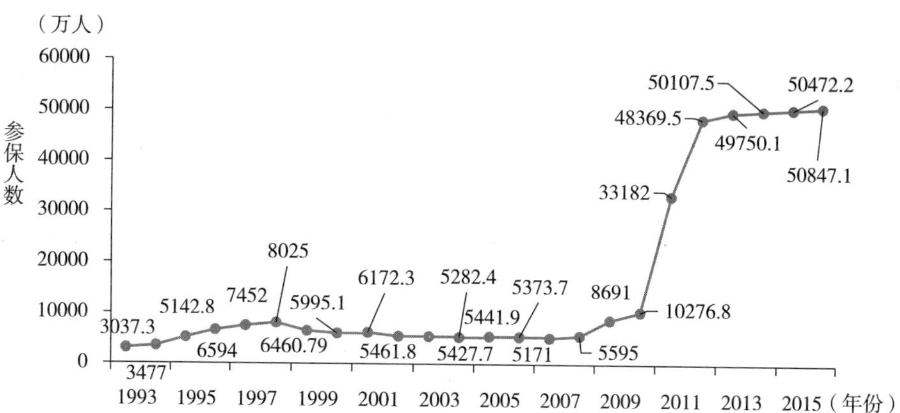

图 11-2　1993~2016 年农村社会养老保险参加人数

资料来源：2000 年以前的数据来自《中国民政统计年鉴》；之后的数据来自《中国劳动统计年鉴》及《人力资源和社会保障事业发展统计公报》。

益人次依旧保持在 16.52 亿的高值之上。从受益人次占参合人数的比率来看，新农合在 2010 年超过 1，在 2012 年突破 2，到 2013 年这一比例已经升至 2.42，农民受益程度提升较快。

表 11-2　农村地区新农合的保障水平

年份	人均筹资（元）	基金支出（亿元）	当年补偿受益人次（亿人次）	受益人次占参合人数比率
2008	96. 30	662. 31	5. 85	0. 72
2009	113. 36	922. 92	7. 59	0. 91
2010	156. 57	1187. 84	10. 87	1. 30
2011	246. 21	1710. 19	13. 15	1. 58
2012	308. 50	2408	17. 45	2. 17
2013	370. 59	2909. 20	19. 42	2. 42
2014	410. 89	2890. 40	16. 52	2. 24

注：2014 年不含天津、山东、广东及浙江部分地区。

资料来源：《中国卫生统计年鉴》（2013）和《中国卫生和计划生育统计年鉴》（2015）。

二是医疗保险待遇显著调高。首先，医保制度整合后，报销按照待遇就高不就低的原则进行调整，参保人员得到了更多实惠。以宁夏为例，制度整合后，实行了统一的“一制三档”，三档的缴费标准分别为 84 元、233 元和 466 元，各档最高支付限额分别为 7 万元、12 万元和 16 万元，其中三档最高支付限额是原新农合最高支付限额的 3 倍，是原城镇居民医保的 2 倍，城乡居民在二级以下医疗机构住院费用政策范围内报销比例达到 70%。浙江省城乡居民医保人均筹资标准从 2012 年的 489 元提高到 2015 年的 785 元，县域政策范围内门诊费用报销比例从 2012 年的 35%提高到 50%左右，县域政策范围内住院费用报销比例从 2012 年的 62%提高到 75%左右。其次，城乡居民基本医疗保险按照用药就宽不就窄的原则进行统筹。截至 2015 年底，全国至少有 12 个省份统一执行基本医保药品目录。如山东、广东、宁夏统一使用基本医保药品目录，农民可报销品种分别从 1100 种、1083 种、918 种扩大到 2400 种、2450 种、2100 种，用药范围增加了一倍多。这不但给参保群众带来了方便，也更加凸显了医保的公平性。最后，统筹层级得到了提高。之前的新农合一般以县（市）为统筹单位，城乡居民医疗保险制度原则上实行市（地）级统筹，鼓励实行省级统筹。随着统筹层次的提高，定点医院按照就多不就少的原则重新规划，参保居民就医范围也相应扩大，定点医疗机构相应增多，医院层次也水涨船高，并减少不同地区之间的保障待遇差距，从而提高城乡居民医疗保障待遇的公平性。而且由于市级统筹的实施，原来在新农合中属于跨地区就医的一些医院纳入了本地就医范围内，原新农合跨县（区）异地就医随之减少，这既满足了农村居民多样化的就医需求，也推进了就医公平的进一步落实（仇雨临、吴伟，2016）。

三是“应保尽保”的社会救助目标基本实现。如表 11-3 所示，按照每人每年 2300 元（2010 年不变价）的农村贫困标准计算，2016 年全国农村贫困人口 4335 万人，比 2015 年减少 1240 万人，全国共有 4576. 5 万人享受农村居民最低生活保障，496. 9 万人享受农村特困人员救助供养。2017 年，农村贫困人口共有 3046 万人，比上年末减少 1289 万人；贫困发生率 3. 1%，环比下降 1. 4 个百分点；全国共有 4047 万人享受农村居民最低生活保障，467 万人享受农村特困人员救助供养。应保尽保的目标基本实现。

表 11-3　农村社会救助人口数量　　单位：万人

年份	农村困难群众救助总人数	农村居民最低生活保障人数	农村特困户救助人数	五保户数
2010	6326.6	5214	556.3	556.3
2011	6407.7	5305.7	551	551
2012	6435.7	5344.5	545.6	545.6
2013	6462.4	5388	537.2	537.2
2014	6265.4	5207.2	529.1	529.1
2015	5420.3	4903.6	516.7	—
2016	5073.4	4576.5	496.9	—
2017	4514	4047	467	—

资料来源：历年《中国民政统计年鉴》和民政部《2016 年社会服务发展统计公报》。

（三）城乡差距逐步缩小

一是基本医疗和养老保险的整合在制度上推进了社保城乡差异的缩小。整合城乡居民基本医疗保险和养老保险，意在从制度安排上减小城乡间的差距，提高城乡居民参保的公平性。虽然在具体实践中，一些农村地区较之合并前的待遇有所下降，但合并后的制度在今后更多面对的是城乡社保在同一框架下的“同进同退”，这虽然暂时无法同城镇职工社会保险达到同一水平，但也为进一步统一协调城乡居民和城镇职工社保制度奠定了基础。

二是最低生活保障制度在城乡间的差距已呈现出缩小态势。这首先表现为农村最低生活保障的标准在逐年提高。从表 11-4 可知，不论是城市还是农村，最低生活保障的标准和平均支出水平都有明显的上升，2010~2016 年农村低保标准上调 166.67%，2015 年农村低保平均支出较 2010 年上浮 98.99%。

同时，从图 11-3 和图 11-4 的对比中可知，2010~2015 年城乡间最低生活保障标准和支出的差值虽然有扩大的趋势，但城市相对于农村的比例在不断缩小，由 2010 年的 2.15 和 2.55 降低至 2015 年的 1.70 和 2.15。以浙江省为例，2017 年城市和农村低保平均标准分别为每人每月 739 元和 730 元，各自增长了 9.0%和 15.7%，绝对数值上的差距已经较小，且农村低保标准增长率远大于城市。

表 11-4 城乡低保的平均标准与平均支出水平

年份	2010	2011	2012	2013	2014	2015	2016
城市低保平均标准（元/人·月）	251	288	330	373	411	451	495
城市低保平均支出水平（元/人·月）	189	240	239	264	286	317	—
农村低保平均标准（元/人·年）	1404	1718	2068	2434	2777	3178	3744
农村低保平均支出水平（元/人·年）	888	1273	1248	1394	1552	1767	—

注：2012 年以后计算城市低保平均支出水平的资金数不包含春节等一次性补助，2011 年以前包含。

资料来源：《中国民政统计年鉴》（2013）和《社会服务发展统计公报》（2014~2017 年）。

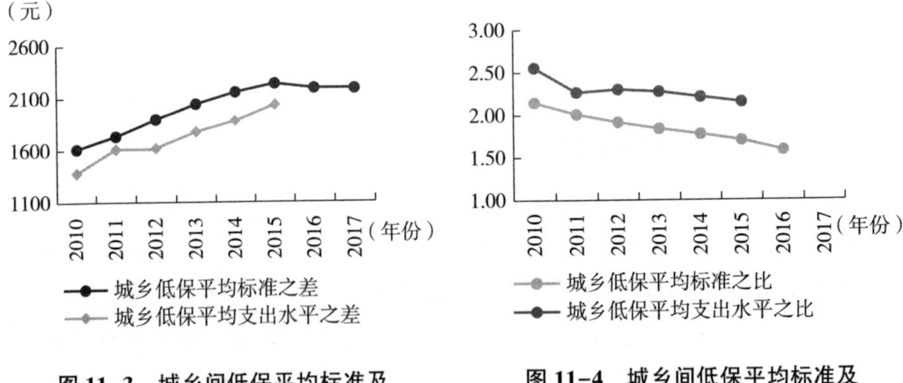

图 11-3 城乡间低保平均标准及平均支出之差

图 11-4 城乡间低保平均标准及平均支出之比

三是医疗救助在农村的实施力度明显大于城市。如图 11-5 所示，2008 年农村医疗救助 759.5 万人次，除在 2009 年有小幅下降外连年递增，到 2012 年已经达到 1483.8 万人次，涨幅接近一倍；资助参加合作医疗的人次数也呈现上涨态势，到 2012 年已有 4490.4 万人次受到资助。此外可以明显看到，无论是医疗救助还是资助参合（险），农村皆远高于城市，而且历年农村医疗救助支出也远高于城市的救助水平。这在反映农村收入相对低于城市的同时，也说明了医疗救助对农村地区的倾斜和作用。

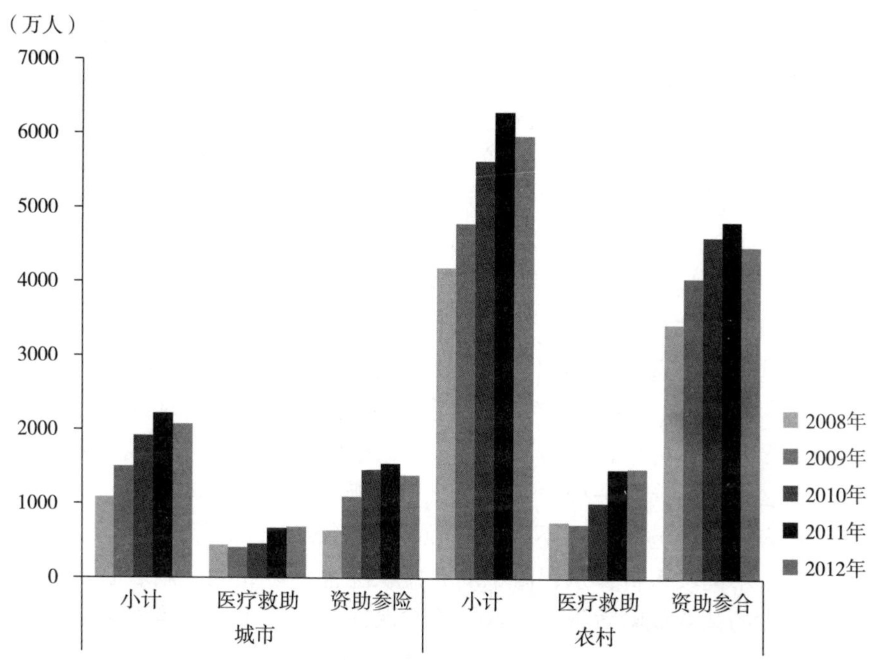

图 11-5　民政部门医疗救助情况统计

资料来源：根据《中国卫生统计年鉴》(2013) 绘制。

四、农村社会保障制度改革的问题与挑战

改革开放后，农村的医疗保险制度、养老保险制度、社会救济制度等社保制度发生了巨大变化。这些改革从需求侧和供给侧两方面都取得了良好的效果，在提升农村居民获得感的同时也提高了制度的运行效率和实施效果。与此同时，我们也应该注意到这一过程中所暴露出的问题，进而找到改进的方向。

（一）保障水平在区域间、城乡间以及不同群体间的差别依旧较大

第一，社会保障发展水平在城乡间和不同区域间的不平衡是我们不得不承认的现实问题。在城乡之间，农村的社会经济发展水平明显滞后于城市，

且人们在生活方式和行为习惯上也存在较大差别。基于中国发展不平衡和不充分的基本矛盾，现阶段还不可能建立高度一致的城乡社会保障制度，城乡之间难免会存在差距。但如果该差距出离了控制和容忍范围，则可能产生一系列的社会问题，需要引起重视。从不同区域的角度来看，目前的情况依然是经济越为发达的区域越是享有较高水平的保险，而经济越为落后的地区，抗风险能力越差的人群，其获得的保险水平也越低。这种现象无疑会加大经济较不发达地区人民的负担，有失保险的社会功能。

第二，健康状况不同的群体在保障待遇方面差异较大。以医保制度为例，各地虽在具体报销比例上不尽相同，然而“保大”甚于“保小”的情况居多。这种政策选择虽然可以在一定程度上降低“因病致贫”和“因病返贫”的发生概率，但也会产生“体强”补贴“体弱”的现象，尤其是在农村参保多是以户为单位的情况下，如果家中健康成员占比大或年老成员占比小，那么难免会产生一种“保费白交”的被剥夺感。也就是说，这一规定对于年轻人和身体健康者“不利”，而对年老者或重病患者“有利”。

第三，不同收入群体从保险中的获益状况也不尽相同。新农合虽然意在实现普惠性的社会保险效果，但这并不能保证其实施不会产生群体间的不平等。要知道，并不是每一个农民都愿意参加合作医疗（张兵、王翌秋，2005），富裕农户的受益比例常常要高于贫困农户（赵志刚、高启杰，2006），同一地区中低收入的农户相对来说从“新农合”中获益较少（方黎明、顾昕，2006），我国存在富人的健康不平等和医疗服务利用的不平等，高收入人群的健康状况更好并使用了更多的医疗服务，收入因素对医疗服务利用不平等的贡献在 0. 13~0. 2 之间，医疗保险等因素也扩大了医疗服务利用的不平等（解垩，2009）。

第四，农民工群体的社会保险参保率低需引起重视。《人力资源和社会保障事业发展统计公报（2009 年）》显示，2009 年末参加医疗保险的农民工人数为 4335 万人。这意味着参加医疗保险的农民工仅占全部农民工总数的 18. 9%，81. 1%的农民工仍然没有办法享受基本医疗保险。2009 年全国参加工伤保险的农民工人数为 5587 万人，仅占农民工总数的 24. 3%（熊吉峰，2010）。到 2017 年末，全国参加工伤保险人数 22724 万人，其中农民工为 7807 万人，较 2016 年增加 297 万人，但仍只为 28652 万农民工总数的 27. 25%。由此可见，农民工工伤医疗保险参保率严重偏低，农民工处于高工伤发病率与低参保率并存的状态。

（二）保障水平依旧偏低

受限于中国尤其是农村地区的经济发展水平，现有的各项社会保障水平层次较低。以养老保险为例，在城乡居民基本养老保险推行之前，农村居民领取养老金的低水平可以说只具备象征意义（郑功成，2017）。根据《人力资源和社会保障事业发展统计公报》，2008 年全年共有 512 万农民领取了养老金，支付养老金 56.8 亿元，全年人均领取额约为 1109 元，折合每人每月 92 元左右。即便是在城乡居民基本养老保险实施之后的 2016 年，城乡居民基本养老保险参保人数为 50847 万人，同比增加 375 万人，其中实际领取待遇人数 15270 万人，基金支出 2150 亿元，全年人均领取额约为 1408 元，保障水平依然偏低，城乡居民基本养老保险水平离“保基本”的基本职能还有很远的距离。

同时，基础养老金虽有所提高，但增幅较小。虽然多年来国家财政不断补贴，然而面对基数大、增长快的老龄化趋势，基础养老金“只见补、少见涨”的现象明显，且各地的标准不尽相同，经济落后地区的情况更为不佳。2015 年，人力资源社会保障部和财政部共同印发了《关于提高全国城乡居民基本养老保险基础养老金最低标准的通知》（人社部发〔2015〕5 号），规定“从 2014 年 7 月 1 日起，城乡居民基本养老保险基础养老金最低标准从每人每月 55 元提高至 70 元”。在这首次统一提高城乡居民基础养老金最低标准的历史节点之后，2016 年多地也相应提高了基础养老金标准。然而这一速度对于日益上涨的生活成本来讲依然相形见绌，有待提高。

（三）各保障项目间的衔接依旧存在问题

改革开放以来，中国采取了多种保障形式对低收入群体予以关照。但由于各项制度锁定的人群可能重复，如何在不同保障项目间顺畅衔接就成了问题。比如五保户群体，他们是否可以并入低保群体；又如对于困难群体社会救助涉及的“二次补偿”问题，这些人或是没有能力参合，或是没有能力治病，导致了他们的“二次补偿”无法实现，制度的救助功能落空；还如新型农村社会养老保险与农村最低生活保障制度的衔接问题：如果像某些地区所采用的以低保线定养老金领取标准的方法，那么很有可能使低保被养老保险所取代。

同时还需注意的是，近年来农民工保险的接续问题日益突出。这主要表现在两方面：一是农民工参保之后，很难真正加以利用。大部分地区为农民工建立的医保是大病统筹（只保住院、不保门诊），而大多数农民工由于年龄不大，身体状况较好，患重大疾病的可能性较低，相比昂贵的住院治疗，他们更倾向于门诊，农民工医保本身对保护农民工健康还缺乏足够的效力。二是农民工医保转移接续时仍存在困难。各地区的医保政策标准不一、兼容性有限，异地医保手续繁杂，农民工经常要在农村与城市之间、城市与城市之间进行流动，而一旦流动到异地，如何接续医保就成了问题，直接损害了农民工的医疗权益（赵冰，2013）。

五、农村社会保障制度改革的展望

中国农村社会保障制度改革尚处于摸索阶段，各项整合政策还在选择和完善之中，应在总体目标的框架下，认识到流动人口庞大、城乡差异明显和老龄化进程对农村社会保障制度的影响，及时安置调整，取得更好的保障效果。

（一）农村社会保障制度改革的总体目标

社会保障制度的完善应当以全民覆盖为目标，坚持全覆盖、保基本、多层次、可持续的方针，以增强公平性、适应流动性、保证可持续性为重点，统筹推进城乡社会保障体系建设；整合城乡居民基本养老保险和基本医疗保险制度，建立兼顾各类人员的社会保障待遇确定机制和正常调整机制；扩大社会保障基金筹资渠道，建立社会保险基金投资运营制度，确保基金安全和保值增值；完善社会救助体系，健全社会福利制度，支持发展慈善事业，做好优抚安置工作。

（二）应对人口大规模流动对农村社会保障制度的影响

城镇化的继续推进和人口流动规模的不断扩张对农村社会保险制度提出挑战。近年来，以农民工为代表的人口流动大量出现，这是农村社会养老保险需要解决的问题之一：流动人口不同于传统的就业地区相对稳定的人口，他们当中的正规就业劳动者相对偏少，就业形势也较为多样，自我雇佣劳动者占比较多。这些新的就业方式由于缺乏稳定的资方主体，对建立在稳定劳动关系基础上的养老保险制度提出了新的要求。另外，流动人口通常收入较低，其健康状况可能更需要医疗保险的支持。

为此，需要维护好劳动者在流动时的养老保险权益，应综合利用分段累计的养老保险制度，合并发放养老金，设计灵活的参保缴费政策，完善养老保险关系转移接续办法，在提高信息化管理水平的基础上，尽快推进基本养老制度的全国统筹，建立与统一的劳动力市场相适应的全国统一的基本养老保险制度。还应做好流动人口医疗保险的接续工作，简化流动人口的参保手续，并切实做好宣传工作，不断提高其对相关政策的知悉程度。

（三）应对城乡差别对农村社会保障制度的影响

城乡间经济水平和社会状况的差距在中国由来已久。在整合各项社会保险的过程中，应该正视这种差距，认识到短期内不可能将其完全消除，也不可能用完全一致的标准去“格式化”保险内容。尤其是在社保制度城乡整合大举推进之时，应当避免以城镇社会保障的保障水平为参照的误区（崔红志，2008）。这不仅是因为城乡居民对社会保障项目及其保障程度的需求不尽相同，还因为中国城镇社会保障项目的保障水平并非完全合理，而且已经产生了很多问题。以社会养老保险为例，中国目前城镇社会养老保险的替代率高达60%以上，而且职工的退休年龄低。这种特征大大增加了财政负担，也与世界范围内社会养老保险的改革趋势不同。

从更为基础的层面来讲，提高农村居民的民生水平不仅要从保险制度上下功夫，还要优化医疗资源在城乡间的配置，缩小城乡医疗服务差距。目前医疗服务资源在城乡间的分布较不平衡，尤其是优质医卫资源的城市占比要远远高于农村，农村居民公卫和医疗服务的可及性依旧与城市居民存在巨大差距。然而公平的可及性是获得公平医疗服务的重要条件（仇雨临、吴伟，2016），城乡居民医保制度整合只是提高了农村居民医疗保障的公平性，但如果没有医疗服务的公平性，医保制度的作用也必将受到限制。

（四）应对人口老龄化进程对农村社会保障制度的影响

农村人口明显的老龄化趋势和全国范围内老年抚养比的快速上升是中国社会不得不面对的现实困境。这种趋势不仅会给养老制度带来直接冲击，还会通过个体效应和群体效应增加医疗保险制度的负担。随着年龄增大到一定程度，疾病的发生概率和严重程度也会越变越大，不是简单医治或短期医治可以解决的。尤其在当今社会，慢性病和恶性病成为困扰老年人的典型病症，这些疾病需要长期服药或住院治疗，所需费用通常较高。如果这种由于老年个体医疗费用上升而对城乡居民基本医疗保险制度所产生的个体效应不断扩大至显著影响医疗保险体系运行，这种个体效应就会演变成对医疗保险体系的群体效应，增大制度运行的难度。

故而，中国的城乡居民基本养老保险制度和基本医疗保险制度都应当充分认识到这一点，多渠道满足老年人的基本医疗需求，建立多层次的医疗保障体系；探索多种形式的健康保障方法，注重疾病预防体系的构建（崔卓兰、赵静波，2011）；完善城乡医疗救助制度，改善特困老年人的医疗条件；完善监管机制，防止医疗和养老保险基金的流失和挪用。

第十二章　农村减贫的机制创新

改革开放以来，中国的减贫取得了举世公认的巨大成就，7 亿多农民摆脱了贫困，创造了世界减贫史上的一大奇迹，被国际社会广泛视为人类社会扶贫的一个成功样板。扶贫开发，也成为中国道路、中国经验和中国发展模式的重要组成部分和争议最少的内容。本章主要回顾了 1978 年以来中国农村减贫的基本历程，讨论了中国减贫的主要经验，分析了中国农村减贫的成就及其对全球的贡献，最后讨论了 2020 年中国减贫的形势和战略选择。

一、中国农村减贫的历程

新中国成立后，特别是自 20 世纪 70 年代末实行改革开放政策以来，中国政府在致力于经济和社会全面发展的进程中，从 20 世纪 80 年代中期开始，在全国范围内开展了有计划有组织的大规模开发式扶贫，先后实施了《国家八七扶贫攻坚计划（1994～2000 年）》《中国农村扶贫开发纲要（2001～2010 年）》《中国农村扶贫开发纲要（2011～2020 年）》等中长期扶贫规划，有力地推进了中国农村扶贫开发的进程。

中共十八大以来，党中央把扶贫开发摆到治国理政的重要位置，提升到事关全面建成小康社会、实现第一个百年奋斗目标的新高度，纳入“五位一体”总体布局和“四个全面”战略布局进行决策部署，并提出精准扶贫、精准脱贫的基本方略，将中国扶贫开发推进到一个全新的阶段。

（一）1978～1985 年的中国农村减贫

由于受长期的战争破坏、土地相对集中造成很大部分农民没有或只有很少的土地以及技术落后等因素的影响[①]，新中国成立之初，中国农村处于普遍性的贫困状况之中。为了尽快扭转这种情形，减缓贫困成为政府制度和政策安排的优先领域，先后采取了土地改革、合作化、人民公社化等一系列旨在缩小资源占有、收入分配差距的方式。虽然在改革开放前中国没有提出扶贫计划，但众多的制度安排和政策、规划都直接或间接地围绕着减缓和消除大面积存在的农村贫困现象和两极分化而展开。

此间最重要的政策规划包括：在全国范围内开展了土地改革，基本消除了无地这一在其他发展中国家形成农村贫困主要因素的影响，为后来中国农村扶贫开发的成功奠定了一个有利的财产制度基础；建立农业技术推广网络，推广农业技术；改善水利、交通、供电等农村基础设施；改善农民的基础教育和基本医疗服务条件，提高人口素质；建立以当时农村集体经济为基础的社会保障体系。由于这些重大政策和措施的实施，1949～1978 年，中国农村不得温饱的农村人口比重从 80%降低到 30%[②]；婴儿死亡率下降了 3/4，人口预期寿命提高了近 30 岁，农村居民的生存状况有了比较明显的改善[③]。但是，如果按照现在的贫困标准（2010 年价格农民人均纯收入 2300 元），1978 年中国农村有贫困人口 7.7 亿，贫困发生率高达 97.5%（国家统计局住户调查办公室，2015）。

1978 年开始实行的以家庭联产承包责任制为中心的农村经营体制改革，使过去受体制束缚的农民获得了自己家庭承包地、劳动力和主要收益的支配权，从而大大调动了农民在自己承包地上投劳、投资和加强管理的积极性，提高了农业劳动生产率和生产效率；同时限制劳动力使用的制度约束的取消以及国家对农村种养结构和市场控制的放松，使部分生产剩余和农业剩余劳动力转向发展乡镇企业，成为农民收入的另一个增长点。

在这个阶段，中国政府还通过提高农产品价格、放宽统购以外农产品流通管制等措施，改善了农产品的交易条件。1978～1985 年，中国农产品综合收购价格指数提高了 66.8%。价格提高增加的收入占农民新增收入的 15.5%。在上述因素的共同作用下，中国农民人均纯收入增加了 132%。农

---

① 中国扶贫开发历程部分中，部分文字和数据引自吴国宝：《中国农村扶贫》，载张晓山、李周主编：《中国农村发展道路》，经济管理出版社 2014 年版，第 403-431 页。

② 1992 年中国政府确定以 1984 年价格农民人均纯收入 200 元作为贫困标准，这个标准同时也被视为温饱标准。

③ 数据来自 1973～1975 年全国三年肿瘤死亡回顾调查，见中华人民共和国卫生部：《中国卫生统计年鉴》（2013）。

民人均热量摄取量，从 1978 年的 2300 千卡/人・日，增加到 1985 年的 2454 千卡/人・日。按现在的扶贫标准，有超过 1 亿农村人口在这期间摆脱了贫困，贫困发生率降低到 78.3%（国家统计局住户办公室，2015）。

（二）1986～2012 年中国农村扶贫开发

从 1984 年开始，中国的体制改革中心从农村转入城市。在不断的试验和总结经验与教训的基础上，中国逐步探索并初步建立起了中国特色社会主义市场经济体制，确立了以改革、开放和发展为主线的国家整体战略，快速推进了国家的工业化和城镇化。在体制和发展双重转型的过程中，国家经济实现了长时间的高速发展，相当大部分农村贫困人口通过主动参与工业化和城镇化实现了脱贫。与此同时，针对改革开放以后出现的农村区域和居民收入差距扩大的情况，中国政府从 1986 年开始启动了中国历史上规模最大的农村专项扶贫开发计划，采取一系列特殊的政策和措施，提高贫困人口和贫困地区的自我发展能力，一方面帮助贫困地区实现更快的发展，另一方面帮助贫困人口更好地利用国家和地区发展所产生的机会稳定减缓和消除贫困。国家的持续发展和大规模有计划、有组织的扶贫开发共同实现了这一时期的农村减贫。

1. 工业化、城镇化推动和支持农村减贫

1985～2012 年，中国户籍人口的城镇化率从 23.7%提高到 52.6%，提高了 1.2 倍；全国第二、第三产业就业人数比重从 37.6%上升到 66.4%；全国农村非农就业人数增加了 20112 万人，其中新增的外出务工农村劳动力达到 1.4 亿人。工业化、城镇化推动了全国的经济增长，也为减贫提供了机会和动力。在这期间，中国人均国内生产总值年均增长 8.9%，同期全国农民人均纯收入年均增长 6%，其中按现行标准，1985 年全国农村贫困人口（占 1985 年农村人口的 78.3%）人均纯收入整体提高了 3.5 倍，农村贫困人口减少了 56202 万人，占改革开放以来全国农村减少贫困人口总量的 76%。虽然无法准确量化工业化和城镇化对农村减贫的贡献，也很难准确估计专项扶贫开发对推进贫困地区工业化、城镇化以及减贫的贡献，但是无疑持续快速的工业化、城镇化对全国农村减贫起了最重要的作用。

2. 提升农村人力资本支撑减贫

20 世纪 80 年代中期尤其是 1996 年以后，中国政府加大了对全国尤其是农村教育、医疗卫生的支撑力度，提升了人力资本。据人口普查资料，1982～2010 年，全国接受过初中以上教育人口的比重从 25%大幅度提高到

62%。全国农村劳动力受过初中及以上教育的占比在 2010 年达到近 70%。医疗卫生服务的普及、医疗技术的进步以及营养的改善，使 2010 年全国人口平均预期寿命比 1982 年增加了 7.1 岁，农村居民的身体素质也得到了提高。农村人力资本的改善，一方面本身就实现了教育、健康福祉的提高，另一方面也支持了国家工业化、城镇化的进程，增强了农村贫困人口利用工业化、城镇化所创造的就业机会的能力，从而推动了农村减贫。

3. 通过实行支农惠农政策和建立社会保障制度减贫

从 2002 年开始，中国政府先后实施了一系列直接增加农民收入、减少农民支出的支农惠农政策，包括取消农业税和义务教育阶段学生学费、提供农业支持补贴和耕地保护补贴、退耕还林还草补贴、生态补偿等数十项“多予少取”性质的政策，对减少农村贫困产生了重要的作用。据统计，2010 年扶贫重点县农民人均从“多予少取”政策增收 174 元、减支 70 元，按当时贫困标准估计的重点县贫困人口减少了 15.8%（吴国宝等，2011）。此外，在此期间中国逐步建立了全国性的农村新型合作医疗制度、农村居民最低生活保障制度、农村新型社会养老保险制度等，不仅提高了农民的社会保障水平，也直接增加了低收入和脆弱农户的收入，支持了全国农村的减贫，为开发式扶贫提供了有力的补充。2012 年，全国有 5344 万人享受了农村低保，有近 1 亿农村人口领取了社会养老保险金，17.45 亿人次累计从新农合报销 2408 亿元。

4. 区域开发扶贫促进和加速农村减贫

中国从 1986 年起实行全国大规模有计划有组织的扶贫开发。虽然从一开始就确定了解决农村人口贫困和促进贫困地区开发的双重目标，但是由于没有很好地解决扶贫对象识别、到户扶贫的方式和有效组织、监管等方面的原因，在这个阶段，中国的扶贫开发实际上主要采取区域开发扶贫的形式，即通过优惠的政策和特殊的措施支持选择的贫困地区的发展，并据此实行间接的扶贫。

1986~2012 年，中国政府在连续 6 个国家 5 年发展计划中列入了扶贫的内容，制定并实施了《国家八七扶贫攻坚计划（1994~2000 年）》《中国农村扶贫开发纲要（2001~2010 年）》《中国农村扶贫开发纲要（2011~2020 年）》等专门的扶贫开发规划，确定了不同阶段的扶贫开发目标和重点。

1986 年，中国政府确定了在“七五”期间解决大多数贫困地区人民的温饱问题的扶贫目标。1993 年，中国政府制定了旨在 7 年时间解决剩余

8000 万农村贫困人口温饱问题的《“八七”扶贫攻坚计划》。2001 年，中国政府制定的《中国农村扶贫开发纲要（2001~2010 年）》将中国农村扶贫开发的战略目标调整为“尽快解决极少数贫困人口温饱问题，进一步改善贫困地区的基本生产生活条件，巩固温饱成果”，创造达到小康水平的条件。2011 年出台的《中国农村扶贫开发纲要（2011~2020 年）》将扶贫开发的战略目标确定为：到 2020 年，稳定实现扶贫对象不愁吃、不愁穿，保障其义务教育、基本医疗和住房；贫困地区农民人均纯收入增长幅度高于全国平均水平，基本公共服务主要领域指标接近全国平均水平，扭转发展差距扩大趋势。

（1）主要政策和措施。为了保证不同阶段扶贫开发目标和任务的实现，中国政府出台和完善了一系列的扶贫开发政策与措施，来支持和保障扶贫计划与规划的实施。

第一，建立扶贫开发领导和办事机构，保障扶贫开发工作的正常有序开展。从 1986 年开始，中国建立了从中央到贫困乡镇的扶贫开发领导体系和工作机构，即扶贫开发领导小组（1994 年以前称为贫困地区经济开发领导小组）及其办公室，负责制定和实施扶贫政策、确定和识别扶贫对象、制订和实施中长期和年度扶贫计划、分配扶贫资金、计划和实施扶贫项目、协调与相关部门的关系、对扶贫工作进行监督检查等工作。

第二，确定和调整扶贫开发的对象。首先是确定和调整贫困县。1986 年，中央划分了 18 个片区，确定了 331 个国家级贫困县，各省区另外确定了 368 个省级贫困县；1994 年，中央调整了贫困县的标准，并按新的标准在全国确定了 592 个贫困县；2001 年，中央将国家级贫困县改称为国家扶贫开发重点县，在维持国家贫困县数量不变的前提下调整了重点县，将东部 6 省的 33 个县及西藏的贫困县指标收归中央，重新分配给中西部其他省区；2011 年，中央确定六盘山区等 14 片连片特困地区，并确定了 680 个连片特困地区县（以下简称片区县，其中包括 440 个扶贫工作重点县），同时按照“高出低进、出一进一、自主调整、总量控制”的原则对原来的 592 个重点县进行了调整，最后 680 个片区县和 152 个片区外重点县总共 832 个贫困县成为 2011 年以来国家农村扶贫开发的重点对象。贫困县一直是这一时期中国扶贫资源和项目分配的基本单位，也是计划、实施和管理扶贫项目的关键环节。

在《中国农村扶贫开发纲要（2001~2010 年）》实施期间，中国政府还通过参与式规划的形式，确定了 14.8 万个扶贫工作重点村，作为那个时期的扶贫工作重点对象。

中国政府制定和调整了扶贫标准。1986年，中央确定以1984年不变价格农民年人均纯收入200元作为全国农村的贫困标准，贫困线下的人口约占全国农村人口的15%；2008年将扶贫标准从年人均纯收入895元提高到1196元，提高了1/3，使可享受扶贫政策优惠的扶贫对象增加了3000万人；2011年，中国政府将按2010年价格表示的扶贫标准进一步提高到2300元，提高了80.5%，使可以享受扶贫政策的农村贫困人口增加了1亿。

第三，确立了开发式扶贫的基本方针，并根据阶段性扶贫开发任务规划实施了针对不同贫困类型的扶贫开发项目。

中国政府组织实施的大规模有计划的扶贫开发，从设计阶段开始，就明确了要实行开发式扶贫方针①，即主要通过帮助贫困地区和贫困人口利用自身资源，提升自我发展能力来摆脱贫困。开发式扶贫，是中国政府在全面认真总结贫困地区发展经验教训的基础上，根据中国改革与发展的新形势和当时的贫困地区的实际状况提出来的。其核心是实现从单纯分散救济向经济开发的整体性根本转变，亦即从单纯的输血式扶贫向造血式扶贫转变（国务院贫困地区经济开发领导小组办公室，1989）。

中国政府根据不同阶段扶贫的任务和重点确定不同的扶贫开发方式。1986年，确定当时开发式扶贫的重点是帮助贫困地区利用当地资源条件，改善农业生产条件，发展农业生产；主要扶贫方式是实行科技扶贫、以工代赈扶贫。《“八七”扶贫攻坚计划》期间将扶贫开发的重点确定为发展有助于直接解决群众温饱问题的种植业、养殖业和相关的加工业、运销业，积极发展能大量安排贫困户劳动力就业的乡镇企业；主要扶贫方式有产业扶贫、科技扶贫、以工代赈扶贫、劳动力转移就业扶贫、易地搬迁扶贫等。2001~2010年，中国实行整村推进扶贫、农业产业化扶贫、劳动力转移就业培训扶贫以及科技扶贫、异地搬迁扶贫等。2011年开始，中国扶贫出现了三个重大转变：一是从解决温饱问题向综合解决农民的生存和发展需求转变；二是从侧重满足农民的物质需求向同时满足农民的物质需求和社会服务基本需求转变；三是将扭转发展差距扩大直接纳入了扶贫的战略目标中。在正式提出精准扶贫战略之前的两年，中国扶贫开发的主要方式除了继续以前的主要扶贫

① 1984年中共中央制定的《关于帮助贫困地区尽快改变面貌的通知》中，明确改变贫困地区面貌的根本途径是依靠当地人民自己的力量，按照本地的特点，发展商品生产，增强本地区经济的内部活力。

方式之外增加了连片特困地区开发扶贫。

总体来看，在这期间区域开发扶贫支持的重点领域主要是：改善贫困地区乡村道路、水利、饮水、供电等基础设施；支持贫困地区依托当地资源的种养业和加工业发展；改善贫困地区的教育、卫生条件等。

第四，安排专项扶贫资金，增加对贫困地区的资金投入。1986~2012年，中央政府主要安排了三项扶贫专项资金，分别是支援不发达地区发展资金（以下简称发展资金）、以工代赈资金和扶贫贴息专项贷款。在此期间，中央政府累计安排财政专项扶贫资金2704亿元，累计发放扶贫贴息贷款2685亿元。

第五，出台了一系列其他优惠措施，减轻贫困地区的负担，增强贫困地区在招商引资等方面的竞争能力。早期的优惠政策包括核减粮食合同定购任务，酌量减免农业税，免征贫困地区新办开发性企业所得税，对贫困县实行财政定额、专项和困难补助等；后来实行的优惠政策逐渐扩大到包括多种增加贫困地区发展机会、提升贫困地区对外部资源竞争力等方面。虽然迄今尚缺乏准确的评估，但是可以相信各项优惠政策带给贫困地区的实惠可能要远远大于专项扶贫资金的投入。

（2）区域开发扶贫的减贫影响。1986~2012年，中国实行的区域开发扶贫对农村减贫的影响，由于缺乏可靠的资料一直没有进行过严格的评估。从影响机制来看，区域开发扶贫主要通过三种方式影响中国的农村减贫：第一，通过支持贫困地区开发利用当地资源，培育和发展特色优势产业，促进贫困地区的更快发展，通过扩大需求和产业关联等方式带动贫困农户增收，增加当地贫困人口的就业机会；第二，改善贫困地区的基础设施，一方面直接改善区域内农民的物质福祉，另一方面通过改善交通、供电、饮水等条件，释放大量的劳动力，使之可以更放心地外出务工、增收脱贫；第三，通过教育、卫生和技能培训，提升贫困地区劳动力的能力和素质，使贫困地区更多的贫困劳动力可以更好地利用国家工业化、城镇化创造的就业机会，实现增收脱贫。

（三）2013年以来的精准扶贫、精准脱贫阶段

从2013年开始，中国农村扶贫开发全方位转入精准扶贫、精准脱贫模式，实行从扶贫对象识别到项目安排、资金使用、帮扶措施、帮扶责任人和脱贫考核全过程精准扶贫。在某种意义上说，精准扶贫是扶贫领域甚至是贫困地区农村发展过程中的一次革命。它不仅改变和创新了扶贫方式，而且在

治理结构、资源的整合、配置和使用、监督和考核等多个方面出现了革命性的变化。

1. 主要政策和举措

2013 年以来，中央政府及其相关部门密集出台了一系列新的政策和措施。这些政策和措施初步构成了精准扶贫、精准脱贫的政策和干预体系。

（1）精准识别和确定具体扶贫对象。从 2014 年开始，各省采取措施初步识别和确定了全部扶贫对象，在中国扶贫开发历史上第一次将扶贫对象全部具体到户到人。2014 年，全国共识别出扶贫对象 8800 多万人，2015 年又根据发现的问题在全国范围对建档立卡扶贫对象组织了再识别，确认 2014 年底全国扶贫对象为 73075748 人。在识别扶贫对象的同时，也初步统计了贫困户的致贫原因，其中因病致贫位居首位。

（2）改善治理结构。改变中央对省级、省级对贫困县的考核目标，由主要考核地区生产总值向主要考核扶贫开发工作成效转变；建立贫困县考核制度、省级党委和政府扶贫绩效考核制度、扶贫对象脱贫考核制度等，加强了精准扶贫、精准脱贫考核的制度化和严肃性；实行脱贫攻坚领导责任制，通过层层签订脱贫攻坚责任书，明确党政主要领导作为脱贫攻坚任务的主要责任人；向所有扶贫工作重点村派驻扶贫工作队，指派贫困村第一书记，与贫困村所在地村党支部和村委会一起，具体负责贫困村及每一个扶贫对象的帮扶与脱贫。

（3）创新和完善扶贫方式。在加强产业扶贫、就业扶贫的同时，2014 年开始根据精准扶贫、精准脱贫的要求，创新了扶贫方式。初步形成了包括产业扶贫、就业扶贫、易地搬迁扶贫、教育扶贫、健康扶贫、环境保护补偿扶贫和社会保障兜底扶贫的综合扶贫方式，引入了资产收益扶贫、光伏扶贫、电商扶贫和旅游扶贫等新型扶贫方式。

（4）改革财政专项扶贫资金管理机制，大幅度增加扶贫投入，加强贫困县涉农资金整合。中央财政投入扶贫资金大幅度增加。2016 年，中央财政扶贫专项资金比 2013 年增加了 1.28 倍；地方财政扶贫资金投入也有了较大幅度的增加。与此同时，扶贫资金的统筹整合使用获得了突破性进展。2016 年，中央已批准开展贫困县涉农专项资金统筹整合试点。扶贫资金分配和使用权进一步下放到县一级。

（5）完善金融服务机制，增大金融扶贫力度。增强政策性金融的导向作用，支持贫困地区基础设施建设和主导产业发展。引导和鼓励商业性金融机构创新金融产品和服务，增加贫困地区信贷投放。推动金融机构网点向贫困乡镇和社区延伸，改善农村支付环境，加快信用户、信用村、信用乡（镇）建设，发展农业担保机构，扩大农业保险覆盖面。

（6）创新社会参与机制，建立和完善广泛动员社会各方面力量参与扶贫开发制度。通过机制创新，进一步发挥定点扶贫、东西部扶贫协作在社会扶贫中的引领作用；支持各民主党派中央、全国工商联和无党派人士参与扶贫开发工作，鼓励引导各类企业、社会组织和个人以多种形式参与扶贫开发。建立信息交流共享平台，形成有效协调协作和监管机制。

2. 主要成效

第一，在经济增长对减贫作用弱化的条件下，贫困人口减少取得了不错的成果。按现行扶贫标准统计，全国农村贫困人口从 2013 年的 8249 万人减少到 2017 年的 3046 万人，年均减少了 1301 万人。

第二，完成了全部扶贫对象的建档立卡，基本上建立起了扶贫对象识别和动态调整的制度和方法，也在中国扶贫开发历史上第一次实现全国贫困信息基本精准到户到人，第一次逐户初步分析了致贫原因和脱贫需求，第一次构建起全国统一的包括所有扶贫对象的扶贫开发信息系统，为精准扶贫、精准脱贫工作建立了重要的信息基础。

第三，推进了一些重大政策的出台，如涉农资金整合、生态补偿、资产收益扶贫等。

第四，初步建立了扶贫绩效和脱贫考核机制，为保证精准扶贫、精准脱贫考核的严肃性和公正性提供了制度基础。

二、中国农村减贫的主要经验

中国的农村减贫虽然存在各种不足，但从结果来看，无疑是取得了巨大的成功。将中国农村减贫的做法放到一般意义上来考察，中国减贫的主要经验突出表现在四个方面，即实行多种方式相互配合相互支撑的综合减贫；实行精准扶贫；发挥政府、市场和社会组织在减贫中的作用；注重扶贫创新，不断完善扶贫的战略和方式。

（一）实行综合的减贫方式

中国农村贫困的减缓，虽然在事前不一定做了充分、周密的综合部署，实践过程中带有摸着石头过河的性质，但从结果来看，主要是通过综合的减贫方式实现的。

1. 以市场经济发展为基础实现的增长“涓滴战略”为主体，市场组织发育，工业化和城镇化构成了农村贫困减缓的第一源泉

从 20 世纪 80 年代中期开始的市场化改革，以及随后根据市场经济发展的需要逐步推动的市场组织发育、工业化和城镇化进程，构成了中国农村贫困减缓的第一源泉。相关研究表明：虽然在不同的阶段农村贫困减缓的动力发生了变化，但贫困的减缓在多数时期主要是由持续快速的经济增长实现的（Martin 和 Chen，2004；罗楚亮，2010）。增长减贫的过程中，中国政府通过产业、区域发展政策、积极就业政策、收入再分配政策和改革路径的选择，使经济增长的成果惠及了大多数农村人口。

2. 以目标瞄准型开发扶贫战略为支撑，改善贫困人口的财产获得性，提高他们分享增长收益的能力，必要时实行精准扶贫、精准脱贫

实行目标瞄准型开发扶贫战略是中国农村扶贫的一个突出特点。中国目标瞄准型开发扶贫，主要通过对确定的贫困地区和贫困户提供多方面的支持，一方面改善其包括基础设施、贷款、技术与技能培训、进入市场等方面的可获得性，提高穷人参与分享经济增长收益的能力；另一方面在必要时直接对贫困户实行精准扶贫、精准脱贫。

3. 以社会发展和社会保障制度建立为保障，为脆弱人群避免进一步边缘化提供支持

发展基础教育和基本医疗，建立农村低保、新型农村合作医疗、新型农村社会养老保险等社会保障制度，虽不属于专项扶贫措施，但对于改善穷人的人力资本以避免贫困的恶性循环和避免穷人进一步被边缘化、保障其基本生活，具有重要的意义。中国政府近 10 年来在社会发展和社会保障方面所做的努力，客观上弥补了增长“涓滴”减贫和转向开发扶贫方式的不足。

4. 以对生态脆弱地区和扶贫成本高地区的移民扶贫为补充，改善这部分特殊贫困人群的自我脱贫能力

对生活在生存条件恶劣、扶贫成本高地区的部分农民实行移民扶贫，既是因地制宜地调整扶贫方式的一种创新，也是对其他扶贫方式的一个重要补充。虽然移民扶贫政策实施中仍存在一些问题，但不可否认这种扶贫方式在特定条件下所具有的积极作用。

（二）实行精准扶贫

中国政府自 1986 年开始开发式扶贫以来，在政策层面一直提倡要将有

限的扶贫资源有效地用来帮助真正的贫困地区和贫困户改善生产生活条件，提高自我发展能力，实行精准扶贫。在30多年的扶贫开发实践中，中国政府和扶贫开发各参与主体，一直在不断探索改进精准扶贫有效性的方式和方法。但是直到2013年底，约束精准扶贫实施的一系列体制和机制约束得到根本性清除之后，真正意义上的精准扶贫才开始逐渐付诸实施。

中国精准扶贫的主要做法包括四个方面：第一，通过一系列相关制度安排和方法创新，使扶贫对象的识别和调整逐步趋于精准。第二，建立保障和实现精准扶贫的扶贫治理制度和体系，包括确立“中央统筹，省负总责，实现抓落实”的扶贫工作机制；建立党委政府扶贫绩效考核制度和问责制；在加强贫困村村级党支部和村委会队伍能力建设的同时，实现了所有扶贫工作重点村驻村帮扶和第一书记全覆盖；建立精准扶贫、精准脱贫的监督、巡查和考核制度。第三，通过增加财政专项扶贫投入、整合现有涉农专项资金、撬动金融资源和动员社会资源，建立可满足脱贫攻坚需要的扶贫资源投入和动员体系。第四，实行根据扶贫对象的条件、特点和需求确定扶贫方式的精准扶贫战略，结合各地实际摸索和试验出更多的、可包容多种不同贫困类型的精准扶贫干预措施及其组合。

（三）发挥政府、市场和社会组织在减贫中的作用

政府、市场和社会一直是中国扶贫的三种基本力量。中国农村扶贫常被冠以政府主导的特色和优势，但是其中政府、市场和社会组织在减贫中都在不同程度上发挥了各自的作用。相对来说，社会组织和穷人参与的作用发挥得还不够充分。

1. 政府在农村减贫中发挥了主导性作用

中国政府在1978年以来的扶贫开发中一直扮演着主导者的作用（吴国宝等，2010）。政府一方面通过规划和领导改革、开放和发展，推动社会主义市场经济制度的建立和中国经济社会的持续发展，为贫困减缓创造有利的环境和条件，实现发展减贫；另一方面，通过计划、组织和实施开发式扶贫与精准扶贫，改善贫困地区的基础设施和发展条件，部分弥补和抵消了贫困地区和低收入人群所处的不利地位产生的不利影响，提高了贫困地区和农户分享国家改革和发展成果的能力；根据致贫原因实行精准施策，直接帮助贫困人口脱贫。

2. 市场在农村贫困人口减少中发挥着基础性的作用

在农村贫困减缓过程中，市场经济发展通过创造就业和对农产品的需

求、增加税收和国家可用于扶贫的财力等方式，发挥了基础性的支撑作用。自1978年以来，市场化、工业化、城镇化等因素的共同作用为全国创造了4.4亿个非农业就业机会，构成了过去40年中国农村贫困人口减少的主要源泉。

3. 社会组织在社会动员和扶贫创新中发挥积极的作用

社会扶贫是中国扶贫体系的重要组成部分，在减贫中发挥了积极的作用。社会组织在减贫中的作用主要表现在两个方面：一是利用其社会联系动员社会资源参与扶贫；二是凭借其对穷人状况和需求比较了解、应变比较灵活的优势，推动扶贫方式的创新。

（四）不断推进扶贫创新，保持和增强减贫的动力和有效性

中国在过去40年农村扶贫过程中，根据扶贫形势、贫困特点和国家发展战略，通过试验和创新不断完善和调整扶贫战略、治理结构和资金管理等，不断提高扶贫的有效性和用于扶贫资源利用的效率。

1. 扶贫战略的创新

中国农村扶贫战略在过去40年经历了几次重大的调整①。

第一，从不含具体扶贫目标的经济增长引致减贫的战略向目标瞄准型开发扶贫战略转变。1978~1985年，中国农村扶贫主要通过经济增长的“涓滴效应”实现，并没有确定任何特定的扶贫对象，也没有制定具体的瞄准性扶贫措施。1986年，针对农村居民内部收入差距拉大以及各地区贫困人口分布集中度不同的状况，开始实行以区域瞄准为主的有计划的农村扶贫开发。

第二，从救济性扶贫向开发式扶贫转变，并从2007年开始向社会保障扶贫与开发式扶贫相结合的战略转变。1986年以前，中国政府对农村弱势群体的扶持主要是提供应急性的政策性救济。1986年以后，中国农村扶贫是以开发式扶贫为主配以临时性的政策性救济。这一战略从2007年开始又被开发式扶贫与制度化的社会保障扶贫相结合的战略所取代，其重点是制度化的农村最低生活保障制度取代了过去临时性的政策性救济。

第三，从扶持贫困大区向扶持贫困县继而转向重点扶持贫困村的战略转变，并在2011年开始转向贫困大区域开发与扶贫进村到户相结合的战略。中国农村扶贫最初将全国18个连片贫困区域作为扶持的重点，但很快片区

① 本部分内容引用了吴国宝、汪同三、李小云（2010）。

扶贫的思想因难以操作和协调被放弃，转而将贫困县作为扶贫的基本单元。由于贫困县内存在差别容易导致扶贫资源外溢和项目安排不当，从 2002 年开始在保持贫困县作为扶贫管理单位的同时，将扶贫规划和项目安排的重点进一步下移到贫困村。但是过分强调微观层面的减贫，又不能从根本上解决制约农户贫困形成的区域和环境因素，从 2011 年开始转向贫困大区域开发与扶贫进村到户相结合。

第四，从单一项目扶贫向综合扶贫的战略转变。基于对贫困成因的认识以及受投入规模和管理部门协调等因素的限制，自 1986 年中国政府启动有计划的农村扶贫以来，在相当长的一段时期内，主要实行单一项目扶贫的方式。在这种方式下，虽然受益的区域可以比较大，但由于投入分散和干预内容单一，当贫困成因渐趋复杂时，其减贫效果不够显著。从 2002 年开始，中国农村扶贫逐渐摒弃单一项目扶贫的战略，更多地采取整合资源、整村推进的综合扶贫方式。

第五，从不精准扶贫向精准扶贫战略转变。根据贫困人口分布、脱贫形势的变化，中国政府从 2013 年底开始调整原来的扶贫开发战略，实行真正意义上的精准扶贫。

2. 治理结构创新

中国在扶贫过程中不断探索扶贫治理结构的创新，以改善扶贫的效率和有效性。主要的创新包括：第一，扶贫计划和项目的决策权不断下移。1986~1995 年，中国农村扶贫计划和资源分配的权力，主要集中于中央扶贫开发领导小组；从 1996 年开始，中国政府实行扶贫“四到省”的政策，将农村扶贫的资源、任务、权力和责任全部下放到省，在一定程度上弱化了中央在扶贫决策中的权力；随后绝大多数省区将扶贫的任务、资金、责任和项目决策权分解、下放到县，省级只保持了一定规模以上的投资和跨区域项目的决策权；这种治理结构一直保持至今，随着 2002 年以后整村推进规划扶贫方式的推广，扶贫规划、实施的权力事实上进一步下放到扶贫工作重点村，从而在较大程度上实现了扶贫决策从自上而下到自下而上的转变。第二，从完全的政府主导向政府主导、社会组织参与进而向政府主导、社会组织和受益群体参与的转变。与前一个转变相对应的是在政策扶贫决策权下放的同时，政府也逐步与其他社会组织分享扶贫决策方面的权利。在 1996 年以前，扶贫项目基本上完全由政府主导，其他组织和穷人很少有发言权。1996 年启动的社会扶贫，在一定程度上赋予了参与扶贫的社会组织合法合规的权利。这是中国农村扶贫领域发生的一个重大转变。2002 年以后，整村推进规划扶贫，增强了农村社区组织和穷人在扶贫中的主体地位，形成了政府、社会组织和受益群体参与相结合的治理结构。

3. 资金管理方面的创新

由于资金扶持始终是农村扶贫的中心环节，中国在扶贫资金管理方面的试验和创新较多。财政扶贫资金管理方面的创新主要有：第一，地区间财政扶贫资金分配由模糊分配改为主要按要素法进行分配。第二，财政扶贫资金实行专户管理、报账制。第三，建立财政扶贫资金监测信息系统对资金进行监管。第四，建立财政扶贫资金绩效考评机制。第五，建立审计、财政、业务部门、社会舆论等各方面参与的多元化的监管机制。

信贷扶贫资金管理方面主要的创新有：第一，借款主体的创新，包括从直接贷款到户到扶持经济实体再到支持地方主导产业和龙头企业。第二，贷款方式创新，1986 年以来试验了政府信用下的经济实体贷款、依托社会信用的小额贷款、抵押和担保为基础的企业或政府贷款等。第三，贴息方式创新，试验了贴息给承贷银行、贴息给借款人等方式。第四，承贷机构选择，先后试验了商业银行承贷、政策银行承贷、地方政府选择等方式。

三、中国农村减贫的成就及其对全球的贡献

（一）中国过去 40 年取得的减贫成效

1. 贫困人口减少

1978 年以来，中国在减少贫困人口、提高居民生活质量方面取得了重大的进步。按照 2010 年价格农民年人均纯收入 2300 元的扶贫标准，中国农村贫困人口从 1978 年的 7.7 亿人减少到 2017 年的 3046 万人，减少了 73993 万人（96%）；同期农村贫困发生率从 97.5%下降到 3.1%，降低了 94.4 个百分点（见表 12-1）。按照世界银行 2011 年 1 天 1.9 美元购买力平价的贫困标准，中国贫困人口从 1981 年的 97780 万人减少到 2012 年的 8734 万人，减少了 89046 万人（91%）；同期贫困发生率从 95.6%降低到 12.98%，降低了 82.61 个百分点。中国改革开放后不到 40 年的时间内，在减缓贫困方面取得了中国历史上数千年都没有取得的巨大成就，这样的减贫成就在人类发展的历史上也是十分罕见的。这既是中华民族进步的重要标志，也是对改善人类生存权和发展权的卓越贡献。

表 12-1　1978~2017 年中国农村贫困变化（按 2010 年贫困标准）

年份	农村贫困人口（万人）	贫困发生率（%）
1978	77039	97.5
1980	76542	96.2
1985	66101	78.3
1990	65849	73.5
1995	55463	60.5
2000	46224	49.8
2005	28662	30.2
2010	16567	17.2
2011	12238	12.7
2012	9899	10.2
2013	8249	8.5
2014	7017	7.2
2015	5575	5.7
2016	4335	4.5
2017	3046	3.1

资料来源：国家统计局住户调查办公室：《中国农村贫困监测报告（2017）》，中国统计出版社 2017 年版。

当然，我们也应该清醒地看到，中国现行贫困标准还仅仅略高于世界银行 2011 年购买力平价 1.9 美元/天的低贫困标准。如果使用适合中低收入国家的 3.2 美元/天（2011 年 PPP）的贫困标准，到 2014 年中国农村还有 16.81%的常住人口处于贫困状况；按适合中高收入国家 5.5 美元/天（2011 年 PPP）的标准，2014 年中国农村有 48.77%的常住人口生活在贫困中。

2. 生活质量改善

（1）物质生活条件。交通、通信、用电、饮水等物质生活条件匮乏，既是重要的致贫因素，同时也是贫困的重要表征。通过实行国家整体发展规划和大规模瞄准贫困地区的专项扶贫开发，中国在改善包括贫困地区在内的全国农村交通、通信、用电、安全饮水等物质生活条件方面，取得了十分显著的进步，基本物质生活条件贫困状况得到缓解（见图 12-1）。

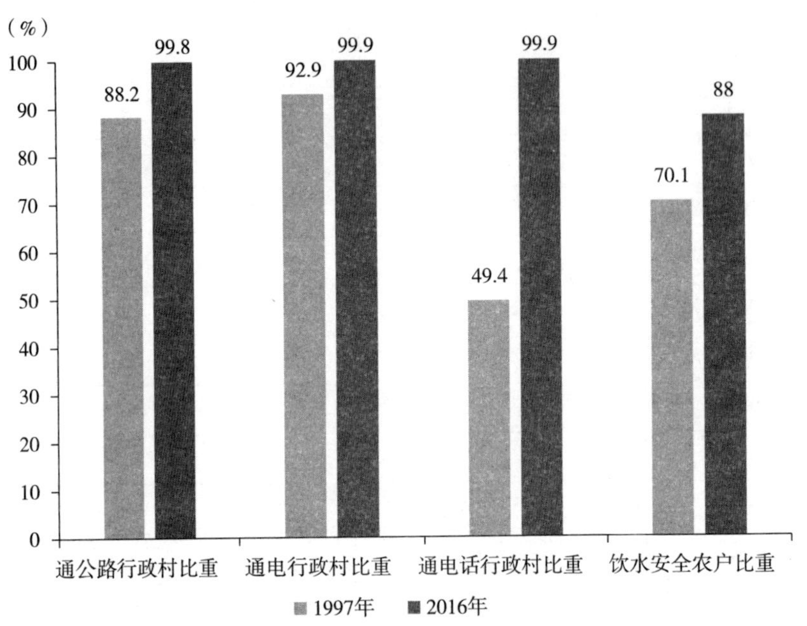

图 12-1　贫困地区基础设施状况变化

资料来源：国家统计局住户调查办公室：《中国农村贫困监测报告（2017）》，中国统计出版社 2017 年版。

1）交通。中国农村的道路交通条件改善十分显著，贫困地区也基本同步受益。到 2010 年，全国 99%以上的行政村通了公路，国家统计局监测贫困地区 99. 5%的行政村通了公路①。2010 年以后，中国农村公路进一步延伸到自然村落并且更多的到组公路得到了硬化，交通状况进一步改善。据国家统计局贫困监测资料，到 2016 年，全国贫困地区 78%的自然村主干路面经过了硬化处理，50%的自然村通客运班车，多数地区农民的交通出行困难基本得到了解决（国家统计局住户调查办公室，2017）。

2）通信。包括贫困地区在内，全国农村的基本通信条件明显改善，城乡间基础通信硬件的鸿沟基本消失。到 2015 年，全国农村电话和手机通信

① 国家统计局住户调查办公室：《2015 年全国农村贫困监测调查主要结果》，内部报告。

服务基本上已覆盖所有的村组，移动宽带设施已覆盖了全国 69 万个行政村的 64 万个，农民户均拥有 2.26 部移动电话。2016 年，全国贫困地区 99%的自然村已通电话，80%的自然村能接收到有线电视信号；61%的自然村已安上了宽带，平均每个农户有 2.1 部手机。可以说，贫困地区农民对外信息交流的基础硬件设施已经具备，为缩小城乡间的数字鸿沟奠定了基本的物质基础。

3）供电。中国包括贫困地区在内全国农村生活用电已经解决。贫困地区 99.7%的自然村到 2015 年通上了电，99.8%的农户用电照明。

4）饮水。中国农村居民的饮水困难基本解决。到 2015 年全国农村 93%的人口已用上了受保护水源供应的改良饮用水。贫困地区 85.3%的农户饮水困难已经解决，61.5%的农户使用管道供水①。当然，中国农村仍有相当部分农民还不能获得稳定、安全的饮用水。

5）住房安全。中国农民的住房条件显著改善，住房安全保障明显加强。全国农民人均住房面积从 1978 年的 8.1 平方米增加到 2012 年的 37.1 平方米。全国农村居民人均住房价值从 1981 年的 160 元增加到 2012 年的 25300 元②。住房已成为农民主要的物质资产。不同收入组农户住房差距远小于他们之间的收入差距。2014 年，全国农村贫困人口人均住房面积 27.4 平方米，相当于全国农民平均的 64.5%；全国农村贫困人口中住房为钢混、砖混或砖木结构的比例为 83.6%，比全国农民平均比例低 8 个百分点（国家统计局住户调查办公室，2015）。不过到 2016 年底，贫困地区农户中仍有 4.5%为竹草土坯房。

（2）基本公共服务。

1）医疗和健康。中国贫困地区农村医疗服务可及性显著提高，居民健康水平大幅度提升。据国家统计局贫困监测调查资料，2014 年全国贫困地区 98.2%的乡镇设有公立医院，94.1%的行政村设有卫生室，91%的行政村拥有合法行医证的医生或卫生员，农民就近看病问题已基本解决。

由于居民可支配收入水平的提高、医疗服务条件的改善和健康预防与保障制度的不断健全，中国居民的健康水平在过去 20 多年实现了大幅度提升。1991~2016 年，全国婴儿死亡率和 5 岁以下儿童死亡率分别从 50‰和 61‰大

---

① 饮水困难标准是指居民点到取水点的水平距离大于 1 千米或垂直高差超过 100 米，正常年份连续缺水 70~100 天。

② 国家统计局国家数据库，http：//data.stats.gov.cn/easyquery.htm？cn=C01。

幅度降低到 7.5‰和 10.2‰；同期农村婴儿和儿童死亡率下降幅度还要更大。全国孕产妇死亡率从 80/10 万降低到 19.9/10 万（见图 12-2）。

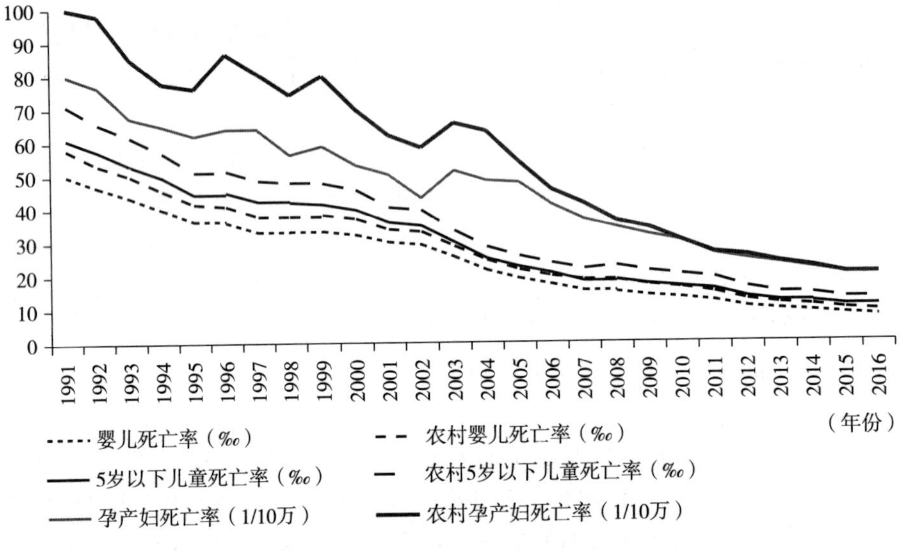

图 12-2　1991~2016 年中国妇幼健康状况

资料来源：国家统计局，http：//data. stats. gov. cn/easyquery. htm? cn=C01。

营养水平的提高、医疗技术和服务的进步，使中国居民出生时的平均期望寿命从 1980 年的 66.5 岁延长到 2015 年的 76.3 岁，增加了 9.8 岁（见图 12-3）。同期男性和女性的期望寿命分别延长了 8.5 岁和 11.4 岁。

2）教育和人口素质。通过实施《义务教育法》，改善教学条件，减免义务教育阶段学生学费，在全国普及义务教育，并且在贫困地区通过提供农村中小学生寄宿和营养餐补助以及各种助学行动，中国人口教育程度和素质不断提高。根据人口普查资料，中国 15 岁及以上人口的文盲率从 1982 年的 34.5%降低到 2010 年的 4.88%，而且男女之间文盲率的差距显著缩小，从 1982 年男女相差 28.1 个百分点，缩小到 2010 年的 4.8 个百分点（见图 12-4）。普查人口接受过初中级以上教育人口比重则从 1982 年的 25.3%提高到 2010 年的 61.8%。

据全国贫困监测资料，贫困地区义务教育阶段学龄儿童在校率到 2010 年已基本接近全国农村平均水平，教育获得上的区域差别显著缩小。不过教学质量的区域差异仍然比较大。

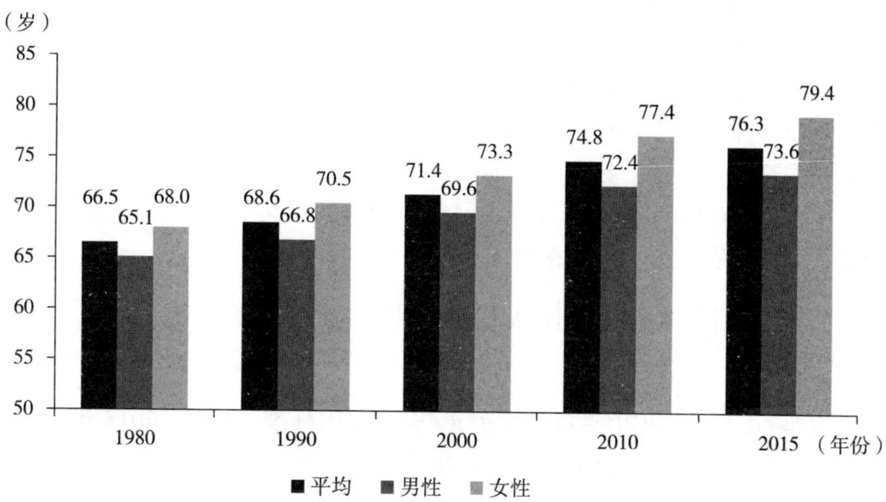

图 12-3　1980～2015 年中国人口出生时期望寿命变化

资料来源：国家统计局，http：//data. stats. gov. cn/easyquery. htm? cn=C01。

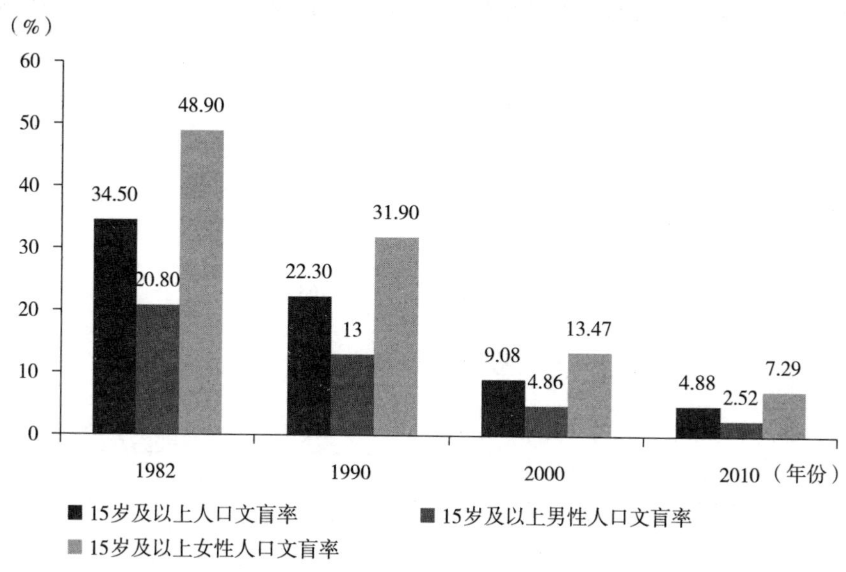

图 12-4　1982～2010 年中国 15 岁及以上人口文盲率变化

资料来源：国家统计局，http：//data. stats. gov. cn/easyquery. htm? cn=C01。

3）社会保障和脆弱性改善。到 2015 年底，全国基本医疗保险实现全覆盖，基本养老保险参保率超过 80%。据国家统计局贫困监测统计，2015 年中国贫困地区农民参合率达到 97%（国家统计局住户调查办公室，2016），参加城乡社会养老保险人数占比超过 50%。据贫困监测结果统计，2014 年贫困地区人均养老金、社会救济和补助、报销医疗费分别为人均 299 元、125 元和 119 元，三项收入合计占当年贫困地区农民人均可支配收入的 7.1%，占当年贫困地区农民人均可支配收入增量的 16.9%。

（二）中国对全球贫困人口减少和福祉提高的贡献

1. 中国对全球贫困人口减少的贡献

按照 2011 年购买力平价 1.9 美元/天的贫困标准，1981~2013 年全球贫困人口减少了 12 亿人（55.1%），同期中国贫困人口减少了 8.5 亿人（见表 12-2）。在这期间，中国减少的贫困人口占到全球减少全部贫困人口的 69.4%。换言之，如果没有中国在这 32 年间减贫取得的巨大成就，全球贫困人口的数量要比实际的多 69.4%。

表 12-2　中国对全球 1981~2013 年贫困人口（2011 年 PPP 1.9 美元/天）减少的贡献

		世界	中国
贫困人口（万人）	1981 年	199728	87780
	1990 年	195857	75581
	1999 年	175145	50786
	2010 年	111975	14956
	2013 年	76851	2511
1990~2013 年贫困人口减少（万人）		119006	73070
中国贡献率（%）		61.4	
1981~2013 年贫困人口减少（万人）		122877	85269
中国贡献率（%）		69.4	

资料来源：笔者根据世界银行数据（http://iresearch.worldbank.org/PovcalNet/index.htm?2）计算。

1990~2012 年，全球贫困人口减少了 54.2%，提前三年完成了千年发展目标确定的极贫人口减半的目标。在 1990~2012 年全球减少的贫困人口中，中国贡献了63%。不包括中国，其他国家在1990~2012年只减少了其1990年贫困人口的32.7%。也就是说，没有中国的突出贡献，千年发展目标就不可能完成其最重要的极贫人口减半的目标。因此，在这个意义上说，中国对于推进人类反贫困事业进步和千年发展目标实现，起了举足轻重的作用。

2. 中国对全球人类福祉提高的贡献

除了减少贫困人口以外，中国在改善全球人类发展其他一些重要方面，也做出了杰出的贡献。下面仅从人类发展指数变化方面，分析中国对全球人类发展的贡献。

中国的人类发展指数（HDI）在1990年为0.501，到2014年提高到0.728，提高了0.227（45%）（见表12-3）。同期使用国家人口加权全球平均人类发展指数①，提高了0.14（25%）；如果不包括中国在内，全球其他国家平均的人类发展指数，在此期间提高了0.114（20%）。中国对全球人类发展指数在1990~2014年期间的提高所做的贡献为18.3%。如果没有中国的贡献，2014年全球人类发展指数还处于2012年前的实际水平。据此推断，由于中国的贡献，全球人类发展指数提前了两年多达到了2014年的水平。

表12-3　中国对全球人类发展指数提高的贡献

年份	1990	1995	2000	2005	2010	2012	2014
全部有数据国家平均HDI	0.560	0.586	0.614	0.648	0.684	0.694	0.700
不包括中国其他有数据国家平均HDI	0.579	0.598	0.622	0.650	0.679	0.688	0.692
中国HDI	0.501	0.545	0.588	0.641	0.699	0.718	0.728
1990~2014年全球HDI提高		0.14					
1990~2014年不包括中国全球HDI提高		0.114					
中国对1990~2014年HDI提高贡献率（%）		18.3					

资料来源：笔者根据联合国开发计划署HDR资料（http://hdr.undp.org/en/data）计算，包括143个具有完整资料的国家，这些国家的总人口占世界总人口的93%。

① 只有143个国家具有完整的人类发展指数和人口资料，此计算结果只包括有完整资料的143个国家。

四、中国扶贫形势展望和建议

中国现在进入了脱贫攻坚战最后的攻坚时间，并将在 2020 年后转入建设社会主义现代化强国的新的历史阶段。因此，既要立足当前研究如何打好脱贫攻坚战，又要放眼未来谋划 2020 年中国扶贫的战略和方式。

（一）扶贫形势及社会经济结构变化

1. 2020 年前实现脱贫攻坚目标的总体形势

到 2017 年底，中国贫困人口减少取得了决定性进展，所剩贫困人口数量只有 3000 多万人，国家已经建立起了比较完整的扶贫治理体系、政策体系、资源动员和保障体系，而且经过过去 5 年的精准扶贫实践，已经熟悉了精准扶贫的方式方法，从整体上来看，中国具备了到 2020 年消除现行标准下贫困人口的条件。同时，也要对少数地区的脱贫攻坚予以特别关注，尤其是深度贫困地区和特殊类型贫困人口。

2. 中国社会经济结构变化

（1）人口结构。中国人口结构变化的一个重要方面是人口老龄化。2000 年，中国 65 岁以上人口比重达到 10.46%（见图 12-5），进入了老龄社会。随后中国人口老化进程进一步加速，成为世界上人口老龄化速度最快的国家之一。截至 2015 年底，全国 60 岁及以上老年人口 23086 万人，占总人口的 16.7%，其中 65 岁及以上人口 15003 万人，占总人口的 10.8%①。随着人口老龄化的进程，失能和部分失能老年人越来越多，残疾老年人逐年增加，2015 年失能和部分失能老年人约 4063 万人，持残疾证老人达到 1135.8 万人。

（2）城镇化进程。1978 年以来，中国城镇化率从不到 18%快速上升，到 2017 年中国常住人口城镇化率为 58.52%；户籍人口城镇化率为 42.35%。根据有关研究，中国的城镇化率将在 2020 年达到 60%；到 2050 年中国人口城镇化率将达到 80%（高春亮、魏后凯，2013）。随着户籍制度改革的深化，中国人口城镇化必然会在一定程度上伴随着贫困人口的城镇化，而且城乡贫困人口之间的转换也可能趋于频繁，这就要求国家逐步统筹城乡的扶贫工作和政策。

---

① 民政部：《2016 年社会服务发展统计公报》，http：//www.mca.gov.cn/article/sj/tjgb/201708/20170800005382.shtml。

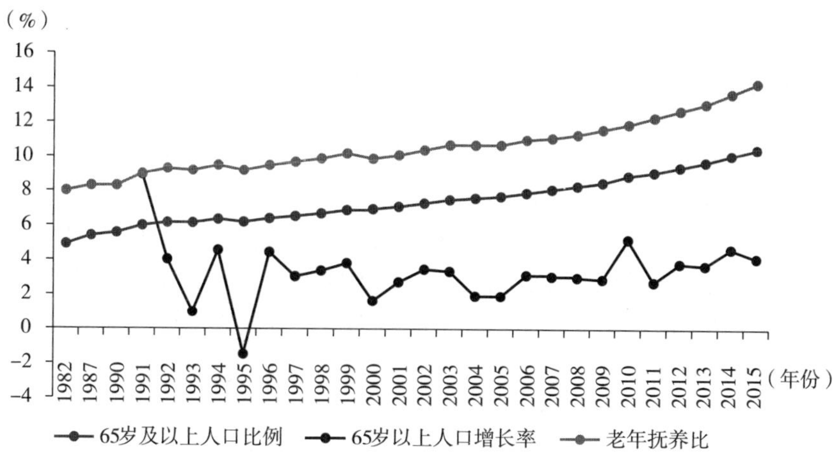

图 12-5　中国人口老龄化状态

资料来源：根据国家统计局 2016 年部分样本数据计算。

（二）2020 年后中国贫困性质和特点

2020 年消除了现行标准下的农村绝对贫困以后，受贫困自身规律和前面所讨论的人口与社会经济结构变化的影响，中国贫困的性质和特点将发生比较深刻的变化，并对扶贫战略和政策产生新的挑战。

1. 相对贫困和绝对贫困

基于国家主要社会矛盾、中国现行扶贫标准和扶贫政策延续性三个方面的分析，2020 年后中国将进入已解决相对贫困为主的减贫阶段。

第一，中共十九大对新时期国家主要矛盾做出了新的判断，认为中国社会的主要矛盾已经转化为人民日益增长的美好生活需要和不平衡不充分的发展之间的矛盾。发展不平衡不充分的一个突出表现就是居民之间、城乡之间、地区之间在收入、福祉和发展水平方面存在较大的差距。在贫困方面，原来主要表现为基本需求短缺的绝对贫困，逐步转变为以居民间、城乡间和地区间的收入和福祉方面的差距较大的相对贫困。

第二，中国现行贫困标准下的贫困人口实现稳定脱贫之后，意味着全国农村人口的最低收入和基本生活保障从整体上提升到一个新的水平。中国现在使用的贫困标准，从收入方面测算达到了世界银行提出的最低贫困标准的 1.2 倍，加上义务教育、基本医疗和住房安全“三保障”，可以保证农村居民最基本的生活需要和较低水平的发展需要。如果转入以解决相对贫困为主的扶贫战略，通过有效的制度安排和政策不断提升低收入人群的收入和福祉水平，不会严重影响底层人群和脆弱人群的正常生活需求的满足。

第三，从扶贫政策延续性考虑，2020 年后转入以解决相对贫困为主的扶贫战略阶段比较合理。通过广泛动员和组织全国全社会资源、实行精准扶贫到 2020 年实现现行标准下贫困人口脱贫之后，再延续面向绝对贫困的扶贫战略，可能面临着政治、社会层面的压力和疑虑。将扶贫战略转入以解决相对贫困为主的阶段，只要措施和政策适当，不会对底层人群的生活保障产生很大的影响。

2. 收入贫困与多维贫困

随着“两不愁、三保障”层面贫困的消除，2020 年后中国农村的贫困将进入新层次上的收入贫困与多维贫困并存的阶段。一方面，底层 20%收入组农户与其他收入组农户的收入差距在过去几年一直在拉大，比如低收入组农户与中下收入组农户的人均可支配收入的比例，从 2013 年的 1∶2.1 扩大到了 2016 年的 1∶2.6，这将使 2020 年后提高低收入人群的收入和缩小低收入人群与社会其他群体之间的收入差距成为公共政策和扶贫政策的重点和难点；另一方面，业已存在的农民居民之间、城乡居民之间在教育、健康、社保等公共服务、基础设施和生活条件之间的差异，在新的时期将更加凸显出来。

3. 个体贫困和区域性贫困

到 2020 年，中国现在的贫困地区的绝对发展水平较之前将会有比较明显的改善。但是仍将有部分地区的经济社会发展水平处于较低状态，还需要通过区域开发来支持。

据 2015 年全国县市统计数据，按人均国内生产总值排序，底层 10%县市人均地区生产总值仅相当于全国人均水平的 1/5，相当于全国县市平均水平的 1/3；底层 20%县市的人均生产总值也只到全国县市平均水平的 40%。最贫困 10%的县市公共财政收入只能承担其财政支出的 14%。如果仅仅采取转移支付的方式缩小地区间的收入差距，不仅中央政府不堪重负，而且不利于区域发展能力的整体提高和国土的安全。

不过，随着阻碍人口流动的体制性和政策性障碍的逐步减小和消除，贫困人口呈明显的区域分布的格局将发生比较大的变化。贫困人口可能形成大分散、小集中的分布，这将要求扶贫开发的同时面对个体贫困和区域性贫困。

（1）城乡贫困。受城乡二元体制和城乡间发展差异的影响，中国迄今为止一直实行城乡分割的碎片化扶贫体制。其主要特点是：以户籍为基础的城乡扶贫体制各自独立，户籍在农村、生活在城镇的进城农民工的扶贫存在制度性缺失；中央扶贫政策和资源向农村倾斜，在农村建立了包括开发式扶贫、社会保障和惠农政策在内的比较完备的扶贫治理和干预体系；城镇户籍人口的扶贫，主要通过公共就业支持和社会保障来提供。

长期以来，中国扶贫体系中没有赋予农民工以专门的应有地位。农民工贫困基本上在体制和政策层面被忽略。其原因主要是：第一，农民工在以户籍为基础的扶贫体系中被划归农村居民之中，但是他们多数时间生活在城镇，户籍所在地不能清楚地掌握农民工的收入和支出情况，实际上很少有农民工能列入农村扶贫对象之中；第二，农村扶贫对象识别时，通常先验地假定农民工在城镇工作就一定能够获得收入，否则他们会返回家中，因此容易被排除在农村扶贫对象之外；第三，农民工中多数实际上是城镇的常住人口，但国家政策和各地城镇扶贫工作中长期以来都很少将其视为城镇居民对待，很少有机会享受到城镇扶贫政策的照顾。

值得注意的是，中国农民工从 20 世纪 90 年代中期开始大规模出现以来，经过 20 多年的发展，其年龄结构和就业结构与之前已经发生了较大的变化。

据国家统计局全国农民工监测调查报告，2016 年全国农民工平均年龄为 39 岁，其中 40 岁及以上的占 46.1%，50 岁以上的占 19.2%。这些 40 岁以上的农民工在就业、就医和养老方面面临着与年轻农民工不同的挑战，特别需要在就业支持、社会保障政策方面得到政府的支持。尤其是其中与农村老家社会经济联系已经比较少的中老年农民工，将很有可能留在打工所在的城镇养老，如果没有相应的扶贫政策扶持，他们将成为一个数量较大的潜在贫困人群。

农民工就业结构在过去 20 年也发生了很大的变化。在制造业就业的农民工从最初的 60%下降到现在的 30%左右（2016 年为 30.6%），相应地，自主就业农民工的比例不断提高。到 2016 年，自主就业农民工已占到进城农民工总数的 30%。这些被统计到自主就业的农民工中，相当一部分在非正规部门从事不稳定的就业。其收入水平低且不稳定，面临很大的失业风险。如果没有相应的就业支持和社会救助政策的扶持，自主就业的农民工陷入贫困的风险会非常高。即使是在相对正规的制造业就业的农民工，受经济结构调整和技术进步的影响，他们中的相当一部分人员也面临着比较高的失业风险，同样需要政府和社会的帮助。

（2）暂时性贫困与慢性贫困。2020 年，中国农村中因身体健康和年龄等因素导致的慢性贫困与因经营、市场、气候等因素导致的暂时性贫困，将呈并存的局面。这就要求国家从社会保障制度完善与短期扶贫两个方面来应对贫困。

（三）扶贫战略选择

1. 2020 年的扶贫战略

2020 年前，中国需要坚持现有行之有效的精准扶贫、精准脱贫方略和政策体系，并将重点转向深度贫困地区和特殊困难群体。

（1）坚持既定扶贫工作机制和支持政策。中共十九大将坚决打好精准脱贫的攻坚战，作为决胜全面建成小康社会抓重点、补短板、强弱项的三大攻坚战之一。进一步重申和强调了 2015 年《关于打赢脱贫攻坚战的决定》及之后出台的政策和举措，进一步明确要举全党全国全社会之力，攻克脱贫攻坚；明确在脱贫攻坚中坚持精准扶贫、精准脱贫的方略；重申坚持“中央统筹、省负总责、实现抓落实”的工作机制，进一步强化党政“一把手”负总责的责任制；明确坚持专项扶贫、行业扶贫和社会扶贫相结合的大扶贫格局，深入实施东西部扶贫协作。中共十八大以来中国确定的这些扶贫政策和方式，经过实践检验被证明是有效的，在今后三年中要继续坚持，并结合脱贫攻坚的实践和需要，进一步完善有关政策和支持措施。

（2）聚焦深度贫困地区的脱贫攻坚。深度贫困地区脱贫攻坚，是中国如期实现脱贫攻坚目标的难中之难、重中之重。深度贫困地区贫困的特点及其致贫原因的特殊性、复杂性，要求结合各深度贫困地区的实际情况，优化和完善现有精准扶贫方案，采取非常规的政策和举措，来实现其脱贫攻坚的任务。

2. 2020~2050 年中国的扶贫战略

2020~2050 年，根据贫困特定和性质的变化，中国需要实行新的扶贫战略。

（1）实行亲贫增长和发展战略，保障充分就业和提高劳动者报酬在收入分配中的比例。

（2）完善社会保障和社会服务，整体上提高全体人民的社会服务和保障水平，缩小公共服务获得性和质量上的差距。

（3）继续实行开发式扶贫，并通过将减贫融入乡村振兴战略，提高减贫的质量和可持续性。

2020 年后，中国将逐步建立城乡统筹的扶贫治理体系，进一步提高扶贫工作的质量和有效性。

第十三章　农村环境管理体制改革

最近40年，中国农村环境管理从无到有，从粗到细，从松到严，逐步强化，逐步完善，初步形成了包括管理机构、监测体系、标准体系、法律体系和政策体系五个维度的农村环境管理体制。40年来，农村环境管理工作的进展可用目标与时俱进、任务愈益完整，措施不断改进加以概括。其中，管理目标由维护生态平衡逐步递进到生态经济协调发展和生态优先，管理对象由未纳入生产的生态性资源拓展到纳入生产的生产性资源，管理方式由管制性措施拓展到引导性措施和激励性措施。40年来，随着制度法律系的增强、政策覆盖面的拓宽、执行体系的完善和环保投入的增多，管理绩效在生态保护、生态修复和生态建设三个层面都有体现，但也有制度存在部门痕迹和多元性不足等问题。展望未来，应把重点放在推进农业绿色发展战略、农村生态宜居战略和农村环境综合管理战略上。其中，农业绿色发展的战略任务是构建农产品生产和生态产品生产相融合、生态再生产和经济再生产相结合的产业体系，实施粮食等中耗肥农作物、蔬菜水果等高耗肥作物和畜禽养殖的绿色发展策略。农村生态宜居的战略任务是通过改革和创新实现补贴、资源和农用化学品同生产与脱钩，通过生态经济的融合促进生态效率和经济效率共同提高，通过弘扬乡村生态文化加快美丽乡村建设，通过生态宜居规划优化乡村产业发展、生活居住、生态保护空间布局。环境综合管理的战略任务是构建政府、市场、村社和农民四位一体协同机制、筹资机制和包括法律、行政、经济的综合治理机制。

一、农村环境管理体制的形成

所谓农村环境管理，就是运用行政、法律、经济、技术等手段，协调农村经济发展和农村环境保护的关系，增强农村生态系统服务功能，消除农村生态衰退和环境污染，使农村生态环境能够持续地支持经济发展，持续地维护人类健康。农村环境管理的主要任务包括制定农村生态环境规划，为农村生态环境系统与社会经济系统相互包容和耦合奠定基础；制定法律法规、政策与标准，规范政府部门和市场主体的行为，使农村生态系统和环境资源的利用行为合乎农村生态保护与环境管理的要求；修复退化的农村生态系统，使其逐渐调整到顺向演替状态。

（一）农村环境管理机构的形成

1. 农业环境管理机构的形成

中国农村最早开展的是自然生态系统管理，实行的是分部门管理和“综合协调，分部门实施”相结合的管理体制。例如，林业部门负责森林生态系统和野生动植物的保护、野生动植物栖息地的恢复和发展、野生动植物的救护和繁育，以及国家重点保护的野生动植物名录的修订和濒危野生动植物国际贸易公约履约等工作。农业部门负责草原生态系统的保护，拟定草原载畜量标准和核定草原载畜量，制定草地资源与动态监测规划和年度计划，开展草地资源调查和普查，编制草地资源与生态监测报告，开展草原防火及其他草原自然灾害的预警和防灾、减灾等。对于湿地生态系统则采用了“综合协调，分部门实施”的管理体制。根据2000年17个部委联合颁布的《中国湿地保护行动计划》，国家林业局负责组织、协调全国湿地保护和有关国际公约的履约工作，农业部负责宜农湿地的保护和利用，国家海洋局负责海洋湿地的保护和利用，水利部负责湿地水资源的保护与利用，国土资源部负责湿地土地的保护与利用，环保部负责湿地环境保护的监督和检查。

中国农业生态环境管理始于20世纪70年代。1976年，原农林部科技教育局内设置处级环境保护组，负责农业环境保护工作，首次将农业环境保护纳入行政管理体系。

1985年，农牧渔业部设立环境保护委员会，负责行使农业环境保护职责，环境保护委员会办事机构设在能源环境保护办公室；1987年3月，能源环境保护办公室更名为能源环境保护局；1989年2月，能源环境保护局又改名为环境保护能源司，下设综合处、环保处、能源处，负责农业环境保护和农村能源工作；1998年，农业部环境保护能源司在机构改革中被撤销，相关职能被划入新组建的科技教育司，科技教育司内设立了资源环境处和农村能源生态处，行使农业资源和环境保护方面的行政管理职能。

农业环境保护工作取得了很多成绩。一是体系不断健全，全国90%以上的县都建立了专门机构，据统计，各级农业环境保护管理与技术推广机构有1.2万个，从业人员近25万人。二是功能不断拓展，组织实施了第一次全国农业污染源普查，开展了农业面源污染例行监测等工作。三是工作卓有成效，建成农业野生植物原生境保护区（点）140 多处，累计清除外来入侵物种面积达 5000 多万亩。

2012 年 10 月，农业部成立农业生态与资源保护总站。其主要任务是，承担农业和农村节能减排技术的示范与推广；研究农业面源污染治理政策和技术，开展基本农田环境污染监测和评价；承担生态农业、循环农业技术研究与示范推广；开展农业野生植物资源调查、收集、保护；开展外来入侵生物调查、监测预警和防治方案研究等工作。

2. 农村环境管理机构的形成

1996 年，国务院将农村生态环境保护的有关职能赋予国家环境保护局。1998 年，国务院机构改革，环境保护局升格为环境保护总局，2008 年和 2018 年分别更名为环境保护部和生态环境部，农村环境保护由自然生态保护司和下设的农村环境保护处负责。

实际上，国家层面的农村环境管理是由生态环境部、农业农村部、国家林业和草原局、水利部、自然资源部等部门共同承担的。

3. 县乡环境管理机构的形成

1978 年以前，县级人民政府尚未设立环境管理机构。1979 年颁布的《中华人民共和国环境保护法（试行）》，要求县级政府成立环境管理机构，配置乡镇环境管理人员。20 世纪 80 年代，面对乡镇工业造成的环境污染，一部分经济较发达的县成立了副科级的环境保护办公室。20 世纪 90 年代，大部分县在城乡建设环境保护局内设立属于二级局的环境保护局。20 世纪末，城乡建设与环境保护分设后，县环境保护局成为一级局，但仍有部分县的环境保护局属于二级局。进入 21 世纪后，各级政府对农村环境管理的认识进一步提高，县环境保护局几乎都升格为一级局。

为了规范农村环境管理工作，2016 年 9 月，中共中央办公厅、国务院办公厅印发了《关于省以下环保机构监测监察执法垂直管理制度改革试点工作的指导意见》。根据该意见，县级环保局调整为市级环保局的派出分局，由市级环保局直接管理，领导班子成员由市级环保局任免。现有县级环境监测机构的主要职能调整为执法监测，随县级环保局一并上收到市级，由市级承担人员和工作经费，具体工作由县级环保分局领导，由此形成了环境监测与环境执法有效联动、快速响应机制；乡镇配置环境保护机构和人员，以提高农村环境保护公共服务水平。

（二）农业环境保护监测体系的形成

1979 年，经国务院和农业部批准，建立了直属农业部领导的农业部环境保护科研监测所，开展重金属污染综合防控、农业废弃物资源化高效安全利用、农产品产地环境质量研究、农业环境监测与预警，生物环境安全及生态农业技术研究、养殖业污染综合防控等工作。而后，全国各地相继成立了农业环境保护科研监测所和农业环境保护监测所（站）。1981 年，成立农业环境保护协会和科技情报网，并在部分高等农业院校开设农业环境保护系或专业，初步形成了农业环境管理、监测、科研和教育体系。

1983 年，农牧渔业部同意在农业部环境保护科研监测所监测室的基础上建立农牧渔业部农业环境监测中心站。1984 年，农牧渔业部在转发《国务院关于环境保护工作的决定》的通知中，要求各地“尽快建立健全农业环境保护管理机构”“加快建成农业环境监测网络”。

1985 年和 1988 年，农牧渔业部农业环境监测中心站分别出版发布《中国农业环境质量报告书》和《全国农业环境质量状况及发展趋势调查》，1991 年，农业部发布《全国农业环境质量状况及发展趋势调查报告》。

1990 年，农业环境监测中心改名为农业部环境监测总站。其任务是组织全国农业环境监测工作，制定农业环境监测技术规范与工作制度，协调农业、渔业、农垦、草原环境监测中心站业务，指导各省、自治区、直辖市农业环境监测站业务，负责全国农业环境资料统计等。

40 年来，中国农业环境监测不断向前发展，获取了丰富的数据信息，为农业环境保护与管理决策提供了有力支撑。概略地说，中国农业环境监测可划分为三个阶段：1970～1990 年为建立阶段，该阶段的主要工作是提出监测框架、成立监测机构和界定监测职责；1991～2005 年为应用拓展阶段，该阶段的主要工作是制定监测制度，完善监测方案，开展数据分析，发布监测报告；2006 年以来是规范完善阶段，该阶段的主要工作是开展长期定位动态趋势分析和预测预警，在宏观层面上评判分析法律依据、管理机制等问题，在中观层面评判分析规划布局等问题，在微观层面上评判分析数据管理、结果评价等问题，为农业环境保护与管理决策提供支撑。

（三）农村环境管理标准体系的形成

环境标准体系是由具有内在联系，相互依存、相互衔接、相互补充的各种环境标准构成的有机整体。它们是环保法规体系的组成部分，是环境管理的规范和依据。中国环境标准体系由国家标准、行业标准和地方标准三级构成。

40 年来，中国制定、颁布和施行了若干农业环境标准，其中比较重要的包括以下 30 多项：1979 年颁布并实施的《渔业水质标准（试行）》和《农田灌溉水质标准（试行）》；1982 年颁布并实施的《农药安全使用规定》和《农药登记规定实施细则》；1984 年颁布并实施的《全国农业环境监测工作条例（试行）》；1984 年颁布、1985 年 3 月 1 日实施的《农用污泥中污染物控制标准》；1985 年颁布的《农田灌溉水质标准》，该标准于 1992 年进行第一次修订，1992 年 10 月 1 日实施，2005 年进行第二次修订，2006 年 11 月 1 日实施；1987 年颁布、1988 年 2 月 1 日实施的《农用粉煤灰中污染物控制标准》和《城镇垃圾农用控制标准》；1988 年颁布、1988 年 10 月 1 日实施、2016 年 1 月 1 日废止的《保护农作物的大气污染物最高允许浓度》标准；1989 年颁布的《农药安全使用标准》和《渔业水质标准》，分别于 1990 年 2 月 1 日和 1990 年 3 月 1 日实施；1992 年颁布、1992 年 7 月 1 日实施的《肉类加工工业水污染物排放标准》；1995 年颁布、1996 年 3 月 1 日实施的《土壤环境质量标准》；2001 年颁布的《畜禽养殖业污染防治技术规范》《有机食品技术规范》《畜禽养殖业污染物排放标准》，前两个规范于 2002 年 4 月 1 日实施，后一个标准于 2003 年 1 月 1 日实施；2006 年颁布、2007 年 2 月 1 日实施的《温室蔬菜产地环境质量评价标准》和《食用农产品产地环境质量评价标准》；2009 颁布、2009 年 12 月 1 日实施的《畜禽养殖业污染治理工程技术规范》；2010 年颁布的《化肥使用环境安全技术导则》《畜禽养殖产地环境评价规范》《农药使用环境安全技术导则》《农村生活污染控制技术规范》，前两个标准分别于 2010 年 5 月 1 日和 2010 年 7 月 1 日实施，后两个标准于 2011 年 1 月 1 日实施；2011 年颁布、2012 年 1 月 1 日实施的《外来物种环境风险评估技术导则》；2015 年颁布、2015 年 3 月 13 日实施的《生态环境状况评价技术规范》；2017 年颁布、2018 年 3 月 1 日实施的《自然保护区管理评估规范》；2018 年颁布的《农用地土壤污染风险管控标准（试行）》，替代了 1995 年颁布、1996 年 3 月 1 日实施的《土壤环境质量标准》。在现行的农村和农业环境标准体系中，还有很多涉及农村和农业的环境标准，如《地表水环境质量标准》《环境空气质量标准》《污水综合排放标准》等。

（四）农村环境管理法律法规的形成

针对农业和农村中存在的生态环境问题，为了使农业和农村环保工作有法可依，40年来中央和各级地方政府制定、颁布和施行了几十项涉农法律法规，其中比较重要的有：

1979年，全国人民代表大会常务委员会颁布《中华人民共和国森林法（试行）》，1984年颁布《中华人民共和国森林法》，1998年对其进行修正。

1982年，全国人民代表大会常务委员会颁布《中华人民共和国海洋环境保护法》，1983年3月1日生效；并于1999年、2013年、2016年和2017年对该法进行修正。同年，国务院发布《水土保持工作条例》。

1985年，全国人民代表大会常务委员会通过《中华人民共和国草原法》，2002年正式颁布，2009年和2013年分别进行修正。

1986年，全国人民代表大会常务委员会颁布《中华人民共和国土地管理法》，1988年、1998年和2004年分别对该法进行修正。同年，颁布《中华人民共和国渔业法》，2000年对其进行修正。

1988年，全国人民代表大会常务委员会颁布并施行《中华人民共和国水法》，并于2002年和2016对该法年进行了修订。同年，全国人民代表大会常务委员会还颁布《中华人民共和国野生动物保护法》，并于2004年、2009年和2016年分别对该法进行修订。

1991年，全国人民代表大会常务委员会发布《中华人民共和国水土保持法》，并于2010年对该法进行修订。

1993年，国务院颁布《村庄和集镇规划建设管理条例》，要求村庄和集镇总体规划中要有“维护村容镇貌和环境卫生”“保护和改善生态环境、防治污染和其他公害、加强绿化和村容镇貌和环境卫生建设”等内容。

1994年9月，国务院发布《中华人民共和国自然保护区条例》，并于2011年和2017年对该条例进行修订。

1996年9月，农业部发布《基本农田保护区环境保护规程（试行）》。

1997年5月，国务院发布《农药管理条例》，并于2001年和2017年对该条例进行修订。

1998年12月，国务院发布《基本农田保护条例》。条例规定：“国家提倡和鼓励农业生产者对其经营的基本农田施用有机肥料，合理施用化肥和农药。”

1999年，国家环境保护总局印发《关于加强农村生态环境保护工作的若干意见》后，各省纷纷出台《农业环境保护条例》或《农业生态环境保护条例》。对农业环境的保护对象、执法主体、经费来源、农村工业“三废”和农业面源污染防治、农业投入品管理、农业野生动植物资源保护和农产品质量安全管理等方面做了规范，具有很强的系统性、时代性和可操作性。条例的颁布实施，为解决过量使用农药、化肥、农膜、激素等行为，扭转生物资源衰减、土地贫瘠、农产品质量安全水平不高等问题，有效保护和改善农业环境，实施农业可持续发展提供了重要的法律依据。同年，国家环境保护总局还颁布并实施了《秸秆禁烧和综合利用管理办法》。

2001 年 8 月，全国人民代表大会常务委员会通过《中华人民共和国防沙治沙法》，并于 2002 年 1 月 1 日实施。

2001 年 3 月，国家环境保护总局颁布并施行《畜禽养殖污染防治管理办法》。

2006 年，国务院通过并施行《中华人民共和国濒危野生动植物进出口管理条例》。同年，国务院还印发了《中国水生生物资源养护行动纲要》。

2007 年，国务院办公厅转发环境保护总局、发展与改革委员会、农业部、建设部、卫生部、水利部、国土资源部和国家林业局共同发布《关于加强农村环境保护工作的意见》。

2011 年，农业部、工业和信息化部、环境保护部、国家工商行政管理总局和国家质量监督检验检疫总局共同发布《进一步禁限用高毒农药管理措施的公告》。

2013 年，国务院通过《畜禽规模养殖污染防治条例》，2014 年 1 月 1 日生效，标志着农业污染治理工作开始进入法制化轨道。2014 年的全国农业工作会议首次提出农业面源污染防治目标为“一控两减三基本”。“一控”是指控制农业用水总量。规划要求，到 2020 年，通过提高利用系数、发展旱作农业、节水农业和雨养农业，将农业用水总量控制在 3720 亿立方米。“两减”是指减少化肥、农药施用总量。规划要求，2020 年化肥农药施用量实现零增长。“三基本”是指畜禽粪污、地膜、秸秆基本得到资源化利用和无害化处理。

2014 年，国务院办公厅下发《关于改善农村人居环境的指导意见》。

2015 年，农业部印发《到 2020 年化肥使用量零增长行动方案》和《到 2020 年农药使用量零增长行动方案》。

2016 年，国务院印发《土壤污染防治行动计划》。

（五）农村环境保护政策体系的形成

40 年来，中国出台了众多的农村环境保护政策，难以做全面介绍，所以着重论述对农村生态系统施加了极大影响的四项政策。

1. 天然林保护政策

为了消除森林采伐对生态系统的负面影响，中国于1998年实施了天然林保护工程。该工程分为长江上游、黄河上中游地区天然林资源保护工程和东北、内蒙古等重点国有林区天然林资源保护工程两部分。工程一期分为两个阶段：第一阶段（2000~2005年）以停止天然林采伐、建设生态公益林为主要内容；第二阶段（2006~2010年）以保护天然林资源、恢复林草植被为主要内容。工程总投资962亿元。2011年，天然林保护工程进入第二期，总投资2440.2亿元。主要目标是：到2020年，增加公益林770万公顷，其中人工造林203.3万公顷，封山育林473.3万公顷，飞播造林93.3万公顷；新增森林蓄积11亿立方米、碳汇4.16亿吨，工程区生物多样性明显增加。

2. 退耕还林还草政策

退耕还林还草工程是迄今为止国内投资量最大、涉及面最广、群众参与度最高的生态工程。相应的政策措施包括：①向退耕户提供粮食补贴。长江流域每公顷每年补助原粮2250公斤，黄河流域每公顷每年补助原粮1500公斤，每公斤粮食按1.4元折算，由中央财政承担。补贴年限为生态林8年，经济林5年，草地2年。工程要求生态林和经济林的比例要达到4∶1。②向退耕户提供生活补贴。在补贴年限内，每公顷退耕地每年补助300元。③向退耕户无偿提供种苗。补贴标准为每公顷750元。④农民接受补贴的条件是承担不低于补助面积的宜林荒山荒地上的造林种草任务。⑤农户凭政府发放的退耕任务卡和验收证明，领取粮食和生活补助。2007年退耕还林补助期满后，国家继续对退耕农户给予现金补助。长江流域及南方地区每公顷每年补助1575元；黄河流域及北方地区每公顷每年补助1050元；继续发放每公顷每年300元的生活补助费，并与管护任务挂钩。两个实施期共投资4311亿元，其中一期2245亿元，二期2066亿元。

2014年，国家实施新一轮退耕还林还草工程。退耕还林每公顷补助22500元，其中现金补助18000元，种苗造林费4500元。补助资金分三次下达，第一年12000元、第三年4500元、第五年6000元；退耕还草每公顷补助12000元，分两次下达，第一年7500元、第三年4500元。新一轮退耕还林还草总规模约533万公顷，总投资将超过1000亿元。

3. 退牧还草政策

为了加强草原生态保护、维护国家生态安全，2003~2010年累计投资143亿元，其中中央投资100亿元，地方投资43亿元。2011年，中央财政共投入136亿元，在内蒙古、新疆、西藏、青海、四川、甘肃、宁夏和云南

8 个主要草原牧区省（区），全面建立草原生态保护补助奖励机制。具体政策措施是：①实施禁牧补助。对草场严重退化的草原，实行禁牧封育，中央财政按每公顷 90 元的标准给予补助。②实施草畜平衡奖励。对禁牧区外的可利用草原，若牲畜不超载，中央财政按每公顷 22.5 元的标准给予牧民奖励。③实施生产补贴。在黄牛、绵羊的基础上将牦牛和山羊纳入畜牧良种补贴范围，人工草场按每公顷 150 元的标准给予补贴。④实施生活补贴。牧户按每年 500 元的标准给予补贴。2012 年，中央财政投入增加到 150 亿元，并将政策实施范围扩大到黑龙江等 5 个非主要牧区省的 36 个牧区半牧区县，覆盖了全部 268 个牧区半牧区县。据统计，全国共有 639 个县实施草原生态保护补助奖励机制，涉及草原面积 48 亿亩，占全国草原面积的 80%以上，其中可利用草原面积 38.3 亿亩，包括禁牧草原面积 12.3 亿亩，草畜平衡面积 26 亿亩。对 1.2 亿亩人工草场实施了牧草良种补贴，对 284 万户牧民给予了牧民生产资料补贴。8 年来，国家累计投入草原生态奖补资金 1326 余亿元。

4. 退田还湖政策

20 世纪 50~70 年代，大量湖泊与湿地被围垦成农田。20 世纪 80 年代中期，粮食基本实现自给后，国家开始实施“退田还湖”政策。该政策的实施，实现了千百年来从与湖争地到退田还湖的历史性转变。2011~2017 年，中央财政累计安排资金 91.5 亿元，开展湿地生态效益补偿、退耕还湿和湿地保护奖励试点，新增湿地保护面积 200 多万公顷，恢复湿地 16 万公顷。中国现有国际重要湿地 57 个、湿地自然保护区 602 个、国家湿地公园 898 个，湿地保护率 49.0%。国际重要湿地占全国湿地面积的比例为 6.27%。

二、农村环境管理工作的进展

40 年的农村环境管理进展可用“目标与时俱进、对象逐渐拓展，措施不断改进”加以概括。

（一）管理目标：从生态平衡、协调发展到生态优先

40 年来，农村环境管理的目标从维护生态平衡逐步递进到生态环境与社会经济协调发展和培育生态文明体系。

1. 规范自然资源利用方式，维护生态平衡

第一阶段的农村环境管理针对过度垦荒、过度放牧、过度采伐等行为造成的自然生态失衡，以及施用高毒农药和污水灌溉等造成的环境污染。

1979 年颁布的《中华人民共和国环境保护法（试行）》第 21 条明确指出，要“积极发展高效、低毒、低残留农药。推广综合防治和生物防治，合理利用污水灌溉，防止土壤和作物的污染”。同期制定的法律法规，如《森林法（试行）》（1979）、《草原法》（1985）、《土地管理法》（1986）和《水土保持法》（1991）等，都有一系列管理自然资源利用行为的强制性规范。在该阶段，经济稳定快速增长是目标，生态环境保护是经济发展必须满足的一个约束条件。

2. 发展环境友好型产业，实现生态经济协调发展

第二阶段的农村环境管理针对的是中国农村盲目追求 GDP 和农产品产出最大化，引入高耗能、高污染产业，过量施用化肥、农药和过量开采地下水资源等导致的环境问题。1985 年，国务院发布《关于开展生态农业，加强农业生态环境保护工作的意见》，对推广生态农业提出具体要求，并在全国选择 50 个生态农业县进行示范建设。1996 年，国家环保局、农业部、财政部、国家统计局联合发起《全国乡镇工业污染源调查》。从 1999 年起，在全国开展基本农田保护区土壤环境质量监测工作。2006 年，国家环境保护总局编制和实施了《国家农村小康环保行动计划》。在该阶段，生态环境保护和经济稳定增长是两个并列的目标。

3. 倡导生态优先，消除环境约束

2013 年，中央一号文件第一次提出建设“美丽乡村”的奋斗目标。国家质检总局、国家标准委编制并发布《美丽乡村建设指南》国家标准，并于 2015 年 6 月 1 日起正式实施。2015 年，农业部等八部委编制《全国农业可持续发展规划（2015～2030 年）》。2017 年，中央深改组第 37 次会议审议通过《关于创新体制机制推进农业绿色发展的意见》，这是党中央出台的第一个关于农业绿色发展的文件。2018 年，中办、国办印发的《农村人居环境整治三年行动方案》提出，建立政府、村集体、农民等各方共谋、共建、共管、共评、共享机制，以建设美丽宜居村庄为导向，实现农村人居环境明显改善，村庄环境基本干净整洁有序，农民环境与健康意识普遍增强。在该阶段越来越强调生态优先的理念。

（二）管理对象：从生态资源拓展到生产资源

40 年来，农村环境管理的对象由尚未纳入生产的资源拓展到纳入生产的资源。

1. 构建自然资源保护体系

1978 年，中国仅有 34 个自然保护区，自然保护区总面积（126. 5 万公顷）占国土中面积的 0. 13%。到 2017 年底，全国已建立各种类型、不同级别的自然保护区 2750 个（不含港澳台地区），总面积 147. 33 万平方公里，约占国土总面积的 14. 88%，超过 12%的世界平均水平。3500 多万公顷天然林和 2000 万公顷天然湿地、90. 5%的陆地生态系统类型、85%的野动植物种类、65%高等植物群落、300 多种重点保护的野生动物和 130 多种重点保护的野生植物得到有效保护。

中国自然保护的目标始于对科学家尚未发现的物种的保护，瞄准的是最有可能发现新种的生物群落。20 世纪 70 年代末，保护目标转向满足技术人员仿照生态系统改进农业资源配置的需求，瞄准的是生物生产力高的典型生态系统。20 世纪 90 年代以来，保护目标转向人类可持续发展，瞄准的是生物多样性。

2. 生产性资源转为生态性资源

除了保护尚未开发的生物资源存量外，还将一些生产性生物资源改划为生态性生物资源。

第一，禁伐天然林。为了消除森林采伐对生态环境的负面影响，中国于 1998 年实施了天然林保护工程。该工程的实施，有效保护了 5600 万公顷天然林，营造公益林 1526. 7 万公顷，森林蓄积净增 4. 6 亿立方米。第二，划定生态公益林。国家林业局会同财政部完成的国家级公益林补充区划结果的审核结果表明，目前全国国家级公益林总面积为 18. 67 亿亩。生态公益林主要是防护林和特种用途林两大林种，但有一部分是原先可用于生产木材的天然次生林和人工林。第三，退耕还林。退耕还林工程的实施范围包括除上海、江苏、浙江、福建、山东、广东以外的 25 个省区市。退耕还林面积 1467 万公顷，宜林荒山荒地造林 1734 万公顷。第四，退田还湖。2011 年以来，中央财政每年投入过亿元的资金推动退田还湖，为湿地的恢复和面积的扩大，做出一定的贡献。

3. 以生态方式利用生产性资源

从 20 世纪 90 年代起，为引导生产者采用环境友好型生产方式，农业部陆续启动了绿色食品、无公害农产品、有机食品认证和地理标志农产品登记保护工作。1990 年 5 月，农业部召开第一次绿色食品会议，并宣布 1990 年 5 月 15 日为中国绿色食品诞生日，中国绿色食品工作由此起步。1991 年 5 月 24 日，农业部发布《“绿色食品”产品管理暂行办法》。1993 年 1 月 11 日，农业部发布《“绿色食品”标志管理办法》。具体的要求是：有机产品禁止使用人工合成的化肥和农药，只使用农家肥；绿色食品分为A级和AA级两种，A级允许限量施用化肥、农药，AA级要求生产过程中不使用化肥、农药等有害于环境和健康的物质。无公害农产品不准使用国家禁用的化肥和农药。目前，“三品一标”已经成为中国安全优质农产品的主要品牌。

（三）管理方式：从强制到诱导

40年来，农村环境管理方式由管制性措施逐步拓展到引导性措施和激励性措施。

1. 管制性措施

面对环境趋于恶化的状况，农村环境管理最初采取了一系列行政性管制政策，具体包括禁止毁林开荒、围湖造田，限伐（禁伐）、限牧（禁牧）、限渔（禁渔）和关闭小造纸、小制革、小染料、土法炼焦、炼硫、炼砷、炼汞、炼铅锌、炼油、选金和农药、漂染、电镀、石棉制品、放射性制品“十五小企业”等措施。环境管制政策产生了一定的效果，但局限性是执行成本巨大，并诱发了各种败德行为。

2. 引导性措施

鉴于管制性措施的局限性，农村环境管理又推出了一系列引导性措施：①测土配方施肥技术。在土壤测试、合理施用有机肥和肥料田间试验的基础上，根据农作物需肥规律、土壤供肥性能和肥料效应，提出氮、磷、钾和中、微量元素等肥料施用数量、施用时期和施用方法的技术。从2005年起，农业部将该技术作为科技入户工程的首要技术在全国推广，目前应用范围已覆盖主要土壤类型、主要作物和绝大多数农户。②病虫害专业化防治技术。该技术旨在解决农户分散防治造成的用药量大、防治成本高、防治效果差和农产品残留超标等问题，达到减少农药用量、减少环境污染的目标。从2008年起，各级政府采取药剂补贴、作业补助、以奖代补和植保机械购置补助等方式扶持专业化防治组织，使专业化统防统治得到快速发展。③其他环境友好型技术。包括绿肥良种繁育，秸秆腐熟还田，“稻—鸭—稻”“畜—沼—种植”“畜—沼—鱼”等种养结合的循环农业模式。

3. 激励性措施

进入21世纪后，随着综合国力的增强，国家在环境管理方面采取了一系列激励性政策。如1998年，国家新颁布的《森林法》第八条做出了“建立林业基金制度”“国家设立森林生态补偿基金”的法律规定。中央森林生态效益补偿资金从 2001 年的 10 亿元增加到 2017 年的 165 亿元，2001~2017 年累计安排森林生态效益补偿资金 1316 亿元。

集体和个人所有的国家级公益林最初为每年每亩 5 元，2010 年提高到每年每亩 10 元，2013 年又提高到每年每亩 15 元。其中集体或个人 12.75 元，集中统一管护费 2.00 元，公共管护支出 0.25 元。集体和个人所有的省级公益林补助标准为每年每亩 10 元，其中个人 7.75 元，统一管护补助支出 2 元，公共管护支出 0.25 元。补贴资金由县信用社以“一卡（折）通”形式直接发放到户，受到农户欢迎。目前，补偿面积已达 18.7 亿亩。

三、农村环境管理绩效的评价

（一）农村环境管理制度评价

1. 农村环境管理制度的法律性不断强化

制度的法律性得到强化表现在三个方面：一是《环境保护法》涵盖的农业内容越来越全。例如，2014 年修订的《环境保护法》对农业污染源监测、农村环境综合整治、农药化肥污染防治、畜禽养殖污染防治以及农村生活污染防治等都做出全面规定，对各级政府在农业农村环境保护方面的责任做出了明确界定，使今后的农业与农村环境管理有了清晰的法律依据。二是农业环境法规的层级越来越高。最初的农业环境法规都是部门颁布的，2014 年 1 月 1 日生效的《畜禽规模养殖污染防治条例》是由国务院颁布的。这是中国农业环境保护领域在国家层面的第一部行政法规，具有里程碑性质。三是农村环境管理拟达到的目标越来越实。例如，《“十二五”国民经济发展规划纲要》明确要求，2015 年农业化学需氧量（COD）和氨氮排放相比 2010 年要分别下降 8%和 10%，这是首次在国家规划里对农业污染排放做出约束性要求。

2. 农村环境管理制度的部门痕迹依然存在

中国的农村环境管理制度大多是由各部门制定的，具有“政出多门”的特征。虽然经过多次修订或修正，制度之间的矛盾和冲突基本消除了，但是部门痕迹依然存在。毋庸讳言，有关部门是把出台制度作为政绩，导致了相关制度频出乃至重叠的问题；对管理权的争夺则导致了农村环境管理制度难以协调的问题。

3. 农村环境管理制度的多元性有待提高

随着公众环保意识的觉醒，有意愿且有能力参与农村环境治理的主体越来越多，构建政府主导多主体平等参与的农村环境治理体系的条件变得越来越好。政府应该把构建多主体平等参与的农村环境治理体系，作为加快农村环境治理的重要举措。然而政府仍有一支独大、包揽一切的偏好。尤其是地方政府，往往只看到农民参与农村环境治理的意识不足、意愿不强和主动性不够，而没有意识到他们把主要精力放在能带来税收的项目上，对愿意为农村环境治理做贡献的中小企业家关心不够、支持不够，挫伤了这些主体积极性的一面。

（二）农村环境管理政策评价

农村环境管理政策的进展可以用覆盖范围扩大、执行体系完善、各类投入增多来概括。

1. 农村环境政策覆盖范围不断扩大

农村环境政策的覆盖范围由农业生产拓展到农民生活和国民健康。

（1）农业生产。例如，测土配方施肥，国家设置了专项资金，推广者依托新型经营主体和专业化农化服务组织创新实施方式，实现集中连片整体实施，促进化肥减量增效、提质增效。测土配方施肥技术覆盖率现在已经超过90%，畜禽粪便和农作物秸秆还田率显著提高。

（2）农民生活。2008 年，中央财政设立农村环保专项资金，以建制村为治理单元，采用“以奖代补”“以奖促治”等方式，有重点、分批次地开展农村环境综合整治。截至 2017 年，有 13.8 万个村庄完成了农村环境综合整治。“十三五”期间，将完成 13 万个建制村环境综合整治任务。

（3）国民健康。2017 年，国务院办公厅印发的《国民营养计划（2017～2030 年）》明确提出，要加大营养型优质食用农产品生产，提升优质农产品的营养水平，“三品一标”（无公害、绿色、有机和地理标志）农产品在同类农产品中的总体占比要由 2014 年的 40%左右提高至 80%以上。这意味着中国农业追求的目标将由保障国民营养跃迁为保障国民健康。

2. 农村环境政策实施体系不断完善

一是农村已经初步建立了农业环境质量定位监控网络。能够运用 GPS 技术对监控点进行精确定位，形成网络化、信息化管理，摸清农业环境污染状况及发展趋势。二是农村环境管理机构逐步健全，农村环境管理已经成为工作常态；有些地方已经设立了农村环境法庭，农村环保的法治环境有所改善。绿色农业的发展不断加速，乡村清洁工程建设成效显著。

3. 投入力度不断提高

1998 年以来，国家先后启动实施了退耕还林、退牧还草、天然林保护、京津风沙源治理等重大生态建设工程，累计投入约 8000 亿元。

水土保持补助资金从 2001 年的 13 亿元增加到 2017 年的 24 亿元，2001~2017 年累计投入 403 亿元。

2010 年，财政部会同林业局启动湿地保护补助工作，将 27 个国际重要湿地、43 个湿地类型自然保护区、86 个国家湿地公园纳入补助范围。2013~2017 年，中央财政累计投入 92 亿元支持湿地保护。

中央财政安排的生态补偿资金包括公益林、草原、湿地保护等内容。其总额由 2001 年的 23 亿元增加到 2012 年的约 780 亿元，累计约 2500 亿元。2013~2017 年的投入按 2012 年的数据计算，累计约 6400 亿元。

中央财政设置了农村环境综合整治专项资金。2008~2012 年共投入 135 亿元。2013 年以来中央财政每年安排 60 亿元，2008~2017 年累计投入 435 亿元。

2018 年，中央财政补助的耕地轮作休耕的试点规模扩大到 2400 万亩，是 2017 年的 2 倍，其中轮作面积 2000 万亩、休耕面积 400 万亩；同时，相关地区自行开展试点面积 600 万亩，总规模 3000 万亩。中央财政拨付资金 50.9 亿元，比 2017 年增加 25.3 亿元，增长 98.8%。中央财政主要采取直接发放现金或折粮实物补助的方式，将补贴资金落实到县乡、兑现到农户，并根据年际不同作物种植收益变化与作物之间的收益平衡点相衔接，对试点补助标准进行动态调整。

（三）农村环境管理效果评价

1. 生态保护

中国化肥、农药使用量分别提前 3 年和 5 年实现到 2020 年化肥、农药使用量零增长的目标。2017 年，中国水稻、玉米、小麦三大粮食作物化肥利用率为 37.8%，农药利用率为 38.8%，分别比 2015 年提高 2.6 个百分点和 2.2 个百分点，相当于减少了 130 万吨尿素和 3 万吨农药的用量，为保护生态发挥了作用。

2. 生态修复

经过多年努力，草原生态系统有所改善。2005~2010 年，全国草原鲜草总产量一直低于 10 亿吨，2011 年以来全国草原鲜草总产量一直保持在 10 亿吨以上。超载率逐渐下降，由 2005 年的 35%减少到 2017 年的 11.3%，下降了 23.7 个百分点（见图 13-1）。

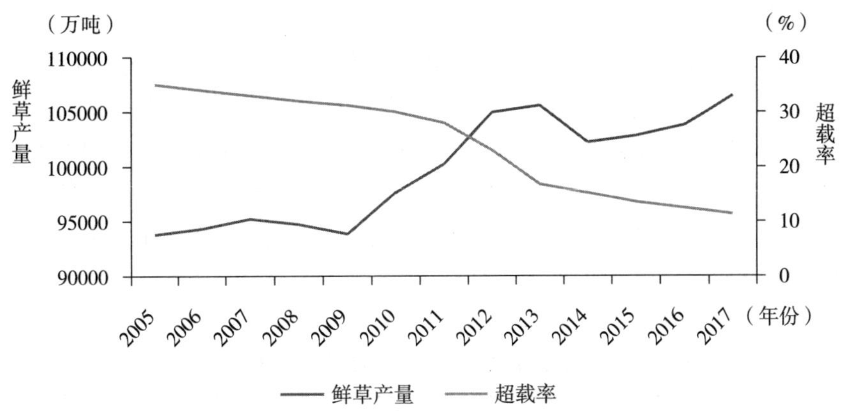

图 13-1 中国天然草原鲜草产量和超载率的变化

从表 13-1 可以看出，2014 年同 2009 年相比，只有一、二级草原减少 1 个百分点，三、四级草原增加 3 个百分点，五、六级草原增加 15 个百分点，七级草原减少 5 个百分点，八级草原减少 12 个百分点，草原等级有显著的好转。与 20 世纪 70 年代相比，一、二级草原和三、四级草原都减少 3 个百分点，五、六级草原和七级草原基本持平，八级草原增加 6 个百分点，还有一定的差距。如果最近三年继续公布草原等级数据，这个差距会进一步缩小。

表 13-1 中国草原等级的变化 单位：%

时间	一、二级	三、四级	五、六级	七级	八级
20 世纪 70 年代	9	18	33	18	22
2009 年	7	12	19	22	40
2010 年	8	13	26	20	33
2011 年	7	15	29	19	30
2012 年	7	18	31	17	27
2013 年	6	16	34	18	26
2014 年	6	15	34	17	28

注：一级：>4000 公斤/公顷，二级：3000～4000 公斤/公顷，三级：2000～3000 公斤/公顷，四级：1500～2000 公斤/公顷，五级：1000～1500 公斤/公顷，六级：500～1000 公斤/公顷，七级 250～500 公斤/公顷，八级：<250公斤/公顷。

资料来源：2009～2014 年《全国草原监测报告》和 20 世纪 70 年代的草原调查资料。

3. 生态建设

40年来，中国森林面积由12186万公顷增加到20800万公顷，增长70.7%；活立木总蓄积量由95.3亿立方米增加到151.4亿立方米，增长58.9%。按照中国森林培育规划，2020年森林面积将比2005年增加4000万公顷，森林蓄积量将比2005年增加13亿立方米。从2000~2010年的调查可以发现，中国森林储存的碳也是增加的（见表13-2），这意味着中国森林培育为减少全球温室气体做出了贡献。

表13-2 林业六大工程增加的固碳量（2000~2010年）

	森林面积（万平方千米）	年增固碳量（百万吨）	新增森林面积（万平方千米）	年增固碳量（百万吨）
退耕还林工程	31.98	73.46	27.30	71.08
环北京风沙源治理工程	4.94	11.13	3.17	7.13
天然林保护工程	38.88	94.99	8.39	18.99
防护林工程	34.40	95.46	14.27	37.60
速生丰产林工程	13.33	40.20	13.33	40.20
森林自然保护区工程	9.74	22.98	0	0
合计	133.27	338.22	66.46	175

四、农村环境管理战略的展望

2007年完成全国污染源普查后，农业面源污染首次进入官方统计。该次普查表明，农业排放的化学需氧量（COD）、总氮、总磷分别占全国总量的43.7%、57.2%和67.3%。此后历年的《中国环境状况公报》都有农业面源污染统计。随着农业面源污染监测点位的加密，统计出来的农业面源污染排放量占比可能会增大①。由此说明，制定和实施农村环境管理战略会随着时间的推移变得越来越重要。

① 农业面源污染占比增大并不是中国特有的现象，例如，从20世纪90年代开始，美国农业便成为第一大排放源，荷兰现在最大的污染源也是农业。

（一）农业绿色发展战略

所谓绿色发展，就是生态和经济由相互替代转向相互补充。过去的做法是把森林、草地和湿地等改造成农地，现在反其道而行之，以退耕还林、还草、还湿等措施把经济资源转换为生态资源。然而这种相互替代的做法的适宜范围是有限的，更好的做法是采用农产品生产和生态产品生产相融合的措施，构建生态再生产和经济再生产相结合的广义产业体系。

中国农业污染非常严重，确实需要通过实施绿色发展战略来解决农业污染问题。然而对问题的分析必须精准，措施必须具有可操作性。

第一，不宜低估农民的素质。有些学者认为农业生产中过量施用的化肥并没有对农业生产做出贡献。然而，数以亿计的农民不可能多年来一直做既不增产又浪费钱的事情。其实，过量施肥主要是外部不经济问题，而不是内部不经济问题。以为通过技术培训就可以把化肥施用量降下来，显然是想得太简单了。更为适宜的策略是在赋予农民特定数量化肥使用权和实行化肥购买实名制的基础上开展化肥使用权交易，让农民决定他的化肥使用权多少用于农业生产，多少用于交易，政府像发放农业补贴那样把农民少施化肥的生态补偿发给农民，弥补其减少的农业收入。

第二，不宜将农用化学品妖魔化。中国农业亟待解决的问题是把过量施用的化肥降下来，而不是最大限度地减少化肥施用量。宛如食物过量消费对健康造成伤害不是食物有问题一样，化肥过量施用造成污染也不是化肥有问题。

第三，不宜按简单平均数来刻画耕地上的化肥过量施用现象。有些学者假设所有化肥都投放在耕地上，然后用化肥总用量除以耕地（或播种）面积得出中国单位耕地化肥用量超过允许施肥量 1 倍以上的结论。其实，分析耕地上的化肥用量，先要扣除投放在园地、林地、城市绿地、人工草地和养殖水面的化肥用量，这部分化肥施用量约占化肥总用量的 21.4%。要按高耗肥、中耗肥、低耗肥类别把农作物划分开。蔬菜等高耗肥农作物不适宜用每公顷耕地 225 公斤的标准来评价，大豆等低耗肥农作物不存在过量施用化肥的问题，只有粮食等中耗肥农作物适宜用每公顷土地施用 225 公斤化肥的标准来评估。

1. 粮食等中耗肥农作物的绿化策略

中国粮食播种面积约 16 亿亩。水稻、小麦和玉米的平均每公顷化肥折纯量分别为 305 公斤、368 公斤和 334 公斤，同每公顷 225 公斤化肥折纯量的标准相比分别超出 25.5%、65.6%和 48.4%。消除粮食生产过量施用化肥现象的主要措施是，采用测土配方施肥技术和开展化肥使用权交易等措施。有机肥替代化肥可以提倡，但应用范围不会很大。

2. 蔬菜水果等高耗肥作物的绿化策略

蔬菜和水果生产适宜采用有机肥替代化肥的措施。中国蔬菜、水果种植面积分别为 3 亿多亩和约 2 亿亩。单位面积菜地、水果对有机肥的需求量要比粮田多，施用每吨有机肥的用工成本会大大低于粮田；单位面积菜地、水果的总收益要比粮田多，施用有机肥的条件要比粮田好。更为重要的是，施用有机肥对提高蔬菜、水果质量的影响要比提高粮食质量的影响显著得多，所以菜农、果农施用有机肥的积极性要比粮农高。蔬菜、水果生产适宜采用有机肥替代化肥的措施，这是解决中国过量施用化肥问题的另一个重要途径。

3. 畜禽养殖的绿化策略

随着饲料工业的快速发展，畜禽规模化养殖很快就淘汰了曾在中国延续数千年的分散养殖方式。下一步，要在畜禽养殖大县设置生态产业园区，构建集农业企业、畜禽养殖企业、有机肥生产企业、畜禽屠宰加工企业和基于屠宰、加工废弃物的饲料生产企业于一体的循环经济体系，解决单个规模化畜禽养殖场治理污染规模不经济问题和分散屠宰、加工造成的剩余物污染问题。通过加工使有机肥像化肥那样便于使用，方能最大限度地提高有机肥替代化肥的经济可行性。

为了推进农业绿色发展，化肥从生产到使用的各项优惠政策正在逐步取消。2015 年 2 月上调了化肥和磷矿石铁路运价，2015 年 9 月全面取消了化肥生产企业免征增值税的优惠，化肥生产的用电优惠也在逐步取消。从统计数据看，这些政策是有效的。2015 年全国化肥施用总量为 6022 万吨，进入 21 世纪后年增长率首次低于 1%，2017 年实现负增长。

（二）农村生态宜居战略

1. 建设生态宜居美丽乡村的含义

中共十八大首次提出“建设美丽中国”的概念。中共十九大把社会主义现代化奋斗目标由“富强、民主、文明、和谐”拓展为“富强、民主、文明、和谐、美丽”，增加了“美丽”二字。建设生态宜居的美丽乡村，推动物质财富与生态财富共同增长、农村生态质量与农民生活质量同步提高，是建设美丽中国的重要任务。乡村振兴战略又明确提出生态宜居的要求。生态宜居的提出会使美丽乡村建设的内容更加具体，更加具有可操作性。

农民富裕起来以后，会有把房子盖大盖好、把生活设施配置齐全的内在动力，却不一定有不乱扔垃圾、不乱倒脏水、不乱堆杂物、不乱盖房屋的自觉性。为解决由此造成的脏乱差问题，十多年前提出了村容整洁目标，现在又提出了生态宜居目标。建设生态宜居的美丽乡村，需要生产、生活和生态协同联动。

（1）生产领域要做的工作。第一，通过市场取向的改革实现补贴同生产脱钩，消除要素价格和产品价格扭曲导致的农用化学品过度投入和边际土地利用问题。第二，通过技术、制度、组织和生态创新实现资源同生产脱钩，全方位地提高农业和农村产业体系的全要素生产率。第三，通过发展生态农业、应用绿肥、商品有机肥和推广绿色防控实现农用化学品同生产脱钩，减少农用化学品用量。

（2）生活领域要做的工作。第一，弘扬乡村生态文化。开展教育、培训和交流，增强农民的绿色发展理念，引导农民主动参与生态建设和环境保护。第二，加快乡村绿化建设。把村旁、宅旁、路旁、地旁、水旁作为重点，构建点、线、面相结合的村庄绿化格局。第三，推进美丽乡村建设。使农村呈现环境优美、河溪清澈、空气洁净的田园风光。全面提升乡村生态宜居水平，满足农民日益增长的美好生活的新诉求。

（3）生态领域要做的工作。第一，加强生态系统保护。严格保护乡村地形地貌，维护乡村自然生态系统。例如，制止填塘造地等行为，保护水体，库塘、沟渠等小微湿地，提高河道生态功能。第二，扩大绿色生态空间。做好山区宜林荒山造林、矿区生态修复、平原绿色廊道建设，构建以景观绿带为支撑，绿色廊道为骨架的互联互通的绿色生态体系，提升生态景观。第三，提高生态和资源承载力。加强森林抚育，湿地、草原保护与恢复，荒漠化土地治理，提升生态系统的灾害防控能力。第四，提高山水林田湖草系统的完整性。实施河湖水系连通、退耕还林、造林绿化、森林质量提升、生物多样性保护等重大工程，健全耕地草原森林河流湖泊休养生息制度。

（4）管理领域要做的工作。第一，做好乡村生态宜居规划。以编制乡村发展规划为领引，统筹产业集聚区、生活居住区、生态保护区等空间布局。第二，完善生态系统管护体系。以山水林田湖草是一个生命共同体的理念，提升生态系统的整体性、连通性、多样性和稳定性，形成成片连网、互联互通的绿色空间。第三，发挥社区和农民的作用。完善农民参与制度，尊重乡土文化，从培训入手增强农民建设生态宜居乡村的能力，强化生态保护与建设对增加农民就业和收入的作用。

2. 建设生态宜居的美丽乡村的策略

（1）乡村生态宜居中的问题。随着收入和生活水平的提高，农民对良好环境的期待越来越高。由于农村污染治理的提升赶不上农民对环境质量要求的提升，农民的抱怨变得越来越多。毋庸讳言，中国乡村还存在诸多生态与环境问题。具体包括山水林田湖草生态系统稳定性较差，生态服务产品综合供给能力偏弱，生态保护和建设资金投入不足，农民的主体作用发挥不够，生态宜居协同意识不强、协同机制不完备、应用推广体系不健全等。

（2）生态宜居建设的策略。中国乡村的生态与环境问题是多年累积起来的，问题的解决不可能一蹴而就。建设生态宜居的乡村应该采取循序渐进、积小胜于大胜的策略。具体地说：第一，生态宜居的建设范围应循序渐进。从试点经由推广走向普及。试点的核心是凝练出可复制性好的模式和有效的管理体制机制，以加快推广过程。第二，生态宜居的建设措施应循序渐进。从无到有，从有到优。例如，农村生活垃圾可以从焚烧开始，经填埋达到分类处理阶段，起点低一点没有关系，必须多年不断递进。第三，生态宜居建设主导方的调整应循序渐进。在建设生态宜居乡村的过程中，政府主导是必不可少的一步，向社区主导和市场主导是必不可少的转型。第四，生态补偿实施要循序渐进。一是拓宽资金来源，要从单一政府生态补偿拓展为多元化生态补偿；二是调整补偿对象，要从瞄准地区，经由瞄准受影响资源转为瞄准贡献者；三是补偿与绩效挂钩，将基于土地面积的生态补偿转换为基于生态服务增量的生态补偿；四是改进生态服务定价方法，将行政性的生态补偿转换为市场化的生态补偿，推进生态资源有偿使用。

（3）完善生态宜居信息平台。农村环境保护和生态建设信息的及时更新，是系统把握乡村生态宜居建设的基础性工作。为了做好这项工作，生态环境管理部门除了继续开展现有农村环境信息采集活动外，要做一个以村为单元、能反映全国和地区总体情况的样本框，选入样本框的村庄成立由3~5人组成的生态环境状况评价小组，并对他们进行培训，使他们能够应用简易的评价工具对村庄生态状况做出评价；并通过手机APP，将评价信息上传至生态宜居信息平台，实现具有统计学意义的生态信息的及时更新。村社的农民参与监测，方能使生态服务由一个抽象的科学概念转化为具体的生活常识；村社农民参与监测，包括粮食产量和质量监测、水量和水质监测、土壤监测、面源污染监测等，确定生态补偿标准才会有坚实的数据基础；村社农民参与监测，方能最大限度地降低监测成本。同时，还要采用第三方评估，请专业人员对这些生态信息的准确性进行验证，并给出是否需要修正和具体的修正意见。

3. 构建政府主导的多元化生态补偿制度

为了促进生态服务价值的扩大再生产，中国实施了生态补偿制度。对此，有人认为应像国外那样采用生态服务付费制度。其实，中国实施的生态补偿制度并不弱于生态服务付费制度。第一，两种制度没有实质差异。虽然生态服务付费制度强调市场作用，生态补偿制度强调政府作用，但实际的付费者都以政府为主。第二，生态补偿制度具有更好的包容性。补偿主体包括政府、企业、环保组织等，政府补偿又包括上下级政府的纵向生态补偿和同级政府的横向生态补偿。同级政府的横向生态补偿实际上是生态受益地区向生态保护地区“购买”生态服务，具有市场交易性质。第三，生态补偿制度可使生态建设较快进入实施阶段。生态受益者和生态建设者形成双方认同的生态服务付费方案需要很长的时间，政府实施生态补偿制度可加快生态建设进程。

从世界范围看，中国并不是开展这方面工作最早的国家，却是实施进展最快、实施范围最大、投入资金最多、国民认同度最高的国家。形成这种局面的影响因素很多，生态补偿制度创新是最重要的因素。保持这个势头，就一定能创造出美丽中国的奇迹。

（1）廓清生态补偿要点。第一，生态服务补偿不宜扭曲为生产损失赔偿。生态补偿是对无法市场化的生态建设活动付费，而不是对生态建设造成的生产损失付费，不应把“生态”“服务”“补偿”这三个关键词扭曲为“生产”“损失”“赔偿”。第二，生态补偿应与生态服务价值挂钩。以激励建设者最大限度地优化生态保障体系，最大限度地降低生态保障体系建设成本，追求生态保障体系建设成本和生态服务增加值边际平衡。

（2）规范生态补偿标准。生态补偿标准的计算可采用实际成本法、机会成本法和生态服务增加值法。按照循序渐进的原则，应该始于实际成本，以生态建设的机会成本为补偿依据，从而使补偿政策具有可操作性，最后过渡到生态服务增加值法。

（3）生态补偿主体。一是企业。例如，法国维特矿泉水公司为保证其水源地的水质和水量，向水源地的农民提供补偿，同时要求他们改变农业耕作方式和技术。现实中这种做法不多，但值得倡导。二是政府。对受益对象不太确定的生态服务，应由中央政府承担生态补偿责任；对受益对象非常确定的生态服务，应以受益地区政府承担补偿责任。三是环保组织。这种补偿方式的总体贡献率不大，但示范作用显著。

(4) 生态补偿的作用。第一，生态补偿使生态建设者有了开展生态建设的经济激励。第二，生态补偿会促进正外部性内部化，促进社会公平。第三，地区间的生态补偿会促进地区间的合作和协调发展。

(5) 拓展补偿资金来源。南昌市高新区五星垦殖场自 2012 年开始出现白鹤，至 2016 年秋达到 1000 多只。白鹤取食莲藕影响了藕农收入，2017 年藕农决定改种水稻。南昌市野生动植物保护协会得到消息后，为了保留越冬白鹤的觅食环境，在互联网上发起倡议，众多爱鸟人士积极响应，筹集资金近 200 万元，以众筹方式租下 500 亩藕田，投放藕种 7.5 万公斤，建起国内首个集教育、科研、观光、摄影为一体的民间白鹤保护小区，完成了众筹生态补偿资金的创新。

(6) 创新生态补偿方式。捕鱼是湖区居民的主要收入来源。为避免鱼虾被候鸟吃掉，渔民会驱赶候鸟。为了解决人鸟矛盾，鄱阳湖南矶湿地自然保护区推出“点鸟奖”活动。由第三方即专业观鸟团体核实清点湖泊里各类候鸟的数量，各类候鸟有不同的奖励标准。该措施实施后，候鸟栖息环境得到改善，分布更加均匀。该创新使生态补偿实现了由按湖泊面积补偿到按候鸟数量补偿的转型。

(三) 农村环境综合管理战略

农村环境管理是典型的公共事务活动，外部性强、涉及面广，政府要承担主要责任。然而社会主体的广泛参与也是必不可少的。农村环境治理有四个主体：一是政府。政府在农村管理环境方面必须发挥统筹协调作用，以引导农村环境管理制度、模式、体制和机制的创新，并承担全面执法的责任。二是市场。要利用市场机制促进县域经济结构升级、绿色农业和循环农业发展，进而推动农村环境治理。三是社区。要以社区为依托，集聚群体力量参与环境决策，监督环境执法和维护社区环境利益。四是农民。发挥农民在治理农村环境中的作用，旨在培养农民环境意识，完善环保筹资机制、决策机制和监督机制。

1. 相关部门和利益相关者的协同机制

农村环境管理是政府部门和利益相关者的共同任务，其推进需要大家共同努力。关于如何形成这样的合力，很多人的主张是扩大部门权限与提高部门层级。然而这种强化行政集权而不是行政分权的理念，不合乎中国试图推进的民主管理体制的改革取向。其实，政府管理薄弱的主要原因并不是集权不够，而是缺乏合作机制。部门设置和职权划分并不可能处理好所有关系，这些未能处理好的关系需要通过部门协同机制来解决。因此，必须建立跨部门的协同制度和平台，并克服协调启动、协调过程和协调依据的随意性。

单个部门和单项政策解决不了的问题，必须通过部门协同加以解决。各行其是最多能做到部门内自洽，不可能做到部门间互洽，协同是从部门内自洽跃迁到部门间互洽的关键所在。

协同旨在保障政策制定的高度包容和战略性，使利益相关者通过合作实现稀缺资源共享，通过博弈实现利益均衡。其中，高度包容是指凭借制度化的协商机制，克服公共决策部门化，确保各项政策的一致性或包容性；战略性是指公共决策具有引导性，而不是被动应对。

（1）协同的基本内容。

部门协同包括决策协商、政策协调和服务协作三个层次。其中决策层负责战略设计和运行监管，监督协议遵守情况和实施问责制度。管理层负责部门、企业和村社的协同，使相关政策具有一致性。执行层负责服务方式的创新和服务的多元化、便捷化、品质化和规范化。

部门协同的要素包括平台、制度、机制、方法和工具，以及需求、信息和激励。其中，平台包括议事协调机构、行政服务中心和部门联席会议等，制度（或规则、规范）包括正式制度和非正式制度、强制性制度和诱导性制度；机制包括激励与问责机制、信息整合与共享机制、领导协调和信任机制等；方法包括分层协同、网络运作、多元主体共治等；工具包括能力建设、文化促进和绩效评估等。

（2）开展协同需要做好的工作。

增强协同意识。利用协同效应形成协同文化，在保持竞争意识的前提下形成协同意识。

激发协同需求。协同需求源于可支配资源的差异性。协同的经济实质，是通过各参与方或部门可支配资源的组合实现比较优势互补，化解各参与方或部门的比较劣势。

规范协同制度。要通过协同各方平等协商、协调和协作的制度安排，避免协同成为强者要弱者为其谋利的手段。要在明确职能分工的基础上，规范协同运作、过程监督、绩效评估、激励与问责等制度，确保所有参与者的权利、责任和利益的对称。

依靠制度权威。要根据共同认同的协调目标、任务和方案、规则界定各参与方的权利义务，使处理遇到的问题时有规可循。要依靠政府协议、行政命令等，为协同的运行提供保障。

发挥工具功能。要通过协同文化和最佳实践扩大协同的应用范围，提高协同的效果。要借助信息通信和网络管理技术，搭建信息共享平台和服务、管理平台，使信息的应用更快捷、更高效、更充分，使提供的服务更公开、更透明、更便民。

化解协同风险。协同的结果具有不确定性。化解协同风险除了设置退出机制外，更重要的是赋予参与方惩罚不协同行为的权利，以惩罚的威胁抑制投机取巧的动机。随着博弈次数的增多和相互信任的增强，纳什均衡会趋向于帕累托最优。

（3）农村环境管理的协同层次。

部门之间协同。诸如农业、国土、水利、林业等相关性很强的部门，并不存在部门分设和单设哪个一定更好的选择。倘若机构分设，它们的合作与冲突发生在部门之间；倘若机构单设，它们的合作和冲突发生在部门内部。更为适宜的方式是建立相关部门协商平台，通过平台沟通未尽事宜，克服单一部门管理和服务的局限性，将多部门协同管理的潜在效能发挥出来。

部门与地方政府协同。除了部门之间协同外，部门与地方政府的协同也很重要。部门同地方政府的协同大多是分别进行的，消耗了地方政府的大量精力。生态体系建设是一个有机整体，有关部门应一起同地方政府沟通，以减少地方政府的工作量，消除各自为政造成的偏差，使生态环境体系建设更加有效，产生的效果更好。

政府与村落协同。现实中确实有农民不关心社区环境基础设施的维护，造成这些基础设施完好性较差等问题。出现这种情形的主要原因，一是项目采取市场化招投标方式，村社因没有投标资质而无法参与其中；二是没有考虑基础设施维护的责任主体和维护资金的来源。这是现在设计农村生态环境管理体系时必须汲取的教训。农民作为生态系统服务的主要受益者，应该参与它的建设和维护。政府要同村社合作，凡是村社能承担且报价低的项目，应该让村社承担，项目质量由项目监理把关。同时明确村社是维护村内生态系统的责任主体，并提供适量的维护资金，确保生态系统服务功能的可持续性。

农民与农民协同。生态系统建设大多无法做到帕累托改进，需要用卡尔多改进方式来解决，即通过受益人对受损人的补偿，使之具有帕累托改进的性质。很多人认为，政府应承担所有生态补偿的责任。这种认识需要商榷。第一，农民也是生态系统服务的受益者。受益者不承担生态补偿责任，就不是权利义务相对称的制度安排。第二，农民不承担补偿责任，就没有权利对受损者的行为进行监督，生态系统就难以保持稳定性。第三，强调农民承担生态补偿责任，绝不是为了减轻政府财政负担，而是为了形成有效的监督机制。受益者承担的补偿责任，可以通过利益相关者之间的协商加以确定。

第三方评估机构与利益相关者协同。为了更好地发现问题和解决问题，农村环境管理应构建村社自评估、部门自评估和第三方评估三位一体的评估体系。第三方评估现已成为中国评估公益项目的基本措施。第三方评估既要保持独立性，又要同村社和部门保持良好沟通。

2. 政府和利益相关者的共同筹资机制

随着公众环保意识的觉醒，有意愿且有能力参与农村环境治理的主体不断增多。为了把各个社会主体的积极性都调动起来，必须建立以中央财政为主、地方政府配套、社会各方自愿参与的筹资机制，使农村环境治理成为所有社会主体和个人施展才华，表达社会责任的载体。各种农村环境整治专项基金应用于购买环境服务，使农村环境产品的提供者由政府拓展到企业和村社、个人，从而最大限度地发挥市场配置环境资源的决定性作用。

3. 经济、法律、行政多管齐下的综合治理机制

完善农村环境监测体系。通过多渠道、多来源数据的交互验证，准确掌握、发布农业面源污染排放信息，推广环境友好型技术，对农业面源污染进行量化控制。完善绿色农业管理体系。一方面为环境友好型农资产品创造良好的市场条件，另一方面完善绿色技术供给，提高秸秆、畜禽粪便资源化水平。完善绿色经济支撑体系。制定包括环境信用、绿色税费、绿色金融、绿色价格、生态补偿、排污权交易等在内的环境经济政策，为农村绿色发展提供制度保障。完善农村环境法律体系，健全农村环境法律法规和标准，建立农村环境法庭，使农村环境管理由以行政手段为主跃迁到以法律手段为主。

第十四章　乡村治理体制改革

乡村治理改革是中国农村改革的重要方面。改革开放40年来，中国乡村治理适应其他方面的改革，发生了显著变化。总体看，乡村治理改革促进了农村经济效率的提高，增进了社会平等，维护了社会稳定。乡村治理除涉及乡村基本公共服务制度安排与乡村权威架构之外，还涉及产权制度、财政制度以及行政区划制度等社会经济的诸多方面。本章围绕乡村治理的核心问题展开40年改革历程的讨论，同时在必要的情形下兼顾对相关延伸问题的分析。

一、乡村治理改革的背景

1949年之前，中国共产党在革命根据地建立了一整套适应战争动员的权威运作系统，其重心在农村地区。1949年之后，新生革命政权很快发起并完成农业集体化运动，农村治理定格为人民公社制度。这个制度为稳固政权发挥了积极作用。国家工业化进程起步之后，人民公社制度与社会分工深化之间的矛盾逐步显露，改革压力陡增。乡村治理改革便是在这一背景下展开的。

（一）建立适应巩固新生政权需要的乡村治理结构

1949年，中华人民共和国中央政府成立以后，各级地方政府陆续建立，乡成为国家的基层政府。村一级社区的实际领导机构是党在农村的基层组织，但在政权成立之初，农会发挥了重要作用。

1949年以前，共产党武装力量即在革命根据地普遍建立了农会，在“一切权力归农会”的口号下，农会实际上成为具有基层政权职能的乡村行政机关。新中国成立以后，全国农村开始普遍建立农会。1950年7月5日，中华人民共和国政务院公布的《农民协会组织通则》，以法律文件的形式提出建立除中央以外的各级农会，并规定农会的性质是“农民自愿结合的群众组织”，要求建立从乡或相当于乡的行政村、县、专区一直到省的农会。农会实际上是一种政治组织，而非经济上的合作组织。

在土地改革过程中，农会事实上已经被行政化，成为新生政权体系的一部分。农会的经费来源主要由人民政府提供，所需要的办公设施也由人民政府拨给。这一时期发表的中央文件肯定了村级农会的行政管理职能，而村以上各级农会则被纳入政权体系建设。农会会员主要是贫农和中农，富农按规定在土改完成后也可加入农会。农会会长多由共产党员担任。

随着政权的巩固和土地改革任务的迅速完成，急风暴雨式的阶级斗争基本结束，农会的政治使命也随之消亡。从 1954 年开始，各地陆续撤销了农会；到 1956 年，全国范围内农会基本不再存在。除农协、贫协等组织外，农村还建立了妇女组织、共青团组织和民兵组织等。这些组织随着 1949 年政权的建立而建立，并存在至今。民兵组织在特殊年代充当过阶级斗争的工具，但也在维护农村治安方面发挥了一定作用。

形势稳定以后，中央政府开始通过法制途径组织农村基层政权。1953 年 2 月，中央人民政府委员会第二十二次会议通过《中华人民共和国全国人民代表大会及各级人民代表大会选举法》。这部法律规定乡镇人民代表由选民直接选举。1954 年 9 月，第一届全国人民代表大会第一次会议通过了《中华人民共和国各级人民代表大会和地方各级人民委员会组织法》，这部法律规定了乡镇一级人民委员会组成人员选举和乡镇长选举的有关事项。这部法律的通过也意味着乡镇政权成为中国最基层的新生政权。

（二）从农业合作化到农村人民公社制度的建立

1949 年新中国成立以后，中国政府开始大规模没收地主土地，将土地分给无地和少地的农民，建立起一种分散的小农土地所有制。在 1950 ~ 1952 年，全国大约有 3 亿农民分得了 7.3 亿亩土地。1950 年，中央人民政府委员会通过了《中华人民共和国土地改革法》，决定保护富农财产，但规定了某种例外。这个法律对一些极端做法做了纠正。

小农制度没有实行多久，到 1953 年底，政府开始在农村推动合作社运动，主要依靠行政命令建立了大量农业合作社，形成了土地的集体所有制。到 1956 年，全国不再有分散占有土地的小农，几乎所有农民都成为集体合作社的成员。1958 年，政府又开始在农村大规模建立“人民公社”，从生产、交换和产品分配等方面全面控制了农村经济，农民不再有自主生产和交换的自由。

在人民公社制度下，土地和其他重要生产资料归社区居民共同所有，但社区成员退出的权利受到极大限制；社区的共同财产没有在财务上归于每个成员的名下。社区大小的范围在 1978 年之前的大部分时间被限制在一个或几个自然村落，社区之间的财产与产品不能无偿转让或调拨。农业生产合作社的产品分配部分依据社区成员的劳动量，部分依据社区成员的家庭人口数量。但由于集体生产活动中对社区成员的劳动贡献很难实现监督和计量，导致生产合作社中普遍存在“搭便车”现象，这是合作社产出效率低的主要原因。合作社生产的粮食在满足社区成员分配需要之后，余粮统一由国家收购。此外，合作社还向国家交纳“公粮”，相当于国家向农业合作社征收的一种所得税。

1962 年 2 月，中共中央发出《关于改变农村人民公社基本核算单位问题的指示》，农村开始实行“政社合一”“三级所有，队为基础”的制度，并着手把管理区改为生产大队，大队改为生产队。所谓“政社合一”，是指农村基层政权组织与人民公社的经济组织合并为一体，公社的公共服务职能与经济活动职能不再区分。按照这个制度，除了极少数经济条件较好的公社保留生产大队为基本核算单位以外，绝大多数公社实行以生产队为基本核算单位的制度。

在人民公社内部，实行按“工分”计量工作量并据此获得报酬的分配制度。工分多，年终分配的产品多；反之，则分配少。分配大多以生产队为基本单位。在经济条件好的生产队，年终还可以分配到一定的现金。生产队的大部分耕地都由集体统一耕作，农民以作业小组为单位集体劳动。大部分生产队也给农户分配小块土地作为“自留地”，由农民自主安排播种收获。

人民公社化改变了新中国成立初由国家法律确认的乡镇人民代表大会代表和乡镇人民委员会组成人员选举的制度。1959 年，全国开始了人民公社社员代表大会代表的选举；由社员代表大会选举产生公社管理委员会，成为人民公社的领导机构。1978 年中共十七届三中全会以后，四川省开展了“改社为乡”的试点。1982 年 10 月，中共中央、国务院发出《关于实行政社分开建立乡政府的通知》，肯定了“改社为乡”试点的经验。当年，全国有 12702 个人民公社摘掉牌子。1992 年，中国再次修订《宪法》，正式删除人民公社的提法，这意味着农村人民公社制度彻底退出历史舞台。

20 世纪 50 年代前后，中国土地革命完成以后，在农村形成了更为分散的小农土地私有权。毛泽东很快放弃了计划中的新民主主义路线，开始在全国推动合作社运动，逐步建立了农地按份共有的产权制度。农户宅基地在合作化运动中并没有被加入合作社，仍归农户私人所有，但后来也“自然而然”地成了集体财产。

1956年形成的农村合作社与国际通行的农民合作社完全不同。国际通行的合作社的基础是农田生产活动主要归农户支配，而农业产业链其他环节上的经营活动由农民合作社负责。中国当时的发展合作社活动则基本相反。本来可以由家庭很好安排的农田生产活动，转变为共同生产；而在最需要合作的其他农业发展环节，因为合作社规模过小，事实上无法展开活动。实行粮食统购统销之后，国家垄断了粮食流通，农民更无法在流通领域合作。这就形成了双重的低效率。

农民合作社事实上很快由按份共有的产权组织变成了共同共有产权组织，因为农民不再有退出合作社的自由。从语义学及中国语言习惯看，用“集体经济制度”概括20世纪80年代前的农村产权制度并不合适。“集体”强调合作，产权制度上包括了按份共有产权，对应的英文是“collective”。1956年至20世纪80年代前的中国农村实行的经济制度实际上不是按份共有，而是共同共有制度，对应的英文是“common”。确切地说，这个时期的农村产权制度是“共同生产、共同共有、政社合一”制度。这种产权结构的特点是：

第一，合作社的资产记录逐渐与农户的投入分离，土地等资产只有集体账户，没有农户或个人账户。生产过程主要记录的是农民的出工时间或任务完成折合的出工时间。收益主要取决于人口数量与出工时间两个因素。农户在入社以后不再投入资本，分配与农户当初投入的土地数量和其他生产资料无关。

第二，合作社的效率损失与合作社的规模有显著关系。农民“化解”国家强制力量的一个办法，是尽量组成小规模的合作社。有研究者提供了农民合作社效率并不低的案例，但仔细研究会发现这种案例的特点：一是合作社的规模很小，一般不超过30户；二是合作社生产比较单一，地域比较紧凑，合作社的领导容易监督社员；三是合作社社员多为一个大的家族成员，宗法关系会发挥防止偷懒的作用；四是户均土地很少，农户没有其他收入来源，土地产出对农户性命攸关。只要以上条件大体具备，合作社单位土地面积的产出就不会太低。同时具备这些条件的合作社在全国并不普遍，南方省份相对多于北方省份。但这种合作社的劳动生产率很低则是不争的事实，原因是农户被束缚在小块土地上，很难选择收入更高的非农业工作机会。

第三，在大部分时期，村庄形成政社合一的结构；在少数几年里，村庄的相对独立性完全被取消，政社合一结构被推到更高的层级。有的省份建立了县域范围的人民公社。主持合作社经济活动的村庄领导人，同时也负责村庄公共事务。虽然有的合作社的“核算单位”被置于生产队一级，但公共事务处置权主要在大队一级，大队的公共事务处置权覆盖各生产队；生产队一级在农业组织上的分权也导致在公共事务上的分权。这种情况下，政社合一就发生在生产队一级。在这种体制之下，主要用来实现平等目标的共同共有产权制度安排，支配了本来应该追求效率的农业生产活动，导致农业生产失去效率，平等的建立也失去了基础。农民向政府缴纳“公粮”（特殊农业税），但政府的公共服务支出主要覆盖城市居民。政府对村庄的社区性公共服务基本不做投入，农民集体自行支持很低的村庄公共服务水平，于是出现城乡之间公共服务严重不平等的现象。

第四，维持共同共有产权结构主要靠政治军事压力。如前所述，按照自然演化的规律，农民不会针对农业生产活动采用共同共有产权，而对社区公共事务方面的共同共有产权却可以接受，甚至予以维护。农民对当年“斗地主”一类的暴力行为记忆犹新。农村长期有民兵建制，设有民兵连、民兵排等组织。民兵组织的枪支直到 20 世纪 60 年代中后期才不再配备。只要政治压力稍有减轻，一些地方就会出现自发的产权关系变革，通常的做法是包产到组到户、包工到人、扩大自留地面积等。党内高层对农村共同共有、政社合一体制也有不同看法，并对地方产生影响。

（三）城乡分治体制的确立

中国在 20 世纪 50 年代以后，逐步建立其户籍制度，把全国人口分为城市居民和农村居民两种类型，并限制农民在城市自由择业和居住；城市经济部门吸收农业劳动力，严格在国家计划下进行；农民就业大部分被限制在农业部门，也有少部分在农民自己兴办的农村工业和服务业中就业。

二元户籍制度是通过一系列法律或政令的调整逐步确立的。1954 年，中国颁布实施第一部《宪法》，其中规定公民有“迁徙和居住的自由”。1955 年 6 月，国务院发布《关于建立经常户口登记制度的指示》，规定全国城市、集镇、乡村都要建立户口登记制度，开始统一全国城乡的户口登记工作。1956~1957 年，国家连续颁发四个限制和控制农民盲目流入城市的文件。1958 年 1 月，以《中华人民共和国户口登记条例》为标志，中国政府开始对人口自由流动实行严格限制和政府管制，第一次明确将城乡居民区分为“农业户口”和“非农业户口”，事实上废弃了 1954 年《宪法》关于迁徙自由的规定。在 1975 年、1978 年和 1982 年先后三次修订的《宪法》中取消了“公民有居住和迁徙的自由”的规定。

1949 年之后的大部分时期，中国农村的基本管理组织先后为生产合作社（分别有初级社、高级社）、生产大队和行政村。这级组织的设立及撤销可由县级人民政府决定，并无规范要求，所以数量变动很大。1960 年，这级组织（生产大队）有 46.4 万个；1994 年，这级组织（行政村）的数量为最大值，达到 100.7 万个；2014 年，村民委员会的数量缩减为 58.5 万个。

（四）土地承包制下的农村社会经济体制特征

20 世纪 70 年代后期，中国农村政治经济形势发生很大变化，特别是政治军事压力减轻，农民的自由选择空间有所增大。最主要的变化，一是在人口密度高又有商业传统的一些沿海地区，农民突破控制，开始发展“乡镇企业”，其中包括私人雇工经营的企业。二是耕地被分解到农户经营，官方称为包产到户，后来称为家庭承包制。这个制度的内涵及特点可以概括为“分散经营、共同共有、政社合一”。

第一，农户分散经营，土地共同共有的经济基础不复存在。这是土地承包制改革最具价值的方面。农户得到边界清晰的一块或多块土地的使用权和收益权，但使用期限被做了规定。农业生产在地头环节不再集体行动，当农户需要他人提供服务时，多用市场交易的办法解决。

第二，土地共同共有性质基本没有改变，且土地制度更凸显为“社区（政府）所有”制度。土地家庭承包制度出现后，农民无权因为自己的分散独立经营而从“集体”索回属于“自己”的土地。农民按照自己经营的土地面积缴纳农业税，农业税在经济性质上是一种地租。逻辑上讲，农民无法自己租自己的地，这说明农民使用的土地不是自己的。农民无权索回“自己”的土地，是法律规定的，说明土地的“社区（政府）所有”是国家法律的创造，但国家法律创造的这个土地所有权主体并不能“自由”地按照市场经济的要求行使自己的所有权。例如，按规定，所有权主体不能将土地发包给“非集体成员”，而对于何人为非集体成员，每一个村庄都有自己的做法，大体按照“少数服从多数”的政治原则来解决争议，并没有市场定价机制存在。这说明，土地承包制改革之后，农村对土地要素的权利安排从本质上显示为政治行动。这种情形给农村土地纠纷留下很多隐患，造成乡村治理的困境。

第三，维持农地共有产权加深了农业管理政策系统的内在矛盾，使农村改革的政策选择进一步政治化。在特殊的土地政治之下，农户土地承包权实际上是一种不稳定的排他性经营权，或是法学概念的用益物权。这里的排他性是指当事农户有一种特殊身份，这种身份按某种社区政治规则确定。经济学家认为如果这种权利是永久的，或者土地发包主体在行使一次性的发包权以后放弃重新发包权，农户的这种权利就是所有权（林克雷特，2015）。中共十七届三中全会决定农户土地承包权长久不变，但至今没有明确究竟有多长，农户新近得到的土地承包权证书的有效期仍为第二轮土地承包权的有效期。又根据中央关于“增人不增地，减人不减地”的政策，承包权应被理解为承包期限永久不变，这导致不同政策文件的含义不统一。有的基层干部在对农民宣讲政策时说，土地承包权长久不变就是指 30 年不变。这种情形给农民提供的政策信息就是自己所承包的土地就是“公家”的，不是农户自己的。于是，农民对公共土地的理解便符合人们对一切公共资源分配的理解，就是“人人有份”，这又与“生不增，死不减”的政策发生矛盾。根据我们调查，绝大多数农民不赞成“生不增，死不减”的政策，主张土地承包面积应该按照人口的变化而定期调整。这是一种很合理的农民“公地”意识基础上形成的平权行为要求。适应这种要求，事实上很多地方没有严格落实“生不增，死不减”政策，定期根据人口变化对土地承包面积做了调整。

第四，村庄一级的政社合一体制在内容上发生了变化，但基本格局尚未改变。所谓“政”，即指村庄的公共服务活动，产权性质是世界通行、共同共有，管理原则是少数服从多数或权力集中的命令原则。中国的村民委员会组织法对村庄公共事务决策有重大影响。所谓“社”，即指村庄经济活动组织，尽管村委会已经不再组织农业生产，但仍代行经济组织土地财产的所有者职能，具体表现为行使土地的定期“发包权”，且农户不能退出这种所有权关系，故此种经济组织的产权基础仍为共同共有。中国局部地区，如佛山市南海区，推行了“政经分离”改革，并获得中央决策层的肯定及推介，但全国大部分地区尚未实行此种制度。实际上，只要农户没有退出经济组织的自主选择权，即使实行“政经分离”改革，也不能改变村庄一级政社合一的本质。

总之，这是一种受政治格局影响很大的土地制度安排，而不是按照市场经济要求所确立的土地制度。这个制度较之人民公社制度，已经有了很大的生产激励空间。按粮食主产区的平均水平计算，中国主要粮食品种的单位面积产量均比 1950 年的水平增长 10 倍以上。这个变化当然与科技进步有关系，但正如制度经济学所揭示的，科技进步本身是产权制度进步的函数。如果没有农村土地承包制度的出现，中国当代进步基本不可能发生。

农村土地家庭承包制的弊端也很明显。

第一，家庭承包制的操作成本很高，并给土地利益核算造成麻烦。因为“公地平权”要求的支配，土地发包主体不得不将好地差地按不同比例搞承包。在确定一个土地肥力标准后，差地承包会多一点，好地承包则会少一点。好地差地搭配承包致使有的农户分配到数十块土地，很不便于耕作。当土地被政府征用为建设用地时，好地差地的标准发生了变化，引起补偿利益分配的麻烦，差地承包户认为自己应该按照实际面积补偿，而好地承包户认为自己应该按农业土地的肥力为标准得到补偿。类似情况屡见不鲜。

第二，公权不当干预私权。官方政策语言把农民土地承包权看作农民的财产权，但在法律规定及实践中，这种权利常常由公权处置。法律规定，2/3 村民表决通过，就可以变更所有人的土地承包权。这种私权受公权干预的现实，是引起农村社会冲突的重要原因之一。在珠三角地区就发生过愿意拆迁的“大部分”农户殴打不愿意拆迁的“钉子户”的事情。

第三，承包制之下，政社合一体制内含的“成员权”边界模糊问题更加凸显。社区（准政府）组织的公共服务职能要求其为所有社区居民服务，而其经济组织管理职能又要求其为经济组织成员服务。这“两部分人群”的分野，在搞土地家庭承包制之前并不严格，也不重要。家庭承包制实行之后，与土地关联的利益大幅度增加，这种区别变得重要了。但这个区别实际上很难界定，因为前一人群的经济组织成员身份到后来不再与他们的投入有关，这一点与其他社区居民并无区别。但是，利益分配却不得不确定这种区别。珠三角等地常见的外嫁女保留成员权、复转军人与大学生回迁农村户口、市民身份回归农民身份等问题，至今仍在困扰各地的地方政府。就这样，“集体经济成员权合理性无解”这个难题被放大了。笔者在珠三角等地看到过各式各样的处理“成员权”问题的办法以及由此产生的矛盾。

第四，村庄变为城市的一部分之后，耕地部分或全部转用于建设用地，形成一批农村“股份合作社”，这些村庄在股份合作社内部奉行平均主义分配原则，在公共服务方面对社区居民又有一定的歧视性，破坏了公共品分配的普惠原则，产生了分配的“双重扭曲”。社区原住民通常反对将来自集体资产的收益作为公共品分配给社区居住的外来人口。集体资产被当作社区公共品产生的源头，以致在分红时以社员身份为对象进行，不顾及社员对资产的关心与负责程度，产生了平均主义的低效率。实践中还发现，这种组织会产生“分红刚性”，因为村干部借此获得集体成员的“合法性认同”。

第五，家庭承包制建立后形成的村一级“政社合一、共同共有，分散经营”仍无法摆脱发展空间的限制，与意识形态目标形成反差。“壮大集体经济”是一个意识形态的目标，实际上很难成为现实。如果村庄以农业为主，农地归农户分散经营，村庄组织（村委会）基本不可能对农业经济提供服务，农户的农业经营无论是否壮大，均与村庄组织没有关系。实际上，从大的国家经济结构调整看，农业生产相对比重会下降，绝对规模也难以大幅增加；农民收入增加要靠单户经营规模增加，而不是村庄农业经济总量不断“壮大”。这个道理不难理解。在那些完成工商业转型的“村庄”，普遍展开的是物业出租经济，而不是实体经济，前者的壮大（租费增加）往往会对后者形成伤害。

第六，现行家庭承包经营制之下，还出现一种“自发”的地租“双轨制”，给农业现代化带来伤害。据笔者主持或参与的农村调查所获得的信息，中国农村在土地流转中存在明显的地租率“歧视”。一方面，农户对外来农业投资出租土地时，索取的地租率比较高，这种出租通常时间较长，多为5~10年；面积较大，多为数家土地一起出租；村庄组织有介入，通过“反租倒包”“土地银行”等形式从农民手里租进土地再出租给外来农业投资者。这种情形下的高地租率与“钉子户”消极态度产生的竞争效果有关系，也与农民对土地用途预期不稳定有关系。农民希望能提前收回一部分土地用途转变后产生的高收入。外来农业投资大户比当地村民更有可能局部改变土地用途，也更有可能获得政府农业开发项目的支持。另一方面，农户之间土地出租的地租率一般比较低，是前者的1/5~1/2。这种流转的租期一般比较短，多为一年，且没有正式租约。这种地租差异总体上不利于农业规模经营发展，不利于提高中国农业竞争力。

以上弊端构成对中国农业农村长期健康发展的强力制约。据笔者估算，如果按照全要素成本计算，中国粮食生产事实上处于严重的全行业亏损状态。

二、乡村治理改革的主要举措

土地家庭承包制改革使乡村治理开始面对很多新问题，一些地方在实践中开始探索乡村治理的新办法。中央根据地方探索经验，先后出台了一些关于改善乡村治理的指导性文件，建立了一些重要制度，对乡村治理水平提升发挥了积极作用。

（一）村民委员会制度改革

1. 村民委员会制度发端

20 世纪 80 年代初，广西罗城、宜山一些地方农民自发组成的村委会，在组织群众发展生产、兴办公益事业、制定村规民约、维护社会治安方面发挥了显著作用。1982 年，全国人大颁布的新《宪法》明确了村委会是群众性自治组织的法律地位。同年，中共中央在下发的第 36 号文件中，要求各地开展建立村委会的试点工作。1987 年 11 月 24 日，全国人大常委会审议通过了《村委会组织法（试行）》，对村委会组织和村民自治做出了具体规定，1988 年 6 月 1 日该法正式试行。1990 年，民政部下发了《关于在全国农村开展村民自治示范活动的通知》，自此，民政部成为村民自治工作的承担者。经民政部的大力推动，村民自治工作在全国普遍展开，截至 1998 年底，全国共确定村民自治示范县（市、区）488 个、示范乡镇 10754 个、示范村 20.7 万个，占村委会总数的 25%，形成了省有村民自治示范县、地（市）有示范乡（镇）、县（市）有示范村的格局。全国农村普遍举行了 2~3 届的村委会换届选举工作。

1998 年 10 月，中共十五届三中全会提出要全面推进村民自治，将其确定为中国农村跨世纪发展的重要目标。1998 年 11 月 4 日，全国人大常委会正式颁布了修订后的《村委会组织法》，为全面推进村民自治提供了法律保障。据民政部提供的数据，截至 2003 年，全国 28 个省、自治区、直辖市制定了《村民委员会组织法实施办法》，25 个省、自治区、直辖市制定了村委会选举办法。全国有 579 个县和 7457 个乡镇达到了民政部确立的村民自治要求的标准。

2. 村务监督制度的建立

2017 年 12 月，中共中央办公厅、国务院办公厅印发《关于建立健全村务监督委员会的指导意见》，对村务监督委员会的组成、工作职能、工作方式以及考核办法做了详尽规定，另外还对村务监督委员会成员的退出办法做了明确规定。总体看，这个意见对落实村民自治制度、提升村民自治水平有积极意义。

2017 年 6 月，中共中央、国务院发布《关于加强和完善城乡社区治理的意见》。该文件明确提出：到 2020 年，中国要基本形成基层党组织领导、基层政府主导的多方参与、共同治理的城乡社区治理体系，城乡社区治理体制更加完善，城乡社区治理能力显著提升，城乡社区公共服务、公共管理、公共安全得到有效保障。再过 5～10 年，城乡社区治理体制更加成熟定型，城乡社区治理能力更为精准全面，为夯实中共执政根基、巩固基层政权提供有力支撑，为推进国家治理体系和治理能力现代化奠定坚实基础。虽然该文件并不专门针对那些实施村民委员会制度的村庄，但因为中国很多地方将“城中村”和部分城市近郊的村庄改制为城市社区，故该文件实际上与农村社会治理有一定关系。从长远看，中国城乡社会治理制度将会走向统一，该文件对促进这个转变有一定意义。

3. 政社合一体制逐步废止，村庄自治自决权能开始形成

20 世纪 80 年代，人民公社“政社合一”体制在乡镇一级被一举取消，村民自治制度在法律文本上得以确立，并在实践中显示一定效力，为深化中国社会管理体制改革提供了长期参照点。中共十八大后，中央支持探索村民自治组织设置下沉到村民小组一级，村民自治权能大幅提高，村庄一级的政社合一体制进一步被打破，村庄公共管理运行机制更显活力。

2015 年，农村综合改革实施方案强调进一步加强农村基层服务型党组织建设，强化县乡村三级便民服务网络建设，完善乡村治理机制。中央文件明确要求农村社会治理机制改革要适应人口流动的形势，打破村集体经济壁垒，在公共领域允许外来人口参与协商，扩大协商民主。特别值得注意的是，2015 年中央一号文件提出，要“扩大以村民小组为基本单元的村民自治试点，继续搞好以社区为基本单元的村民自治试点，探索符合各地实际的村民自治有效实现形式”。并且推荐了广东南海和清远的改革经验，提出了农村治理机制的调整方向。南海开展“政经分开”试验，合理划分了农村基层组织在农村公共事务与竞争性经济事务方面的职能，有利于农村社会和谐发展。清远推动自治组织设置适当下沉到村民小组或自然村，有利于调动乡村精英的义务服务热情，提高乡村公共服务效率。但是，2015 年中办国办发布《关于深入推进农村社区建设试点工作的指导意见》，未对农村自治体设置合理下沉的改革探索做出积极肯定。

2015 年，中央一号文件要求创新和完善乡村治理机制，提出“在有实际需要的地方，扩大以村民小组为基本单元的村民自治试点，继续搞好以社区为基本单元的村民自治试点，探索符合各地实际的村民自治有效实现形式”。从我们的调查看，此项改革对提高乡村治理效能有积极意义。

目前，中国农村土地集体所有制单位大部分为村民小组，多由人民公社制度下的生产队而来，也有较小部分的集体所有制单位为村民委员会。此外，少量地区（如广东佛山）的集体土地为村民委员会与村民小组两级所有。极个别地方的集体产权由村民小组、村民委员会和乡级人民政府三级所有。

大部分情形下，中国农村行政村不具有“社区”性质。借助官方统计资料，如果把自然村看作农村社区，中国农村行政村平均包括 3.3 个农村社区；如果把村民小组看作农村社区，则每个行政村包括 8 个农村社区。我们认为，鉴于自然村边界的模糊，村民小组设置受到行政干预，自然村、村民小组也不是严格意义上的农村“社区”。这种情形决定了由政府按照行政“一刀切”的办法决定自治体设置下沉比较困难。2013 年，中国农村每个行政村的平均户籍人口与常住人口分别为 1487 人和 1069 人。作为村民自治单位，这个规模偏大。从调研看，村民自治体设置中覆盖人口过多、地域过大，有一定弊端。一是行政村干部忙于应付县乡政府的任务，无暇顾及农村居民对社区公共服务的需求。二是自然村或村民小组蕴藏的社会管理资源与服务资源难以得到有效利用，甚至被边缘化，不利于提高农村社会服务质量，也不利于农村社会稳定。三是导致农村公共财物的合理设置遇到多重困难，本应由政府承担的公共服务支出转嫁给了村集体，变相加重了农民负担，不利于深化农村产权改革和经济发展。

针对上述问题，中国一些地方政府对村民体设置做了改革，将自治体区域与人口覆盖范围适度缩小，将现有自治体分解为多个。新的自治体设立在自然村或村民小组；也可按照农民意愿，由较小的几个居民点或几个小组设立一个自治体。从我们在广东清远等地的调研看，村民自治体设置适当下沉后，显现了某种好处，主要表现是：

第一，农村社会秩序明显好转。改革后，农村群体性事件大幅度减少，越级上访、闹访的频度下降，干部化解冲突的意愿增强，以协商民主的办法调节利益关系得到更多的应用。

第二，公共服务与社会管理效能显著改善。在广东清远的农村，下沉后建立的新自治体，干部普遍不领取报酬。下沉设置后的村级干部能有效处理一些老大难问题，村庄建设费用得到很大节约。

第三，支农资金利用效率明显提高。从广东清远农村改革试点地区看到，在较小范围里易于就支农资金的合理使用形成协商意见，在农民自愿的前提下将资金投入急需领域，提高了资金利用效率。

第四，农村土地资源利用效益显著提高。土地规模经营的条件差，地块的产权主体过于分散，土地集中利用的谈判成本高是制约农业现代化的关键因素。村民自治体设置下沉有利于解决这个问题。至 2015 年 3 月，广东阳山县已经整合了 20 多万亩土地，英德县同期整合了 600 多万亩土地，下沉后的自治体发挥了主要作用。

4. 选举制度方面的其他改革探索①

现行的《村委会组织法》没有关于竞选的规定，但中国农民在村民自治活动中自发地采用了竞选方式。1992 年，安徽社科院的研究人员在岳西县莲云乡腾云村进行村委会“组合竞选制”试验。“组合竞选制”是一种由候选人“组阁”并参加村委会主任竞选的制度。其程序是：首先由村民民主投票推选村委会主任候选人 3~4 人，每位村委会主任候选人提出各自的村委会组成人选名单；候选人在竞选大会上发表竞选演说的同时，公布自己提名的村委会组成人选名单；村民再投票，从 3~4 位村委会主任候选人中产生村委会主任；当选村委会主任的“组合”成员作为村委会其他成员候选人进行差额选举，得票过半数当选。1998 年 3 月，在中共滁州市委和来安县委的支持下，安徽社科院的研究人员辛秋水等在安徽来安县邵集乡也进行了“组合竞选制”试点，对全乡 8 个村同时进行了换届改选。从宣传发动到最终竞选投票，一共 10 天时间，顺利完成了试点任务。近几年，组合竞选制的试点范围有了扩大。在 1998 年的村委会选举中，吉林省梨树县 336 个村的 608 名村委会主任竞选人全部发表了竞选演讲。但总体上，竞选并没有在村民自治工作中普遍采用，有关竞选的规范也没有立法的支持。

少数地方探索过由农民直接选举乡镇领导人。1997 年 11 月，深圳市向广东省委请示，拟在该市镇一级政府的换届选举中进行直接选举试点。鉴于这种做法与《宪法》相悖，广东省人大向全国人大报请批准，但没有获得通过②。

---

① 关于农村民主政治发展的分析，详见党国英、胡冰川：《农民政治参与的行为逻辑》，《中国农村观察》2011 年第 3 期，本章的引用不一一列出。

② 相关文件收录于詹成付：《乡村政治若干问题研究》，西北大学出版社 2004 年版。

1998 年 5 月，四川省遂宁市市中区政府在保石镇进行镇长公选（公开选拔干部）试点，随后又在另外 3 个镇分别进行党委书记和镇长公选试点。1998 年 12 月，市中区政府在步云乡进行了乡长直接选举，1998 年 12 月 31 日选出乡长。与宪法规定保持一致，保石镇由选民投票产生唯一镇长候选人，提交镇人大选举认定。这种选举是事实上的直接选举。1999 年初，深圳市在龙港区大鹏镇进行了“两票制”选举镇长试点，与四川保石镇的办法相似。另外，四川绵阳市、山西临猗县等地也进行了类似的试验工作。

2003 年 12 月 7 日，成都市新都区木兰镇 639 名党员以公推直选的方式，从 11 名初选候选人中选出镇党委书记，此举开创了全国直选镇党委书记的先河。2004 年 7 月，重庆渝北区龙兴镇也进行了镇党委书记由全体党员直接选举的试验，两名正式候选人的产生经历了公开报名、演讲答辩等程序。

2004 年 4 月，云南省红河哈尼族彝族自治州在下辖的石屏县推行乡（镇）长选举改革，7 个乡（镇）的乡（镇）长均由选民直接选举产生。这是迄今为止中国最大规模的乡（镇）长“直推直选”试验，在全国为首创。

（二）保障农民权利

农村改革 40 年，国家逐步确立了农民的土地承包权、自由迁徙权以及以城乡社会保障一体化为核心的基本公共服务平等享有权。尽管这些权利的设置尚不完善，但已经难能可贵，对中国社会经济发展有重大意义。

1. 以“成员权”界定为核心的农民土地财产权的逐步确立①

农村集体土地确权颁证工作是农村土地制度改革的基础性工作，早在 2009 年中央就提出了明确要求，并连续多年在中央一号文件中部署安排。概括地说，这项工作可以分为土地所有权和土地使用权确权登记颁证两个部分。2011 年 5 月，国土资源部、财政部、农业部联合下发了《关于加快推进农村集体土地确权登记发证工作的通知》（国土资发〔2011〕60 号），要求力争到 2012 年底完成农村集体土地所有权的确权工作。目前，该项工作已基本完成。但是，这只是确权工作的第一步，即明确每个村域范围内土地所

① 关于农民的两个“成员权”的详尽讨论，参见党国英等：《土地规划管理改革：权利调整与法治构建》，《法学研究》2014 年第 5 期；党国英《论农村社会经济体制改革》，《社会科学战线》2017 年第 12 期。

有权确认到某个具体的集体经济组织，而作为使用权的农村土地承包经营权、宅基地使用权和集体建设用地使用权的确权工作仍在推进当中。

2014 年，中办、国办联合印发的《关于引导农村土地经营权有序流转发展农业适度规模经营的意见》提出："用 5 年左右时间基本完成土地承包经营权确权登记颁证工作，妥善解决农户承包地块面积不准、四至不清等问题。" 2015 年，农业部、中央农办等六部门印发《关于认真做好农村土地承包经营权确权登记颁证工作的意见》（农经发〔2015〕2 号），要求继续扩大农地确权试点范围，"在 2014 年进行 3 个整省和 27 个整县试点的基础上，再选择江苏、江西、湖北、湖南、甘肃、宁夏、吉林、贵州、河南等 9 个省（区）开展整省试点"。2016 年，农业部又选择河北、山西等 10 个省扩大试点，整省推进试点省份达到 22 个。同年，农业部、财政部等四部门印发《关于进一步做好农村土地承包经营权确权登记颁证有关工作的通知》（农经发〔2016〕4 号），提出十条工作要求，要求各地确保质量和进度。

在乡村治理工作中，关于集体经济组织成员权的界定始终是村庄社区管理的一个棘手问题。直到 2016 年 12 月，中共中央、国务院发布《关于稳步推进农村集体产权制度改革的意见》，对解决这一问题提供了基础性的意见。文件将村民委员会、村民小组当作农村社区自治管理的公共组织，不再将其等同于农村集体经济组织。文件认为，在村组未成立"集体经济组织"的情况下，才由村民委员会或村民小组代行"代表集体行使所有权"。这是一个破天荒的提法。按这个说法，过去中国农村长期"未成立集体经济组织"，它的权能一直是被其他组织"代表"，这个说法看起来与我们以往的认识不一致，但实际上是很正确的。中央发布的这个文件必将对今后农村社会经济组织改革产生积极影响。

鉴于这个问题以往在理论界缺乏清楚的认识，下面重点讨论。

成员是一个组织的合作单位或个人。成员权是组织内每一个单位或个人对组织利益的分享权以及其他派生权利。成员权大体上有两类：一是可交易或可退出的成员权，如股份公司、农民合作社的成员，可以通过卖出股票有偿放弃公司的成员权。农民合作社的成员也可以在退出合作社时取走个人账户中的资产。人们把这种成员权称为经济组织成员权。二是基本不可交易或退出的成员权。共同共有产权组织多是如此。一个人离开某个社区或某个城市，不会得到社区或城市政府的财政结余，更不会分割到城市政府的财产，当然也不用负担它们的债务。但好的社区或好的政府治理结构，会提升社区或辖区私人拥有的不动产价值，这是私人愿意为社区或政府提供志愿服务的主要原因。

基于按份共有产权的经济组织成员权一般通过投资获得，只有实行按投资额分配，并尽可能降低退出风险，才能对投资者保持激励，使这类经济体有可能“壮大”。

基于共同共有产权的社区成员权通常不是通过投资，而是按照“居民身份”获得的。这里抛开“国籍”问题不谈，单看一个国家内部，当今绝大部分国家对迁徙不做户籍登记限制，故取得社区或城市成员权是免费的。“市民”就是一种社区身份。较高的社区生活品质是对人口迁入的激励，会导致社区人口的增长，或高收入者的流入。但这种激励通常被看作社区建设的一种成就。家庭也是一种共同共有产权结构，这里存而不论。

可否将以上提到的两类成员权融合在一起？经验证明很不可取。从企业（按份共有产权）角度看，社区人口的增加并不直接等于企业投资的增加，企业通常并不愿意为人口增加所导致的公共服务成本买单。从社区组织看，它如果为了防止投资激励丧失，也不会欢迎人口增加，故也就没有了社区“壮大”的可能性。所以，类似中国农村的“政社合一”的现象在法制成熟的国家是会被竭力避免的。一般情形是，一个社区迁入人口，他会自动获得社区成员权；他若进一步投资企业，才能获得经济组织成员权。一个人的两种身份，在利益关联规则上是完全不同的；两种身份所依从的组织，也是分开的，各自的“壮大”遵从完全不同的规则。

当需要建立共有产权时，是建立“共同共有”产权，还是“按份共有”产权？可以有一个技术性的答案。二者的区别是“退出权”的设计。更自由的退出权设计是按份共有产权，较难的退出权设计则是共同共有产权，也即我们说的公有制。在一个利益共同体中，如果一个成员退出后很难通过类似“搭便车”的办法继续享受利益，就可以对这个利益共同体建立按份共有产权。例如，一个股民卖出了股票，就很难享受共同体的分红，这就可以建立按份共有的产权结构，即股份公司。另一种情形，如果一个成员退出了利益共同体，但他很容易通过“搭便车”的办法继续享有这个共同体的利益，那么这个共同体设立共同共有产权结构就比较合理。这时，这个共同体往往会采用强制缴费的办法来维持共同体运行。政府通常会采用这种产权结构，也即我们常说的公有制结构。这个分析表明，设计什么样的共同产权，也是一个技术性问题，与意识形态无关。

如果经济活动本身是分散的，各经济活动主体通过交易来实现合作，那么各经济主体应该确立分立的产权，不必建立共有产权结构。现代大公司会通过资本运作将技术上分散的经济活动统一起来，以提高资本运作的效率，也是一种常见情形。这时，资本运作引起的效率提高必须补偿科层制带来的效率损失，否则也是得不偿失。在农业生产中，资本运作的效率通常不能补偿管理环节延长所产生的效率损失，因此，农业生产中农场主的产权是分立的。

2. 自由迁徙权的变化

人民公社制度建立后，农民个人进入城市工作或从事非农工作一度受到政府限制，但农村集体被允许兴办“社队企业”。到20世纪70年代以后，社队企业的发展使农民走出村庄从事非农经营活动。土地承包制实行以后，农民开始自由进城从事非农生产。但在较长的时期里，户籍制度阻碍了农民到城市定居。

国家在2014年提出要进一步调整户口迁移政策，统一城乡户口登记制度，全面实施居住证制度，加快建设和共享国家人口基础信息库，稳步推进义务教育、就业服务、基本养老、基本医疗卫生、住房保障等城镇基本公共服务覆盖全部常住人口。国家将取消农业户口与非农业户口性质区分和由此衍生的蓝印户口等户口类型，统一登记为居民户口，体现户籍制度的人口登记管理功能。国家计划在2020年前完成此项改革任务。2015年，多项国家文件继续强调促进城乡一体化的改革目标，并提出了多项具体实施意见。大部分省份在2015年出台了统一城乡社会保障制度的政策意见。

2016年2月，国务院发布《关于深入推进新型城镇化建设的若干意见》，与此项文件配套的是国务院2016年10月发布的《推动1亿非户籍人口在城市落户方案》。文件的重点是深化户籍制度改革。文件简化了农业人口进城落户的条件，较以往降低了落户门槛。今后要以具有合法稳定就业和合法稳定住所（含租赁）、参加城镇社会保险年限、连续居住年限等为主要指标，建立完善积分落户制度。文件还要求满足农民“举家”迁入的要求，有利于解决“留守儿童”“留守老人”问题。文件提出加快农业转移人口进城的“双挂钩”政策。今后要实施财政转移支付同农业转移人口市民化挂钩政策，实施城镇建设用地增加规模与吸纳农业转移人口落户数量挂钩政策，中央预算内投资安排向吸纳农业转移人口落户数量较多的城镇倾斜。这项政策看起来有力度，但实际效果不会很明显，原因是农民进城的难点并不是城市建设用地短缺。近几年，中国一些城市的建设用地指标并不紧张，而城市的经济密度远低于发达国家，城市建设用地低效率利用问题相当突出。文件提出促进农村贫困人口转移的重要政策。文件规定，在县城、小城镇或工业园区附近建设移民集中安置区，推进转移就业贫困人口在城镇落户，此项规定有重要意义。以往多将不适合人类居住的高寒阴湿地区的人口就近转移到农区，形成与人口接纳地居民争土地资源的问题，很不可取。在5年内将1000万贫困人口转到各类城市，对城市的各方面压力并不大。此项政策很具有可行性，值得认真落实。

3. 建立权利平等的努力

平等是人类社会亘古以来的追求。这与产权设置有密切关系，也与所谓"意识形态"有密切关系。这里讲的意识形态，是一个社会中被大部分居民所接受且可能被官方支持的关于公平正义等重大问题的是非判断。有时候，官方意识形态与民间主流意识形态很不相同，甚至严重对立。意识形态的文明程度对产权制度设置有重要影响。

人们通常讲的平等，意义多有不同。有时是指"机会"平等，不否定各类禀赋对人们"抓取机会"的影响。例如，两个劳动能力有差异的人获得有差异的工资，被认为是平等；两个家境贫富不同的孩子不能同时进入高收费的私立学校，也被认为是平等。这种平等概念几乎是效率的同义语。更多人对平等的理解，是人们所向往的人人"天赋"平等权利，而不论资源条件有何差异。当人们主张人人免于恐惧、免于饥饿、免于受屈辱时，并不同意穷人与富人、贵族与平民之间在享有这些权利时可以有所差异。

社会权利平等包括就业机会平等、受教育机会平等、政治意愿表达平等、基本生存权利平等。这些权利平等能为人们提供相对公正的发展机会，但未必能保证人们更为看重的"经济平等"。可支配财富占有平等、收入平等与生活消费平等，这三者的意义很不相同。在一个相对公正的社会里，反映这三种平等的基尼系数会依次降低，即一个社会的可支配财富占有的基尼系数可以高一些，但生活支出的基尼系数应该低一些，这意味着富人将自己的一部分收入用于投资，没有用于消费。投资的意义不仅有私人价值，也有社会价值。所以，仅仅用财富占有的基尼系数来反映社会平等状况是有缺陷的。收入平等不仅要看收入差距状况，还要看单位劳动时间的收入状况，如中国城乡居民收入差距显著大于城乡居民单位劳动时间的收入差距，即城市居民的劳动时间要长于农村居民。这个道理不清楚，就会犯政策导向错误。

中国农户内部的收入差距、财富占有差距都应小于城市内部及城乡之间的差距。关于中国居民收入分配状况的评估，经济学者颇有分歧，笔者采信以下研究结论。农民收入的基尼系数从1978年的0.21增大到1985年的0.28，到2005年增大到0.375（吴国宝，2008）。据李实（2013）的研究，农村内部收入差距的基尼系数从 2000 年的 0. 35 上升到了 2011 年的 0. 39，上升了 4 个基点，平均每年上升不到 0. 4 个基点。2012 年，全国居民收入的基尼系数为 0. 474，高于农村内部的同一数值，这在社会转型时期不算很高。

如果考虑到收入的“成本”因素，农村的基尼系数还会更低。在土地经营规模相近的情况下，农村种植经济作物的农户与粮食种植的农户相比，前者农业收入高，但他们之间每个工作日的收入差别不大。后者通过非农领域的务工收入增加收入。综合考虑，农村居民单个工作日所得收入的基尼系数会更低。

财富分配的基尼系数也比较低。笔者依据 2010~2012 年在部分省区的调查数据，发现样本农户宅基地占有基尼系数为 0. 328；平原地区农户宅基地面积基尼系数更低，只为 0. 261。按住房建筑面积计算的农村住房配置的基尼系数略高一点，但也只有 0. 344。宅基地和住房作为农户最重要的财产配置，其拥有水平应该算比较平等。

乡村治理的权利安排还有农民土地财产权、社会保障权以及其他多种公益分享权。鉴于其他多种权利与社会治理的关系相对较弱，这里不一一讨论。

（三）农村党务工作改革

鉴于“两委关系”是村民自治中一个公认的难题，许多地方党和政府对解决这一问题进行了探索。有的地方搞了“两票制”，通过村民投票产生党支部书记候选人，正式选举在支部中进行。这个办法增加了村民在支部书记产生中的影响力，有利于建立党在农村稳定的权威。但是有些地方在推动这项工作中把重点放在加强党组织对村委会的控制力方面，致使农民只重视党支部书记的产生，削弱了村委会的影响力。

2002 年 7 月，中央中共办公厅和国务院办公厅发布《进一步做好村民委员会换届选举工作》的通知，提出处理好“两委关系”的重要意见。文件指出：提倡把村党支部领导班子成员按照规定程序推选为村民委员会成员候选人，通过选举兼任村民委员会成员。提倡党员通过法定程序当选村民小组长、村民代表。提倡拟推荐的村党支部书记人选，先参加村委会的选举，获得群众承认以后，再推荐为党支部书记人选；如果选不上村委会主任，就不再推荐为党支部书记人选。提倡村民委员会中的党员成员通过党内选举，兼任村党支部委员成员。这个意见对一部分地区村民自治工作产生了积极影响，但因为意见没有转变为可操作的法律文本，大部分地区的农村两委关系还未能理顺。中央发布有关政策以后，山东、广东和湖南等省采取了类似“两委合一”的改革办法，用以解决“两委”之间的矛盾。具体做法如前面介绍的“四个提倡”。据一些案例调查，在基层实际工作中，乡镇领导常常简单地支持党支部书记兼任村委会主任，结果是虽然实现了“两委合一”，但完全没有了村民自治的内容。

2004 年 6 月，中共中央办公厅和国务院办公厅发布《关于健全和完善村务公开和民主管理的意见》，要求各地在抓好村民自治、民主选举工作的基础上，下大力气建立民主决策、民主管理和民主监督机制。文件特别就村民自治工作中一些难点问题的解决提出了意见，其中包括对健全村级财务管理的规定、换届选举后权力移交的规定，以及确立对村干部评议制度、责令辞职制度和依法罢免制度等。文件甚至对村级财务的收支审批程序也做了规定，实在是用心良苦。

比较 20 世纪 80 年代以推动土地承包制为主体的农村经济改革和 20 世纪 90 年代以村民自治为主体的农村政治改革，可以发现两者存在显著不同。前者实际上是农民主导型，且村干部和普通群众有基本一致的关于改革方向的意见；后者实际上是政府主导型，村干部甚至乡干部与普通农民群众有相当大的分歧。在以农民为主导的改革中，政府的主要任务是松绑；农民在松绑以后会自己创造出分配土地的具体办法。乡村干部在土地承包方面的违法乱纪会受到农民的激烈反对。但在政府主导型的改革中，除了少数农村精英之外，大部分农民是被动的，由改革赋予农民的权利往往难以落实，以至于中央不得不做出很细致的政策规定。我们不能简单地认为中国农民不需要民主政治，但在中国社会结构和整个国家政治经济体制的约束之下，农民暂时还无法成为改革的主导力量。可以判断，在未来一个时期，乡村民主政治的发展仍将采取政府主导的形式。

2015 年，农村综合改革实施方案强调进一步加强农村基层服务型党组织建设，强化县乡村三级便民服务网络建设，完善乡村治理机制。中央文件明确要求农村社会治理机制改革要适应人口流动的形势，打破村集体经济壁垒，在公共领域允许外来人口参与协商，扩大协商民主。

随着农村经济的发展，农村公共事务管理职能逐步增加。为了方便农民群众办事，地方政府越来越多地在农村建立便民服务机构。例如，广东省多地以行政村为单位建立农村服务站，并在服务站建立党组织，聘请现任或前任主要村干部做站长或党支部书记。2018 年中央一号文件肯定了这类探索，提出要“创新基层管理体制机制，整合优化公共服务和行政审批职责，打造

‘一门式办理’‘一站式服务’的综合服务平台”。

（四）坚持自治、法治、德治相结合，积极发育农村社会组织

村民自治制度实施以后，农村逐步发育出大量从事农村公益活动的民间组织，对乡村治理发挥了积极作用。广东省各地出现很多慈善组织和其他公益组织。河南省安阳市殷都区曾建立农民法律自助协会和民间性家乡建设委员会，在化解农村矛盾方面发挥了很好的作用。江西省余江县在农村宅基地制度改革试点工作中以自然村为单位建立了由乡村各方面精英组成的理事机构，加快了改革步伐，改善了村容村貌，还极大地节约了建设资金。全国很多农村地区建立了“红白理事会”，提高了乡村文明水平。

近年来，党中央国务院在多项重要文件中提出了关于农村社会组织发育的要求。2016 年中央一号文件提出在农村发展新乡贤文化。2018 年中央一号文件要求，今后应大力培育服务性、公益性、互助性农村社会组织，积极发展农村社会工作和志愿服务。文件还要求，必须把夯实基层基础作为固本之策，建立健全党委领导、政府负责、社会协同、公众参与、法治保障的现代乡村治理体制，坚持自治、法治、德治相结合，确保乡村社会充满活力、和谐有序。

中央文件反映了乡村治理的现实需求。随着农村市场关系的日益深化，农民卷入全社会分工系统的程度不断加深，极大地消解了农村宗法关系的负面影响，使农村精英的社会角色发生转变，“新乡贤”成为一支促进农村发展的重要力量。“新乡贤”集中在农村公共领域发挥建设性作用，不再是掌控农民全部生存资源的“绅士”“族长”，并能与政府建立合作关系，成为促进社会和谐的积极因素。

三、乡村治理改革面临新形势

从长远看，如果政府继续推进城市化、市场化与农业现代化，乡村社会发展应该会产生或维持以下趋势。

（一）农业生产力进一步提高，专业化分工加深

按照目前的城市化水平及农业生产力水平，中国农业的专业化水平理应更高。按笔者估算，如果人口迁徙更自由，土地市场发育更充分，政府土地规划管理更合理，则目前中国的粮食生产专业农户的土地经营规模就可达到

9 公顷左右。这个规模有可能将粮食生产成本降低 30%左右。其他农产品的经济效益也会有明显提高。实际上这种情形没有出现，制约因素主要是土地制度改革不到位。

假设这种专业化水平得以提高，农户对市场的依赖加深，会进一步减弱宗法共同体对农村社会的影响。农村社会对宗法共同体集体行动的一部分功能将不再有需求（如婚丧嫁娶中的全族性礼仪活动），有的功能将转给政府和其他民间组织。从一般经验判断，现有的农业专业服务农户更有可能发育为专业农场主，他们不需要借助宗法关系影响市场交易。

（二）农村人口继续减少，城乡人口布局发生重大变化

根据中国农村撤乡并镇、学校合并的历程及数据，以及城乡关系对农业现代化的适应性变化规律，笔者估计大约 3 万个现有农村行政村将成为居住万人左右的居民点，其中约 1/10 会发育为小城市。当专业农户的家庭收入水平与城市水平大体相当以后，中国需要大约 3000 万个专业农户。如果政府不过度干预自然村的存亡，这些专业农户的大部分将分布在现有自然村中，从而在全国形成约 300 万个的小型居民点，每一个居民点的人口规模多在 10 户以下①。

（三）政府加快推进城乡社会治理一体化，二元体制趋于消失

在农业人口大幅度减少的情况下，如果中国城乡人口布局有较强的自然演化性质，城乡社会治理二元机制将失去存在的基础。绝大部分农民有可能在半小时的车程内到达一座城市，享受到城市的各类服务。如果国家面对城市化与农业现代化趋势，对行政区划体制做出适应性改革和调整，随着农业人口数量的大幅度减少，村庄的数量也将大幅度减少。在城乡融合发展背景下，现有相当一部分行政村设置将不再需要。农民将是一种职业身份，农村政策将主要限于农业经济政策，国家公共财政将实现城乡全覆盖。国家近年努力推进的城乡居民社会保障一体化改革，为上述发展趋势奠定了重要基础。2016 年 12 月，中央发布《关于稳步推进农村集体产权制度改革的意见》，意味着国家将废止农村政社合一体制，公共财政全覆盖向改革迈开了步子。

---

① 关于这个问题较深入的讨论，见党国英：《我国城乡一体化发展前景研究》，《理论探讨》2016 年第 9 期。

（四）民间社会自治形态发生变化，新型自组织机制形成

未来中国农村方面的变化具有很大的不确定性，不易做出判断。可以肯定的是，农村宗法共同体的自治功能将逐步退缩。同样可以大略估计，仅限于地域范围较小的、由农业居民构成的熟人社会的自治选举，也将因为农业人口的减少，不再有社会治理意义。但在较短的时间里，如 10~20 年，将村民自治体设置下移到村民小组一级，有利于最基层乡村精英实现“体制内化”，减少他们的“疏离感”。从笔者 2015 年前后在一些地方的调研看，此举对稳定基础社会、降低农民在公共事务方面的合作成本，具有明显效果。2016 年 10 月，中共中央办公厅、国务院办公厅联合下发《关于以村民小组或自然村为基本单元的村民自治试点方案》，肯定了这项改革的意义。但是从长远看，随着农村社会分工的深化及农村人口大量向城市转移，大量自治组织会消失，基层乡村精英将稳定地转变为商业精英，基层公共事务处理也将专业化，社会治理的官方体制将不再需要与宗法熟人社会紧密嫁接。

（五）乡村治理演化趋势的关键影响因素

以上发展趋势平稳实现的条件，有的比较确定，有的不很确定，下面略作讨论：

1. 深化农村产权改革比较确定

目前，中国改革操作层对农村产权改革的思路总体上是明确的，即产权边界明晰度及土地要素的市场化程度将越来越高。受改革认识程度的制约，当前某些改革思路还比较保守，但从各方面的信息看，决策层的务实态度将使改革的壁垒逐步打破。降低农产品成本的压力，农民群众增加收入的迫切愿望，以及打破“消费抑制”的压力等，都将迫使农村产权改革不断向前推进。

2. 农村人口大幅减少相当确定

中国的城市化率被明显低估。按国家统计局发布的数据，中国近几年农民工人数增速降低，但城市化率提高有增无减，2016 年城市化率达到 57.35%，比上年提高 1.35 个百分点。不同口径的统计数据差异正好说明建制镇建成区的人口在迅速增长。还考虑到中国对城市与乡村的定义不够科学，城市化率可能被低估约 10 个百分点。按目前这个增长速度保守估计，中国实际城市化率在 2030 年前后会达到 75%以上，农村人口减少的速度还会加快。这个变化无疑会支持上述关于农村社会的变化。如果大城市房价显

著下跌，城市化的速度还会更快。

3. 农村社会组织化程度提高不是很确定

即使实现了城乡社会治理一体化，中国农村仍将有大量农业居民。笔者估算城乡居民平均收入水平接近时，农业居民将达到一个相对稳定的数量规模（约1.3亿人）。农业社会的公共事务仍有自己的特殊性，农民仍会是一个政治压力集团。对这样一个农业社会，虽然没有必要实行完全不同于城市的政治体制安排，但在某些方面建立一种有利于社会和解、协商的自组织机制是必要的。社会稳定的一般规律是，社会成员的组织化程度越高，社会对话的成本越低，社会稳定越容易得到保障。从他国经验看，农民专业合作社的建立是这种机制形成的重要基础。中国农民合作社貌似有飞速发展，但实际上意义不大；合作社的经济功能主要由各类农业龙头企业承担，农民不能参与产业链收益分配。龙头企业基本不能发挥农村社会组织功能。政府政策什么时候做出适应性调整，目前不好判断。

四、加快建立城乡统一的社会治理模式①

从上述关于深化乡村治理改革的背景分析可以看出，社会治理的城乡二元机制有很大的局限性。今后乡村治理改革要围绕建立城乡社会治理一体化机制展开。

（一）加快推进城乡社会治理一体化

1. 更大幅度鼓励脱离农业的农村人口进入城市

尽快通过城市房地产税征收等措施，降低城市房价。简化农民进城落户门槛，制定居民最低住房标准。只要一个人或一个家庭在任何一个城市拥有或租用标准住房，就应该视为其满足户籍登记的主要条件。为了让进城农民放心在城市落户，必须对农村土地市场做一个“设计”。例如，农民将土地流转以后，如果未来土地（分为农村建设用地与耕地两个部分）涨价，涨价部分的80%在50年内归农民。实际上，有了这个举措，农村土地根本不会涨价。对购买土地者收取土地涨价调节基金，收取比例为土地涨价的90%。此举可以抑制土地市场放开后的土地投机风潮，促进土地流向真正的土地有效使用者。

① 这方面的相关研究，见党国英、吴文媛：《城乡一体化要义》，浙江大学出版社2016年版。

2. 支持不适应农村生活的人口向城市转移

不适合人类居住地区的人口原则上应向城市转移，并在城市得到就业支持。无家庭照顾、无基本劳动能力的农村病残人口应就近安排到城镇供养。政府支持有基本劳动能力但无经营家庭农场的人口逐步转变为城市雇佣工人。通过这些改革措施，逐步使农村成为基本没有贫困人口的区域。

建立城乡统一的以“食物券”发放为主要手段的贫困人口营养改善计划。国家采取多种措施鼓励农村穷人进城，将农村居民贫困问题转变为一般性贫困人口的脱贫问题，以提高国家脱贫政策的实施效率，更好地消除贫困代际传递现象。国家引导农村居民构成的主体是专业农户，使农村居民成为中产阶层，形成稳固的乡村振兴的生产力基础。国家通过对由农村举家进城的部分低收入家庭发放“食物券”的办法改善其生活水平，以减弱他们的“恋土情结”，为农村小块土地流转创造条件。

3. 建立有利于城乡社会治理一体化的行政区划制度①

农业主产区的县级行政区应适当合并，并直接归省级行政区所辖。县下设立县辖市、县辖村。考虑多方面约束因素的影响，笔者估计全国可设立 3000 个左右县辖市。行政村逐步减少到 3 万个左右，自然村转变为小型专业农户居民点，并不再设立公务管理机构。一部分专业农户居民点归属县辖市管辖。

国家应考虑以一定幅度撤并贫困地区的县级行政单元。初步研究发现，贫困程度越高的县份，人均财政支出占人均收入的比例越大。这种经济体是“财政转移支付依赖型”经济体，没有经济活力。这类县的人口规模过小，有的地域规模也非常小，财政资金主要用来养人，而且是养公务人员及其关联人口。举例来说，陕南地区虽然未被划入深度贫困地区，但也大多是难以稳定脱贫的地区，这个地区竟然有 25 个县级行政区。财政资金连干部也养不住，人才留不住，普通人员又大量堆积，形成人浮于事的局面。应该考虑较大幅度合并贫困地区县级行政单元，减少数量。可以将干部人均 GDP 作为机构编制和公务人员编制的主要参考指标，降低人口比例指标的影响权重。例如，陕南地区县级行政区域可以减少到 10 个以下。

通过以上改革，中国城乡人口布局及农村居民的居住形态将发生重大变化，形成适应农业现代化的人口布局。届时，村民自治组织等农村公共服务机构设置也将随之发生变化，农民与城市居民之间所享有的公共服务水平将

① 这方面的相关研究，详见党国英：《论城乡界定及其政策含义》，《学术月刊》2015 年第 6 期。

无主要区别。

（二）过渡期内应普遍推行自治体设置下沉改革[①]

城乡社会治理一体化是一个渐进过程。在这个目标实现之前，农村熟人社会将长期存在。中央依据广东省清远市等地的经验所提倡的农村自治组织设置下沉改革，值得在全国推广。

改革方案所涉及的村民自治体设置下沉到哪一级，覆盖人口规模有多大，都非常重要，但不必由中央或省级政府实行“一刀切”。例如，下沉后的自治体不必一律规定到自然村，因为有的地方农村并没有明显的自然村聚落。再如，也不必统一规定每一个村民小组就是一个新的自治体，因为有的地方村民小组规模过小。由“社区”概念的内涵所决定，如果由政府确定农村的哪一个群体属于“社区”，然后将其确定为自治体设置的载体，既不可行，也不必要。最好的办法是做比较细致的工作，广泛征求农民的意见，按多数农民的意见确定自治体设置下沉的程度。

第一，原则上，自治体设置下沉的程度应按多数农民的意见确定。作为一种宏观指导，政府可提出一般性的参考意见。大体上，自治体设置下沉后，人口覆盖数量以上限不超过 300 人、下限不低于 100 人为宜，各地可以根据自己的实际，在操作中有所突破，但不应普遍超越这个范围。

第二，自治机构不一定要与集体经济实际行使单位在区域与人口覆盖范围上相一致。

第三，自治体设置下沉及相关调整，可以考虑以下几种情形：①历史上由几个空间上分立的自然村构成的行政村，可以拆分后设立多个自治组织，并尽可能一个自然村设置一个自治体。②不适当地将以农业为主的村庄合并为“社区”的情形，在经得多数农民同意以后，应恢复为农村自治组织；规模过大的应依据历史情形适当恢复较小的自治组织规模，每一个自治组织的常住人口应大于 100 人，极端情形除外。③在农民居住较分散的山区及丘陵地带，本着方便农民享受公共服务及自主处理社区事务的原则，应以较大的居民点或自然村为中心，设立自治组织，自治组织的常住人口规模可以小于 100 人。这些区域过去合并形成的行政村，应予适当拆分。

第四，各地以往所做的“村转居”不必要再搞“一村两制”。已经挂牌

---

① 关于这方面的具体研究，见中国社会科学院农村发展研究所课题组：《村民自治的有效实现形式：村民自治体适度下沉》，《中国党政干部论》2015 年 7 月 6 日。

居民委员会且大多数居民已经不再务农的社区，可取消村民委员会，相关机构设置按《居民委员会组织法》的规定办理。

第五，以下几种情形不主张分拆：①行政村常住人口规模较大，但常住人口的农业收入占总收入不足 1/10，可保留行政村不变。行政村的常住人口规模较大，且外来务工人员达到社区成员 1/2 以上，可保留自治组织不变。这两种情形下，可实行村改居。②行政村常住人口规模较大，村庄社会管理状况良好，农民没有提出将自治组织设置下沉的要求，也不需要拆分。③自治体设置下沉改革本质上应属于中国社会治理现代化的一项基础性工作。这项工作起步以后，还要有配套改革措施，才能将改革引向深入。

（三）完善乡村治理的配套改革

1. 继续深化农村产权改革

农村耕地承包权应经一次性平等分配后实行永久不变，并形成有利于农业现代化的交易、流转制度。农村宅基地应在国家土地规划管理体制做重大改革的基础上，形成宅基地永久使用权有限开放的交易制度。农村土地强制征收范围应限于满足重大公益事业的目的；其他经济建设对耕地的需要应在规划约束下完全按市场交易渠道取得。

2. 全面调整农民专业合作社发展政策

农民专业合作社必须做大做强，最终形成由几十个巨型农民专业合作社覆盖全国农业产业链的格局，并在国际上有竞争力。根据农民专业合作社的规模，对合作社实行分级扶持、管理的政策，中央政府不再支持小型农民专业合作社。国家不再扶持与农民专业合作社无关的农业龙头企业。国家应支持农民专业合作社参与农村社会事业建设。

3. 建立农业保护区制度

建立综合性的涉及行政区划、财政支农体制、人事管理制度、土地规划管理制度等方面的农业保护区制度，并将此种制度的落实归口农业部管理、统辖，同时下放非国家保护区的其他土地归地方管理，中央仅对这些土地实行政策杠杆管理。按一定的标准，将包括河流、道路、居民区在内的一定面积的土地，连续、成片划为农业保护区，引导其中的非农产业逐步退出农业保护区。农业保护区归中央政府直接管辖。农业保护区内实行一系列特殊政策。将农业保护区土地、大范围未利用土地及其他国家级保护区以外的土地，分级划归地方政府规划管理，国家用政策杠杆约束地方的土地利用行为。在农业保护区（包括类似其他保护区）以外，村庄全部土地可以一并规划开发，农民的宅基地及住房在符合规划的条件下可以自由入市，也即农民的宅基地流转不受范围与对象的限制。在农业保护区内，针对土地的用途管理与权能交易专门立法。

4. 尽快取消村一级“政社合一”制度

加快落实中央 2016 年 12 月发布的《关于稳步推进农村集体产权制度改革的意见》，集体经济组织与行政村的公共事务管理分开运行。根据人口变化逐步减少现有行政村数量，最终使农村行政村的数量与能够支撑一所完全小学的居民点数量相适应；这样的居民点数量大约 3 万个比较适当。这种行政村只负责乡村公共事务，并建立公共财政。集体经济组织必须转型为现代经济组织，并可以在集体经济组织成员同意的情况下实现注销或转制。

第十五章　健全城乡融合发展体制机制

1978 年，农村改革的开启拉开了城乡关系变革的前奏，经过 40 年的反复摸索和实践，中国城乡融合发展体制机制的框架已经初步建立。人生进入“四十”当有“不惑”，改革事业当亦如此。在这个承前启后的关键点，梳理城乡关系变革的历程、总结改革经验、反思改革教训，无疑对当前和未来构建城乡融合发展的体制机制具有非常重要的意义。

一、改革前城乡体制机制的基本特征

1949 年至今，中国的城乡体制机制发生了深刻的变化。以 1978 年改革为界，中国的城乡关系大致可划分为前后两个特征鲜明的阶段。后一阶段基本是在对前一阶段的不断纠正中发展，因此考察并总结改革前的城乡体制机制特征是非常有价值的，既能为改革后新型城乡体制机制的建立找到逻辑起点，也有助于理解其演变的过程。

（一）改革前城乡体制机制建立的逻辑

新中国成立以后，为了让农业扮演为工业发展提供资本积累的角色，政府逐渐建立起城乡分割的体制机制。

政府首先通过计划手段建立起城乡二元经济体制。从经济发展的角度来看，二元经济结构是一个经济体从农业国到工业国必然要经历的阶段。新中国成立之初，中国是一个典型的农业国，工业虽有所发展但是在国民经济中的比重较低，为了快速实现由落后的农业国向发达的工业国的转变，中国共产党人选择了以优先发展重工业为目标的发展战略。然而重工业是典型的资本密集型产业，这就面临资金来源的问题，依靠国内工业自身的积累是根本无法满足的，而且当时的国际环境也切断了获取国外资本的可能性，因此集中农业剩余成为唯一的选择。由于新政权接受的是一个濒临崩溃的金融体系，虽经整顿但其动员能力极为有限，难以承担起把分散在农村的资金集中起来的任务，在这样的情形下，政府只能诉诸财政手段。通过财政手段集中农业剩余亦存在两种方式，一为征收重税，二为设置工农产品价格剪刀差。由于农民在新中国成立前深受苛捐杂税之苦，政府公然征收重税肯定会遭到他们的抵制，所以采用隐蔽性较好的工农产品价格剪刀差方式就成为最佳选择。此后，为了制止工农业产品价格剪刀差被私商获取，政府又进一步实行了农产品统购统销制度；为了确保农民生产纳入统购统销范围的农产品，又对农业实行了集体经营直至人民公社化。由此可以看出，为了集中农业剩余支持重工业优先发展，政府在农村建立起一套与之相适应的计划配置和管理办法，包括设置工农业产品价格剪刀差、实行主要农产品统购统销制度以及农业集体经营体制（林毅夫等，1994），以上构成了城乡二元经济体制的核心内容。

为了保障城乡二元经济体制的运行，政府在社会领域也建立起城乡二元体制。新中国成立初期，中国城乡之间的人口迁移没有受到过多的限制①，呈现城乡双向流动的状态，1949～1952 年城市人口增加 1398 万人，城市人口的比重提高 1.82 个百分点（谢志强、姜典航，2011）。但是，城乡二元经济体制的建立对城乡人口流动方式产生了巨大的影响。在统购统销制度和农业集体化的配合下，农业为工业化提供积累的机制基本确立，农民的利益明显受到损害。为了降低或者消除制度变迁带来的负效用，部分农民选择“用脚投票”，开始离开农村涌入城市。与此同时，重工业对劳动的吸纳能力较弱，城市自身的就业问题也日益突出，在这两方面因素的共同推动下，政府开始通过户口管理对农民进城进行干预，相关政策的表述从“劝止进城”“动员返乡”层层加码到“限制招工”乃至“遣返原籍”。1958 年，《中华人民共和国户口登记条例》彻底废除了城乡人口自由流动的政策规定，正式建立起城乡二元的户籍制度。通过设置农业和非农业户口，城乡人口流动被纳入国家计划当中，农民基本失去了自由流动的权利，与农村和农业紧紧地捆绑在一起，其后的人民公社制度将这一机制发挥到了极致。与此同时，城市中也以户籍制度为基础，建立起由政府统一安排的就业制度和商品粮供应制度，以及其他与人们生活相关的衣食住行、生老病死等一系列制度，最终

① 1954 年《宪法》第九十条中明确规定：“中华人民共和国公民有居住和迁徙的自由。”而对于户籍制度，虽然国家在 1950 年就着手建立，并在 1951 年颁布了《城市户口管理暂行条例》，但是当时不是为了限制人口的自由迁移，而是出于维护社会治安和政治稳定的目的，是通过户口登记来甄别和控制新政权的敌人。

形成了城乡社会二元体制（刘应杰，1996）。一言以蔽之，中国在改革前呈现城乡经济二元体制与社会二元体制并存的状态，而且两者相互影响、相互强化。

（二）改革前城乡体制机制的基本特征

改革前，中国城乡体制机制的基本特征可以概括为五个方面，1978 年以后的改革以其为起点，并长期受其影响。

一是采取牺牲农业的工业化模式。农业具有多种功能，但是在重工业优先发展战略下，农业的功能被限定在为城市居民提供廉价的粮食和为工业发展提供资金①。在统购统销和集体化的制度安排下，政府通过粮食征购和设置工农产品价格剪刀差手段，将农业剩余源源不断地输往城市工业。“五五”计划之前，财政收入中农业所占的比重始终大于财政支出中农业所占的比重（董志凯，2007）；相关研究表明，通过工农产品价格剪刀差，农业在改革前向工业贡献了 6000 亿~8000 亿元人民币（蔡昉、林毅夫，2003）。虽然重工业得到优先发展，但由于农业发展的基础条件严重被削弱，工农协调发展的关系遭到破坏。1952~1978 年，全国工业总产值增加 15 倍，而农业总产值仅增加 1.3 倍（韩俊，2009）。

二是按照计划配置城乡要素资源。严格控制农村劳动力向城市转移，只有部分农民通过考学、招工、参军和随迁的方式进入城市，但是必须符合城市的需要，而且数量极为稀少。相反，为了缓解城市的就业压力，政府发动了历史上规模最大的城市人口向农村转移的运动，仅 1968 年以后上山下乡的知识青年就达到 1600 万人以上，占城市人口的 1/10。政府阻止劳动力从农村向城市流动的同时，却鼓励资金由农村单方向流向城市，农村金融机构成为政府从农村集中资金的重要手段。1953~1979 年，农村信用社在农村地区累计吸收存款达 1941 亿元，同期对农村的贷款仅为 530 亿元，即高达 73%的资金由农村流向城市（王雪磊等，2012）。

三是实行偏向城市的建设投入机制。改革前，政府资金主要用于城市建设，农村建设获得政府投入的数量极为有限。“一五”至“五五”时期，全国工业基本建设投资的比重远远高于农业，而且工业与农业基本建设投资比

① 虽然当时中共领导人也明确提出要避免像苏联那样“把农民挖得很苦”，并有意识地对农轻重关系进行调整，适当增加农业和轻工业的比重，但增加的目的正如毛泽东在《论十大关系》中提出的，“一可以更好地供给人民生活的需要，二可以更快地增加资金的积累，因而可以更多更好地发展重工业”，对农业的定位显而易见。

重呈相反方向，工业投资比重大幅度上升的年份恰恰是农业投资下降的年份（董志凯，2007）。工业投资的绝大多数投向了重工业，“一五”时期重工业与农业的投资比为5.1∶1，到1976~1978年这一比例仍保持在4.6∶1的水平，只是在1963~1965年的调整时期，重工业与农业的投资比下降到2.6∶1。

四是对农村进行非常规的控制。政府通过集体化把农民都纳入组织当中，从而对农民的生产和生活都进行了严格的控制。第一，农村只能搞农业，主要任务是向城市提供农产品和生产资料。第二，农民不能自由流动，只能留在农业当中，降低了农业的劳动生产率。第三，在农业生产中农民种什么、怎么种、谁来种、交到哪里以及出售价格都有明确的规定，微观经营机制管死导致生产效率低下。第四，农民只能保留非常少的私有财产，这既是生产率低下积累不足的结果，同时还被诸如“割资本主义尾巴”等手段进行剥夺。这样，农民的选择权就被限制在非常小的范围内，这就降低了农民种粮的机会成本，进而降低了国家工业化的成本。

五是建立起城乡分立的福利制度。以户籍制度为基础，政府在城市和农村分别建立起独立的福利制度。其中，城市是制度型的福利制度，即政府为城镇居民提供几乎包括从“摇篮到坟墓”的福利保障支持；同时城市实行的是低工资制度，一方面为工业提供了积累，另一方面保持低工资以遏制消费，这种“先生产、后生活”的制度也是内生于重工业优先发展战略。而农村则是剩余型的福利制度，核心是救灾和救济，农民只能得到少量的现金和实物的救助。而且农村社会福利主要通过集体来实施，这些集体包括生产队、大队和人民公社等，政府提供给农民的福利非常有限。虽然农村福利提供的标准较低，但覆盖范围比较广泛，包括“五保”制度、农村合作医疗和三级卫生体系、灾害救济和贫困救助体系、困难补助体系、义务教育、文化和娱乐以及其他各种形式的互助（潘屹，2014）。

二、城乡融合发展体制机制的建立和完善

1978年改革开放以后，中国放弃了重工业优先的经济发展战略，而代之以比较优势战略。经济发展战略的转变，必然要求内生于发展战略的经济体制进行相应的调整，从计划经济逐渐向市场经济转型。政府也从以往对经济进行人为干预，扭曲市场和价格信号，转变为保障市场充分运行和价格信号正确（林毅夫等，1999）。在这一过程中，改革前形成的城乡二元社会经济

结构也逐渐破冰，构建城乡融合发展体制机制的过程也就是逐渐除城乡二元体制的过程。纵观40年改革历程，中国城乡融合发展体制机制的建立大致可以划分为三个阶段。

（一）城乡二元经济体制破冰阶段：1978年改革开放至20世纪末

这个阶段的主要内容是通过向农民赋权和推动市场化改革的方式，逐步打破城乡二元经济体制，使城乡关系的扭曲程度不断得到纠正。家庭联产承包责任制将农民彻底从人民公社体制中解放出来，弱化了政府对农村经济活动的控制，加强了农村社区和农民的自主权。重新确立家庭经营在农业生产中的主体地位，克服了过去集体经营当中“管理过分集中、劳动‘大呼隆’和平均主义的弊病”，改善了内部激励机制。与此同时，政府还放开粮食市场①并提高农产品的收购价格②，通过“让利”对农民的农业生产行为形成外部激励。政府恢复农业家庭经营和减少政府对农村剩余的汲取的做法，促使农业产出在1978~1984年呈现惊人的增长（姚洋，2008），不但迅速满足了农民的粮食供给，而且使全社会的农产品短缺问题也迎刃而解，甚至在1984年出现了“卖粮难”现象。农民收入在这一时期快速增长，城乡收入差距显著下降。

根据农业改革与发展的新形势，决策者顺势开启了农产品市场体制改革。对于出现粮食过剩的原因，除了前面提到的促进粮食增长的因素，流通渠道不畅也在当时被反复强调③。另外，由于提高农民农产品收购价的同时，并没有相应地提高向城市人口的销售价格，因此形成了购销价的倒挂，而这需要国家财政补贴进行弥补。1978~1984年，政策性农产品补贴从11.14亿元迅速提升至218.34亿元（李周，2017），对当时的财政来说是一笔巨大的负担。面对这些形势，决策层接受了“及时结束以国家财力刺激农业的超需求增长，相机改革农产品购销体制，使中国农业的持续增长，逐步建立到靠

---

① 1983年中央一号文件提出：“对农民完成统派购任务后的产品（包括粮食，不包括棉花）和非统购派购产品，应当允许多渠道经营……农民私人也可以经营。可以进城，可以出县、出省。”

② 1978年12月22日，中国共产党第十一届中央委员会第三次会议通过的《中共中央关于加快农业发展若干问题的决定（草案）》规定，从1979年夏收开始，粮食统购价提高20%，超购价在这个基础上再提高50%，其他主要农产品收购价格也适当提高。与此同时，政府还降低了农药、化肥、农机、农膜等农业生产资料的出厂价和销售价，通过降低生产成本的方式进一步向农民让利。

③ 1984年中央一号文件提出：“流通是商品生产过程中不可缺少的环节，抓生产必须抓流通。当前，流通领域与农村商品生产发展之间不相适应的状况越来越突出。”

经济规律调节的可靠基础上”的思路。因此，当以“放权”和“让利”为核心的改革效应释放之后，农业改革开始进入农产品流通和价格领域，向统购统销制度发起冲击。1985 年的中央一号文件明确指出：“从今年起，除个别品种外，国家不再向农民下达农产品统购派购任务，按照不同情况，分别实行合同定购和市场收购。”至此，实行了 32 年的农产品统购统销制度开始被打破，此后经历计划定价和市场定价双轨制的过渡，最终在 1993 年全国多数地方取消合同定购任务，农产品市场价格完全放开，统购统销制度彻底退出历史舞台，农产品市场制度基本建立。随着农产品市场的逐步建立，农民直接面对市场，根据市场需求组织生产活动，通过价格变化实现农产品的供需平衡。

家庭承包制改革也推动了城乡要素市场的改革。劳动力作为最具活力的生产要素，一旦放开限制，活力就迅速表现出来。农业生产效率的提升使农民用于农业的时间大幅减少，农村劳动力过剩的状况进一步加剧，到 20 世纪 80 年代中期，中国农村剩余劳动力的比重占到 30%～40%（Taylor，1993），农民迫切需要通过转移提高劳动生产率。本质上，农民的转移包括两个方面：一方面是转，即从农业转到其他产业；另一方面是移，从一些地方（农村）移到另一些地方（城市），并在这个基础上实现城市化（宋国青，1985）。改革初期，由于城乡二元体制的存在，此时农民向城市迁移的通道尚未开启。在大量返城知青、“摘帽”干部职工需要及时安置，城市就业形势相当严峻的形势下，农民进城的冲动刚刚萌芽，就被迅速地压制下去。1981 年，国务院就下发了《关于严格控制农村劳动力进城做工和农业人口转为非农业人口的通知》，明确提出“大力发展农村经济，引导农村多余劳动力在乡村搞多种经营，不要往城里挤。同时，要采取有效措施，严格控制农村劳动力进城做工和农业人口转为非农业人口”。由于农民“移”的权利被暂时限制，因此“转”的权利被发挥到极致。据估计，1978～1994 年，农业内部有效利用劳动力的机会就增加了约 50%（周其仁，1997）。农民凭借“转”的权利，充分利用价格双轨制提供的机遇，在计划外市场上获得原材料并销售产品，从而迅速地成长起来，实现了乡镇企业的异军突起。1983 年乡镇企业的数量约为 135 万户，1984 年就骤然增加至 607 万户，1988 年乡镇企业的数量已经达到 1888 万户，相当于 1983 年的 14 倍。农民通过这种“离土不离乡、进厂不进城”的方式，使农村剩余劳动力在农村内部转向非农产业。1983～1988 年，乡镇企业共吸纳农村劳动力 6300 万人（中国农民工问题研究总报告起草组，2006），农民收入也因此得以持续增长，城乡收入差距不断缩小，1988 年城乡居民收入比为改革开放以后的最低点。因此，有人认为，这一时期是新中国成立以来工农城乡关系发展最好，也是全国人民生活和全国经济改善最快的时期。原因是从改善“三农”与工业、城市的关系入手，抓住了城乡协调发展这一国民经济健康发展的关键（林刚，2014）。作为事后评价，显然夸大了政府在当时主动推动城乡协调发展的作用，政府支持“三农”的政策以及通过直接投入调整城乡关系的努力，并没有达到令人满意的程度（蔡昉，2008）。从前面的分析可以看出，政府对于城乡关系的调整，很多是改革推动下的顺势而为，更多则是面对改革时犹豫不决甚至是阻止。但是，通过改革获得制度变革收益的过程，却具有自发性和不可逆性。日益摆脱制度性束缚的农民，继续寻找着发挥生产潜能、增加家庭收入的各种经济机会，促使传统的城乡关系格局照样以惊人的速度得到改变，而推动这个变化的主要动力，是农村劳动力的大规模转移和跨地区流动，从而促进了城乡劳动力市场的一体化（蔡昉，2008）。

进入 20 世纪 90 年代以后，乡镇企业由于自身发展原因，吸收农民就业的作用逐渐弱化。但与此同时，城市中的国有企业改革全面启动①，从城市一极为城乡关系调整提供了新的动力。城市经济增长除了需要农村为其提供稳定的农产品和原料供应以外，还需要大量廉价劳动力，而这一点才真正将城与乡紧密地联系起来。地方政府特别是劳动力流入地区的城市政府，常常担心农村劳动力的流入会导致由地方财政补贴形成的社会福利的流失，担心外来劳动力会冲击当地的就业，因而随着就业形势的变化不断调整对待外来劳动力的态度，形成政策上的摇摆。但是，城市经济增长对劳动力的需求终究表现出劳动力流动的积极效果，所以大多数情况下，城市政府对外来劳动力的进入至少持容忍态度。此外，全面统筹城乡和区域平衡发展的倾向，使中央政府在大部分年份，把农村劳动力流动看作积极的现象，并在把握平衡中逐步放宽劳动力流动政策，为农村劳动力进城打工和居住创造了越来越好的政策环境。在整个 20 世纪 90 年代，中央政府和地方政府出台和试验了各种各样的改革措施，做出了有利于劳动力流动的政策努力（蔡昉，2008）。农民通过这种“离土又离乡”的方式，在进一步改善自身收入的同时，也为国民经济增长做出了贡献。虽然此时进城务工农民已经摆脱了“盲流”的称谓，但是他们在城市中仍然遭受着极为严格的限制和

---

① 城市企业改革始于 1984 年，受到农村改革的鼓舞，政府开始在城市企业推行承包制，由于预算软约束导致承包制半途而废。到了 20 世纪 80 年代末，政府又进一步开展了小型国企的租赁制改革和企业的公司化改造。真正的改制则是在 1992 年邓小平“南方谈话”以后才开始。

各种歧视①。

在此期间，政府在调整城乡关系中的直接投入却呈现降低的趋势。改革前，国家资金投入是偏向城市的，“三五”“四五”“五五”计划时期，政府投资中农业投资的比重一直保持在10%左右（董志凯，2008）。改革后，这一情况并未发生明显的变化，“六五”“七五”“八五”计划时期农业投资占比下降到9.5%、8.4%和8.8%；从1978年的13.43%下降到1996年的8.82%，虽然在某一时期存在阶段性上升的现象，但总体呈不断下降的趋势。究其原因，一方面与改革之初的农产品价格补贴政策有关，1978年价格补贴支出占财政总支出的比例仅为0.99%，到1987年已经提高到13.02%，政府为了保持预算收支平衡，必然要在增加价格补贴支出的同时减少其他方面的支出；另一方面，政府希望通过承包制改革激励农民增加对农业的投入，并相应减少国家财政对农业的支出（朱钢，1998）。直到“九五”计划时期，农业投资比重才出现扭转，特别是基本建设投资额相比“八五”计划时期增长了3倍以上。而直接原因是，1997年的特大洪水充分暴露出农业投资多年欠账的问题，政府才在1998年加大了对农业的投资力度（秦富等，2006）。

随着政府支农投入的下降，农村公共服务投入也逐年减少。改革后，城乡公共服务投入基本延续改革前的体制，城市的公共服务投入由公共财政供给，而农村主要依靠制度外供给，即基层政府通过各类收费、集资、摊派以及罚款来筹集农村公共服务供给资金。特别是中央政府在财政分税制改革以后对农村公共服务的供给基本消失，农村公共服务投入几乎全部依赖制度外供给，一方面导致供给数量减少，另一方面也加剧了农民的负担。税费改革以后，虽然基层政府的财政预算收入没有减少，但是预算外收入被取消，农村公共服务投入能力下降，导致农村义务教育、水利和乡村公路建设等事业受到严重影响，农民公共福利水平反而较改革前下降（朱钢，2002），城乡居民福利差距被进一步拉大。1991年，全国人均福利支出为150元时，城市居民平均为554元，农民平均为5.1元；1998年，全国人均福利支出452元时，城市居民平均为1462元，农民为11.2元（潘屹，2014）。

总体来看，这一时期在打破城乡二元经济体制方面取得了不少的成就。农民权利和发展机会日益提升，工农产品市场化交换机制基本确立，农村剩

① 劳动力市场上的单一工资率是劳动力市场一体化最重要的特征，借用城乡劳动力是否“同工同酬”可以反映农民在城市受到的歧视情况。20世纪80年代后期以来的近20年间，农民工工资相对比率持续下降，20世纪90年代后半期之后开始显著低于1，2008年达到最低，只有0.485。

余劳动力乡城转移的障碍逐步打破。但是计划经济时期形成的城乡有别的户籍治理、劳动用工和社会福利制度在相当程度上被沿袭下来，尽管一些地方进行了户籍制度改革，但这些改革因为隐藏在背后的社会福利等诸多因素，需要支付的社会成本较高，进展还不大，因而城乡居民在就业机会和社会福利水平事实上的不平等尚未根本改变。

（二）城乡二元体制改革向社会领域延伸阶段：21 世纪初至中共十八大以前

这一阶段在延续和深化上一阶段改革的基础上，将改革的重点从打破经济二元体制逐渐扩大到社会领域，并且政府直接投入成为调整城乡关系的主要手段。进入 21 世纪以后，中国的经济持续快速增长，经济实力不断增强，初步具备了工业反哺农业的条件。基于中国城乡发展的现实，中央对城乡关系做出重大调整。从 2000 年开始，政府逐步推行了农村税费改革，尝试从制度上减轻农民的税费负担，进而改善城乡关系。2002 年，中共十六大报告明确将“统筹城乡经济社会发展”作为解决城乡二元结构问题的基本方针。2003 年，中共十六届三中全会提出“科学发展观”和“五个统筹”的要求，并将“统筹城乡发展”列为五个统筹之首。2005 年，中共十六届五中全会确定建设社会主义新农村的重大历史任务。经过几年的探索，政府对于破解城乡二元结构的思路更加明晰，推进“城乡发展一体化”成为构建新型城乡关系的新目标。2007 年，中共十七大报告提出：“统筹城乡发展、推进社会主义新农村建设，必须建立‘以工促农、以城带乡’的长效机制，形成城乡一体化的新格局。”此后，政府主导构建城乡融合发展体制机制的进程开始驶入快车道。

农产品市场体制机制完全建立，劳动力市场一体化程度显著提高。2004 年，政府全面放开粮食市场，打破了各种形式的粮食区域性封锁，并允许各类主体参与粮食购销，全国统一的粮食市场正式建立，这标志着农产品市场体制机制完全建立。进入 21 世纪以来，以小城镇为突破口，各地政府进行了户籍制度改革的尝试[①]；城市就业、社会保障和福利制度的改革也为农村劳动力向城市流动创造了制度环境。如非国有经济的发展，就业制度、住房分配制度、医疗制度的改革，都降低了农民到城市寻找就业机会的成本和居

---

① 1997 年，公安部就发布了《小城镇户籍管理制度改革试点方案》，开始小城镇户籍制度试点改革。2001 年，国务院又批转了公安部《关于推进小城镇户籍管理制度改革的意见》，决定在全国范围内放开小城镇落户政策，此后各地纷纷出台了相应的改革方案。

住下来的成本（蔡昉，2007）。制度约束的放松为农村劳动力转移提供了激励。无论是农村劳动力还是农业劳动力，在劳动力总数中所占的比重都明显下降；农村劳动力和农业劳动力就业人员的绝对数量也显著减少。农民工在城镇劳动力市场中的比重不断攀升。1983 年，外出农民工占城镇从业人员的比重只有 1.7%；到 2012 年，这一比例已经攀升至 44%以上。以上仅仅是针对外出农民工的情形，如果将数量可观的本地农民工也考虑在内，农民工数量从 1985 年的 5960 万人增加到 2012 年的 26261 万人，翻了两番多。根据第五次人口普查数据，农民工在第二产业从业人员中占 58%，在第三产业从业人员中占 52%，在加工制造业中占 68%，在建筑业中占 80%。农民工的数量已经超过了传统上由城镇居民构成主体的产业工人的数量，成为支撑工业化发展的重要力量。城乡劳动力市场的发育不仅得到制度改革的推动，而且市场本身也在积累着促进城乡一体化的动力。农村剩余劳动力经过大规模的转移，数量已经大大减少。从 2004 年开始，中国沿海地区开始出现民工荒现象，其后农民工短缺不断蔓延，劳动力市场的供求关系已经发生了根本性的变化。2009 年以来，农民工工资的普遍上升表明，农民工在劳动力市场上的地位进一步改善。整体上，随着劳动力市场供需格局的继续变化，劳动力市场改革的进一步深化，城乡之间、地区之间的工资逐渐趋同，劳动力市场一体化的程度大大提高（都阳，2016）。但是，城乡劳动力市场一体化进程远未结束，由于户籍制度的限制，劳动力市场对农民工在职业获得、行业进入以及所有制部门等还存在明显的歧视（章莉等，2016），不但降低了劳动力资源的配置效率，而且对城乡收入差距产生了不利的后果。

该时期最显著的特征是，政府通过加大对农业农村的直接投入来改善城乡关系。一方面，政府通过对农民的减负和增收来改善城乡关系。2001 年，政府全面实施退耕还林政策，开启了公共财政对农民进行直接补贴的先河；同年，旨在降低农村义务教育阶段贫困家庭负担的“两免一补”政策也开始实施，并且到 2007 年在全国实现了全覆盖。2002 年以后，政府又陆续试点并出台了“四项补贴”政策（包括种粮直补、良种补贴、农机具购置补贴和农资综合直补），补贴的范围和规模都逐年增加。“四项补贴”资金规模从 2002 年的 1 亿元提高到 2012 年的 1653 亿元，补贴资金累计达到 7631 亿元[①]。2006 年，政府全面取消农业税则大幅减轻了农民负担。税费改革前，

① 农业部新闻办公室：《我国农业补贴政策实现了历史性跨越》，http：//www. moa. gov. cn，2009 年 9 月 6 日。

基层政府和村委会通过农业税、牧业税、农业特产税和“三提”“五统”及摊派每年从农民那里收取 1500 亿~1600 亿元。农业税的取消，铲除了“搭车”收费的根基和平台，为消除城乡二元结构、调整国民收入分配结构、转换基层政府和村民自治组织的职能、精简乡镇机构和减少财政供养人员创造了条件（李周等，2018）。另一方面，政府通过改变财政投入的重点，使城乡公共服务格局发生了改变。2003 年，政府提出“让公共财政的阳光逐步照耀农村”的方针，财政对农村公共服务的投入大幅度增加（林万龙，2007）。1996~1998 年，中央财政“三农”资金的投入始终没有超过 1000 亿元，2003 年提高到了 2144 亿元，是 1998 年的 2.2 倍；2003~2012 年，中央财政“三农”资金的投入保持 21.5%的年均增长率。伴随中央财政对“三农”投入的增加，一系列强化公共财政对农村公共服务供给的政策陆续出台。2003 年，政府在部分县（市）开展新型农村合作医疗制度试点①，2008 年覆盖到所有县，2012 年全国参加新型农村合作医疗的人口达到 8.05 亿人，参合率为 98.3%②。2006 年，开始实施农村义务教育经费保障机制改革，农村义务教育被逐步纳入公共财政保障的范围，九年义务教育得到全面普及，县域内义务教育均衡发展水平明显提高。2007 年，开始在全国范围内建立农村最低生活保障制度，当年年底就基本覆盖到所有的县。2009 年，政府又开展了新型农村社会养老保险试点，到 2012 年基本实现了地域全覆盖。

总体来看，这一时期统筹城乡战略思想得到确立，农业农村政策实现了由“取”到“予”的转变，公共财政也开始实现对农村公共服务的转变。但如果深入考察可以发现，这些政策依然延续城乡二元分立的设计思路，要求城乡居民按照户籍身份，在边界清楚的范围内享受各自可以享受的基本公共服务。除了公共服务名称被冠以城镇与农村的区别以外，在服务标准、操作程序、资金筹集方式等方面均明显不同。

（三）全面建立城乡融合发展体制机制阶段：中共十八大以来

中共十八大以来，推动城乡发展一体化成为党和国家工作的重心之一，全面开启了构建城乡融合发展体制机制的新阶段。2000 年以来，中国的城镇化进入快车道，人口城镇化率在 2011 年达到 50%以上，城乡关系变革的条

---

① 2002 年，《中共中央 国务院关于进一步加强农村卫生工作的决定》中要求，逐步建立新型农村合作医疗制度，而且要各地先行试点，取得经验，逐步推广，到 2020 年要基本覆盖农村居民。

② 国家卫生和计划生育委员会：《2012 年我国卫生和计划生育事业发展统计公报》，http：//www.nhfpc.gov.cn，2013 年 6 月 19 日。

件已经基本具备。2012 年，中共十八大明确提出："解决好农业农村农民问题是全党工作重中之重，城乡发展一体化是解决'三农'问题的根本途径。" 2013 年，中共十八届三中全会进一步指出："健全城乡发展一体化体制机制，城乡二元结构是制约城乡发展一体化的主要障碍。必须健全体制机制，形成以工促农、以城带乡、工农互惠、城乡一体的新型工农城乡关系，让广大农民平等参与现代化进程、共同分享现代化成果。" 这是中央首次明确提出新型城乡关系的概念，并且将"城乡一体"作为新型城乡关系的最终目标。2017 年，中共十九大明确提出建立健全城乡融合发展的体制机制和政策体系，并且将"重塑城乡关系，走城乡融合发展之路"置于实现乡村振兴的七条道路之首。政府对继续加大农业农村的直接投入规模，城乡融合发展的基础不断被夯实。2012 年以来，中国经济进入新常态，公共财政收入也同时进入下行通道，即便如此，政府的"三农"投入依然保持增长的趋势，全国一般公共预算中农林水事务支出比重从 2008~2012 年的 10.20%提高到 2013~2012 年的 10.45%，农林水事务支出总额由约 3.9 万亿元增加到 7.9 万亿元。公共财政投入的增加，使农村生产生活条件，以及农村公共服务的标准和水平均显著提高。

新一轮户籍制度改革进一步改善了城乡融合发展的基础条件。户籍制度是传统城乡二元体制的核心要素之一，随着过去几十年国家体制的不断调整以及户籍制度自身的不断改革，户籍制度当初被赋予的功能明显下降，但是其对城乡融合发展的阻碍作用依然不容忽视。为此，国务院于 2014 年 7 月颁布了《关于进一步推进户籍制度改革的意见》，开启了新一轮户籍制度改革。意见明确提出"进一步调整户口迁移政策，统一城乡户口登记制度，全面实施居住证制度，加快建设和共享国家人口基础信息库，稳步推进义务教育、就业服务、基本养老、基本医疗卫生、住房保障等城镇基本公共服务覆盖全部常住人口"。新一轮户籍制度取消了农业户口和非农业户口的区分，统一登记为居民户口（刘金伟，2018），消除了城乡居民的自由迁移的制度障碍[①]，户籍人口城镇化率从 2012 年的 35.3%增长到 2016 年的 41.2%。随着户籍制度改革的推进，农村流动人口享受公共服务的权益得到极大改善。持有居住证的人口被纳入基本公共服务保障范围，城镇基本公共服务常住人口覆盖率不断提高。约 1400 万个农民工随迁子女实现"两免一补"资金和生均公用经费基准定额资金可携带，随迁子女在公办学校接受义务教育的比

① 全国 31 个省（自治区、直辖市）都取消了农业户口和非农业户口的划分。

例保持在 80%以上；农民工随迁子女在输入地高考政策开始在各地得到落实；符合条件的农民工也逐渐被纳入住房保障范围①。

城乡基本公共服务并轨在党的十八大以来取得实质进展。党的十八大报告明确提出“加快完善城乡发展一体化体制机制，着力在城乡规划、基础设施、公共服务等方面推进一体化，促进城乡要素平等交换和公共资源均衡配置”“全面建成覆盖城乡居民的社会保障体系”“整合城乡居民基本养老保险和基本医疗保险制度”，以及“大力促进教育公平，合理配置教育资源，重点向农村、边远、贫困、民族地区倾斜，支持特殊教育，提高家庭经济困难学生资助水平，积极推动农民工子女平等接受教育”，等等。此后，构建城乡一体的基本公共服务体系进入快车道。2014 年，国务院发布《关于建立统一的城乡居民基本养老保险制度的意见》，将新型农村社会养老保险和城镇社会养老保险合并为全国统一的城乡居民基本养老保险。到目前为止，全国 31 个省（市、区）都已经建立了城乡居民基本养老保险制度，基本实现了社会养老保险的城乡统筹。2016 年，国务院发布了《关于整合城乡居民基本医疗保险制度的意见》，要求将城镇居民基本医疗保险和新型农村合作医疗合并为城乡居民基本医疗保险，并且统一覆盖范围、统一筹资政策、统一保障待遇、统一医保目录、统一定点管理、统一基金管理。截至目前，所有省份基本建立起统一的城乡居民医疗保障制度。2015 年，国务院发布了《关于进一步完善城乡义务教育经费保障机制的通知》，要求在整合农村义务教育经费保障机制和城市义务教育奖补政策的基础上，建立城乡统一、重在农村的义务教育经费保障机制。2017 年，通过义务教育均衡发展国家督导评估的县已经达到 2379 个，占全国总数的 81%。

城乡要素双向流动的机制在这一时期得到加强。一是城市工商资本进入农村，投资农业热情上升，资本下乡的速度和规模都明显增加。城市工商资本在解决农业投入不足问题的同时，还为农业发展注入了先进的技术和管理理念，对农业现代化、高效化、生态化都有非常积极的作用，更重要的是，还将城市文明也一并带入乡村，为农村留守人群接受现代文明提供了条件。二是劳动力返乡速度加快，特别是外出务工积累了一定资金、经验和人脉的返乡农民工进入规模种植业、农产品初加工、农产品休闲和特色产业，为当地农业发展注入了极大的活力。

---

① 《十八大以来我国农民工工作取得重大进展》，《中国就业》2018 年第 3 期。

三、城乡体制机制改革的经验及存在的问题

习近平指出："40 年前，我们通过农村改革拉开了改革开放大幕。40 年后的今天，我们应该通过振兴乡村，开启城乡融合发展和现代化建设新局面。"① 40 年改革积累了不少宝贵的经验，为未来的城乡融合发展提供了重要的启示，需要充分吸收并继续坚持。40 年发展还有诸多尚未破解的问题，同时也产生了很多新的问题，需要在未来的发展中得到破解，从而推动城乡融合程度的不断深化。

（一）完善城乡融合发展体制机制的经验

对过去 40 年城乡体制机制改革经验的总结，最重要的就是要回归常识，提炼出具有一般意义的规律。

第一，不断向农民赋权。改革前，逐步建立城乡二元分割体制的过程实质上就是不断剥夺农民权利的过程，随着农民权利的丧失，其生产和创新的活力也一并被扼杀了，农业农村发展陷入停滞是必然的结果。改革以后，随着不断向农民赋权，农民的生产积极性和创新潜力再次得到释放，通过不断改善自身以及农业农村的状况，推动城乡关系向前发展。改革指出，家庭联产承包责任制通过赋予农民自主经营土地的权利，迅速解决了农民自身的温饱和收入增长问题，显著缩小了城乡收入差距。20 世纪 80 年代中期，取消统购统销和发展乡镇工业通过赋予农民自由选择职业的权利，不但扩大了农民的非农就业机会，使城乡差距缩小的趋势得以延续，而且培育出竞争性的农产品市场，并削弱了城乡二元经济结构。20 世纪 90 年代，允许农民进城通过赋予农民自由迁移的权利，推动了城镇化率的快速提升，并最终发育出一个统一的劳动力市场。未来政府还需要继续向农民赋权，继续激发农民的积极性，使他们在不断改善自身境遇的同时，推动社会经济发展。

第二，坚持改革的渐进性。考察城乡融合发展体制机制建立和完善的过程，可以发现新的政策或改革都是以渐进的方式出现的，而且表现出非常好的效果。之所以渐进式改革会被选择，大致有三层逻辑：一是由推动改革实践本身所决定的，从打破城乡经济二元结构，到消除社会二元分割，再到实

① 习近平：《把乡村振兴战略作为新时代"三农"工作总抓手》，中共中央政治局进行第八次集体学习，http：//www. xinhuanet. com，2018 年 9 月 23 日。

现社会融合是一个由易到难的过程，也是一个逐渐积累经验的过程。二是能够降低改革的风险，历史的经验教训表明，脱离现实盲目冒进式改革不但不会加快改革的进程反而会导致改革进程的停滞乃至倒退。因此，改革必须与经济发展的阶段相适应，特定的阶段只能解决当时最紧迫而且能够解决的问题，期望毕其功于一役是不现实的，而且是不负责任的。三是渐进式改革受到的阻力最小。从城乡关系调整的历程可以看出，大部分改革是在不损害城市居民利益的情况下展开的，表现出非常典型的帕累托改进特征，极大地降低了改革的阻力。

第三，坚持转换思想观念。从"放权、让利"改革，到开放农产品流通市场、放开农产品市场价格，再到允许农民开办乡镇企业、农民进城务工以及推进城乡基本公共服务均等化，这一系列改革的推进，都是决策者不断打破意识形态和自身经验的束缚、不断转换思想观念的成果。因此，在建立健全城乡融合发展体制机制的过程中，我们必须摒弃各种陈腐的观念和教条的思想方式，不断解放思想，寻求促进城乡融合发展的新思路和新方案。

第四，坚持市场化改革取向。始终坚持市场化改革取向，不断提高市场配置资源的作用，是中国改革成功的核心经验之一。政府在城乡关系的变革中发挥着至关重要的作用，既是过去城乡二元结构的塑造者，也是推动城乡融合的关键性力量，因此要继续发挥好政府在调整城乡关系中的积极作用。但与此同时要高度重视市场在破解城乡二元结构、实现城乡融合发展中的作用。建立统一的农产品市场、乡镇企业异军突起、允许劳动力自由流动等，这些在促进城乡融合发展中发挥关键性作用的改革，本质上就是在不断发挥市场机制的作用。时至今日，市场化取向的改革依然不够，在未来的发展中还要不断地强化。

第五，尊重来自基层的创新。先进行地方实验，然后在全国推广是中国改革成功的另一条经验。在城乡融合发展体制机制建立的过程中，来自基层的各种创新实践发挥了极其重要的作用，一方面为全国性的制度设计提供了经验，另一方面也通过实践自身所迸发出来的热情和冲动，为继续改革前行提供了力量。虽然顶层设计的作用日益受到重视，但是这些基层从自身利益最大化的角度考虑而发出的伟大创造力，依然具有非常重要的实践价值，更多实际问题的解决还是要依赖这些来自基层的创新。

第六，给改革和改革者留出足够的空间。改革本身就是一个不断试错的过程，一条成功经验往往是成百上千改革者经过若干次失败的改革实践总结出来的，虽然这些失败的改革实践没有发挥积极的作用，但这是改革成功必须付出的成本。只有容许改革，容许改革失败，才能为改革者创造良好的环境，才能真正探索出有价值的改革方案。经过 40 年的发展，我们需要改革的领域和内容已经大大缩小，而且改革还要在法治的框架下进行，这都为改革和改革者提出了新的要求，但是这不能成为阻止改革、约束改革者的理由，必须强调，在未来健全城乡融合发展体制机制的过程中要留给改革和改革者足够的空间。

（二）城乡融合发展中存在的问题

虽然中国城乡融合发展的体制机制初见雏形，成效也逐步显现。但是，对于当前城乡融合发展中存在的问题也不应该回避。

一是户籍制度改革滞后城镇化发展。除特大城市以外，中国其他城市已经全部采取了城乡统一的户籍制度，也就是说，户籍制度限制人口流动的功能基本消除。但是，作为城乡二元体制的支柱之一，户籍制度除了限制人口流动之外，还被附着了诸多的利益，城乡居民在面对养老、就业、医疗、子女就业以及购房、购车等问题时依然难以避开户籍的划分。虽然经过近些年的改革，户籍上附着的城乡利益差异有所削弱，甚至有些趋于消除，但是剥离的范围还是程度，姑且不谈作为中华人民共和国公民应该享受同等的权利，即使与中国社会经济发展的现状相比，显然也是非常滞后的。户籍制度对于进一步促进劳动力流动、提高人口城镇化率的阻碍作用日益凸显，因此，在推进城乡融合发展中加快户籍制度改革首当其冲。

二是城乡二元经济结构依然相当尖锐。随着中国农业现代化水平的不断提高，城乡二元经济问题也呈逐年持续改善趋势，但改善程度十分有限。一方面，中国农业比较劳动生产率远低于非农产业比较劳动生产率，农业现代化水平还有待提高，农业科技进步贡献率比发达国家低 20 个百分点左右；另一方面，中国农村三次产业融合发展程度较低，农村经济发展的效率不高。2016 年，中国城乡二元对比系数约为 0.25，从国际经验来看，发达国家一般为 0.5~0.8，发展中国家一般也能达到 0.3~0.4 的水平，这充分表明中国城乡二元经济结构十分突出。更为严峻的是，中国城乡二元经济结构扭转速度相当缓慢，部分地区还呈现恶化的趋势。

三是城乡要素合理流动的机制尚未建立。改革以来，中国农产品市场发育程度较高，要素市场的改革明显滞后。长期的城乡二元格局，导致科技、人才、资金、土地等要素配置在城乡之间严重不均衡，并且依然呈现农村优质资源向城市单方向集中的趋势。现阶段，城乡要素配置不合理集中体现为城乡资金和土地配置。一方面，中国城乡金融市场存在严重的樊篱，资金缺乏有效的双向流动，基本上是一个从农村向城市输送资金的单向流动的金融市场。国有银行商业化改革以来，随着国有银行城乡金融规模的不断扩大，城乡金融机构分布更加失衡，现存农村金融机构有效供给不足，农村资金外流严重，对城乡融合发展造成了负面影响。2004 年以来，虽然城乡金融结构非均衡状况有了一定程度的改善，但是城乡资金配置不合理仍然严重。另一方面，中国土地市场一体化进程更为缓慢，存在诸多问题，包括土地市场分割明显、一级土地市场政府垄断、土地产权不明晰、法律法规体系有待完善、农民的土地权益得不到有效保护、城乡二元土地市场刺激了城市蔓延扩张、土地城镇化速度显著快于人口城镇化速度等。从深层次来讲，农村资金的单向流动与土地制度改革滞后密切相关，土地作为农民最大的一笔资源，由于政策限制不能在城乡居民之间进行交易，一方面阻碍了城市资金进入农村的主要通道，另一方面无法通过“资源变资产”使农民从中获益。

四是城乡基本公共服务差距依然较大。推动城镇公共服务向农村延伸，实现城乡基本公共服务均等化，是城乡融合发展的核心内容之一。近年来，中国城乡基本公共服务均等化取得了显著成效，城乡居民在医疗保障、义务教育以及基本养老保险方面均实现了制度全覆盖。但是，城乡基本公共服务标准差距依然较大，其中教育发展不均衡和卫生发展不均衡是主要短板。一方面，农村义务教育教师素质不断提高，城乡义务教育教师素质差距不断缩小，农村人口受教育水平不断提高，农村妇女健康和保健水平不断提高，农村医疗人力资源数量不断增加，但由于起点较低、进展缓慢，因而整体提高程度较小，农村人力资源数量和质量依然较差；另一方面，城乡人口受教育水平、城乡医疗人力资源配置差距有所扩大，由此减缓了教育均衡发展和卫生均衡发展实现程度的提高，并最终制约了城乡基本公共服务均等化程度的提高。如果进一步考虑质量差异，城乡基本公共服务的差距将成倍增加。

五是乡村衰退日益加剧。近年来，中国的新农村建设取得了巨大的成就，但按照城乡融合发展的要求依然存在诸多薄弱环节。无论是村庄布局、乡村基础设施、生态环境等硬环境方面，还是乡村文化保护和传承、村庄治理等软环境方面均存在相当大的改善空间，而且部分地区表现得尤为尖锐。

四、健全城乡融合发展体制机制的思路

基于中国城乡融合发展的现状和存在的主要问题，在新时期，应从以下几个方面着手加快推进城乡融合发展。

第一，深化户籍制度改革提高城镇化质量，夯实城乡融合发展基础。城镇化是农业农村现代化和城乡融合发展的基础。国际经验表明，只有城镇化进入稳定期（人口城镇化率达到70%）以后，农村人口大量减少，城市反哺农村的能力显著加强，城镇基础设施和公共服务在农村的普及率明显提高，才能逐步迈向城乡全面融合发展。截至2017年，中国的常住人口城镇化率为58.52%，户籍人口城镇化率只有42.35%，距离城镇化稳定期还有一定的差距。但是随着农民工增量下降，城镇化速度开始趋缓，城镇化进程面临挑战。因此，未来必须花大气力推进人口城镇化，夯实城乡融合发展的基础。关键是要进行全面的户籍制度改革，促进农业转移人口的市民化，不但要使已经进城的农业转移人口留下来，还要继续推动更多的农业劳动力转移出来。具体来说，一是要全面改革附着在户籍上的管理和福利制度体系，真正从制度设计上从二元走向一元；二是完善中央与地方的财政投入机制，提高中央政府的责任，努力缩小城市和地区之间的公共福利差距，提高农民工在中小城市进城落户的意愿；三是调整城镇化路径，提高中小城市的比重，特别是要提升县城和重点镇基础设施水平，加强县城和重点镇市政设施与公共服务设施建设，实现转移人口就近城镇化。最关键的一点还是要看政府的决心，户籍制度改革所能释放的红利是巨大的，而阻碍改革的症结也是清楚的，就是城市中现有户籍制度的受益者不愿意分享城镇化的好处。在这种情况下，政府应该审时度势，以壮士断腕的决心，通过顶层设计彻底对现行的户籍制度进行改革，为城乡融合发展扫清制度障碍。

第二，优先推进城乡平等和均等化的内容，实现城乡融合发展重点突破。需要指出的是，我们旗帜鲜明地反对将“城乡一体化”简单等同于“城乡一样化”。以往的“城乡一样化”是指在很多地方农村和城市建设的无差别化，造成城不像城、乡不像乡。出现这些问题的原因无非有三类：第一类是认识不到位。城乡发展一体化毕竟是个新事物，没有现成的经验可供借鉴，只能是摸着石头过河，形式上将农村建设得像城市是最省事的做法。很简单的道理，如何让一个农村人很快变成城里人，就是给他穿上城里人的衣服，使他在外表上像一个城里人。第二类是资金不足。城乡发展一体化需要投入大量资金，中国区域经济差距较大，很多地方并没有足够的资金全面推进城乡发展一体化，而村容村貌建设则是花钱较少而且能看得见效果，这当然是地方政府乐意做的。第三类就是一些地方政府存在消极应对现象。不可否认，有不少地方官员是不认可城乡发展一体化的，或者说不认可在现阶段推进城乡发展一体化，因此为了应付上级要求只是做一些表面文章，而不是真心实意地推进城乡发展一体化。但时至今日，中国整体上已经具备了城乡发展一体化的条件，因此，要重新认识城乡发展一体化的内涵，特别是要优先推进城乡融合发展中强调平等和均等化的内容，实现重点突破。一个需要优先突破的重点是规划的一体化，真正在规划中给予农村与城市平等的地位，真正实现乡村与城市两个空间的平等发展。另一个需要优先突破的重点是城乡基本公共服务均等化。推进城乡基本公共服务均等化，一是促进城乡教育一体化发展。重点是继续加大对农村教育支持的倾斜力度，积极推动优质教师资源在城乡的合理流动。二是构建城乡一体、优质均衡的医疗卫生体系。重点是推进乡村医生体制改革，建立乡村医生退休制度，并完善退休乡村医生的生活保障机制；建立和支持乡村医生按照规定加入职工养老保险的机制。三是完善城乡一体的社会保障体系建设，加快社会保障向外来落户人口覆盖的进程。

第三，加快城乡要素市场一体化进程，攻克城乡融合发展的薄弱环节。城乡要素自由流动是城乡融合发展的本质要求和重要体现。就目前来看，关键是要打破要素从城市向农村流动的体制和机制障碍。积极落实城乡在人才、土地、资金、技术方面的各项制度安排，推动优质要素向农村流动。关键是在稳定农村土地家庭承包经营权的基础上，深化耕地、宅基地三权分置改革和农村集体产权制度改革，建立健全城市资本、人才和技术进入农村的制度条件。中共十八届三中全会以来，政府对于城市工商资本进入农村的限制不断放松，不但允许城市工商资金进入农业，而且允许社会资本投资农村，在农村兴办各类事业，方向已经明确，未来就是要将这些中央政策贯彻好、落实好。加快城乡要素市场建设，有两点需要注意：一是要强化土地规划管理，使耕地得到严格保护，重点提高非农用地利用效率。强化土地利用总体规划的基础性作用，对基本农田和非基本农田进行细致严格的区分，城镇化占地必须限制在非基本农田上。二是要充分发挥市场在配置资源中的决定性作用，坚决杜绝以政府代替市场的行为，为要素市场的发育提供良好的环境。

第四，推动乡村三次产业融合发展，建立城乡融合发展的产业基础。三次产业融合发展的目的在于提高农业比较劳动生产率，实现城乡产业协调发展，从而消除城乡二元经济。所以，各地应该继续完善相关政策，继续推动农业适度规模经营，同时需要注重发展农产品加工、休闲农业、乡村旅游、电商等新业态和新模式，推动三次产业融合发展，以农业转型升级提高农村产业效率。当前，发展规模经营除了土地制度不适应以外，缺乏高素质的现代职业农民也是非常重要的制约因素。一方面，针对农村劳动力素质继续恶化的趋势，应该继续加大农村基础教育投入，并且对农村留守人员进行继续教育和职业教育培训。进一步可以考虑将职业农民教育纳入现行教育体系当中，并从人、财、物等方面给予大力支持，尤其在办学用地场所、创业基地建设、办学设备购置和税收等方面给予政策支持，推动职业农民教育顺利、健康发展。另一方面，创造公平竞争的创业环境，吸引外出劳动力返乡创业，推动当地产业发展。

参考文献

[1] [英] 安德罗·林克雷特:《世界土地所有制变迁史》,启蒙编译所译,上海社会科学院出版社 2015 年版。

[2] 安徽省金寨县地方志编纂委员会:《金寨县志》,上海人民出版社 1992 年版。

[3] 白建信、刘拖信:《吕梁地区拍卖“四荒”中出现的问题必须引起足够的重视》,《林业工作研究》1994 年第 6 期。

[4] 北京天则经济研究所中国土地问题研究组:《土地流转与农业现代化》,《管理世界》2010 年第 7 期。

[5] 伯云:《我国供销合作社的社会主义性质》,《经济研究》1956 年第 5 期。

[6] 蔡昉:《中国劳动力市场发育与就业变化》,《经济研究》2007 年第 7 期。

[7] 蔡昉:《中国农村改革三十年——制度经济学的分析》,《中国社会科学》2008 年第 6 期。

[8] 蔡昉、林毅夫:《中国经济:改革与发展》,中国财政经济出版社 2003 年版。

[9] 蔡昉:《中国“三农”政策的 60 年经验与教训》,《广东社会科学》2009 年第 6 期。

[10] 曹亚鹏:《“指标漂移”的社会过程——一个基于重庆“地票”制度的实证研究》,《社会发展研究》2014 年第 2 期。

[11] 陈枫:《试验区:中国农村改革的战略选择》,《发现》1990 年冬季号。

[12] 陈宏军:《主体缺位——供销合作社基层社改革的最大障碍》,《农业经济问题》2013 年第 5 期。

[13] 陈吉元:《改革:中国农业现代化的主要推动力》,载关锐捷主编:《中国农村改革二十年》,河北科学技术出版社 1998 年版。

[14] 陈吉元：《农业产业化：市场经济下农业兴旺发达之路》，《中国农村经济》1996年第8期。

[15] 陈俊生：《深化改革，强化服务，为促进农村经济的全面发展而奋斗》，《中国供销合作经济》1995年第6期。

[16] 陈文辉等：《中国农业保险发展改革理论与实践研究》，中国金融出版社2015年版。

[17] 陈文旭、苏同信、陈景温：《一种新型的农村合作经济组织——冀县供销系统创办专业生产合作社的调查》，《商业经济研究》1986年第12期。

[18] 陈锡文：《从农村改革四十年看乡村振兴战略的提出》，《行政管理改革》2018年第4期。

[19] 陈锡文、韩俊：《经济新常态下破解“三农”难题新思路》，清华大学出版社2016年版。

[20] 陈锡文、赵阳、陈建波、罗丹：《中国农村制度变迁60年》，人民出版社2009年版。

[21] 陈锡文、赵阳、罗丹：《中国农村改革30年回顾与展望》，北京人民出版社2008年版。

[22] 陈小君、蒋省三：《宅基地使用权制度：规范解析、实践挑战及其立法回应》，《管理世界》2010年第10期。

[23] 崔红志：《农村社会保障体制改革》，载张晓山、李周主编：《中国农村改革三十年研究》，经济管理出版社2008年版。

[24] 戴孟勇：《城镇居民购买农村房屋纠纷的司法规制》，《清华法学》2009年第5期。

[25] 《当代中国的金融事业》编辑委员会：《当代中国的金融事业》，中国社会科学出版社1989年版。

[26] 党国英：《论城乡界定及其政策含义》，《学术月刊》2015年第6期。

[27] 党国英：《论农村社会经济体制改革》，《社会科学战线》2017年第12期。

[28] 党国英：《中国城乡一体化发展前景研究》，《理论探讨》2016年第5期。

[29] 党国英、胡冰川：《农民政治参与的行为逻辑》，《中国农村观察》2011年第3期。

［30］党国英、吴文媛：《城乡一体化要义》，浙江大学出版社 2016 年版。

［31］党国英、吴文媛：《土地规划管理改革：权利调整与法治构建》，《法学研究》2014 年第 5 期。

［32］［美］道格拉斯·诺斯、罗伯斯·托马斯：《西方世界的兴起》，厉以平、蔡磊译，华夏出版社 2009 年版。

［33］［美］道格拉斯·诺斯：《经济史上的结构和变革》，厉以平译，商务印书馆 1992 年版。

［34］邓大才：《中国农村产权变迁与经验——来自国家治理视角下的启示》，《中国社会科学》2017 年第 1 期。

［35］邓大松、仙蜜花：《新的城乡居民基本养老保险制度实施面临的问题及对策》，《经济纵横》2015 年第 9 期。

［36］邓衡山、王文烂：《合作社的本质规定与现实检视——中国到底有没有真正的农民合作社?》，《中国农村经济》2014 年第 7 期。

［37］邓小平：《邓小平文选》（第三卷），人民出版社 2008 年版。

［38］董志凯：《工业化初期的固定资产投资与城乡关系——对 1950~1980 年代工业建设的反思》，《中国经济史研究》2007 年第 1 期。

［39］董志凯：《我国农村基础设施投资的变迁（1950~2006 年）》，《中国经济史研究》2008 年第 3 期。

［40］都阳：《论劳动力市场改革的两个目标》，《中共中央党校学报》2016 年第 5 期。

［41］杜润生：《杜润生文集（1980~2008）》（上册），山西经济出版社 2009 年版。

［42］杜润生：《序》，载关锐捷主编：《中国农村改革二十年》，河北科学技术出版社 1998 年版。

［43］杜志雄：《家庭农场发展与中国农业经营体制构建》，《中国发展观察》2018 年 Z1 期。

［44］杜志雄、崔红志：《从注重改革“三性”看农村改革及试验》，《理论探讨》2015 年第 3 期。

［45］范丽霞：《中国乡镇企业增长与效率的实证研究》，华中农业大学博士学位论文，2008 年。

［46］范小建：《农民专业合作经济组织面临的机遇与挑战——在农民专业合作经济组织工作座谈会上的开幕词》，《农村合作经济经营管理》1999

年第 11 期。

[47] 冯建明:《作为全部社会关系的所有制问题——马克思主义视野里的供销合作社》,《中国农村经济》2017 年第 6 期。

[48] 傅德宝:《供销合作社“三合三分”的历史教训》,《中国合作经济》2010 年第 6 期。

[49] 高春亮、魏后凯:《中国城镇化趋势预测研究》,《当代经济科学》2013 年第 4 期。

[50] 高培勇:《中国财税改革 40 年:基本轨迹、基本经验和基本规律》,《经济研究》2018 年第 3 期。

[51] 高芸:《关于“以粮为纲”何时被写入政府文件的考证》,《中共党史研究》2008 年第 2 期。

[52] 关盛梅:《社会保障学》,吉林大学出版社 2014 年版。

[53] 管爱国、符春华:《现代世界合作社经济》,中国农业出版社 2000 年版。

[54] 广东省地方史志编撰委员会:《广东省志·林业志》,广东人民出版社 1998 年版。

[55] 广西壮族自治区地方志编纂委员会:《广西通志·林业志》,广西人民出版社 2001 年版。

[56] 贵州省地方志编纂委员会:《贵州省志·林业志》,贵州人民出版社 1994 年版。

[57] 郭玮:《粮食供求区域平衡政策研究》,《经济研究参考》2005 年第 11 期。

[58] 郭翔宇:《关于供销合作社改革的几个理论与实践问题》,《西北农林科技大学学报》(社会科学版)2001 年第 6 期。

[59] 国家统计局住户调查办公室:《中国农村贫困监测报告 2016》,中国统计出版社 2016 年版。

[60] 国家统计局住户调查办公室:《中国农村贫困监测报告 2015》,中国统计出版社 2015 年版。

[61] 国家统计局住户调查办公室:《中国农村贫困监测报告 2017》,中国统计出版社 2017 年版。

[62] 国务院发展研究中心、世界银行:《中国:推进高效、包容、可持续的城镇化》,中国发展出版社 2014 年版。

[63] 国务院发展研究中心农村经济研究部:《集体所有制下的产权重

构》，中国发展出版社 2015 年版。

［64］国务院贫困地区经济开发领导小组办公室：《中国贫困地区经济开发概要》，农业出版社 1989 年版。

［65］韩长江：《打破悖论走出困境——试论供销合作社改革目标的科学命题》，《中国合作经济》2012 年第 11 期。

［66］韩俊：《中国城乡关系演变 60 年：回顾与展望》，《改革》2009 年第 11 期。

［67］阂耀良、李炳坤、唐仁健：《对农村专业技术协会的几点认识》，《科学学与科学技术管理》1988 年第 10 期。

［68］胡必亮、郑红亮：《中国的乡镇企业与乡村发展》，山西经济出版社 1996 年版。

［69］胡冰川：《中国农产品市场分析与政策评价》，《中国农村经济》2015 年第 4 期。

［70］胡冰川、杜志雄：《完善农业支持保护制度与乡村振兴》，《中国发展观察》2017 年第 24 期。

［71］胡晓义：《安国之策——实现人人享有基本社会保障》，中国人力资源和社会保障出版社 2011 年版。

［72］胡振红、叶桦：《农村宅基地转让制度改革目标及总体方案研究》，《贵州社会科学》2018 年第 4 期。

［73］黄道霞、余展、王西玉等：《建国以来农业合作化史料汇编》，中共党史出版社 1992 年版。

［74］黄祖辉、俞宁：《新型农业经营主体：现状、约束与发展思路——以浙江省为例的分析》，《中国农村经济》2010 年第 10 期。

［75］吉安地区林业志编纂委员会：《吉安地区林业志》（内部资料），1994 年。

［76］江红、刘平康：《关于集体林产权明晰和收益分配的调查研究报告》，《林业经济》1997 年第 4 期。

［77］江西省地方志编撰委员会：《江西省林业志》，黄山书社 1999 年版。

［78］姜长云：《改革开放以来我国历次粮食供求失衡的回顾与启示》，《中国农村观察》2006 年第 2 期。

［79］蒋省三：《供销合作社六十年之思辨》，《中国合作经济》2013 年第 6 期。

［80］蒋仕钧：《专业合作社：大有前途的农村合作经济组织》，《农村经济》1991 年第 12 期。

［81］蒋月：《社会保障法概论》，法律出版社 1999 年版。

［82］孔繁文、谢晨、戴广翠：《市场经济条件下中国森林资源管理政策及评价》，载国家林业局经济发展研究中心编：《中国林业市场化改革理论与实践》，中国林业出版社 2004 年版。

［83］孔明、刘璨：《福建省三明林业股份合作制发展研究》，《林业经济》2000 年第 1 期。

［84］孔祥智：《发展综合合作社是供销合作社改革的一个重要方面》，《中华合作时报》2013 年 9 月 27 日。

［85］李成贵：《粮食直接补贴不能代替价格支持——欧盟、美国的经验及中国的选择》，《中国农村经济》2004 年第 8 期。

［86］李传峰：《公共财政视角下我国农业保险经营模式研究》，财政部财政科学研究所博士论文，2012 年。

［87］李谷成、冯中朝、范丽霞：《小农户真的更加具有效率吗？来自湖北省的经验证据》，《经济学》（季刊）2010 年第 1 期。

［88］李光泗、王莉、刘梦醒：《粮食价格支持与农业生产反应——基于小麦数据的实证分析》，《江苏师范大学学报》（哲学社会科学版）2017 年第 6 期。

［89］李惠安：《安徽省农民专业协会试点情况的调查》，《农村合作经济经营管理》1995 年第 9 期。

［90］李惠安：《关于中国农村专业合作经济组织发展的若干问题》，载李惠安主编：《99 农村专业合作经济组织国际研讨会文集》，中国农业科技出版社 2000 年版。

［91］李惠安、黄连贵、赵铁桥：《中国农村合作社的新发展及合作立法问题》，《农业经济问题》1995 年第 11 期。

［92］李静：《产业化：农业发展的新课题——农业产业化问题研讨会综述》，《中国农村经济》1996 年第 8 期。

［93］李培林、魏后凯：《中国扶贫开发报告（2016）》，社会科学文献出版社 2016 年版。

［94］李实：《坚持不懈地提高农民收入》，《经济日报》2013 年 2 月 7 日。

［95］李霆：《当代中国的林业》，中国社会科学出版社 1985 年版。

［96］李正华：《论邓小平的“三农”思想对中国农村改革的重大意义》，《当代中国史研究》2005 年第 2 期。

［97］李周：《中国农业改革与发展》，社会科学文献出版社 2017 年版。

［98］李周、张海鹏、孙若梅：《农业供给侧结构性改革研究》，社会科学文献出版社 2018 年版。

［99］林刚：《中国工农——城乡关系的历史变化与当代问题》，《中国农村观察》2014 年第 5 期。

［100］林万龙：《中国农村公共服务供求的结构性失衡：表现及成因》，《管理世界》2007 年第 9 期。

［101］林业部：《中国林业年鉴（1983）》，中国林业出版社 1984 年版。

［102］林业部：《中国林业年鉴（1987）》，中国林业出版社 1988 年版。

［103］林业部：《中国林业年鉴（1993）》，中国林业出版社 1994 年版。

［104］林毅夫、蔡昉、李周：《比较优势与发展战略——对“东亚奇迹”的再解释》，《中国社会科学》1999 年第 5 期。

［105］林毅夫、蔡昉、李周：《中国的奇迹：发展战略与经济改革》，上海人民出版社 1994 年版。

［106］刘璨：《再论中国集体林制度与林业发展》，中国财政经济出版社 2015 年版。

［107］刘璨：《中国集体林制度与林业发展》，经济科学出版社 2008 年版。

［108］刘璨、马天乐、许勤、朱启臻：《社区林业发展与消除贫困的制度及案例研究》，中国农业科技出版社 2000 年版。

［109］刘登高：《中国农村合作事业的一种新气象——农民专业协会的产生与发展》，《农业技术经济》1995 年第 2 期。

［110］刘峰：《农业保险的转型升级》，《中国金融》2016 年第 8 期。

［111］刘金伟：《新一轮户籍制度改革的政策效果、问题与对策》，《人口与社会》2018 年第 4 期。

［112］刘同山、孔祥智：《参与意愿、实现机制与新型城镇化进程的农地退出》，《改革》2016 年第 6 期。

［113］刘应杰：《中国城乡关系演变的历史分析》，《当代中国史研究》1996 年第 2 期。

［114］陇县革命委员会：《我们是怎样贯彻“以粮为纲，全面发展”方针的》，《陕西农业科学》1971 年第 10 期。

［115］楼栋、孔祥智：《新型农业经营主体的多维发展形式和现实观照》，《改革》2013 年第 2 期。

［116］吕开宇、张崇尚：《政策性农业保险施行中存在的问题及对策》，《经济纵横》2013 年第 10 期。

［117］罗必良：《农业供给侧改革的关键、难点与方向》，《农村经济》2017 年第 1 期。

［118］罗楚亮：《农村贫困的动态变化》，《经济研究》2010 年第 5 期。

［119］罗东、矫健：《国家财政支农资金对农民收入影响实证研究》，《农业经济问题》2014 年第 12 期。

［120］农村专业技术协会课题组：《农村专业技术协会的发展与管理体制改革》，《中国农村经济》1992 年第 12 期。

［121］农业部软科学课题组：《中国农业进入新阶段的特征和政策研究》，《农业经济问题》2001 年第 1 期。

［122］潘劲：《中国农村专业协会的问题、对策与发展趋势》，《经济研究参考》1996 年第 88 期。

［123］潘劲：《中国农民专业合作社：数据背后的解读》，《中国农村观察》2011 年第 5 期。

［124］潘遥：《完善农业服务体系加强基层建设 为稳定和发展城乡经济而努力工作——潘遥同志在全国商业厅局长、供销合作社主任会议上的讲话》，《北京商学院学报》1990 年第 2 期。

［125］潘屹：《中国农村福利》，社会科学文献出版社 2014 年版。

［126］秦富、徐卫军、江文涛、弓秀云：《“十一五”时期我国农业投资需求研究》，《农业技术经济》2006 年第 1 期。

［127］仇雨临：《回顾与展望：构建更加公平可持续的全民医保体系》，《江淮论坛》2016 年第 1 期。

［128］仇雨临、吴伟：《城乡医疗保险制度整合发展：现状、问题与展望》，《东岳论丛》2016 年第 10 期。

［129］曲福田、田光明：《城乡统筹与农村集体土地产权制度改革》，《管理世界》2011 年第 6 期。

［130］任常青：《新型农村金融机构——村镇银行、贷款公司和农村资金互助社》，经济科学出版社 2012 年版。

［131］申光华：《以供销社为依托 试办农村专业合作组织的探讨》，《商业经济研究》1988 年第 9 期。

［132］世界银行：《1993 年世界发展报告：投资与健康》，中国财政经济出版社 1993 年版。

［133］帅宗和、张国民等：《森林产权转让市场存在问题的调查和探讨》，《林业工作研究》1994 年第 6 期。

［134］宋国青：《城乡开放与农民转移》，《农业经济问题》1985 年第 7 期。

［135］宋志红：《宅基地使用权流转的困境与出路》，《中国土地科学》2016 年第 5 期。

［136］孙宪忠：《推进我国农村土地权利制度改革若干问题的思考》，《比较法研究》2018 年第 1 期。

［137］孙新华：《我国应选择哪种农业经营主体？——在中国农业经济学会年会上的致辞》，《农业经济问题》2014 年第 1 期。

［138］谭秋成：《乡镇企业的发展和所有制变革》，载张晓山主编：《中国农村改革 30 年研究》，经济管理出版社 2008 年版。

［139］谭秋成：《小农也有合理性》，《同舟共进》2017 年第 7 期。

［140］谭秋成：《新形势下“统分结合”的新内涵和新机制》，载魏后凯、崔红志主编：《稳定和完善农村基本经营制度研究》，中国社会科学出版社 2016 年版。

［141］檀学文、李静：《习近平精准扶贫思想的实践深化研究》，《中国农村经济》2017 年第 9 期。

［142］唐伦慧：《我国供销合作经济理论研究的回顾与展望》，《中国供销合作经济》2000 年第 1 期。

［143］唐伦慧、郭冬乐、王济光：《深化供销合作社体制改革的思路与对策》，《财贸经济》1995 年第 8 期。

［144］唐忠：《改革开放以来我国农村基本经营制度的变迁》，《中国人民大学学报》2018 年第 3 期。

［145］田丰、曾省存：《渔业燃油补贴政策的后果及其形成机制》，《财经问题研究》2015 年第 3 期。

［146］庹国柱、谢小亮：《十年农业保险发展特点和未来展望》，《中国保险》2017 年第 7 期。

［147］汪时东、叶宜德：《农村合作医疗制度的回顾与发展研究》，《中国初级卫生保健》2004 年第 4 期。

［148］王耕今：《以粮为纲全面地发展农业生产》，《经济研究》1961 年

11 期。

［149］王景坦：《农工商一体化是农业现代化建设的必由之路——试论农工商一体化的必然性》，《辽宁农业科学》1980 年第 3 期。

［150］王乐君、寇广增：《促进农村三次产业融合发展的若干思考》，《农业经济问题》2017 年第 6 期。

［151］王淑华：《城乡建设用地流转法律制度研究——以集体土地权利自由与限制为视角》，复旦大学博士学位论文，2011 年。

［152］王小鲁：《乡镇企业异军突起的秘密》，《财经》2008 年第 13 期。

［153］王雪磊、郭兴平、张亮：《建国以来农村金融的发展历程及其评述》，《农村金融研究》2012 年第 7 期。

［154］王幼臣、张晓静等：《在市场经济条件下中国集体林区经营模式的评价在市场经济条件下中国集体林区经营模式的评价》，载国家林业局经济发展研究中心编：《中国林业市场化改革理论与实践》，中国林业出版社 2004 年版。

［155］魏道南、张晓山：《中国农村新型合作组织》，经济管理出版社 1998 年版。

［156］魏后凯、刘同山：《农村宅基地退出的政策演变、模式比较及制度安排》，《东岳论丛》2016 年第 9 期。

［157］魏后凯、闫坤：《中国农村发展报告（2018）——新时代乡村全面振兴之路》，中国社会科学出版社 2018 年版。

［158］魏后凯：《2020 年后中国减贫的新战略》，《中州学刊》2018 年第 9 期。

［159］魏后凯：《新常态下中国城乡一体化格局及推进战略》，《中国农村经济》2016 年第 1 期。

［160］魏后凯：《中国农业发展的结构性矛盾及其政策转型》，《中国农村经济》2017 年第 5 期。

［161］吴国宝：《中国农村扶贫 30 年》，载张晓山主编：《中国农村改革 30 年研究》，经济管理出版社 2008 年版。

［162］吴国宝、关冰、谭清香：《“多予少取”政策对贫困地区农民增收和减贫的直接影响》，载《中国农村贫困监测报告 2010》，中国统计出版社 2011 年版。

［163］吴国宝、汪同三、李小云：《中国式扶贫：战略调整正当其时》，《人民论坛》2010 年第 1 期。

[164] 吴尚云：《关于农工商联合企业学术讨论情况简介》，《学术月刊》1980年第12期。

[165] 吴向伟：《转变农业发展方式的内涵与途径》，《经济纵横》2008年第2期。

[166] 郗桂芳、甄福德、相玉桐、杨占科：《农村合作经济的新形式——专业合作社》，《商业经济与管理》1990年第5期。

[167] 习天成、白西兰：《陕西省农民专业协会试点报告》，《农村合作经济经营管理》1997年第6期。

[168] 谢志强、姜典航：《城乡关系演变：历史轨迹及其基本特点》，《中共中央党校学报》2011年第8期。

[169] 熊吉峰：《农民工医保关系转移接续问题研究》，湖北人民出版社2010年版。

[170] 徐旭初：《农民专业合作社发展辨析：一个基于国内文献的讨论》，《中国农村观察》2012年第5期。

[171] 徐旭初、黄祖辉：《转型中的供销合作社——问题、产权与演变趋势》，《浙江大学学报》（人文社会科学版）2006年第3期。

[172] 许经勇：《农业供给侧结构性改革的深层思考》，《学习论坛》2016年第6期。

[173] 杨团：《供销合作社要发挥优势深化改革》，《中华合作时报》2013年9月27日。

[174] 姚监复：《农村专业技术协会是我国农民在改革开放中的一大创举——中央领导同志接见全国农村专业技术协会经验交流会代表侧记》，《农村实用工程技术》1992年第6期。

[175] 姚洋：《作为制度创新过程的经济改革》，格致出版社、上海人民出版社2008年版。

[176] 叶兴庆：《改粮食保护价收购为直接补贴农民——我国农业保护政策的重大调整》，《中国农村经济》2002年第7期。

[177] 叶兴庆：《农村集体产权权力分割问题研究》，中国金融出版社2016年版。

[178] 叶贞琴：《在农民合作社发展论坛上的讲话》，《中国农民合作社》2017年第10期。

[179] 袁铖：《城乡一体化进程中农村宅基地使用权流转研究》，《农业经济问题》2010年第11期。

[180] 袁明宝、朱启臻：《农地流转实践表达与农业经营主体的生成逻辑分析》，《古今农业》2014 年第 1 期。

[181] 苑鹏：《农民专业合作社的财政扶持政策研究》，《经济研究参考》2009 年第 41 期。

[182] 苑鹏：《未来供销合作社改革的突破口是建立全国最大的社会企业》，《中华合作时报》2013 年 9 月 27 日。

[183] 苑鹏：《中国特色的农民合作社制度的变异现象研究》，《中国农村观察》2013 年第 3 期。

[184] 苑鹏、曹斌：《创新与规范：促进农民专业合作社健康发展研究》，《中国市场监管研究》2018 年第 4 期。

[185] 曾福生、郭珍、高鸣：《中国农业基础设施投资效率及其收敛性分析——基于资源约束视角下的实证研究》，《管理世界》2014 年第 8 期。

[186] 詹成付：《乡村政治若干问题研究》，西北大学出版社 2004 年版。

[187] 张承惠、潘光伟等：《中国农村金融发展报告 2016》，中国发展出版社 2017 年版。

[188] 张德元：《“皮包合作社”折射出的基层官民关系——对农民合作社的所见所思的调查感悟》，《人民论坛》2011 年第 9 期。

[189] 张建龙：《中国集体林权制度改革》，中国林业出版社 2017 年版。

[190] 张军扩、张云华：《关于深化农村宅基地制度改革的思考》，《中国经济时报》2017 年 4 月 27 日。

[191] 张俊仁：《引导农民走新的合作道路——吴江县试办专业合作社的调查》，《江苏商论》1987 年第 4 期。

[192] 张晓山、苑鹏：《合作经济理论与中国农民合作社的实践》，首都经济贸易大学出版社 2009 年版。

[193] 张晓山：《联结农户与市场——中国农民中介组织探究》，中国社会科学出版社 2002 年版。

[194] 张晓山：《农民专业合作社的发展趋势探析》，《管理世界》2009 年第 5 期。

[195] 张晓山：《中国农村改革 30 年研究》，经济管理出版社 2008 年版。

[196] 张晓山、李周：《中国农村发展道路》，经济管理出版社 2014 年版。

[197] 张晓山、苑鹏等：《中国乡镇企业产权改革备忘录》，社会科学

文献出版社 2003 年版。

[198] 张云华:《完善农村宅基地制度》，中国农业出版社 2011 年版。

[199] 张宗毅、杜志雄:《土地流转一定会导致“非粮化”吗?——基于全国 1740 个种植业家庭农场监测数据的实证分析》，《经济学动态》2015 年第 9 期。

[200] 张宗毅、章淑颖:《农机购置补贴政策支付制度对农机企业营运的影响——基于规模以上农机企业微观数据的实证研究》，《农业现代化研究》2018 年第 5 期。

[201] 章莉、李实、William A. Darity Jr.、Rhonda Vonshay Sharp:《中国劳动力市场就业机会的户籍歧视及其变化趋势》，《财经研究》2016 年第 1 期。

[202] 赵树枫、李廷佑、张强、黄序等:《农村宅基地制度与城乡一体化》，中国经济出版社 2015 年版。

[203] 赵树凯:《祭王郁昭先生》，《中国发展观察》2016 年第 Z1 期。

[204] 赵铁桥:《关于农民合作社信用合作的理论与实践问题》，《中国农民合作社》2015 年第 5 期。

[205] 赵晓峰、赵祥云:《新型农业经营主体社会化服务能力建设与小农经济的发展前景》，《农业经济问题》2018 年第 4 期。

[206] 郑功成:《中国社会保障 30 年》，人民出版社 2008 年版。

[207] 郑功成:《中国社会保障发展报告》，中国劳动社会保障出版社 2017 年版。

[208] 中国供销合作社史料丛书编辑室:《中国供销合作社大事记与发展概况》(1949~1985)，中国财政经济出版社 1987 年版。

[209] 中国集体林产权制度改革相关政策问题研究课题组:《中国集体林产权制度改革相关政策问题研究调查报告》，经济科学出版社 2012 年版。

[210] 中国可持续发展林业战略研究项目组:《中国可持续发展林业战略研究总论》，中国林业出版社 2002 年版。

[211] 中国农民工问题研究总报告起草组:《国农民工问题研究总报告》，《改革》2006 年第 5 期。

[212] 中国人民银行农村金融服务研究课题组:《中国农村金融服务报告 2016》，中国金融出版社 2017 年版。

[213] 中国社会科学院农村发展研究所“农村集体产权制度改革研究”课题组:《关于农村集体产权制度改革的几个理论与政策问题》，《中国农村

经济》2015 年第 2 期。

［214］中华全国供销合作总社合作指导部、北京商业管理干部学院：《供销合作社企业发展研究报告》，中国商业出版社 2017 年版。

［215］中华全国供销合作总社合作指导部、北京商业管理干部学院：《新型基层供销合作社研究》，中国商业出版社 2013 年版。

［216］钟小金、俞国平、周伟、冀光坤：《科学实施渔业柴油补贴政策的建议》，《渔业信息与战略》2012 年第 4 期。

［217］周端明：《中国乡村工业“消失”之谜》，《经济体制改革》2011 年第 11 期。

［218］周飞舟、吴柳财、左雯敏等：《从工业城镇化、土地城镇化到人口城镇化：中国特色城镇化道路的社会学考察》，《社会发展研究》2018 年第 1 期。

［219］周基炳、岳岩鹰：《依靠农民服务农民致富农民——万荣县借鉴日本农协经验组建专业合作社的实践与启示》，《中国农村经济》1995 年第 7 期。

［220］周立：《中国农村金融：市场体系与实践调查》，中国农业科学技术出版社 2010 年版。

［221］周其仁：《机会与能力——中国农村劳动力的就业和流动》，《管理世界》1997 年第 5 期。

［222］周其仁：《土地确权需要一场奠基性战役》，《中国房地产业》2015 年第 3 期。

［223］周其仁：《中国农村改革：国家与土地所有权关系的变化——一个经济制度变迁史的回顾》，《中国社会科学季刊（香港）》1995 年第 6 期。

［224］周其仁：《改革的逻辑》，中信出版社 2013 年版。

［225］周天孝：《中国农村改革的源头——浙江省永嘉县包产到户的实践》，当代中国出版社 1994 年版。

［226］朱福守、蒋和平：《我国农业“四项补贴”政策回顾与建议》，《中国农业科技导报》2016 年第 5 期。

［227］朱钢：《农村税费改革与乡镇财政缺口》，《中国农村观察》2002 年第 2 期。

［228］朱钢：《我国财政支农规模问题分析》，《中国农村经济》1998 年第 10 期。

［229］朱玲：《乡村医疗保险和医疗救助》，中国社会科学院经济所网

站 2000 年。

［230］朱满德、程国强：《中国农业的黄箱政策支持水平评估：源于 WTO 规则一致性》，《改革》2015 年第 5 期。

［231］朱守银：《中国农村改革试验区概览》，《中国农村经济》1992 年第 11 期。

［232］邹华斌：《毛泽东与“以粮为纲”方针的提出及其作用》，《党史研究与教学》2010 年第 6 期。

［233］Hyde W. F., Belcher B. and Xu J. (eds). China's forests: Global Lessons from Market Reforms. *Resource for the Future*, Washington, D. C., 2005.

［234］Lin J. Y. Rural Reforms and Agricultural Growth in China. *American Economic Review*, 1992, 82 (1): 34-51.

［235］Martin R. and Chen S. H. (2004). *China's (Uneven) Progress Against Poverty*, WPS 3408, World Bank.

［236］Schmid A. A. *Conflict and Cooperation: Institutional and Behavioral Economics*. The Black Publishing Ltd: Oxford, UK., 2004.

［237］Taylor J. R. Rural Employment Trends and the Legacy of Surplus Labor, 1978-1989, in Kueh, Y. Y., and R. F. Ash (eds.): *Economic Trends in Chinese Agriculture: The Impact of Post - Mao Reforms*, New York: Oxford University Press, 1993.

［238］Weitzman M. L. and C. Xu, Chinese Township-Village Enterprises as Vaguely Defined Cooperatives, *Journal of Comparative Economics*, 1994 (18): 121-145.

［239］Wen G. J., The Land Tenure System and Its Saving and Investment Mechanism: The Case of Modern China. *Asian Economic Journal*, 1995, 9 (31): 233-259.